Weixian Huowu Yunshu Xiangguan Falü Fagui Huibian

危险货物运输相关法律法规汇编

刘敏文　缴　威　南嘉谋　张卫星　编

人民交通出版社

内 容 提 要

本汇编收集了国务院及各部委关于危险货物运输相关的法律、法规和规章共64件。它是从事道路运输危险货物行业管理和企业管理人员必备的工具书。

图书在版编目(CIP)数据

危险货物运输相关法律法规汇编/刘敏文等编. —北京：人民交通出版社，2008.1

ISBN 978-7-114-06955-0

Ⅰ. 危… Ⅱ. 刘… Ⅲ. 危险货物运输 - 安全管理 - 法规 - 汇编 - 中国 Ⅳ. D922.149

中国版本图书馆 CIP 数据核字(2008)第002954号

书　　名：危险货物运输相关法律法规汇编
著 作 者：刘敏文　缴　威　南嘉谋　张卫星
责任编辑：薛　民
出版发行：人民交通出版社
地　　址：(100011)北京市朝阳区安定门外外馆斜街3号
网　　址：http://www.ccpress.com.cn
销售电话：(010)85285838，85285995
总 经 销：北京中交盛世书刊有限公司
经　　销：各地新华书店
印　　刷：北京市密东印刷有限公司
开　　本：787×1092 1/16
印　　张：23.5
字　　数：596千
版　　次：2008年3月第1版
印　　次：2008年3月第1次印刷
书　　号：ISBN 978-7-114-06955-0
印　　数：0001～5000册
定　　价：45.00元

目　录

部 门 规 章

国务院关于同意建立危险化学品安全生产监管部际联席会议制度的批复

国函[2007]36号

安全监管总局：

你局《关于建立危险化学品安全生产监管部际联席会议制度的请示》(安监总危化(2007)69号)收悉。现批复如下：同意建立由安全监管总局牵头的危险化学品安全生产监管部际联席会议制度。联席会议不刻制印章，也不正式行文，请按照国务院有关文件精神认真组织开展工作。

国务院

二〇〇七年四月十八日

危险化学品安全生产监管部际联席会议制度

为进一步贯彻落实《危险化学品安全管理条例》，加强对危险化学品安全生产工作的组织领导，强化部门协作配合，提高安全监管工作效率，经国务院同意，建立危险化学品安全生产监管部际联席会议(以下简称联席会议)制度。

一、主 要 职 能

在国务院领导下，掌握全国危险化学品安全生产情况，分析危险化学品安全生产形势，研究、指导危险化学品安全监管工作，提出有关政策建议；督促落实安全生产法、《危险化学品安全管理条例》等法律法规和国务院关于危险化学品安全生产的方针、政策；审议各有关部门提出的加强危险化学品安全监管的建议，协调解决危险化学品安全监管工作的重大问题；组织开展部门联合执法、专项整治和督查工作。

二、成 员 单 位

联席会议由安全监管总局、发展改革委、公安部、监察部、劳动保障部、建设部、铁道部、交通部、卫生部、国资委、工商总局、质检总局、环保总局、民航总局、法制办、全国总工会共16个部门和单位组成，安全监管总局为牵头单位。安全监管总局局长担任联席会议召集人，各成员单位有关负责同志为联席会议成员(名单附后)。联席会议成员因工作变动需要调整的，由所在单位提出，联席会议确定。联席会议办公室设在安全监管总局，承担联席会议的日常工作，落实联席会议议定事项。联席会议设联络员，由各成员单位有关司局的负责同志担任。

三、工 作 规 则

联席会议原则上每半年召开一次例会。根据国务院领导同志指示、成员单位要求或工作需要，可以临时召集会议。在全体会议召开之前，召开联络员会议，研究讨论联席会议议题和需提交联席会议议定的事项及其他有关事项。联席会议以会议纪要形式明确会议议定事项，经与会单位同意后印发有关方面并抄报国务院。对难以协调一致的问题，由联席会议牵头单位报国务院安全生产委员会或国务院决定。

四、工 作 要 求

各成员单位要按照职责分工，主动研究涉及危险化学品安全管理的有关问题，及时向牵头单位提出会议议题，积极参加联席会议；认真落实联席会议确定的工作任务和议定事项，及时处理危险化学品安全监管工作中需要跨部门协调解决的问题。各成员单位要互通信息，相互配合，相互支持，形成合力，充分发挥好联席会议的作用。

附：

危险化学品安全生产监管部际联席会议成员名单

召集人：李毅中　安全监管总局局长
成　员：欧新黔　发展改革委副主任
刘金国　公安部副部长
陈昌智　监察部副部长
胡晓义　劳动保障部副部长
黄　卫　建设部副部长
胡亚东　铁道部副部长
徐祖远　交通部副部长
王陇德　卫生部副部长
黄淑和　国资委副主任
刘玉亭　工商总局副局长
支树平　质检总局副局长
张力军　环保总局副局长
李　健　民航总局副局长
孙华山　安全监管总局副局长
张　穹　法制办副主任
张鸣起　全国总工会书记处书记、纪检组长

法　律

中华人民共和国主席令

第70号

《中华人民共和国安全生产法》于2002年6月29日经第九届全国人民代表大会常务委员会第二十八次会议通过,2002年11月1日起施行。

中华人民共和国主席　江泽民

中华人民共和国安全生产法

第一章　总　则

第一条　为了加强安全生产监督管理,防止和减少生产安全事故,保障人民群众生命和财产安全,促进经济发展,制定本法。

第二条　在中华人民共和国领域内从事生产经营活动的单位(以下统称生产经营单位)的安全生产,适用本法;有关法律、行政法规对消防安全和道路交通安全、铁路交通安全、水上交通安全、民用航空安全另有规定的,适用其规定。

第三条　安全生产管理,坚持安全第一、预防为主的方针。

第四条　生产经营单位必须遵守本法和其他有关安全生产的法律、法规,加强安全生产管理,建立、健全安全生产责任制度,完善安全生产条件,确保安全生产。

第五条　生产经营单位的主要负责人对本单位的安全生产工作全面负责。

第六条　生产经营单位的从业人员有依法获得安全生产保障的权利,并应当依法履行安全生产方面的义务。

第七条　工会依法组织职工参加本单位安全生产工作的民主管理和民主监督,维护职工在安全生产方面的合法权益。

第八条　国务院和地方各级人民政府应当加强对安全生产工作的领导,支持、督促各有关部门依法履行安全生产监督管理职责。

县级以上人民政府对安全生产监督管理中存在的重大问题应当及时予以协调、解决。

第九条　国务院负责安全生产监督管理的部门依照本法,对全国安全生产工作实施综合监督管理;县级以上地方各级人民政府负责安全生产监督管理的部门依照本法,对本行政区域内安全生产工作实施综合监督管理。

国务院有关部门依照本法和其他有关法律、行政法规的规定,在各自的职责范围内对有关的安全生产工作实施监督管理;县级以上地方各级人民政府有关部门依照本法和其他有关法律、法规的规定,在各自的职责范围内对有关的安全生产工作实施监督管理。

第十条 国务院有关部门应当按照保障安全生产的要求,依法及时制定有关的国家标准或者行业标准,并根据科技进步和经济发展适时修订。

生产经营单位必须执行依法制定的保障安全生产的国家标准或者行业标准。

第十一条 各级人民政府及其有关部门应当采取多种形式,加强对有关安全生产的法律、法规和安全生产知识的宣传,提高职工的安全生产意识。

第十二条 依法设立的为安全生产提供技术服务的中介机构,依照法律、行政法规和执业准则,接受生产经营单位的委托为其安全生产工作提供技术服务。

第十三条 国家实行生产安全事故责任追究制度,依照本法和有关法律、法规的规定,追究生产安全事故责任人员的法律责任。

第十四条 国家鼓励和支持安全生产科学技术研究和安全生产先进技术的推广应用,提高安全生产水平。

第十五条 国家对在改善安全生产条件、防止生产安全事故、参加抢险救护等方面取得显著成绩的单位和个人,给予奖励。

第二章　生产经营单位的安全生产保障

第十六条 生产经营单位应当具备本法和有关法律、行政法规和国家标准或者行业标准规定的安全生产条件;不具备安全生产条件的,不得从事生产经营活动。

第十七条 生产经营单位的主要负责人对本单位安全生产工作负有下列职责:

(一)建立、健全本单位安全生产责任制;

(二)组织制定本单位安全生产规章制度和操作规程;

(三)保证本单位安全生产投入的有效实施;

(四)督促、检查本单位的安全生产工作,及时消除生产安全事故隐患;

(五)组织制定并实施本单位的生产安全事故应急救援预案;

(六)及时、如实报告生产安全事故。

第十八条 生产经营单位应当具备的安全生产条件所必需的资金投入,由生产经营单位的决策机构、主要负责人或者个人经营的投资人予以保证,并对由于安全生产所必需的资金投入不足导致的后果承担责任。

第十九条 矿山、建筑施工单位和危险物品的生产、经营、储存单位,应当设置安全生产管理机构或者配备专职安全生产管理人员。

前款规定以外的其他生产经营单位,从业人员超过三百人的,应当设置安全生产管理机构或者配备专职安全生产管理人员;从业人员在三百人以下的,应当配备专职或者兼职的安全生产管理人员,或者委托具有国家规定的相关专业技术资格的工程技术人员提供安全生产管理服务。

生产经营单位依照前款规定委托工程技术人员提供安全生产管理服务的,保证安全生产的责任仍由本单位负责。

第二十条 生产经营单位的主要负责人和安全生产管理人员必须具备与本单位所从事的生产经营活动相应的安全生产知识和管理能力。

危险物品的生产、经营、储存单位以及矿山、建筑施工单位的主要负责人和安全生产管理人员，应当由有关主管部门对其安全生产知识和管理能力考核合格后方可任职。考核不得收费。

第二十一条 生产经营单位应当对从业人员进行安全生产教育和培训，保证从业人员具备必要的安全生产知识，熟悉有关的安全生产规章制度和安全操作规程，掌握本岗位的安全操作技能。未经安全生产教育和培训合格的从业人员，不得上岗作业。

第二十二条 生产经营单位采用新工艺、新技术、新材料或者使用新设备，必须了解、掌握其安全技术特性，采取有效的安全防护措施，并对从业人员进行专门的安全生产教育和培训。

第二十三条 生产经营单位的特种作业人员必须按照国家有关规定经专门的安全作业培训，取得特种作业操作资格证书，方可上岗作业。

特种作业人员的范围由国务院负责安全生产监督管理的部门会同国务院有关部门确定。

第二十四条 生产经营单位新建、改建、扩建工程项目（以下统称建设项目）的安全设施，必须与主体工程同时设计、同时施工、同时投入生产和使用。安全设施投资应当纳入建设项目概算。

第二十五条 矿山建设项目和用于生产、储存危险物品的建设项目，应当分别按照国家有关规定进行安全条件论证和安全评价。

第二十六条 建设项目安全设施的设计人、设计单位应当对安全设施设计负责。

矿山建设项目和用于生产、储存危险物品的建设项目的安全设施设计应当按照国家有关规定报经有关部门审查，审查部门及其负责审查的人员对审查结果负责。

第二十七条 矿山建设项目和用于生产、储存危险物品的建设项目的施工单位必须按照批准的安全设施设计施工，并对安全设施的工程质量负责。

矿山建设项目和用于生产、储存危险物品的建设项目竣工投入生产或者使用前，必须依照有关法律、行政法规的规定对安全设施进行验收；验收合格后，方可投入生产和使用。验收部门及其验收人员对验收结果负责。

第二十八条 生产经营单位应当在有较大危险因素的生产经营场所和有关设施、设备上，设置明显的安全警示标志。

第二十九条 安全设备的设计、制造、安装、使用、检测、维修、改造和报废，应当符合国家标准或者行业标准。

生产经营单位必须对安全设备进行经常性维护、保养，并定期检测，保证正常运转。维护、保养、检测应当作好记录，并由有关人员签字。

第三十条 生产经营单位使用的涉及生命安全、危险性较大的特种设备，以及危险物品的容器、运输工具，必须按照国家有关规定，由专业生产单位生产，并经取得专业资质的检测、检验机构检测、检验合格，取得安全使用证或者安全标志，方可投入使用。检测、检验机构对检测、检验结果负责。

涉及生命安全、危险性较大的特种设备的目录由国务院负责特种设备安全监督管理的部门制定，报国务院批准后执行。

第三十一条 国家对严重危及生产安全的工艺、设备实行淘汰制度。

生产经营单位不得使用国家明令淘汰、禁止使用的危及生产安全的工艺、设备。

第三十二条 生产、经营、运输、储存、使用危险物品或者处置废弃危险物品的，由有关主管部门依照有关法律、法规的规定和国家标准或者行业标准审批并实施监督管理。

生产经营单位生产、经营、运输、储存、使用危险物品或者处置废弃危险物品,必须执行有关法律、法规和国家标准或者行业标准,建立专门的安全管理制度,采取可靠的安全措施,接受有关主管部门依法实施的监督管理。

第三十三条 生产经营单位对重大危险源应当登记建档,进行定期检测、评估、监控,并制定应急预案,告知从业人员和相关人员在紧急情况下应当采取的应急措施。

生产经营单位应当按照国家有关规定将本单位重大危险源及有关安全措施、应急措施报有关地方人民政府负责安全生产监督管理的部门和有关部门备案。

第三十四条 生产、经营、储存、使用危险物品的车间、商店、仓库不得与员工宿舍在同一座建筑物内,并应当与员工宿舍保持安全距离。

生产经营场所和员工宿舍应当设有符合紧急疏散要求、标志明显、保持畅通的出口。禁止封闭、堵塞生产经营场所或者员工宿舍的出口。

第三十五条 生产经营单位进行爆破、吊装等危险作业,应当安排专门人员进行现场安全管理,确保操作规程的遵守和安全措施的落实。

第三十六条 生产经营单位应当教育和督促从业人员严格执行本单位的安全生产规章制度和安全操作规程;并向从业人员如实告知作业场所和工作岗位存在的危险因素、防范措施以及事故应急措施。

第三十七条 生产经营单位必须为从业人员提供符合国家标准或者行业标准的劳动防护用品,并监督、教育从业人员按照使用规则佩戴、使用。

第三十八条 生产经营单位的安全生产管理人员应当根据本单位的生产经营特点,对安全生产状况进行经常性检查;对检查中发现的安全问题,应当立即处理;不能处理的,应当及时报告本单位有关负责人。检查及处理情况应当记录在案。

第三十九条 生产经营单位应当安排用于配备劳动防护用品、进行安全生产培训的经费。

第四十条 两个以上生产经营单位在同一作业区域内进行生产经营活动,可能危及对方生产安全的,应当签订安全生产管理协议,明确各自的安全生产管理职责和应当采取的安全措施,并指定专职安全生产管理人员进行安全检查与协调。

第四十一条 生产经营单位不得将生产经营项目、场所、设备发包或者出租给不具备安全生产条件或者相应资质的单位或者个人。

生产经营项目、场所有多个承包单位、承租单位的,生产经营单位应当与承包单位、承租单位签订专门的安全生产管理协议,或者在承包合同、租赁合同中约定各自的安全生产管理职责;生产经营单位对承包单位、承租单位的安全生产工作统一协调、管理。

第四十二条 生产经营单位发生重大生产安全事故时,单位的主要负责人应当立即组织抢救,并不得在事故调查处理期间擅离职守。

第四十三条 生产经营单位必须依法参加工伤社会保险,为从业人员缴纳保险费。

第三章　从业人员的权利和义务

第四十四条 生产经营单位与从业人员订立的劳动合同,应当载明有关保障从业人员劳动安全、防止职业危害的事项,以及依法为从业人员办理工伤社会保险的事项。

生产经营单位不得以任何形式与从业人员订立协议，免除或者减轻其对从业人员因生产安全事故伤亡依法应承担的责任。

第四十五条 生产经营单位的从业人员有权了解其作业场所和工作岗位存在的危险因素、防范措施及事故应急措施，有权对本单位的安全生产工作提出建议。

第四十六条 从业人员有权对本单位安全生产工作中存在的问题提出批评、检举、控告；有权拒绝违章指挥和强令冒险作业。

生产经营单位不得因从业人员对本单位安全生产工作提出批评、检举、控告或者拒绝违章指挥、强令冒险作业而降低其工资、福利等待遇或者解除与其订立的劳动合同。

第四十七条 从业人员发现直接危及人身安全的紧急情况时，有权停止作业或者在采取可能的应急措施后撤离作业场所。

生产经营单位不得因从业人员在前款紧急情况下停止作业或者采取紧急撤离措施而降低其工资、福利等待遇或者解除与其订立的劳动合同。

第四十八条 因生产安全事故受到损害的从业人员，除依法享有工伤社会保险外，依照有关民事法律尚有获得赔偿的权利的，有权向本单位提出赔偿要求。

第四十九条 从业人员在作业过程中，应当严格遵守本单位的安全生产规章制度和操作规程，服从管理，正确佩戴和使用劳动防护用品。

第五十条 从业人员应当接受安全生产教育和培训，掌握本职工作所需的安全生产知识，提高安全生产技能，增强事故预防和应急处理能力。

第五十一条 从业人员发现事故隐患或者其他不安全因素，应当立即向现场安全生产管理人员或者本单位负责人报告；接到报告的人员应当及时予以处理。

第五十二条 工会有权对建设项目的安全设施与主体工程同时设计、同时施工、同时投入生产和使用进行监督，提出意见。

工会对生产经营单位违反安全生产法律、法规，侵犯从业人员合法权益的行为，有权要求纠正；发现生产经营单位违章指挥、强令冒险作业或者发现事故隐患时，有权提出解决的建议，生产经营单位应当及时研究答复；发现危及从业人员生命安全的情况时，有权向生产经营单位建议组织从业人员撤离危险场所，生产经营单位必须立即作出处理。

工会有权依法参加事故调查，向有关部门提出处理意见，并要求追究有关人员的责任。

第四章　安全生产的监督管理

第五十三条 县级以上地方各级人民政府应当根据本行政区域内的安全生产状况，组织有关部门按照职责分工，对本行政区域内容易发生重大生产安全事故的生产经营单位进行严格检查；发现事故隐患，应当及时处理。

第五十四条 依照本法第九条规定对安全生产负有监督管理职责的部门（以下统称负有安全生产监督管理职责的部门）依照有关法律、法规的规定，对涉及安全生产的事项需要审查批准（包括批准、核准、许可、注册、认证、颁发证照等，下同）或者验收的，必须严格依照有关法律、法规和国家标准或者行业标准规定的安全生产条件和程序进行审查；不符合有关法律、法规和国家标准或者行业标准规定的安全生产条件的，不得批准或者验收通过。对未依法取得批准或者验收合格的单位擅自从事有关活动的，负责行政审批的部门发现或者接到举报后应当立即予以取缔，并依法予以处理。对已经依法取得批准的单位，负责行政审批的部门发现其不再具备安全生产条件的，应当撤销原批准。

第五十五条 负有安全生产监督管理职责的部门对涉及安全生产的事项进行审查、验收，不得收取费用；不得要求接受审查、验收的单位购买其指定品牌或者指定生产、销售单位的安全设备、器材或者其他产品。

第五十六条 负有安全生产监督管理职责的部门依法对生产经营单位执行有关安全生产的法律、法规和国家标准或者行业标准的情况进行监督检查，行使以下职权：

（一）进入生产经营单位进行检查，调阅有关资料，向有关单位和人员了解情况。

（二）对检查中发现的安全生产违法行为，当场予以纠正或者要求限期改正；对依法应当给予行政处罚的行为，依照本法和其他有关法律、行政法规的规定作出行政处罚决定。

（三）对检查中发现的事故隐患，应当责令立即排除；重大事故隐患排除前或者排除过程中无法保证安全的，应当责令从危险区域内撤出作业人员，责令暂时停产停业或者停止使用；重大事故隐患排除后，经审查同意，方可恢复生产经营和使用。

（四）对有根据认为不符合保障安全生产的国家标准或者行业标准的设施、设备、器材予以查封或者扣押，并应当在十五日内依法作出处理决定。

监督检查不得影响被检查单位的正常生产经营活动。

第五十七条 生产经营单位对负有安全生产监督管理职责的部门的监督检查人员（以下统称安全生产监督检查人员）依法履行监督检查职责，应当予以配合，不得拒绝、阻挠。

第五十八条 安全生产监督检查人员应当忠于职守，坚持原则，秉公执法。

安全生产监督检查人员执行监督检查任务时，必须出示有效的监督执法证件；对涉及被检查单位的技术秘密和业务秘密，应当为其保密。

第五十九条 安全生产监督检查人员应当将检查的时间、地点、内容、发现的问题及其处理情况，作出书面记录，并由检查人员和被检查单位的负责人签字；被检查单位的负责人拒绝签字的，检查人员应当将情况记录在案，并向负有安全生产监督管理职责的部门报告。

第六十条 负有安全生产监督管理职责的部门在监督检查中，应当互相配合，实行联合检查；确需分别进行检查的，应当互通情况，发现存在的安全问题应当由其他有关部门进行处理的，应当及时移送其他有关部门并形成记录备查，接受移送的部门应当及时进行处理。

第六十一条 监察机关依照行政监察法的规定，对负有安全生产监督管理职责的部门及其工作人员履行安全生产监督管理职责实施监察。

第六十二条 承担安全评价、认证、检测、检验的机构应当具备国家规定的资质条件，并对其作出的安全评价、认证、检测、检验的结果负责。

第六十三条 负有安全生产监督管理职责的部门应当建立举报制度，公开举报电话、信箱或者电子邮件地址，受理有关安全生产的举报；受理的举报事项经调查核实后，应当形成书面材料；需要落实整改措施的，报经有关负责人签字并督促落实。

第六十四条 任何单位或者个人对事故隐患或者安全生产违法行为，均有权向负有安全生产监督管理职责的部门报告或者举报。

第六十五条 居民委员会、村民委员会发现其所在区域内的生产经营单位存在事故隐患或者安全生产违法行为时，应当向当地人民政府或者有关部门报告。

第六十六条 县级以上各级人民政府及其有关部门对报告重大事故隐患或者举报安全生产违法行为的有功人员，给予奖励。具体奖励办法由国务院负责安全生产监督管理的部门会同国务院财政部门制定。

第六十七条 新闻、出版、广播、电影、电视等单位有进行安全生产宣传教育的义务，有对违反安全生产法律、法规的行为进行舆论监督的权利。

第五章 生产安全事故的应急救援与调查处理

第六十八条 县级以上地方各级人民政府应当组织有关部门制定本行政区域内特大生产安全事故应急救援预案，建立应急救援体系。

第六十九条 危险物品的生产、经营、储存单位以及矿山、建筑施工单位应当建立应急救援组织；生产经营规模较小，可以不建立应急救援组织的，应当指定兼职的应急救援人员。

危险物品的生产、经营、储存单位以及矿山、建筑施工单位应当配备必要的应急救援器材、设备，并进行经常性维护、保养，保证正常运转。

第七十条 生产经营单位发生生产安全事故后，事故现场有关人员应当立即报告本单位负责人。

单位负责人接到事故报告后，应当迅速采取有效措施，组织抢救，防止事故扩大，减少人员伤亡和财产损失，并按照国家有关规定立即如实报告当地负有安全生产监督管理职责的部门，不得隐瞒不报、谎报或者拖延不报，不得故意破坏事故现场、毁灭有关证据。

第七十一条 负有安全生产监督管理职责的部门接到事故报告后，应当立即按照国家有关规定上报事故情况。负有安全生产监督管理职责的部门和有关地方人民政府对事故情况不得隐瞒不报、谎报或者拖延不报。

第七十二条 有关地方人民政府和负有安全生产监督管理职责的部门的负责人接到重大生产安全事故报告后，应当立即赶到事故现场，组织事故抢救。

任何单位和个人都应当支持、配合事故抢救，并提供一切便利条件。

第七十三条 事故调查处理应当按照实事求是、尊重科学的原则，及时、准确地查清事故原因，查明事故性质和责任，总结事故教训，提出整改措施，并对事故责任者提出处理意见。事故调查和处理的具体办法由国务院制定。

第七十四条 生产经营单位发生生产安全事故，经调查确定为责任事故的，除了应当查明事故单位的责任并依法予以追究外，还应当查明对安全生产的有关事项负有审查批准和监督职责的行政部门的责任，对有失职、渎职行为的，依照本法第七十七条的规定追究法律责任。

第七十五条 任何单位和个人不得阻挠和干涉对事故的依法调查处理。

第七十六条 县级以上地方各级人民政府负责安全生产监督管理的部门应当定期统计分析本行政区域内发生生产安全事故的情况，并定期向社会公布。

第六章 法律责任

第七十七条 负有安全生产监督管理职责的部门的工作人员，有下列行为之一的，给予降级或者撤职的行政处分；构成犯罪的，依照刑法有关规定追究刑事责任：

（一）对不符合法定安全生产条件的涉及安全生产的事项予以批准或者验收通过的；

（二）发现未依法取得批准、验收的单位擅自从事有关活动或者接到举报后不予取缔或者不依法予以处理的；

（三）对已经依法取得批准的单位不履行监督管理职责，发现其不再具备安全生产条件而不撤销原批准或者发现安全生产违法行为不予查处的。

第七十八条 负有安全生产监督管理职责的部门，要求被审查、验收的单位购买其指定的安全设备、器材或者其他产品的，在对安全生产事项的审查、验收中收取费用的，由其上级机关或者监察机关责令改正，责令退还收取的费用；情节严重的，对直接负责的主管人员和其他直接责任人员依法给予行政处分。

第七十九条 承担安全评价、认证、检测、检验工作的机构，出具虚假证明，构成犯罪的，依照刑法有关规定追究刑事责任；尚不够刑事处罚的，没收违法所得，违法所得在五千元以上的，并处违法所得二倍以上五倍以下的罚款，没有违法所得或者违法所得不足五千元的，单处或者并处五千元以上二万元以下的罚款，对其直接负责的主管人员和其他直接责任人员处五千元以上五万元以下的罚款；给他人造成损害的，与生产经营单位承担连带赔偿责任。

对有前款违法行为的机构，撤销其相应资格。

第八十条 生产经营单位的决策机构、主要负责人、个人经营的投资人不依照本法规定保证安全生产所必需的资金投入，致使生产经营单位不具备安全生产条件的，责令限期改正，提供必需的资金；逾期未改正的，责令生产经营单位停产停业整顿。

有前款违法行为，导致发生生产安全事故，构成犯罪的，依照刑法有关规定追究刑事责任；尚不够刑事处罚的，对生产经营单位的主要负责人给予撤职处分，对个人经营的投资人处二万元以上二十万元以下的罚款。

第八十一条 生产经营单位的主要负责人未履行本法规定的安全生产管理职责的，责令限期改正；逾期未改正的，责令生产经营单位停产停业整顿。

生产经营单位的主要负责人有前款违法行为，导致发生生产安全事故，构成犯罪的，依照刑法有关规定追究刑事责任；尚不够刑事处罚的，给予撤职处分或者处二万元以上二十万元以下的罚款。

生产经营单位的主要负责人依照前款规定受刑事处罚或者撤职处分的，自刑罚执行完毕或者受处分之日起，五年内不得担任任何生产经营单位的主要负责人。

第八十二条 生产经营单位有下列行为之一的，责令限期改正；逾期未改正的，责令停产停业整顿，可以并处二万元以下的罚款：

（一）未按照规定设立安全生产管理机构或者配备安全生产管理人员的；

（二）危险物品的生产、经营、储存单位以及矿山、建筑施工单位的主要负责人和安全生产管理人员未按照规定经考核合格的；

（三）未按照本法第二十一条、第二十二条的规定对从业人员进行安全生产教育和培训，或者未按照本法第三十六条的规定如实告知从业人员有关的安全生产事项的；

（四）特种作业人员未按照规定经专门的安全作业培训并取得特种作业操作资格证书，上岗作业的。

第八十三条 生产经营单位有下列行为之一的，责令限期改正；逾期未改正的，责令停止建设或者停产停业整顿，可以并处五万元以下的罚款；造成严重后果，构成犯罪的，依照刑法有关规定追究刑事责任：

（一）矿山建设项目或者用于生产、储存危险物品的建设项目没有安全设施设计或者安全设施设计未按照规定报经有关部门审查同意的；

（二）矿山建设项目或者用于生产、储存危险物品的建设项目的施工单位未按照批准的安全设施设计施工的；

（三）矿山建设项目或者用于生产、储存危险物品的建设项目竣工投入生产或者使用前，安全设施未经验收合格的；

（四）未在有较大危险因素的生产经营场所和有关设施、设备上设置明显的安全警示标志的；

（五）安全设备的安装、使用、检测、改造和报废不符合国家标准或者行业标准的；

（六）未对安全设备进行经常性维护、保养和定期检测的；

（七）未为从业人员提供符合国家标准或者行业标准的劳动防护用品的；

（八）特种设备以及危险物品的容器、运输工具未经取得专业资质的机构检测、检验合格，取得安全使用证或者安全标志，投入使用的；

（九）使用国家明令淘汰、禁止使用的危及生产安全的工艺、设备的。

第八十四条 未经依法批准，擅自生产、经营、储存危险物品的，责令停止违法行为或者予以关闭，没收违法所得，违法所得十万元以上的，并处违法所得一倍以上五倍以下的罚款，没有违法所得或者违法所得不足十万元的，单处或者并处二万元以上十万元以下的罚款；造成严重后果，构成犯罪的，依照刑法有关规定追究刑事责任。

第八十五条 生产经营单位有下列行为之一的，责令限期改正；逾期未改正的，责令停产停业整顿，可以并处二万元以上十万元以下的罚款；造成严重后果，构成犯罪的，依照刑法有关规定追究刑事责任：

（一）生产、经营、储存、使用危险物品，未建立专门安全管理制度、未采取可靠的安全措施或者不接受有关主管部门依法实施的监督管理的；

（二）对重大危险源未登记建档，或者未进行评估、监控，或者未制定应急预案的；

（三）进行爆破、吊装等危险作业，未安排专门管理人员进行现场安全管理的。

第八十六条 生产经营单位将生产经营项目、场所、设备发包或者出租给不具备安全生产条件或者相应资质的单位或者个人的，责令限期改正，没收违法所得；违法所得五万元以上的，并处违法所得一倍以上五倍以下的罚款；没有违法所得或者违法所得不足五万元的，单处或者并处一万元以上五万元以下的罚款；导致发生生产安全事故给他人造成损害的，与承包方、承租方承担连带赔偿责任。

生产经营单位未与承包单位、承租单位签订专门的安全生产管理协议或者未在承包合同、租赁合同中明确各自的安全生产管理职责，或者未对承包单位、承租单位的安全生产统一协调、管理的，责令限期改正；逾期未改正的，责令停产停业整顿。

第八十七条 两个以上生产经营单位在同一作业区域内进行可能危及对方安全生产的生产经营活动，未签订安全生产管理协议或者未指定专职安全生产管理人员进行安全检查与协调的，责令限期改正；逾期未改正的，责令停产停业。

第八十八条 生产经营单位有下列行为之一的，责令限期改正；逾期未改正的，责令停产停业整顿；造成严重后果，构成犯罪的，依照刑法有关规定追究刑事责任：

（一）生产、经营、储存、使用危险物品的车间、商店、仓库与员工宿舍在同一座建筑内，或者与员工宿舍的距离不符合安全要求的；

（二）生产经营场所和员工宿舍未设有符合紧急疏散需要、标志明显、保持畅通的出口，或者封闭、堵塞生产经营场所或者员工宿舍出口的。

第八十九条　生产经营单位与从业人员订立协议,免除或者减轻其对从业人员因生产安全事故伤亡依法应承担的责任的,该协议无效;对生产经营单位的主要负责人、个人经营的投资人处二万元以上十万元以下的罚款。

第九十条　生产经营单位的从业人员不服从管理,违反安全生产规章制度或者操作规程的,由生产经营单位给予批评教育,依照有关规章制度给予处分;造成重大事故,构成犯罪的,依照刑法有关规定追究刑事责任。

第九十一条　生产经营单位主要负责人在本单位发生重大生产安全事故时,不立即组织抢救或者在事故调查处理期间擅离职守或者逃匿的,给予降职、撤职的处分,对逃匿的处十五日以下拘留;构成犯罪的,依照刑法有关规定追究刑事责任。

生产经营单位主要负责人对生产安全事故隐瞒不报、谎报或者拖延不报的,依照前款规定处罚。

第九十二条　有关地方人民政府、负有安全生产监督管理职责的部门,对生产安全事故隐瞒不报、谎报或者拖延不报的,对直接负责的主管人员和其他直接责任人员依法给予行政处分;构成犯罪的,依照刑法有关规定追究刑事责任。

第九十三条　生产经营单位不具备本法和其他有关法律、行政法规和国家标准或者行业标准规定的安全生产条件,经停产停业整顿仍不具备安全生产条件的,予以关闭;有关部门应当依法吊销其有关证照。

第九十四条　本法规定的行政处罚,由负责安全生产监督管理的部门决定;予以关闭的行政处罚由负责安全生产监督管理的部门报请县级以上人民政府按照国务院规定的权限决定;给予拘留的行政处罚由公安机关依照治安管理处罚条例的规定决定。有关法律、行政法规对行政处罚的决定机关另有规定的,依照其规定。

第九十五条　生产经营单位发生生产安全事故造成人员伤亡、他人财产损失的,应当依法承担赔偿责任;拒不承担或者其负责人逃匿的,由人民法院依法强制执行。

生产安全事故的责任人未依法承担赔偿责任,经人民法院依法采取执行措施后,仍不能对受害人给予足额赔偿的,应当继续履行赔偿义务;受害人发现责任人有其他财产的,可以随时请求人民法院执行。

第七章　附　　则

第九十六条　本法下列用语的含义:

危险物品,是指易燃易爆物品、危险化学品、放射性物品等能够危及人身安全和财产安全的物品。

重大危险源,是指长期地或者临时地生产、搬运、使用或者储存危险物品,且危险物品的数量等于或者超过临界量的单元(包括场所和设施)。

第九十七条　本法自2002年11月1日起施行。

中华人民共和国主席令

第 7 号

《中华人民共和国行政许可法》已由中华人民共和国第十届全国人民代表大会常务委员会第四次会议于 2003 年 8 月 27 日通过，现予公布，自 2004 年 7 月 1 日起施行。

中华人民共和国主席　　胡锦涛

2003 年 8 月 27 日

中华人民共和国行政许可法

第一章　总　　则

第一条　为了规范行政许可的设定和实施，保护公民、法人和其他组织的合法权益，维护公共利益和社会秩序，保障和监督行政机关有效实施行政管理，根据宪法，制定本法。

第二条　本法所称行政许可，是指行政机关根据公民、法人或者其他组织的申请，经依法审查，准予其从事特定活动的行为。

第三条　行政许可的设定和实施，适用本法。

有关行政机关对其他机关或者对其直接管理的事业单位的人事、财务、外事等事项的审批，不适用本法。

第四条　设定和实施行政许可，应当依照法定的权限、范围、条件和程序。

第五条　设定和实施行政许可，应当遵循公开、公平、公正的原则。

有关行政许可的规定应当公布；未经公布的，不得作为实施行政许可的依据。行政许可的实施和结果，除涉及国家秘密、商业秘密或者个人隐私的外，应当公开。

符合法定条件、标准的，申请人有依法取得行政许可的平等权利，行政机关不得歧视。

第六条　实施行政许可，应当遵循便民的原则，提高办事效率，提供优质服务。

第七条　公民、法人或者其他组织对行政机关实施行政许可，享有陈述权、申辩权；有权依法申请行政复议或者提起行政诉讼；其合法权益因行政机关违法实施行政许可受到损害的，有权依法要求赔偿。

第八条　公民、法人或者其他组织依法取得的行政许可受法律保护，行政机关不得擅自改变已经生效的行政许可。

行政许可所依据的法律、法规、规章修改或者废止，或者准予行政许可所依据的客观情况发生重大变化的，为了公共利益的需要，行政机关可以依法变更或者撤回已经生效的行政许可。由此给公民、法人或者其他组织造成财产损失的，行政机关应当依法给予补偿。

第九条 依法取得的行政许可，除法律、法规规定依照法定条件和程序可以转让的外，不得转让。

第十条 县级以上人民政府应当建立健全对行政机关实施行政许可的监督制度，加强对行政机关实施行政许可的监督检查。

行政机关应当对公民、法人或者其他组织从事行政许可事项的活动实施有效监督。

第二章 行政许可的设定

第十一条 设定行政许可，应当遵循经济和社会发展规律，有利于发挥公民、法人或者其他组织的积极性、主动性，维护公共利益和社会秩序，促进经济、社会和生态环境协调发展。

第十二条 下列事项可以设定行政许可：

（一）直接涉及国家安全、公共安全、经济宏观调控、生态环境保护以及直接关系人身健康、生命财产安全等特定活动，需要按照法定条件予以批准的事项；

（二）有限自然资源开发利用、公共资源配置以及直接关系公共利益的特定行业的市场准入等，需要赋予特定权利的事项；

（三）提供公众服务并且直接关系公共利益的职业、行业，需要确定具备特殊信誉、特殊条件或者特殊技能等资格、资质的事项；

（四）直接关系公共安全、人身健康、生命财产安全的重要设备、设施、产品、物品，需要按照技术标准、技术规范，通过检验、检测、检疫等方式进行审定的事项；

（五）企业或者其他组织的设立等，需要确定主体资格的事项；

（六）法律、行政法规规定可以设定行政许可的其他事项。

第十三条 本法第十二条所列事项，通过下列方式能够予以规范的，可以不设行政许可：

（一）公民、法人或者其他组织能够自主决定的；

（二）市场竞争机制能够有效调节的；

（三）行业组织或者中介机构能够自律管理的；

（四）行政机关采用事后监督等其他行政管理方式能够解决的。

第十四条 本法第十二条所列事项，法律可以设定行政许可。尚未制定法律的，行政法规可以设定行政许可。

必要时，国务院可以采用发布决定的方式设定行政许可。实施后，除临时性行政许可事项外，国务院应当及时提请全国人民代表大会及其常务委员会制定法律，或者自行制定行政法规。

第十五条 本法第十二条所列事项，尚未制定法律、行政法规的，地方性法规可以设定行政许可；尚未制定法律、行政法规和地方性法规的，因行政管理的需要，确需立即实施行政许可的，省、自治区、直辖市人民政府规章可以设定临时性的行政许可。临时性的行政许可实施满一年需要继续实施的，应当提请本级人民代表大会及其常务委员会制定地方性法规。

地方性法规和省、自治区、直辖市人民政府规章，不得设定应当由国家统一确定的公民、法人或者其他组织的资格、资质的行政许可；不得设定企业或者其他组织的设立登记及其前置性行政许可。其设定的行政许可，不得限制其他地区的个人或者企业到本地区从事生产经营和提供服务，不得限制其他地区的商品进入本地区市场。

第十六条 行政法规可以在法律设定的行政许可事项范围内，对实施该行政许可作出具体规定。

地方性法规可以在法律、行政法规设定的行政许可事项范围内，对实施该行政许可作出具体规定。

规章可以在上位法设定的行政许可事项范围内，对实施该行政许可作出具体规定。

法规、规章对实施上位法设定的行政许可作出的具体规定，不得增设行政许可；对行政许可条件作出的具体规定，不得增设违反上位法的其他条件。

第十七条 除本法第十四条、第十五条规定的外，其他规范性文件一律不得设定行政许可。

第十八条 设定行政许可，应当规定行政许可的实施机关、条件、程序、期限。

第十九条 起草法律草案、法规草案和省、自治区、直辖市人民政府规章草案，拟设定行政许可的，起草单位应当采取听证会、论证会等形式听取意见，并向制定机关说明设定该行政许可的必要性、对经济和社会可能产生的影响以及听取和采纳意见的情况。

第二十条 行政许可的设定机关应当定期对其设定的行政许可进行评价；对已设定的行政许可，认为通过本法第十三条所列方式能够解决的，应当对设定该行政许可的规定及时予以修改或者废止。

行政许可的实施机关可以对已设定的行政许可的实施情况及存在的必要性适时进行评价，并将意见报告该行政许可的设定机关。

公民、法人或者其他组织可以向行政许可的设定机关和实施机关就行政许可的设定和实施提出意见和建议。

第二十一条 省、自治区、直辖市人民政府对行政法规设定的有关经济事务的行政许可，根据本行政区域经济和社会发展情况，认为通过本法第十三条所列方式能够解决的，报国务院批准后，可以在本行政区域内停止实施该行政许可。

第三章 行政许可的实施机关

第二十二条 行政许可由具有行政许可权的行政机关在其法定职权范围内实施。

第二十三条 法律、法规授权的具有管理公共事务职能的组织，在法定授权范围内，以自己的名义实施行政许可。被授权的组织适用本法有关行政机关的规定。

第二十四条 行政机关在其法定职权范围内，依照法律、法规、规章的规定，可以委托其他行政机关实施行政许可。委托机关应当将受委托行政机关和受委托实施行政许可的内容予以公告。

委托行政机关对受委托行政机关实施行政许可的行为应当负责监督，并对该行为的后果承担法律责任。

受委托行政机关在委托范围内，以委托行政机关名义实施行政许可；不得再委托其他组织或者个人实施行政许可。

第二十五条 经国务院批准，省、自治区、直辖市人民政府根据精简、统一、效能的原则，可以决定一个行政机关行使有关行政机关的行政许可权。

第二十六条 行政许可需要行政机关内设的多个机构办理的，该行政机关应当确定一个机构统一受理行政许可申请，统一送达行政许可决定。

行政许可依法由地方人民政府两个以上部门分别实施的，本级人民政府可以确定一个部门受理行政许可申请并转告有关部门分别提出意见后统一办理，或者组织有关部门联合办理、集中办理。

第二十七条 行政机关实施行政许可，不得向申请人提出购买指定商品、接受有偿服务等不正当要求。

行政机关工作人员办理行政许可，不得索取或者收受申请人的财物，不得谋取其他利益。

第二十八条 对直接关系公共安全、人身健康、生命财产安全的设备、设施、产品、物品的检验、检测、检疫，除法律、行政法规规定由行政机关实施的外，应当逐步由符合法定条件的专业技术组织实施。专业技术组织及其有关人员对所实施的检验、检测、检疫结论承担法律责任。

第四章 行政许可的实施程序

第一节 申请与受理

第二十九条 公民、法人或者其他组织从事特定活动，依法需要取得行政许可的，应当向行政机关提出申请。申请书需要采用格式文本的，行政机关应当向申请人提供行政许可申请书格式文本。申请书格式文本中不得包含与申请行政许可事项没有直接关系的内容。

申请人可以委托代理人提出行政许可申请。但是，依法应当由申请人到行政机关办公场所提出行政许可申请的除外。

行政许可申请可以通过信函、电报、电传、传真、电子数据交换和电子邮件等方式提出。

第三十条 行政机关应当将法律、法规、规章规定的有关行政许可的事项、依据、条件、数量、程序、期限以及需要提交的全部材料的目录和申请书示范文本等在办公场所公示。

申请人要求行政机关对公示内容予以说明、解释的，行政机关应当说明、解释，提供准确、可靠的信息。

第三十一条 申请人申请行政许可，应当如实向行政机关提交有关材料和反映真实情况，并对其申请材料实质内容的真实性负责。行政机关不得要求申请人提交与其申请的行政许可事项无关的技术资料和其他材料。

第三十二条 行政机关对申请人提出的行政许可申请，应当根据下列情况分别作出处理：

（一）申请事项依法不需要取得行政许可的，应当即时告知申请人不受理；

（二）申请事项依法不属于本行政机关职权范围的，应当即时作出不予受理的决定，并告知申请人向有关行政机关申请；

（三）申请材料存在可以当场更正的错误的，应当允许申请人当场更正；

（四）申请材料不齐全或者不符合法定形式的，应当当场或者在五日内一次告知申请人需要补正的全部内容，逾期不告知的，自收到申请材料之日起即为受理；

（五）申请事项属于本行政机关职权范围，申请材料齐全、符合法定形式，或者申请人按照本行政机关的要求提交全部补正申请材料的，应当受理行政许可申请。

行政机关受理或者不予受理行政许可申请,应当出具加盖本行政机关专用印章和注明日期的书面凭证。

第三十三条 行政机关应当建立和完善有关制度,推行电子政务,在行政机关的网站上公布行政许可事项,方便申请人采取数据电文等方式提出行政许可申请;应当与其他行政机关共享有关行政许可信息,提高办事效率。

第二节 审查与决定

第三十四条 行政机关应当对申请人提交的申请材料进行审查。

申请人提交的申请材料齐全、符合法定形式,行政机关能够当场作出决定的,应当当场作出书面的行政许可决定。

根据法定条件和程序,需要对申请材料的实质内容进行核实的,行政机关应当指派两名以上工作人员进行核查。

第三十五条 依法应当先经下级行政机关审查后报上级行政机关决定的行政许可,下级行政机关应当在法定期限内将初步审查意见和全部申请材料直接报送上级行政机关。上级行政机关不得要求申请人重复提供申请材料。

第三十六条 行政机关对行政许可申请进行审查时,发现行政许可事项直接关系他人重大利益的,应当告知该利害关系人。申请人、利害关系人有权进行陈述和申辩。行政机关应当听取申请人、利害关系人的意见。

第三十七条 行政机关对行政许可申请进行审查后,除当场作出行政许可决定的外,应当在法定期限内按照规定程序作出行政许可决定。

第三十八条 申请人的申请符合法定条件、标准的,行政机关应当依法作出准予行政许可的书面决定。

行政机关依法作出不予行政许可的书面决定的,应当说明理由,并告知申请人享有依法申请行政复议或者提起行政诉讼的权利。

第三十九条 行政机关作出准予行政许可的决定,需要颁发行政许可证件的,应当向申请人颁发加盖本行政机关印章的下列行政许可证件:

(一)许可证、执照或者其他许可证书;

(二)资格证、资质证或者其他合格证书;

(三)行政机关的批准文件或者证明文件;

(四)法律、法规规定的其他行政许可证件。

行政机关实施检验、检测、检疫的,可以在检验、检测、检疫合格的设备、设施、产品、物品上加贴标签或者加盖检验、检测、检疫印章。

第四十条 行政机关作出的准予行政许可决定,应当予以公开,公众有权查阅。

第四十一条 法律、行政法规设定的行政许可,其适用范围没有地域限制的,申请人取得的行政许可在全国范围内有效。

第三节 期　　限

第四十二条 除可以当场作出行政许可决定的外,行政机关应当自受理行政许可申请之日起二十日内作出行政许可决定。二十日内不能作出决定的,经本行政机关负责人批准,可以延长十日,并应当将延长期限的理由告知申请人。但是,法律、法规另有规定的,依照其规定。

依照本法第二十六条的规定，行政许可采取统一办理或者联合办理、集中办理的，办理的时间不得超过四十五日；四十五日内不能办结的，经本级人民政府负责人批准，可以延长十五日，并应当将延长期限的理由告知申请人。

第四十三条 依法应当先经下级行政机关审查后报上级行政机关决定的行政许可，下级行政机关应当自其受理行政许可申请之日起二十日内审查完毕。但是，法律、法规另有规定的，依照其规定。

第四十四条 行政机关作出准予行政许可的决定，应当自作出决定之日起十日内向申请人颁发、送达行政许可证件，或者加贴标签、加盖检验、检测、检疫印章。

第四十五条 行政机关作出行政许可决定，依法需要听证、招标、拍卖、检验、检测、检疫、鉴定和专家评审的，所需时间不计算在本节规定的期限内。行政机关应当将所需时间书面告知申请人。

第四节 听　　证

第四十六条 法律、法规、规章规定实施行政许可应当听证的事项，或者行政机关认为需要听证的其他涉及公共利益的重大行政许可事项，行政机关应当向社会公告，并举行听证。

第四十七条 行政许可直接涉及申请人与他人之间重大利益关系的，行政机关在作出行政许可决定前，应当告知申请人、利害关系人享有要求听证的权利；申请人、利害关系人在被告知听证权利之日起五日内提出听证申请的，行政机关应当在二十日内组织听证。

申请人、利害关系人不承担行政机关组织听证的费用。

第四十八条 听证按照下列程序进行：

（一）行政机关应当于举行听证的七日前将举行听证的时间、地点通知申请人、利害关系人，必要时予以公告；

（二）听证应当公开举行；

（三）行政机关应当指定审查该行政许可申请的工作人员以外的人员为听证主持人，申请人、利害关系人认为主持人与该行政许可事项有直接利害关系的，有权申请回避；

（四）举行听证时，审查该行政许可申请的工作人员应当提供审查意见的证据、理由，申请人、利害关系人可以提出证据，并进行申辩和质证；

（五）听证应当制作笔录，听证笔录应当交听证参加人确认无误后签字或者盖章。

行政机关应当根据听证笔录，作出行政许可决定。

第五节 变更与延续

第四十九条 被许可人要求变更行政许可事项的，应当向作出行政许可决定的行政机关提出申请；符合法定条件、标准的，行政机关应当依法办理变更手续。

第五十条 被许可人需要延续依法取得的行政许可的有效期的，应当在该行政许可有效期届满三十日前向作出行政许可决定的行政机关提出申请。但是，法律、法规、规章另有规定的，依照其规定。

行政机关应当根据被许可人的申请，在该行政许可有效期届满前作出是否准予延续的决定；逾期未作决定的，视为准予延续。

第六节 特别规定

第五十一条 实施行政许可的程序,本节有规定的,适用本节规定;本节没有规定的,适用本章其他有关规定。

第五十二条 国务院实施行政许可的程序,适用有关法律、行政法规的规定。

第五十三条 实施本法第十二条第二项所列事项的行政许可的,行政机关应当通过招标、拍卖等公平竞争的方式作出决定。但是,法律、行政法规另有规定的,依照其规定。

行政机关通过招标、拍卖等方式作出行政许可决定的具体程序,依照有关法律、行政法规的规定。

行政机关按照招标、拍卖程序确定中标人、买受人后,应当作出准予行政许可的决定,并依法向中标人、买受人颁发行政许可证件。

行政机关违反本条规定,不采用招标、拍卖方式,或者违反招标、拍卖程序,损害申请人合法权益的,申请人可以依法申请行政复议或者提起行政诉讼。

第五十四条 实施本法第十二条第三项所列事项的行政许可,赋予公民特定资格,依法应当举行国家考试的,行政机关根据考试成绩和其他法定条件作出行政许可决定;赋予法人或者其他组织特定的资格、资质的,行政机关根据申请人的专业人员构成、技术条件、经营业绩和管理水平等的考核结果作出行政许可决定。但是,法律、行政法规另有规定的,依照其规定。

公民特定资格的考试依法由行政机关或者行业组织实施,公开举行。行政机关或者行业组织应当事先公布资格考试的报名条件、报考办法、考试科目以及考试大纲。但是,不得组织强制性的资格考试的考前培训,不得指定教材或者其他助考材料。

第五十五条 实施本法第十二条第四项所列事项的行政许可的,应当按照技术标准、技术规范依法进行检验、检测、检疫,行政机关根据检验、检测、检疫的结果作出行政许可决定。

行政机关实施检验、检测、检疫,应当自受理申请之日起五日内指派两名以上工作人员按照技术标准、技术规范进行检验、检测、检疫。不需要对检验、检测、检疫结果作进一步技术分析即可认定设备、设施、产品、物品是否符合技术标准、技术规范的,行政机关应当当场作出行政许可决定。

行政机关根据检验、检测、检疫结果,作出不予行政许可决定的,应当书面说明不予行政许可所依据的技术标准、技术规范。

第五十六条 实施本法第十二条第五项所列事项的行政许可,申请人提交的申请材料齐全、符合法定形式的,行政机关应当当场予以登记。需要对申请材料的实质内容进行核实的,行政机关依照本法第三十四条第三款的规定办理。

第五十七条 有数量限制的行政许可,两个或者两个以上申请人的申请均符合法定条件、标准的,行政机关应当根据受理行政许可申请的先后顺序作出准予行政许可的决定。但是,法律、行政法规另有规定的,依照其规定。

第五章 行政许可的费用

第五十八条 行政机关实施行政许可和对行政许可事项进行监督检查,不得收取任何费用。但是,法律、行政法规另有规定的,依照其规定。

行政机关提供行政许可申请书格式文本，不得收费。

行政机关实施行政许可所需经费应当列入本行政机关的预算，由本级财政予以保障，按照批准的预算予以核拨。

第五十九条 行政机关实施行政许可，依照法律、行政法规收取费用的，应当按照公布的法定项目和标准收费；所收取的费用必须全部上缴国库，任何机关或者个人不得以任何形式截留、挪用、私分或者变相私分。财政部门不得以任何形式向行政机关返还或者变相返还实施行政许可所收取的费用。

第六章 监督检查

第六十条 上级行政机关应当加强对下级行政机关实施行政许可的监督检查，及时纠正行政许可实施中的违法行为。

第六十一条 行政机关应当建立健全监督制度，通过核查反映被许可人从事行政许可事项活动情况的有关材料，履行监督责任。

行政机关依法对被许可人从事行政许可事项的活动进行监督检查时，应当将监督检查的情况和处理结果予以记录，由监督检查人员签字后归档。公众有权查阅行政机关监督检查记录。

行政机关应当创造条件，实现与被许可人、其他有关行政机关的计算机档案系统互联，核查被许可人从事行政许可事项活动情况。

第六十二条 行政机关可以对被许可人生产经营的产品依法进行抽样检查、检验、检测，对其生产经营场所依法进行实地检查。检查时，行政机关可以依法查阅或者要求被许可人报送有关材料；被许可人应当如实提供有关情况和材料。

行政机关根据法律、行政法规的规定，对直接关系公共安全、人身健康、生命财产安全的重要设备、设施进行定期检验。对检验合格的，行政机关应当发给相应的证明文件。

第六十三条 行政机关实施监督检查，不得妨碍被许可人正常的生产经营活动，不得索取或者收受被许可人的财物，不得谋取其他利益。

第六十四条 被许可人在作出行政许可决定的行政机关管辖区域外违法从事行政许可事项活动的，违法行为发生地的行政机关应当依法将被许可人的违法事实、处理结果抄告作出行政许可决定的行政机关。

第六十五条 个人和组织发现违法从事行政许可事项的活动，有权向行政机关举报，行政机关应当及时核实、处理。

第六十六条 被许可人未依法履行开发利用自然资源义务或者未依法履行利用公共资源义务的，行政机关应当责令限期改正；被许可人在规定期限内不改正的，行政机关应当依照有关法律、行政法规的规定予以处理。

第六十七条 取得直接关系公共利益的特定行业的市场准入行政许可的被许可人，应当按照国家规定的服务标准、资费标准和行政机关依法规定的条件，向用户提供安全、方便、稳定和价格合理的服务，并履行普遍服务的义务；未经作出行政许可决定的行政机关批准，不得擅自停业、歇业。

被许可人不履行前款规定的义务的，行政机关应当责令限期改正，或者依法采取有效措施督促其履行义务。

第六十八条 对直接关系公共安全、人身健康、生命财产安全的重要设备、设施，行政机关应当督促设计、建造、安装和使用单位建立相应的自检制度。

行政机关在监督检查时，发现直接关系公共安全、人身健康、生命财产安全的重要设备、设施存在安全隐患的，应当责令停止建造、安装和使用，并责令设计、建造、安装和使用单位立即改正。

第六十九条 有下列情形之一的，作出行政许可决定的行政机关或者其上级行政机关，根据利害关系人的请求或者依据职权，可以撤销行政许可：

（一）行政机关工作人员滥用职权、玩忽职守作出准予行政许可决定的；

（二）超越法定职权作出准予行政许可决定的；

（三）违反法定程序作出准予行政许可决定的；

（四）对不具备申请资格或者不符合法定条件的申请人准予行政许可的；

（五）依法可以撤销行政许可的其他情形。

被许可人以欺骗、贿赂等不正当手段取得行政许可的，应当予以撤销。

依照前两款的规定撤销行政许可，可能对公共利益造成重大损害的，不予撤销。

依照本条第一款的规定撤销行政许可，被许可人的合法权益受到损害的，行政机关应当依法给予赔偿。依照本条第二款的规定撤销行政许可的，被许可人基于行政许可取得的利益不受保护。

第七十条 有下列情形之一的，行政机关应当依法办理有关行政许可的注销手续：

（一）行政许可有效期届满未延续的；

（二）赋予公民特定资格的行政许可，该公民死亡或者丧失行为能力的；

（三）法人或者其他组织依法终止的；

（四）行政许可依法被撤销、撤回，或者行政许可证件依法被吊销的；

（五）因不可抗力导致行政许可事项无法实施的；

（六）法律、法规规定的应当注销行政许可的其他情形。

第七章　法律责任

第七十一条 违反本法第十七条规定设定的行政许可，有关机关应当责令设定该行政许可的机关改正，或者依法予以撤销。

第七十二条 行政机关及其工作人员违反本法的规定，有下列情形之一的，由其上级行政机关或者监察机关责令改正；情节严重的，对直接负责的主管人员和其他直接责任人员依法给予行政处分：

（一）对符合法定条件的行政许可申请不予受理的；

（二）不在办公场所公示依法应当公示的材料的；

（三）在受理、审查、决定行政许可过程中，未向申请人、利害关系人履行法定告知义务的；

（四）申请人提交的申请材料不齐全、不符合法定形式，不一次告知申请人必须补正的全部内容的；

（五）未依法说明不受理行政许可申请或者不予行政许可的理由的；

（六）依法应当举行听证而不举行听证的。

第七十三条 行政机关工作人员办理行政许可、实施监督检查，索取或者收受他人财物或者谋取其他利益，构成犯罪的，依法追究刑事责任；尚不构成犯罪的，依法给予行政处分。

第七十四条 行政机关实施行政许可，有下列情形之一的，由其上级行政机关或者监察机关责令改正，对直接负责的主管人员和其他直接责任人员依法给予行政处分；构成犯罪的，依法追究刑事责任：

（一）对不符合法定条件的申请人准予行政许可或者超越法定职权作出准予行政许可决定的；

（二）对符合法定条件的申请人不予行政许可或者不在法定期限内作出准予行政许可决定的；

（三）依法应当根据招标、拍卖结果或者考试成绩择优作出准予行政许可决定，未经招标、拍卖或者考试，或者不根据招标、拍卖结果或者考试成绩择优作出准予行政许可决定的。

第七十五条 行政机关实施行政许可，擅自收费或者不按照法定项目和标准收费的，由其上级行政机关或者监察机关责令退还非法收取的费用；对直接负责的主管人员和其他直接责任人员依法给予行政处分。

截留、挪用、私分或者变相私分实施行政许可依法收取的费用的，予以追缴；对直接负责的主管人员和其他直接责任人员依法给予行政处分；构成犯罪的，依法追究刑事责任。

第七十六条 行政机关违法实施行政许可，给当事人的合法权益造成损害的，应当依照国家赔偿法的规定给予赔偿。

第七十七条 行政机关不依法履行监督职责或者监督不力，造成严重后果的，由其上级行政机关或者监察机关责令改正，对直接负责的主管人员和其他直接责任人员依法给予行政处分；构成犯罪的，依法追究刑事责任。

第七十八条 行政许可申请人隐瞒有关情况或者提供虚假材料申请行政许可的，行政机关不予受理或者不予行政许可，并给予警告；行政许可申请属于直接关系公共安全、人身健康、生命财产安全事项的，申请人在一年内不得再次申请该行政许可。

第七十九条 被许可人以欺骗、贿赂等不正当手段取得行政许可的，行政机关应当依法给予行政处罚；取得的行政许可属于直接关系公共安全、人身健康、生命财产安全事项的，申请人在三年内不得再次申请该行政许可；构成犯罪的，依法追究刑事责任。

第八十条 被许可人有下列行为之一的，行政机关应当依法给予行政处罚；构成犯罪的，依法追究刑事责任：

（一）涂改、倒卖、出租、出借行政许可证件，或者以其他形式非法转让行政许可的；

（二）超越行政许可范围进行活动的；

（三）向负责监督检查的行政机关隐瞒有关情况、提供虚假材料或者拒绝提供反映其活动情况的真实材料的；

（四）法律、法规、规章规定的其他违法行为。

第八十一条 公民、法人或者其他组织未经行政许可，擅自从事依法应当取得行政许可的活动的，行政机关应当依法采取措施予以制止，并依法给予行政处罚；构成犯罪的，依法追究刑事责任。

第八章　附　　则

第八十二条　本法规定的行政机关实施行政许可的期限以工作日计算，不含法定节假日。

第八十三条　本法自2004年7月1日起施行。

本法施行前有关行政许可的规定，制定机关应当依照本法规定予以清理；不符合本法规定的，自本法施行之日起停止执行。

中华人民共和国主席令

第38号

《中华人民共和国治安管理处罚法》已由中华人民共和国第十届全国人民代表大会常务委员会第十七次会议于2005年8月28日通过，现予公布，自2006年3月1日起施行。

中华人民共和国主席　胡锦涛

2005年8月28日

中华人民共和国治安管理处罚法(节选)

第一条　为维护社会治安秩序，保障公共安全，保护公民、法人和其他组织的合法权益，规范和保障公安机关及其人民警察依法履行治安管理职责，制定本法。

第三十条　违反国家规定，制造、买卖、储存、运输、邮寄、携带、使用、提供、处置爆炸性、毒害性、放射性、腐蚀性物质或者传染病病原体等危险物质的，处十日以上十五日以下拘留；情节较轻的，处五日以上十日以下拘留。

第三十一条　爆炸性、毒害性、放射性、腐蚀性物质或者传染病病原体等危险物质被盗、被抢或者丢失，未按规定报告的，处五日以下拘留；故意隐瞒不报的，处五日以上十日以下拘留。

中华人民共和国主席令

第60号

《中华人民共和国职业病防治法》已由中华人民共和国第九届全国人民代表大会常务委员会第二十四次会议于2001年10月27日通过，现予公布，自2002年5月1日起施行。

中华人民共和国主席　江泽民

2001年10月27日

中华人民共和国职业病防治法（节选）

第一章　总　　则

第一条　为了预防、控制和消除职业病危害，防治职业病，保护劳动者健康及其相关权益，促进经济发展，根据宪法，制定本法。

第二条　本法适用于中华人民共和国领域内的职业病防治活动。

本法所称职业病，是指企业、事业单位和个体经济组织（以下统称用人单位）的劳动者在职业活动中，因接触粉尘、放射性物质和其他有毒、有害物质等因素而引起的疾病。

职业病的分类和目录由国务院卫生行政部门会同国务院劳动保障行政部门规定、调整并公布。

第三条　职业病防治工作坚持预防为主、防治结合的方针，实行分类管理、综合治理。

第四条　劳动者依法享有职业卫生保护的权利。

用人单位应当为劳动者创造符合国家职业卫生标准和卫生要求的工作环境和条件，并采取措施保障劳动者获得职业卫生保护。

第五条　用人单位应当建立、健全职业病防治责任制，加强对职业病防治的管理，提高职业病防治水平，对本单位产生的职业病危害承担责任。

第六条　用人单位必须依法参加工伤社会保险。

国务院和县级以上地方人民政府劳动保障行政部门应当加强对工伤社会保险的监督管理，确保劳动者依法享受工伤社会保险待遇。

第七条　国家鼓励研制、开发、推广、应用有利于职业病防治和保护劳动者健康的新技术、新工艺、新材料，加强对职业病的机理和发生规律的基础研究，提高职业病防治科学技术水平；积极采用有效的职业病防治技术、工艺、材料；限制使用或者淘汰职业病危害严重的技术、工艺、材料。

第八条　国家实行职业卫生监督制度。

国务院卫生行政部门统一负责全国职业病防治的监督管理工作。国务院有关部门在各自的职责范围内负责职业病防治的有关监督管理工作。

县级以上地方人民政府卫生行政部门负责本行政区域内职业病防治的监督管理工作。县级以上地方人民政府有关部门在各自的职责范围内负责职业病防治的有关监督管理工作。

第九条 国务院和县级以上地方人民政府应当制定职业病防治规划,将其纳入国民经济和社会发展计划,并组织实施。

乡、民族乡、镇的人民政府应当认真执行本法,支持卫生行政部门依法履行职责。

第二十六条 向用人单位提供可能产生职业病危害的化学品、放射性同位素和含有放射性物质的材料的,应当提供中文说明书。说明书应当载明产品特性、主要成份、存在的有害因素、可能产生的危害后果、安全使用注意事项、职业病防护以及应急救治措施等内容。产品包装应当有醒目的警示标识和中文警示说明。贮存上述材料的场所应当在规定的部位设置危险物品标识或者放射性警示标识。

国内首次使用或者首次进口与职业病危害有关的化学材料,使用单位或者进口单位按照国家规定经国务院有关部门批准后,应当向国务院卫生行政部门报送该化学材料的毒性鉴定以及经有关部门登记注册或者批准进口的文件等资料。

进口放射性同位素、射线装置和含有放射性物质的物品的,按照国家有关规定办理。

中华人民共和国主席令

第72号

（1996年7月5日第八届全国人民代表大会常务委员会第二十次会议通过）

《中华人民共和国枪支管理法》已由中华人民共和国第八届全国人民代表大会常务委员会第二十次会议于1996年7月5日通过，现予公布，自1996年10月1日起施行。

中华人民共和国主席　江泽民

1996年7月5日

中华人民共和国枪支管理法（节选）

第一章　总　　则

第一条　为了加强枪支管理，维护社会治安秩序，保障公共安全，制定本法。

第二条　中华人民共和国境内的枪支管理，适用本法。

对中国人民解放军、中国人民武装警察部队和民兵装备枪支的管理，国务院、中央军事委员会另有规定的，适用有关规定。

第三条　国家严格管制枪支。禁止任何单位或者个人违反法律规定持有、制造（包括变造、装配）、买卖、运输、出租、出借枪支。

国家严厉惩处违反枪支管理的违法犯罪行为。任何单位和个人对违反枪支管理的行为有检举的义务。国家对检举人给予保护，对检举违反枪支管理犯罪活动有功的人员，给予奖励。

第四条　国务院公安部门主管全国的枪支管理工作。县级以上地方各级人民政府公安机关主管本行政区域内的枪支管理工作。上级人民政府公安机关监督下级人民政府公安机关的枪支管理工作

第五章　枪支的运输

第三十条　任何单位或者个人未经许可，不得运输枪支。需要运输枪支的，必须向公安机关如实申报运输枪支的品种、数量和运输的路线、方式，领取枪支运输许可证件。在本省、自治区、直辖市内运输的，向运往地设区的市级人民政府公安机关申请领取枪支运输许可证件；跨省、自治区、直辖市运输的，向运往地省级人民政府公安机关申请领取枪支运输许可证件。

没有枪支运输许可证件的,任何单位和个人都不得承运,并应当立即报告所在地公安机关。

公安机关对没有枪支运输许可证件或者没有按照枪支运输许可证件的规定运输枪支的,应当扣留运输的枪支。

第三十一条 运输枪支必须依照规定使用安全可靠的封闭式运输设备,由专人押运;途中停留住宿的,必须报告当地公安机关。

运输枪支、弹药必须依照规定分开运输。

第三十二条 严禁邮寄枪支,或者在邮寄的物品中夹带枪支。

中华人民共和国主席令

第4号

《中华人民共和国消防法》已由中华人民共和国第九届全国人民代表大会常务委员会第二次会议于1998年4月29日通过，现予公布，自1998年9月1日起施行。

中华人民共和国主席　江泽民

1998年4月29日

中华人民共和国消防法(节选)

第一条　为了预防火灾和减少火灾危害，保护公民人身、公共财产和公民财产的安全、维护公共安全，保障社会主义现代化建设的顺利进行，制定本法。

第十七条　生产 储存、运输、销售或者使用、销毁易燃易爆危险物品的单位、个人，必须执行国家有关消防安全的规定。

生产易燃易爆物品的单位，对产品应当附有燃点、闪点、爆炸极限等数据的说明书，并且注明防火防爆注意事项。对独立包装的易燃易爆危险物品应当贴附危险品标签。

进入生产、储存易燃易爆危险物品的场所，必须执行国家有关消防安全的规定、禁止携带火种进入生产、储存易燃易爆危险物品的场所。禁止非法携带易燃易爆危险物品进入公共场所或者乘坐公共交通工具。

储存可燃物资仓库的管理，必须执行国家有关消防安全的规定。

第十八条　禁止在具有火灾、爆炸危险的场所使用明火；因特殊情况需要使用明火作业的，应当按照规定事先办理审批手续。作业人员应当遵守消防安全规定，并采取相应的消防安全措施。

进行电焊、气焊等具有火灾危险的作业的人员和自动消防系统的操作人员，必须持证上岗，并严格遵守消防安全操作规程。

第四十六条　违反本法的规定，生产、储存、运输、销售或者使用、销毁易燃易爆危险物品的，责令停止违法行为，可以处警告、罚款或者十五日以下拘留。

单位有前款行为的，责令停止违法行为，可以处警告或者罚款，并对其直接负责的主管人员和其他直接责任人员依照前款的规定处罚。

第四十七条　违反本法的规定，有下列行为之一的，处警告、罚款或者十日以下拘留：

(一) 违反消防安全规定进入生产、储存易燃易爆危险物品场所的；

(二) 违法使用明火作业或者在具有火灾、爆炸危险的场所违反禁令，吸烟、使用明火的；

(三) 阻拦报火警或者谎报火警的；

（四）故意阻碍消防车、消防艇赶赴火灾现场或者扰乱火灾现场秩序的；

（五）拒不执行火场指挥员指挥，影响灭火救灾的；

（六）过失引起火灾，尚未造成严重损失的。

第四十八条 违反本法的规定，有下列行为之一的，处警告或者罚款：

（一）指使或者强令他人违反消防安全规定，冒险作业，尚未造成严重后果的；

（二）埋压、圈占消火栓或者占用防火间距、堵塞消防通道的，或者损坏和擅自挪用、拆除、停用消防设施、器材的；

（三）有重大火灾隐患，经公安消防机构通知逾期不改正的。

单位有前款行为的，依照前款的规定处罚，并对其直接负责的主管人员和其他直接责任人员处警告或者罚款。

有第一款第二项所列行为的，还应当责令其限期恢复原状或者赔偿损失；对逾期不恢复原状的，应当强制拆除或者清除，所需费用由违法行为人承担。

第四十九条 公共场所发生火灾时，该公共场所的现场工作人员不履行组织、引导在场群众疏散的义务，造成人身伤亡，尚不构成犯罪的，处十五日以下拘留。

第五十条 火灾扑灭后，为隐瞒、掩饰起火原因，推卸责任，故意破坏现场或者伪造现场，尚不构成犯罪的，处警告、罚款或者十五日以下拘留。

单位有前款行为的，处警告或者罚款，并对其直接负责的主管人员和其他直接责任人员依照前款的规定处罚。

第五十一条 对违反本法规定行为的处罚，由公安消防机构裁决，对给予拘留的处罚由公安机关依照治安管理处罚条例的规定裁决。

责令停产停业，对经济和社会生活影响较大的，由公安消防机构报请当地人民政府依法决定，由公安消防机构执行。

中华人民共和国主席令

第6号

《中华人民共和国放射性污染防治法》已由中华人民共和国第十届全国人民代表大会常务委员会第三次会议于2003年6月28日通过，现予公布，自2003年10月1日起施行。

中华人民共和国主席　胡锦涛

2003年6月28日

中华人民共和国放射性污染防治法(节选)

第一条　为了防治放射性污染，保护环境，保障人体健康，促进核能、核技术的开发与和平利用，制定本法。

第二条　本法适用于中华人民共和国领域和管辖的其他海域在核设施选址、建造、运行、退役和核技术、铀(钍)矿、伴生放射性矿开发利用过程中发生的放射性污染的防治活动。

第三条　国家对放射性污染的防治，实行预防为主、防治结合、严格管理、安全第一的方针。

第六条　任何单位和个人有权对造成放射性污染的行为提出检举和控告。

第八条　国务院环境保护行政主管部门对全国放射性污染防治工作依法实施统一监督管理。

国务院卫生行政部门和其他有关部门依据国务院规定的职责，对有关的放射性污染防治工作依法实施监督管理。

第九条　国家放射性污染防治标准由国务院环境保护行政主管部门根据环境安全要求、国家经济技术条件制定。国家放射性污染防治标准由国务院环境保护行政主管部门和国务院标准化行政主管部门联合发布。

第十四条　国家对从事放射性污染防治的专业人员实行资格管理制度；对从事放射性污染监测工作的机构实行资质管理制度。

第十五条　运输放射性物质和含放射源的射线装置，应当采取有效措施，防止放射性污染。具体办法由国务院规定。

第十六条　放射性物质和射线装置应当设置明显的放射性标识和中文警示说明。生产、销售、使用、贮存、处置放射性物质和射线装置的场所，以及运输放射性物质和含放射源的射线装置的工具，应当设置明显的放射性标志。

第十九条　核设施营运单位在进行核设施建造、装料、运行、退役等活动前，必须按照国务院有关核设施安全监督管理的规定，申请领取核设施建造、运行许可证和办理装料、退役等审批手续。

核设施营运单位领取有关许可证或者批准文件后，方可进行相应的建造、装料、运行、退役等活动。

第二十条 核设施营运单位应当在申请领取核设施建造、运行许可证和办理退役审批手续前编制环境影响报告书，报国务院环境保护行政主管部门审查批准；未经批准，有关部门不得颁发许可证和办理批准文件。

第二十二条 进口核设施，应当符合国家放射性污染防治标准；没有相应的国家放射性污染防治标准的，采用国务院环境保护行政主管部门指定的国外有关标准。

第二十四条 核设施营运单位应当对核设施周围环境中所含的放射性核素的种类、浓度以及核设施流出物中的放射性核素总量实施监测，并定期向国务院环境保护行政主管部门和所在地省、自治区、直辖市人民政府环境保护行政主管部门报告监测结果。

国务院环境保护行政主管部门负责对核动力厂等重要核设施实施监督性监测，并根据需要对其他核设施的流出物实施监测。监督性监测系统的建设、运行和维护费用由财政预算安排。

第二十五条 核设施营运单位应当建立健全安全保卫制度，加强安全保卫工作，并接受公安部门的监督指导。

核设施营运单位应当按照核设施的规模和性质制定核事故场内应急计划，做好应急准备。

出现核事故应急状态时，核设施营运单位必须立即采取有效的应急措施控制事故，并向核设施主管部门和环境保护行政主管部门、卫生行政部门、公安部门以及其他有关部门报告。

第二十六条 国家建立健全核事故应急制度。

核设施主管部门、环境保护行政主管部门、卫生行政部门、公安部门以及其他有关部门，在本级人民政府的组织领导下，按照各自的职责依法做好核事故应急工作。

中国人民解放军和中国人民武装警察部队按照国务院、中央军事委员会的有关规定在核事故应急中实施有效的支援。

第二十七条 核设施营运单位应当制定核设施退役计划。

核设施的退役费用和放射性废物处置费用应当预提，列入投资概算或者生产成本。核设施的退役费用和放射性废物处置费用的提取和管理办法，由国务院财政部门、价格主管部门会同国务院环境保护行政主管部门、核设施主管部门规定。

第三十一条 放射性同位素应当单独存放，不得与易燃、易爆、腐蚀性物品等一起存放，其贮存场所应当采取有效的防火、防盗、防射线泄漏的安全防护措施，并指定专人负责保管。贮存、领取、使用、归还放射性同位素时，应当进行登记、检查，做到账物相符。

第五十条 违反本法规定，未编制环境影响评价文件，或者环境影响评价文件未经环境保护行政主管部门批准，擅自进行建造、运行、生产和使用等活动的，由审批环境影响评价文件的环境保护行政主管部门责令停止违法行为，限期补办手续或者恢复原状，并处一万元以上二十万元以下罚款。

第五十二条 违反本法规定，未经许可或者批准，核设施营运单位擅自进行核设施的建造、装料、运行、退役等活动的，由国务院环境保护行政主管部门责令停止违法行为，限期改正，并处二十万元以上五十万元以下罚款；构成犯罪的，依法追究刑事责任。

第五十五条 违反本法规定,有下列行为之一的,由县级以上人民政府环境保护行政主管部门或者其他有关部门依据职权责令限期改正;逾期不改正的,责令停产停业,并处二万元以上十万元以下罚款;构成犯罪的,依法追究刑事责任:

(一) 不按照规定设置放射性标识、标志、中文警示说明的;

(二) 不按照规定建立健全安全保卫制度和制定事故应急计划或者应急措施的;

(三) 不按照规定报告放射源丢失、被盗情况或者放射性污染事故的。

第六十三条 本法自 2003 年 10 月 1 日起施行。

中华人民共和国主席令

第31号

《中华人民共和国固体废物污染环境防治法》已由中华人民共和国第十届全国人民代表大会常务委员会第十三次会议于2004年12月29日修订通过，现将修订后的《中华人民共和国固体废物污染环境防治法》公布，自2005年4月1日起施行。

中华人民共和国主席　胡锦涛

2004年12月29日

中华人民共和国固体废物污染环境防治法

第一章　总　　则

第一条　为了防治固体废物污染环境，保障人体健康，维护生态安全，促进经济社会可持续发展，制定本法。

第二条　本法适用于中华人民共和国境内固体废物污染环境的防治。

固体废物污染海洋环境的防治和放射性固体废物污染环境的防治不适用本法。

第三条　国家对固体废物污染环境的防治，实行减少固体废物的产生量和危害性、充分合理利用固体废物和无害化处置固体废物的原则，促进清洁生产和循环经济发展。

国家采取有利于固体废物综合利用活动的经济、技术政策和措施，对固体废物实行充分回收和合理利用。

国家鼓励、支持采取有利于保护环境的集中处置固体废物的措施，促进固体废物污染环境防治产业发展。

第四条　县级以上人民政府应当将固体废物污染环境防治工作纳入国民经济和社会发展计划，并采取有利于固体废物污染环境防治的经济、技术政策和措施。

国务院有关部门、县级以上地方人民政府及其有关部门组织编制城乡建设、土地利用、区域开发、产业发展等规划，应当统筹考虑减少固体废物的产生量和危害性、促进固体废物的综合利用和无害化处置。

第五条　国家对固体废物污染环境防治实行污染者依法负责的原则。

产品的生产者、销售者、进口者、使用者对其产生的固体废物依法承担污染防治责任。

第六条　国家鼓励、支持固体废物污染环境防治的科学研究、技术开发、推广先进的防治技术和普及固体废物污染环境防治的科学知识。

各级人民政府应当加强防治固体废物污染环境的宣传教育，倡导有利于环境保护的生产方式和生活方式。

第七条 国家鼓励单位和个人购买、使用再生产品和可重复利用产品。

第八条 各级人民政府对在固体废物污染环境防治工作以及相关的综合利用活动中作出显著成绩的单位和个人给予奖励。

第九条 任何单位和个人都有保护环境的义务,并有权对造成固体废物污染环境的单位和个人进行检举和控告。

第十条 国务院环境保护行政主管部门对全国固体废物污染环境的防治工作实施统一监督管理。国务院有关部门在各自的职责范围内负责固体废物污染环境防治的监督管理工作。

县级以上地方人民政府环境保护行政主管部门对本行政区域内固体废物污染环境的防治工作实施统一监督管理。县级以上地方人民政府有关部门在各自的职责范围内负责固体废物污染环境防治的监督管理工作。

国务院建设行政主管部门和县级以上地方人民政府环境卫生行政主管部门负责生活垃圾清扫、收集、贮存、运输和处置的监督管理工作。

第二章 固体废物污染环境防治的监督管理

第十一条 国务院环境保护行政主管部门会同国务院有关行政主管部门根据国家环境质量标准和国家经济、技术条件,制定国家固体废物污染环境防治技术标准。

第十二条 国务院环境保护行政主管部门建立固体废物污染环境监测制度,制定统一的监测规范,并会同有关部门组织监测网络。

大、中城市人民政府环境保护行政主管部门应当定期发布固体废物的种类、产生量、处置状况等信息。

第十三条 建设产生固体废物的项目以及建设贮存、利用、处置固体废物的项目,必须依法进行环境影响评价,并遵守国家有关建设项目环境保护管理的规定。

第十四条 建设项目的环境影响评价文件确定需要配套建设的固体废物污染环境防治设施,必须与主体工程同时设计、同时施工、同时投入使用。固体废物污染环境防治设施必须经原审批环境影响评价文件的环境保护行政主管部门验收合格后,该建设项目方可投入生产或者使用。对固体废物污染环境防治设施的验收应当与对主体工程的验收同时进行。

第十五条 县级以上人民政府环境保护行政主管部门和其他固体废物污染环境防治工作的监督管理部门,有权依据各自的职责对管辖范围内与固体废物污染环境防治有关的单位进行现场检查。被检查的单位应当如实反映情况,提供必要的资料。检查机关应当为被检查的单位保守技术秘密和业务秘密。

检查机关进行现场检查时,可以采取现场监测、采集样品、查阅或者复制与固体废物污染环境防治相关的资料等措施。检查人员进行现场检查,应当出示证件。

第三章 固体废物污染环境的防治

第一节 一般规定

第十六条 产生固体废物的单位和个人,应当采取措施,防止或者减少固体废物对环境的污染。

第十七条 收集、贮存、运输、利用、处置固体废物的单位和个人，必须采取防扬散、防流失、防渗漏或者其他防止污染环境的措施；不得擅自倾倒、堆放、丢弃、遗撒固体废物。

禁止任何单位或者个人向江河、湖泊、运河、渠道、水库及其最高水位线以下的滩地和岸坡等法律、法规规定禁止倾倒、堆放废弃物的地点倾倒、堆放固体废物。

第十八条 产品和包装物的设计、制造，应当遵守国家有关清洁生产的规定。国务院标准化行政主管部门应当根据国家经济和技术条件、固体废物污染环境防治状况以及产品的技术要求，组织制定有关标准，防止过度包装造成环境污染。

生产、销售、进口依法被列入强制回收目录的产品和包装物的企业，必须按照国家有关规定对该产品和包装物进行回收。

第十九条 国家鼓励科研、生产单位研究、生产易回收利用、易处置或者在环境中可降解的薄膜覆盖物和商品包装物。

使用农用薄膜的单位和个人，应当采取回收利用等措施，防止或者减少农用薄膜对环境的污染。

第二十条 从事畜禽规模养殖应当按照国家有关规定收集、贮存、利用或者处置养殖过程中产生的畜禽粪便，防止污染环境。

禁止在人口集中地区、机场周围、交通干线附近以及当地人民政府划定的区域露天焚烧秸秆。

第二十一条 对收集、贮存、运输、处置固体废物的设施、设备和场所，应当加强管理和维护，保证其正常运行和使用。

第二十二条 在国务院和国务院有关主管部门及省、自治区、直辖市人民政府划定的自然保护区、风景名胜区、饮用水水源保护区、基本农田保护区和其他需要特别保护的区域内，禁止建设工业固体废物集中贮存、处置的设施、场所和生活垃圾填埋场。

第二十三条 转移固体废物出省、自治区、直辖市行政区域贮存、处置的，应当向固体废物移出地的省、自治区、直辖市人民政府环境保护行政主管部门提出申请。移出地的省、自治区、直辖市人民政府环境保护行政主管部门应当商经接受地的省、自治区、直辖市人民政府环境保护行政主管部门同意后，方可批准转移该固体废物出省、自治区、直辖市行政区域。未经批准的，不得转移。

第二十四条 禁止中华人民共和国境外的固体废物进境倾倒、堆放、处置。

第二十五条 禁止进口不能用作原料或者不能以无害化方式利用的固体废物；对可以用作原料的固体废物实行限制进口和自动许可进口分类管理。

国务院环境保护行政主管部门会同国务院对外贸易主管部门、国务院经济综合宏观调控部门、海关总署、国务院质量监督检验检疫部门制定、调整并公布禁止进口、限制进口和自动许可进口的固体废物目录。

禁止进口列入禁止进口目录的固体废物。进口列入限制进口目录的固体废物，应当经国务院环境保护行政主管部门会同国务院对外贸易主管部门审查许可。进口列入自动许可进口目录的固体废物，应当依法办理自动许可手续。

进口的固体废物必须符合国家环境保护标准，并经质量监督检验检疫部门检验合格。

进口固体废物的具体管理办法，由国务院环境保护行政主管部门会同国务院对外贸易主管部门、国务院经济综合宏观调控部门、海关总署、国务院质量监督检验检疫部门制定。

第二十六条 进口者对海关将其所进口的货物纳入固体废物管理范围不服的，可以依法申请行政复议，也可以向人民法院提起行政诉讼。

第二节 工业固体废物污染环境的防治

第二十七条 国务院环境保护行政主管部门应当会同国务院经济综合宏观调控部门和其他有关部门对工业固体废物对环境的污染作出界定，制定防治工业固体废物污染环境的技术政策，组织推广先进的防治工业固体废物污染环境的生产工艺和设备。

第二十八条 国务院经济综合宏观调控部门应当会同国务院有关部门组织研究、开发和推广减少工业固体废物产生量和危害性的生产工艺和设备，公布限期淘汰产生严重污染环境的工业固体废物的落后生产工艺、落后设备的名录。

生产者、销售者、进口者、使用者必须在国务院经济综合宏观调控部门会同国务院有关部门规定的期限内分别停止生产、销售、进口或者使用列入前款规定的名录中的设备。生产工艺的采用者必须在国务院经济综合宏观调控部门会同国务院有关部门规定的期限内停止采用列入前款规定的名录中的工艺。

列入限期淘汰名录被淘汰的设备，不得转让给他人使用。

第二十九条 县级以上人民政府有关部门应当制定工业固体废物污染环境防治工作规划，推广能够减少工业固体废物产生量和危害性的先进生产工艺和设备，推动工业固体废物污染环境防治工作。

第三十条 产生工业固体废物的单位应当建立、健全污染环境防治责任制度，采取防治工业固体废物污染环境的措施。

第三十一条 企业事业单位应当合理选择和利用原材料、能源和其他资源，采用先进的生产工艺和设备，减少工业固体废物产生量，降低工业固体废物的危害性。

第三十二条 国家实行工业固体废物申报登记制度。

产生工业固体废物的单位必须按照国务院环境保护行政主管部门的规定，向所在地县级以上地方人民政府环境保护行政主管部门提供工业固体废物的种类、产生量、流向、贮存、处置等有关资料。

前款规定的申报事项有重大改变的，应当及时申报。

第三十三条 企业事业单位应当根据经济、技术条件对其产生的工业固体废物加以利用；对暂时不利用或者不能利用的，必须按照国务院环境保护行政主管部门的规定建设贮存设施、场所，安全分类存放，或者采取无害化处置措施。

建设工业固体废物贮存、处置的设施、场所，必须符合国家环境保护标准。

第三十四条 禁止擅自关闭、闲置或者拆除工业固体废物污染环境防治设施、场所；确有必要关闭、闲置或者拆除的，必须经所在地县级以上地方人民政府环境保护行政主管部门核准，并采取措施，防止污染环境。

第三十五条 产生工业固体废物的单位需要终止的，应当事先对工业固体废物的贮存、处置的设施、场所采取污染防治措施，并对未处置的工业固体废物作出妥善处置，防止污染环境。

产生工业固体废物的单位发生变更的，变更后的单位应当按照国家有关环境保护的规定对未处置的工业固体废物及其贮存、处置的设施、场所进行安全处置或者采取措施保证该设施、场所安全运行。变更前当事人对工业固体废物及其贮存、处置的设施、场所的污染防治责任另有约定的，从其约定；但是，不得免除当事人的污染防治义务。

对本法施行前已经终止的单位未处置的工业固体废物及其贮存、处置的设施、场所进行安全处置的费用，由有关人民政府承担；但是，该单位享有的土地使用权依法转让的，应当由土地使用权受让人承担处置费用。当事人另有约定的，从其约定；但是，不得免除当事人的污染防治义务。

第三十六条 矿山企业应当采取科学的开采方法和选矿工艺，减少尾矿、矸石、废石等矿业固体废物的产生量和贮存量。

尾矿、矸石、废石等矿业固体废物贮存设施停止使用后，矿山企业应当按照国家有关环境保护规定进行封场，防止造成环境污染和生态破坏。

第三十七条 拆解、利用、处置废弃电器产品和废弃机动车船，应当遵守有关法律、法规的规定，采取措施，防止污染环境。

第三节 生活垃圾污染环境的防治

第三十八条 县级以上人民政府应当统筹安排建设城乡生活垃圾收集、运输、处置设施，提高生活垃圾的利用率和无害化处置率，促进生活垃圾收集、处置的产业化发展，逐步建立和完善生活垃圾污染环境防治的社会服务体系。

第三十九条 县级以上地方人民政府环境卫生行政主管部门应当组织对城市生活垃圾进行清扫、收集、运输和处置，可以通过招标等方式选择具备条件的单位从事生活垃圾的清扫、收集、运输和处置。

第四十条 对城市生活垃圾应当按照环境卫生行政主管部门的规定，在指定的地点放置，不得随意倾倒、抛撒或者堆放。

第四十一条 清扫、收集、运输、处置城市生活垃圾，应当遵守国家有关环境保护和环境卫生管理的规定，防止污染环境。

第四十二条 对城市生活垃圾应当及时清运，逐步做到分类收集和运输，并积极开展合理利用和实施无害化处置。

第四十三条 城市人民政府应当有计划地改进燃料结构，发展城市煤气、天然气、液化气和其他清洁能源。

城市人民政府有关部门应当组织净菜进城，减少城市生活垃圾。

城市人民政府有关部门应当统筹规划，合理安排收购网点，促进生活垃圾的回收利用工作。

第四十四条 建设生活垃圾处置的设施、场所，必须符合国务院环境保护行政主管部门和国务院建设行政主管部门规定的环境保护和环境卫生标准。

禁止擅自关闭、闲置或者拆除生活垃圾处置的设施、场所；确有必要关闭、闲置或者拆除的，必须经所在地县级以上地方人民政府环境卫生行政主管部门和环境保护行政主管部门核准，并采取措施，防止污染环境。

第四十五条 从生活垃圾中回收的物质必须按照国家规定的用途或者标准使用，不得用于生产可能危害人体健康的产品。

第四十六条 工程施工单位应当及时清运工程施工过程中产生的固体废物，并按照环境卫生行政主管部门的规定进行利用或者处置。

第四十七条 从事公共交通运输的经营单位，应当按照国家有关规定，清扫、收集运输过程中产生的生活垃圾。

第四十八条　从事城市新区开发、旧区改建和住宅小区开发建设的单位，以及机场、码头、车站、公园、商店等公共设施、场所的经营管理单位，应当按照国家有关环境卫生的规定，配套建设生活垃圾收集设施。

第四十九条　农村生活垃圾污染环境防治的具体办法，由地方性法规规定。

第四章　危险废物污染环境防治的特别规定

第五十条　危险废物污染环境的防治，适用本章规定；本章未作规定的，适用本法其他有关规定。

第五十一条　国务院环境保护行政主管部门应当会同国务院有关部门制定国家危险废物名录，规定统一的危险废物鉴别标准、鉴别方法和识别标志。

第五十二条　对危险废物的容器和包装物以及收集、贮存、运输、处置危险废物的设施、场所，必须设置危险废物识别标志。

第五十三条　产生危险废物的单位，必须按照国家有关规定制定危险废物管理计划，并向所在地县级以上地方人民政府环境保护行政主管部门申报危险废物的种类、产生量、流向、贮存、处置等有关资料。

前款所称危险废物管理计划应当包括减少危险废物产生量和危害性的措施以及危险废物贮存、利用、处置措施。危险废物管理计划应当报产生危险废物的单位所在地县级以上地方人民政府环境保护行政主管部门备案。

本条规定的申报事项或者危险废物管理计划内容有重大改变的，应当及时申报。

第五十四条　国务院环境保护行政主管部门会同国务院经济综合宏观调控部门组织编制危险废物集中处置设施、场所的建设规划，报国务院批准后实施。

县级以上地方人民政府应当依据危险废物集中处置设施、场所的建设规划组织建设危险废物集中处置设施、场所。

第五十五条　产生危险废物的单位，必须按照国家有关规定处置危险废物，不得擅自倾倒、堆放；不处置的，由所在地县级以上地方人民政府环境保护行政主管部门责令限期改正；逾期不处置或者处置不符合国家有关规定的，由所在地县级以上地方人民政府环境保护行政主管部门指定单位按照国家有关规定代为处置，处置费用由产生危险废物的单位承担。

第五十六条　以填埋方式处置危险废物不符合国务院环境保护行政主管部门规定的，应当缴纳危险废物排污费。危险废物排污费征收的具体办法由国务院规定。

危险废物排污费用于污染环境的防治，不得挪作他用。

第五十七条　从事收集、贮存、处置危险废物经营活动的单位，必须向县级以上人民政府环境保护行政主管部门申请领取经营许可证；从事利用危险废物经营活动的单位，必须向国务院环境保护行政主管部门或者省、自治区、直辖市人民政府环境保护行政主管部门申请领取经营许可证。具体管理办法由国务院规定。

禁止无经营许可证或者不按照经营许可证规定从事危险废物收集、贮存、利用、处置的经营活动。

禁止将危险废物提供或者委托给无经营许可证的单位从事收集、贮存、利用、处置的经营活动。

第五十八条 收集、贮存危险废物,必须按照危险废物特性分类进行。禁止混合收集、贮存、运输、处置性质不相容而未经安全性处置的危险废物。

贮存危险废物必须采取符合国家环境保护标准的防护措施,并不得超过一年;确需延长期限的,必须报经原批准经营许可证的环境保护行政主管部门批准;法律、行政法规另有规定的除外。

禁止将危险废物混入非危险废物中贮存。

第五十九条 转移危险废物的,必须按照国家有关规定填写危险废物转移联单,并向危险废物移出地设区的市级以上地方人民政府环境保护行政主管部门提出申请。移出地设区的市级以上地方人民政府环境保护行政主管部门应当商经接受地设区的市级以上地方人民政府环境保护行政主管部门同意后,方可批准转移该危险废物。未经批准的,不得转移。

转移危险废物途经移出地、接受地以外行政区域的,危险废物移出地设区的市级以上地方人民政府环境保护行政主管部门应当及时通知沿途经过的设区的市级以上地方人民政府环境保护行政主管部门。

第六十条 运输危险废物,必须采取防止污染环境的措施,并遵守国家有关危险货物运输管理的规定。

禁止将危险废物与旅客在同一运输工具上载运。

第六十一条 收集、贮存、运输、处置危险废物的场所、设施、设备和容器、包装物及其他物品转作他用时,必须经过消除污染的处理,方可使用。

第六十二条 产生、收集、贮存、运输、利用、处置危险废物的单位,应当制定意外事故的防范措施和应急预案,并向所在地县级以上地方人民政府环境保护行政主管部门备案;环境保护行政主管部门应当进行检查。

第六十三条 因发生事故或者其他突发性事件,造成危险废物严重污染环境的单位,必须立即采取措施消除或者减轻对环境的污染危害,及时通报可能受到污染危害的单位和居民,并向所在地县级以上地方人民政府环境保护行政主管部门和有关部门报告,接受调查处理。

第六十四条 在发生或者有证据证明可能发生危险废物严重污染环境、威胁居民生命财产安全时,县级以上地方人民政府环境保护行政主管部门或者其他固体废物污染环境防治工作的监督管理部门必须立即向本级人民政府和上一级人民政府有关行政主管部门报告,由人民政府采取防止或者减轻危害的有效措施。有关人民政府可以根据需要责令停止导致或者可能导致环境污染事故的作业。

第六十五条 重点危险废物集中处置设施、场所的退役费用应当预提,列入投资概算或者经营成本。具体提取和管理办法,由国务院财政部门、价格主管部门会同国务院环境保护行政主管部门规定。

第六十六条 禁止经中华人民共和国过境转移危险废物。

第五章 法律责任

第六十七条 县级以上人民政府环境保护行政主管部门或者其他固体废物污染环境防治工作的监督管理部门违反本法规定,有下列行为之一的,由本级人民政府或者上级人民政府有关行政主管部门责令改正,对负有责任的主管人员和其他直接责任人员依法给予行政

处分;构成犯罪的,依法追究刑事责任:

(一)不依法作出行政许可或者办理批准文件的;

(二)发现违法行为或者接到对违法行为的举报后不予查处的;

(三)有不依法履行监督管理职责的其他行为的。

第六十八条 违反本法规定,有下列行为之一的,由县级以上人民政府环境保护行政主管部门责令停止违法行为,限期改正,处以罚款:

(一)不按照国家规定申报登记工业固体废物,或者在申报登记时弄虚作假的;

(二)对暂时不利用或者不能利用的工业固体废物未建设贮存的设施、场所安全分类存放,或者未采取无害化处置措施的;

(三)将列入限期淘汰名录被淘汰的设备转让给他人使用的;

(四)擅自关闭、闲置或者拆除工业固体废物污染环境防治设施、场所的;

(五)在自然保护区、风景名胜区、饮用水水源保护区、基本农田保护区和其他需要特别保护的区域内,建设工业固体废物集中贮存、处置的设施、场所和生活垃圾填埋场的;

(六)擅自转移固体废物出省、自治区、直辖市行政区域贮存、处置的;

(七)未采取相应防范措施,造成工业固体废物扬散、流失、渗漏或者造成其他环境污染的;

(八)在运输过程中沿途丢弃、遗撒工业固体废物的。

有前款第一项、第八项行为之一的,处五千元以上五万元以下的罚款;有前款第二项、第三项、第四项、第五项、第六项、第七项行为之一的,处一万元以上十万元以下的罚款。

第六十九条 违反本法规定,建设项目需要配套建设的固体废物污染环境防治设施未建成、未经验收或者验收不合格,主体工程即投入生产或者使用的,由审批该建设项目环境影响评价文件的环境保护行政主管部门责令停止生产或者使用,可以并处十万元以下的罚款。

第七十条 违反本法规定,拒绝县级以上人民政府环境保护行政主管部门或者其他固体废物污染环境防治工作的监督管理部门现场检查的,由执行现场检查的部门责令限期改正;拒不改正或者在检查时弄虚作假的,处二千元以上二万元以下的罚款。

第七十一条 从事畜禽规模养殖未按照国家有关规定收集、贮存、处置畜禽粪便,造成环境污染的,由县级以上地方人民政府环境保护行政主管部门责令限期改正,可以处五万元以下的罚款。

第七十二条 违反本法规定,生产、销售、进口或者使用淘汰的设备,或者采用淘汰的生产工艺的,由县级以上人民政府经济综合宏观调控部门责令改正;情节严重的,由县级以上人民政府经济综合宏观调控部门提出意见,报请同级人民政府按照国务院规定的权限决定停业或者关闭。

第七十三条 尾矿、矸石、废石等矿业固体废物贮存设施停止使用后,未按照国家有关环境保护规定进行封场的,由县级以上地方人民政府环境保护行政主管部门责令限期改正,可以处五万元以上二十万元以下的罚款。

第七十四条 违反本法有关城市生活垃圾污染环境防治的规定,有下列行为之一的,由县级以上地方人民政府环境卫生行政主管部门责令停止违法行为,限期改正,处以罚款:

(一)随意倾倒、抛撒或者堆放生活垃圾的;

(二)擅自关闭、闲置或者拆除生活垃圾处置设施、场所的;

（三）工程施工单位不及时清运施工过程中产生的固体废物，造成环境污染的；

（四）工程施工单位不按照环境卫生行政主管部门的规定对施工过程中产生的固体废物进行利用或者处置的；

（五）在运输过程中沿途丢弃、遗撒生活垃圾的。

单位有前款第一项、第三项、第五项行为之一的，处五千元以上五万元以下的罚款；有前款第二项、第四项行为之一的，处一万元以上十万元以下的罚款。个人有前款第一项、第五项行为之一的，处二百元以下的罚款。

第七十五条 违反本法有关危险废物污染环境防治的规定，有下列行为之一的，由县级以上人民政府环境保护行政主管部门责令停止违法行为，限期改正，处以罚款：

（一）不设置危险废物识别标志的；

（二）不按照国家规定申报登记危险废物，或者在申报登记时弄虚作假的；

（三）擅自关闭、闲置或者拆除危险废物集中处置设施、场所的；

（四）不按照国家规定缴纳危险废物排污费的；

（五）将危险废物提供或者委托给无经营许可证的单位从事经营活动的；

（六）不按照国家规定填写危险废物转移联单或者未经批准擅自转移危险废物的；

（七）将危险废物混入非危险废物中贮存的；

（八）未经安全性处置，混合收集、贮存、运输、处置具有不相容性质的危险废物的；

（九）将危险废物与旅客在同一运输工具上载运的；

（十）未经消除污染的处理将收集、贮存、运输、处置危险废物的场所、设施、设备和容器、包装物及其他物品转作他用的；

（十一）未采取相应防范措施，造成危险废物扬散、流失、渗漏或者造成其他环境污染的；

（十二）在运输过程中沿途丢弃、遗撒危险废物的；

（十三）未制定危险废物意外事故防范措施和应急预案的。

有前款第一项、第二项、第七项、第八项、第九项、第十项、第十一项、第十二项、第十三项行为之一的，处一万元以上十万元以下的罚款；有前款第三项、第五项、第六项行为之一的，处二万元以上二十万元以下的罚款；有前款第四项行为的，限期缴纳，逾期不缴纳的，处应缴纳危险废物排污费金额一倍以上三倍以下的罚款。

第七十六条 违反本法规定，危险废物产生者不处置其产生的危险废物又不承担依法应当承担的处置费用的，由县级以上地方人民政府环境保护行政主管部门责令限期改正，处代为处置费用一倍以上三倍以下的罚款。

第七十七条 无经营许可证或者不按照经营许可证规定从事收集、贮存、利用、处置危险废物经营活动的，由县级以上人民政府环境保护行政主管部门责令停止违法行为，没收违法所得，可以并处违法所得三倍以下的罚款。

不按照经营许可证规定从事前款活动的，还可以由发证机关吊销经营许可证。

第七十八条 违反本法规定，将中华人民共和国境外的固体废物进境倾倒、堆放、处置的，进口属于禁止进口的固体废物或者未经许可擅自进口属于限制进口的固体废物用作原料的，由海关责令退运该固体废物，可以并处十万元以上一百万元以下的罚款；构成犯罪的，依法追究刑事责任。进口者不明的，由承运人承担退运该固体废物的责任，或者承担该固体废物的处置费用。

逃避海关监管将中华人民共和国境外的固体废物运输进境，构成犯罪的，依法追究刑事责任。

第七十九条 违反本法规定，经中华人民共和国过境转移危险废物的，由海关责令退运该危险废物，可以并处五万元以上五十万元以下的罚款。

第八十条 对已经非法入境的固体废物，由省级以上人民政府环境保护行政主管部门依法向海关提出处理意见，海关应当依照本法第七十八条的规定作出处罚决定；已经造成环境污染的，由省级以上人民政府环境保护行政主管部门责令进口者消除污染。

第八十一条 违反本法规定，造成固体废物严重污染环境的，由县级以上人民政府环境保护行政主管部门按照国务院规定的权限决定限期治理；逾期未完成治理任务的，由本级人民政府决定停业或者关闭。

第八十二条 违反本法规定，造成固体废物污染环境事故的，由县级以上人民政府环境保护行政主管部门处二万元以上二十万元以下的罚款；造成重大损失的，按照直接损失的百分之三十计算罚款，但是最高不超过一百万元，对负有责任的主管人员和其他直接责任人员，依法给予行政处分；造成固体废物污染环境重大事故的，并由县级以上人民政府按照国务院规定的权限决定停业或者关闭。

第八十三条 违反本法规定，收集、贮存、利用、处置危险废物，造成重大环境污染事故，构成犯罪的，依法追究刑事责任。

第八十四条 受到固体废物污染损害的单位和个人，有权要求依法赔偿损失。

赔偿责任和赔偿金额的纠纷，可以根据当事人的请求，由环境保护行政主管部门或者其他固体废物污染环境防治工作的监督管理部门调解处理；调解不成的，当事人可以向人民法院提起诉讼。当事人也可以直接向人民法院提起诉讼。

国家鼓励法律服务机构对固体废物污染环境诉讼中的受害人提供法律援助。

第八十五条 造成固体废物污染环境的，应当排除危害，依法赔偿损失，并采取措施恢复环境原状。

第八十六条 因固体废物污染环境引起的损害赔偿诉讼，由加害人就法律规定的免责事由及其行为与损害结果之间不存在因果关系承担举证责任。

第八十七条 固体废物污染环境的损害赔偿责任和赔偿金额的纠纷，当事人可以委托环境监测机构提供监测数据。环境监测机构应当接受委托，如实提供有关监测数据。

第六章　附　　则

第八十八条 本法下列用语的含义：

（一）固体废物，是指在生产、生活和其他活动中产生的丧失原有利用价值或者虽未丧失利用价值但被抛弃或者放弃的固态、半固态和置于容器中的气态的物品、物质以及法律、行政法规规定纳入固体废物管理的物品、物质。

（二）工业固体废物，是指在工业生产活动中产生的固体废物。

（三）生活垃圾，是指在日常生活中或者为日常生活提供服务的活动中产生的固体废物以及法律、行政法规规定视为生活垃圾的固体废物。

（四）危险废物，是指列入国家危险废物名录或者根据国家规定的危险废物鉴别标准和鉴别方法认定的具有危险特性的固体废物。

（五）贮存，是指将固体废物临时置于特定设施或者场所中的活动。

（六）处置，是指将固体废物焚烧和用其他改变固体废物的物理、化学、生物特性的方法，达到减少已产生的固体废物数量、缩小固体废物体积、减少或者消除其危险成份的活动，或者将固体废物最终置于符合环境保护规定要求的填埋场的活动。

（七）利用，是指从固体废物中提取物质作为原材料或者燃料的活动。

第八十九条 液态废物的污染防治，适用本法；但是，排入水体的废水的污染防治适用有关法律，不适用本法。

第九十条 中华人民共和国缔结或者参加的与固体废物污染环境防治有关的国际条约与本法有不同规定的，适用国际条约的规定；但是，中华人民共和国声明保留的条款除外。

第九十一条 本法自 2005 年 4 月 1 日起施行。

中华人民共和国主席令

第69号

《中华人民共和国突发事件应对法》已由中华人民共和国第十届全国人民代表大会常务委员会第二十九次会议于2007年8月30日通过，现予公布，自2007年11月1日起施行。

中华人民共和国主席　胡锦涛

2007年8月30日

中华人民共和国突发事件应对法

第一章　总　则

第一条　为了预防和减少突发事件的发生，控制、减轻和消除突发事件引起的严重社会危害，规范突发事件应对活动，保护人民生命财产安全，维护国家安全、公共安全、环境安全和社会秩序，制定本法。

第二条　突发事件的预防与应急准备、监测与预警、应急处置与救援、事后恢复与重建等应对活动，适用本法。

第三条　本法所称突发事件，是指突然发生，造成或者可能造成严重社会危害，需要采取应急处置措施予以应对的自然灾害、事故灾难、公共卫生事件和社会安全事件。

按照社会危害程度、影响范围等因素，自然灾害、事故灾难、公共卫生事件分为特别重大、重大、较大和一般四级。法律、行政法规或者国务院另有规定的，从其规定。

突发事件的分级标准由国务院或者国务院确定的部门制定。

第四条　国家建立统一领导、综合协调、分类管理、分级负责、属地管理为主的应急管理体制。

第五条　突发事件应对工作实行预防为主、预防与应急相结合的原则。国家建立重大突发事件风险评估体系，对可能发生的突发事件进行综合性评估，减少重大突发事件的发生，最大限度地减轻重大突发事件的影响。

第六条　国家建立有效的社会动员机制，增强全民的公共安全和防范风险的意识，提高全社会的避险救助能力。

第七条　县级人民政府对本行政区域内突发事件的应对工作负责；涉及两个以上行政区域的，由有关行政区域共同的上一级人民政府负责，或者由各有关行政区域的上一级人民政府共同负责。

突发事件发生后，发生地县级人民政府应当立即采取措施控制事态发展，组织开展应急救援和处置工作，并立即向上一级人民政府报告，必要时可以越级上报。

突发事件发生地县级人民政府不能消除或者不能有效控制突发事件引起的严重社会危害的，应当及时向上级人民政府报告。上级人民政府应当及时采取措施，统一领导应急处置工作。

法律、行政法规规定由国务院有关部门对突发事件的应对工作负责的，从其规定；地方人民政府应当积极配合并提供必要的支持。

第八条 国务院在总理领导下研究、决定和部署特别重大突发事件的应对工作；根据实际需要，设立国家突发事件应急指挥机构，负责突发事件应对工作；必要时，国务院可以派出工作组指导有关工作。

县级以上地方各级人民政府设立由本级人民政府主要负责人、相关部门负责人、驻当地中国人民解放军和中国人民武装警察部队有关负责人组成的突发事件应急指挥机构，统一领导、协调本级人民政府各有关部门和下级人民政府开展突发事件应对工作；根据实际需要，设立相关类别突发事件应急指挥机构，组织、协调、指挥突发事件应对工作。

上级人民政府主管部门应当在各自职责范围内，指导、协助下级人民政府及其相应部门做好有关突发事件的应对工作。

第九条 国务院和县级以上地方各级人民政府是突发事件应对工作的行政领导机关，其办事机构及具体职责由国务院规定。

第十条 有关人民政府及其部门作出的应对突发事件的决定、命令，应当及时公布。

第十一条 有关人民政府及其部门采取的应对突发事件的措施，应当与突发事件可能造成的社会危害的性质、程度和范围相适应；有多种措施可供选择的，应当选择有利于最大程度地保护公民、法人和其他组织权益的措施。

公民、法人和其他组织有义务参与突发事件应对工作。

第十二条 有关人民政府及其部门为应对突发事件，可以征用单位和个人的财产。被征用的财产在使用完毕或者突发事件应急处置工作结束后，应当及时返还。财产被征用或者征用后毁损、灭失的，应当给予补偿。

第十三条 因采取突发事件应对措施，诉讼、行政复议、仲裁活动不能正常进行的，适用有关时效中止和程序中止的规定，但法律另有规定的除外。

第十四条 中国人民解放军、中国人民武装警察部队和民兵组织依照本法和其他有关法律、行政法规、军事法规的规定以及国务院、中央军事委员会的命令，参加突发事件的应急救援和处置工作。

第十五条 中华人民共和国政府在突发事件的预防、监测与预警、应急处置与救援、事后恢复与重建等方面，同外国政府和有关国际组织开展合作与交流。

第十六条 县级以上人民政府作出应对突发事件的决定、命令，应当报本级人民代表大会常务委员会备案；突发事件应急处置工作结束后，应当向本级人民代表大会常务委员会作出专项工作报告。

第二章　预防与应急准备

第十七条 国家建立健全突发事件应急预案体系。

国务院制定国家突发事件总体应急预案，组织制定国家突发事件专项应急预案；国务院有关部门根据各自的职责和国务院相关应急预案，制定国家突发事件部门应急预案。

地方各级人民政府和县级以上地方各级人民政府有关部门根据有关法律、法规、规章、上级人民政府及其有关部门的应急预案以及本地区的实际情况，制定相应的突发事件应急预案。

应急预案制定机关应当根据实际需要和情势变化，适时修订应急预案。应急预案的制定、修订程序由国务院规定。

第十八条 应急预案应当根据本法和其他有关法律、法规的规定，针对突发事件的性质、特点和可能造成的社会危害，具体规定突发事件应急管理工作的组织指挥体系与职责和突发事件的预防与预警机制、处置程序、应急保障措施以及事后恢复与重建措施等内容。

第十九条 城乡规划应当符合预防、处置突发事件的需要，统筹安排应对突发事件所必需的设备和基础设施建设，合理确定应急避难场所。

第二十条 县级人民政府应当对本行政区域内容易引发自然灾害、事故灾难和公共卫生事件的危险源、危险区域进行调查、登记、风险评估，定期进行检查、监控，并责令有关单位采取安全防范措施。

省级和设区的市级人民政府应当对本行政区域内容易引发特别重大、重大突发事件的危险源、危险区域进行调查、登记、风险评估，组织进行检查、监控，并责令有关单位采取安全防范措施。

县级以上地方各级人民政府按照本法规定登记的危险源、危险区域，应当按照国家规定及时向社会公布。

第二十一条 县级人民政府及其有关部门、乡级人民政府、街道办事处、居民委员会、村民委员会应当及时调解处理可能引发社会安全事件的矛盾纠纷。

第二十二条 所有单位应当建立健全安全管理制度，定期检查本单位各项安全防范措施的落实情况，及时消除事故隐患；掌握并及时处理本单位存在的可能引发社会安全事件的问题，防止矛盾激化和事态扩大；对本单位可能发生的突发事件和采取安全防范措施的情况，应当按照规定及时向所在地人民政府或者人民政府有关部门报告。

第二十三条 矿山、建筑施工单位和易燃易爆物品、危险化学品、放射性物品等危险物品的生产、经营、储运、使用单位，应当制定具体应急预案，并对生产经营场所、有危险物品的建筑物、构筑物及周边环境开展隐患排查，及时采取措施消除隐患，防止发生突发事件。

第二十四条 公共交通工具、公共场所和其他人员密集场所的经营单位或者管理单位应当制定具体应急预案，为交通工具和有关场所配备报警装置和必要的应急救援设备、设施，注明其使用方法，并显著标明安全撤离的通道、路线，保证安全通道、出口的畅通。

有关单位应当定期检测、维护其报警装置和应急救援设备、设施，使其处于良好状态，确保正常使用。

第二十五条 县级以上人民政府应当建立健全突发事件应急管理培训制度，对人民政府及其有关部门负有处置突发事件职责的工作人员定期进行培训。

第二十六条 县级以上人民政府应当整合应急资源，建立或者确定综合性应急救援队伍。人民政府有关部门可以根据实际需要设立专业应急救援队伍。

县级以上人民政府及其有关部门可以建立由成年志愿者组成的应急救援队伍。单位应当建立由本单位职工组成的专职或者兼职应急救援队伍。

县级以上人民政府应当加强专业应急救援队伍与非专业应急救援队伍的合作，联合培训、联合演练，提高合成应急、协同应急的能力。

第二十七条 国务院有关部门、县级以上地方各级人民政府及其有关部门、有关单位应当为专业应急救援人员购买人身意外伤害保险，配备必要的防护装备和器材，减少应急救援人员的人身风险。

第二十八条 中国人民解放军、中国人民武装警察部队和民兵组织应当有计划地组织开展应急救援的专门训练。

第二十九条 县级人民政府及其有关部门、乡级人民政府、街道办事处应当组织开展应急知识的宣传普及活动和必要的应急演练。

居民委员会、村民委员会、企业事业单位应当根据所在地人民政府的要求，结合各自的实际情况，开展有关突发事件应急知识的宣传普及活动和必要的应急演练。

新闻媒体应当无偿开展突发事件预防与应急、自救与互救知识的公益宣传。

第三十条 各级各类学校应当把应急知识教育纳入教学内容，对学生进行应急知识教育，培养学生的安全意识和自救与互救能力。

教育主管部门应当对学校开展应急知识教育进行指导和监督。

第三十一条 国务院和县级以上地方各级人民政府应当采取财政措施，保障突发事件应对工作所需经费。

第三十二条 国家建立健全应急物资储备保障制度，完善重要应急物资的监管、生产、储备、调拨和紧急配送体系。

设区的市级以上人民政府和突发事件易发、多发地区的县级人民政府应当建立应急救援物资、生活必需品和应急处置装备的储备制度。

县级以上地方各级人民政府应当根据本地区的实际情况，与有关企业签订协议，保障应急救援物资、生活必需品和应急处置装备的生产、供给。

第三十三条 国家建立健全应急通信保障体系，完善公用通信网，建立有线与无线相结合、基础电信网络与机动通信系统相配套的应急通信系统，确保突发事件应对工作的通信畅通。

第三十四条 国家鼓励公民、法人和其他组织为人民政府应对突发事件工作提供物资、资金、技术支持和捐赠。

第三十五条 国家发展保险事业，建立国家财政支持的巨灾风险保险体系，并鼓励单位和公民参加保险。

第三十六条 国家鼓励、扶持具备相应条件的教学科研机构培养应急管理专门人才，鼓励、扶持教学科研机构和有关企业研究开发用于突发事件预防、监测、预警、应急处置与救援的新技术、新设备和新工具。

第三章 监测与预警

第三十七条 国务院建立全国统一的突发事件信息系统。

县级以上地方各级人民政府应当建立或者确定本地区统一的突发事件信息系统，汇集、储存、分析、传输有关突发事件的信息，并与上级人民政府及其有关部门、下级人民政府及其有关部门、专业机构和监测网点的突发事件信息系统实现互联互通，加强跨部门、跨地区的信息交流与情报合作。

第三十八条 县级以上人民政府及其有关部门、专业机构应当通过多种途径收集突发事件信息。

县级人民政府应当在居民委员会、村民委员会和有关单位建立专职或者兼职信息报告员制度。

获悉突发事件信息的公民、法人或者其他组织,应当立即向所在地人民政府、有关主管部门或者指定的专业机构报告。

第三十九条 地方各级人民政府应当按照国家有关规定向上级人民政府报送突发事件信息。县级以上人民政府有关主管部门应当向本级人民政府相关部门通报突发事件信息。专业机构、监测网点和信息报告员应当及时向所在地人民政府及其有关主管部门报告突发事件信息。

有关单位和人员报送、报告突发事件信息,应当做到及时、客观、真实,不得迟报、谎报、瞒报、漏报。

第四十条 县级以上地方各级人民政府应当及时汇总分析突发事件隐患和预警信息,必要时组织相关部门、专业技术人员、专家学者进行会商,对发生突发事件的可能性及其可能造成的影响进行评估;认为可能发生重大或者特别重大突发事件的,应当立即向上级人民政府报告,并向上级人民政府有关部门、当地驻军和可能受到危害的毗邻或者相关地区的人民政府通报。

第四十一条 国家建立健全突发事件监测制度。

县级以上人民政府及其有关部门应当根据自然灾害、事故灾难和公共卫生事件的种类和特点,建立健全基础信息数据库,完善监测网络,划分监测区域,确定监测点,明确监测项目,提供必要的设备、设施,配备专职或者兼职人员,对可能发生的突发事件进行监测。

第四十二条 国家建立健全突发事件预警制度。

可以预警的自然灾害、事故灾难和公共卫生事件的预警级别,按照突发事件发生的紧急程度、发展势态和可能造成的危害程度分为一级、二级、三级和四级,分别用红色、橙色、黄色和蓝色标示,一级为最高级别。

预警级别的划分标准由国务院或者国务院确定的部门制定。

第四十三条 可以预警的自然灾害、事故灾难或者公共卫生事件即将发生或者发生的可能性增大时,县级以上地方各级人民政府应当根据有关法律、行政法规和国务院规定的权限和程序,发布相应级别的警报,决定并宣布有关地区进入预警期,同时向上一级人民政府报告,必要时可以越级上报,并向当地驻军和可能受到危害的毗邻或者相关地区的人民政府通报。

第四十四条 发布三级、四级警报,宣布进入预警期后,县级以上地方各级人民政府应当根据即将发生的突发事件的特点和可能造成的危害,采取下列措施:

(一)启动应急预案;

(二)责令有关部门、专业机构、监测网点和负有特定职责的人员及时收集、报告有关信息,向社会公布反映突发事件信息的渠道,加强对突发事件发生、发展情况的监测、预报和预警工作;

(三)组织有关部门和机构、专业技术人员、有关专家学者,随时对突发事件信息进行分析评估,预测发生突发事件可能性的大小、影响范围和强度以及可能发生的突发事件的级别;

（四）定时向社会发布与公众有关的突发事件预测信息和分析评估结果，并对相关信息的报道工作进行管理；

（五）及时按照有关规定向社会发布可能受到突发事件危害的警告，宣传避免、减轻危害的常识，公布咨询电话。

第四十五条 发布一级、二级警报，宣布进入预警期后，县级以上地方各级人民政府除采取本法第四十四条规定的措施外，还应当针对即将发生的突发事件的特点和可能造成的危害，采取下列一项或者多项措施：

（一）责令应急救援队伍、负有特定职责的人员进入待命状态，并动员后备人员做好参加应急救援和处置工作的准备；

（二）调集应急救援所需物资、设备、工具，准备应急设施和避难场所，并确保其处于良好状态、随时可以投入正常使用；

（三）加强对重点单位、重要部位和重要基础设施的安全保卫，维护社会治安秩序；

（四）采取必要措施，确保交通、通信、供水、排水、供电、供气、供热等公共设施的安全和正常运行；

（五）及时向社会发布有关采取特定措施避免或者减轻危害的建议、劝告；

（六）转移、疏散或者撤离易受突发事件危害的人员并予以妥善安置，转移重要财产；

（七）关闭或者限制使用易受突发事件危害的场所，控制或者限制容易导致危害扩大的公共场所的活动；

（八）法律、法规、规章规定的其他必要的防范性、保护性措施。

第四十六条 对即将发生或者已经发生的社会安全事件，县级以上地方各级人民政府及其有关主管部门应当按照规定向上一级人民政府及其有关主管部门报告，必要时可以越级上报。

第四十七条 发布突发事件警报的人民政府应当根据事态的发展，按照有关规定适时调整预警级别并重新发布。

有事实证明不可能发生突发事件或者危险已经解除的，发布警报的人民政府应当立即宣布解除警报，终止预警期，并解除已经采取的有关措施。

第四章 应急处置与救援

第四十八条 突发事件发生后，履行统一领导职责或者组织处置突发事件的人民政府应当针对其性质、特点和危害程度，立即组织有关部门，调动应急救援队伍和社会力量，依照本章的规定和有关法律、法规、规章的规定采取应急处置措施。

第四十九条 自然灾害、事故灾难或者公共卫生事件发生后，履行统一领导职责的人民政府可以采取下列一项或者多项应急处置措施：

（一）组织营救和救治受害人员，疏散、撤离并妥善安置受到威胁的人员以及采取其他救助措施；

（二）迅速控制危险源，标明危险区域，封锁危险场所，划定警戒区，实行交通管制以及其他控制措施；

（三）立即抢修被损坏的交通、通信、供水、排水、供电、供气、供热等公共设施，向受到危害的人员提供避难场所和生活必需品，实施医疗救护和卫生防疫以及其他保障措施；

（四）禁止或者限制使用有关设备、设施，关闭或者限制使用有关场所，中止人员密集的活动或者可能导致危害扩大的生产经营活动以及采取其他保护措施；

（五）启用本级人民政府设置的财政预备费和储备的应急救援物资，必要时调用其他急需物资、设备、设施、工具；

（六）组织公民参加应急救援和处置工作，要求具有特定专长的人员提供服务；

（七）保障食品、饮用水、燃料等基本生活必需品的供应；

（八）依法从严惩处囤积居奇、哄抬物价、制假售假等扰乱市场秩序的行为，稳定市场价格，维护市场秩序；

（九）依法从严惩处哄抢财物、干扰破坏应急处置工作等扰乱社会秩序的行为，维护社会治安；

（十）采取防止发生次生、衍生事件的必要措施。

第五十条 社会安全事件发生后，组织处置工作的人民政府应当立即组织有关部门并由公安机关针对事件的性质和特点，依照有关法律、行政法规和国家其他有关规定，采取下列一项或者多项应急处置措施：

（一）强制隔离使用器械相互对抗或者以暴力行为参与冲突的当事人，妥善解决现场纠纷和争端，控制事态发展；

（二）对特定区域内的建筑物、交通工具、设备、设施以及燃料、燃气、电力、水的供应进行控制；

（三）封锁有关场所、道路，查验现场人员的身份证件，限制有关公共场所内的活动；

（四）加强对易受冲击的核心机关和单位的警卫，在国家机关、军事机关、国家通讯社、广播电台、电视台、外国驻华使领馆等单位附近设置临时警戒线；

（五）法律、行政法规和国务院规定的其他必要措施。

严重危害社会治安秩序的事件发生时，公安机关应当立即依法出动警力，根据现场情况依法采取相应的强制性措施，尽快使社会秩序恢复正常。

第五十一条 发生突发事件，严重影响国民经济正常运行时，国务院或者国务院授权的有关主管部门可以采取保障、控制等必要的应急措施，保障人民群众的基本生活需要，最大限度地减轻突发事件的影响。

第五十二条 履行统一领导职责或者组织处置突发事件的人民政府，必要时可以向单位和个人征用应急救援所需设备、设施、场地、交通工具和其他物资，请求其他地方人民政府提供人力、物力、财力或者技术支援，要求生产、供应生活必需品和应急救援物资的企业组织生产、保证供给，要求提供医疗、交通等公共服务的组织提供相应的服务。

履行统一领导职责或者组织处置突发事件的人民政府，应当组织协调运输经营单位，优先运送处置突发事件所需物资、设备、工具、应急救援人员和受到突发事件危害的人员。

第五十三条 履行统一领导职责或者组织处置突发事件的人民政府，应当按照有关规定统一、准确、及时发布有关突发事件事态发展和应急处置工作的信息。

第五十四条 任何单位和个人不得编造、传播有关突发事件事态发展或者应急处置工作的虚假信息。

第五十五条 突发事件发生地的居民委员会、村民委员会和其他组织应当按照当地人民政府的决定、命令，进行宣传动员，组织群众开展自救和互救，协助维护社会秩序。

第五十六条 受到自然灾害危害或者发生事故灾难、公共卫生事件的单位，应当立即组织本单位应急救援队伍和工作人员营救受害人员，疏散、撤离、安置受到威胁的人员，控制危险源，标明危险区域，封锁危险场所，并采取其他防止危害扩大的必要措施，同时向所在地县级人民政府报告；对因本单位的问题引发的或者主体是本单位人员的社会安全事件，有关单位应当按照规定上报情况，并迅速派出负责人赶赴现场开展劝解、疏导工作。

突发事件发生地的其他单位应当服从人民政府发布的决定、命令，配合人民政府采取的应急处置措施，做好本单位的应急救援工作，并积极组织人员参加所在地的应急救援和处置工作。

第五十七条 突发事件发生地的公民应当服从人民政府、居民委员会、村民委员会或者所属单位的指挥和安排，配合人民政府采取的应急处置措施，积极参加应急救援工作，协助维护社会秩序。

第五章 事后恢复与重建

第五十八条 突发事件的威胁和危害得到控制或者消除后，履行统一领导职责或者组织处置突发事件的人民政府应当停止执行依照本法规定采取的应急处置措施，同时采取或者继续实施必要措施，防止发生自然灾害、事故灾难、公共卫生事件的次生、衍生事件或者重新引发社会安全事件。

第五十九条 突发事件应急处置工作结束后，履行统一领导职责的人民政府应当立即组织对突发事件造成的损失进行评估，组织受影响地区尽快恢复生产、生活、工作和社会秩序，制定恢复重建计划，并向上一级人民政府报告。

受突发事件影响地区的人民政府应当及时组织和协调公安、交通、铁路、民航、邮电、建设等有关部门恢复社会治安秩序，尽快修复被损坏的交通、通信、供水、排水、供电、供气、供热等公共设施。

第六十条 受突发事件影响地区的人民政府开展恢复重建工作需要上一级人民政府支持的，可以向上一级人民政府提出请求。上一级人民政府应当根据受影响地区遭受的损失和实际情况，提供资金、物资支持和技术指导，组织其他地区提供资金、物资和人力支援。

第六十一条 国务院根据受突发事件影响地区遭受损失的情况，制定扶持该地区有关行业发展的优惠政策。

受突发事件影响地区的人民政府应当根据本地区遭受损失的情况，制定救助、补偿、抚慰、抚恤、安置等善后工作计划并组织实施，妥善解决因处置突发事件引发的矛盾和纠纷。

公民参加应急救援工作或者协助维护社会秩序期间，其在本单位的工资待遇和福利不变；表现突出、成绩显著的，由县级以上人民政府给予表彰或者奖励。

县级以上人民政府对在应急救援工作中伤亡的人员依法给予抚恤。

第六十二条 履行统一领导职责的人民政府应当及时查明突发事件的发生经过和原因，总结突发事件应急处置工作的经验教训，制定改进措施，并向上一级人民政府提出报告。

第六章 法律责任

第六十三条 地方各级人民政府和县级以上各级人民政府有关部门违反本法规定，不履行法定职责的，由其上级行政机关或者监察机关责令改正；有下列情形之一的，根据情节对直接负责的主管人员和其他直接责任人员依法给予处分：

（一）未按规定采取预防措施，导致发生突发事件，或者未采取必要的防范措施，导致发生次生、衍生事件的；

（二）迟报、谎报、瞒报、漏报有关突发事件的信息，或者通报、报送、公布虚假信息，造成后果的；

（三）未按规定及时发布突发事件警报、采取预警期的措施，导致损害发生的；

（四）未按规定及时采取措施处置突发事件或者处置不当，造成后果的；

（五）不服从上级人民政府对突发事件应急处置工作的统一领导、指挥和协调的；

（六）未及时组织开展生产自救、恢复重建等善后工作的；

（七）截留、挪用、私分或者变相私分应急救援资金、物资的；

（八）不及时归还征用的单位和个人的财产，或者对被征用财产的单位和个人不按规定给予补偿的。

第六十四条 有关单位有下列情形之一的，由所在地履行统一领导职责的人民政府责令停产停业，暂扣或者吊销许可证或者营业执照，并处五万元以上二十万元以下的罚款；构成违反治安管理行为的，由公安机关依法给予处罚：

（一）未按规定采取预防措施，导致发生严重突发事件的；

（二）未及时消除已发现的可能引发突发事件的隐患，导致发生严重突发事件的；

（三）未做好应急设备、设施日常维护、检测工作，导致发生严重突发事件或者突发事件危害扩大的；

（四）突发事件发生后，不及时组织开展应急救援工作，造成严重后果的。

前款规定的行为，其他法律、行政法规规定由人民政府有关部门依法决定处罚的，从其规定。

第六十五条 违反本法规定，编造并传播有关突发事件事态发展或者应急处置工作的虚假信息，或者明知是有关突发事件事态发展或者应急处置工作的虚假信息而进行传播的，责令改正，给予警告；造成严重后果的，依法暂停其业务活动或者吊销其执业许可证；负有直接责任的人员是国家工作人员的，还应当对其依法给予处分；构成违反治安管理行为的，由公安机关依法给予处罚。

第六十六条 单位或者个人违反本法规定，不服从所在地人民政府及其有关部门发布的决定、命令或者不配合其依法采取的措施，构成违反治安管理行为的，由公安机关依法给予处罚。

第六十七条 单位或者个人违反本法规定，导致突发事件发生或者危害扩大，给他人人身、财产造成损害的，应当依法承担民事责任。

第六十八条 违反本法规定，构成犯罪的，依法追究刑事责任。

第七章 附 则

第六十九条 发生特别重大突发事件，对人民生命财产安全、国家安全、公共安全、环境安全或者社会秩序构成重大威胁，采取本法和其他有关法律、法规、规章规定的应急处置措施不能消除或者有效控制、减轻其严重社会危害，需要进入紧急状态的，由全国人民代表大会常务委员会或者国务院依照宪法和其他有关法律规定的权限和程序决定。

紧急状态期间采取的非常措施，依照有关法律规定执行或者由全国人民代表大会常务委员会另行规定。

第七十条　本法自2007年11月1日起施行。

中华人民共和国国务院令

第344号

《危险化学品安全管理条例》已经2002年1月9日国务院第52次常务会议通过，现予公布，自2002年3月15日起施行。

总理　朱镕基

二〇〇二年一月二十六日

危险化学品安全管理条例

第一章　总　则

第一条　为了加强对危险化学品的安全管理，保障人民生命、财产安全，保护环境，制定本条例。

第二条　在中华人民共和国境内生产、经营、储存、运输、使用危险化学品和处置废弃危险化学品，必须遵守本条例和国家有关安全生产的法律、其他行政法规的规定。

第三条　本条例所称危险化学品，包括爆炸品、压缩气体和液化气体、易燃液体、易燃固体、自燃物品和遇湿易燃物品、氧化剂和有机过氧化物、有毒品和腐蚀品等。

危险化学品列入以国家标准公布的《危险货物品名表》（GB 12268）；剧毒化学品目录和未列入《危险货物品名表》的其他危险化学品，由国务院经济贸易综合管理部门会同国务院公安、环境保护、卫生、质检、交通部门确定并公布。

第四条　生产、经营、储存、运输、使用危险化学品和处置废弃危险化学品的单位（以下统称危险化学品单位），其主要负责人必须保证本单位危险化学品的安全管理符合有关法律、法规、规章的规定和国家标准的要求，并对本单位危险化学品的安全负责。

危险化学品单位从事生产、经营、储存、运输、使用危险化学品或者处置废弃危险化学品活动的人员，必须接受有关法律、法规、规章和安全知识、专业技术、职业卫生防护和应急救援知识的培训，并经考核合格，方可上岗作业。

第五条　对危险化学品的生产、经营、储存、运输、使用和对废弃危险化学品处置实施监督管理的有关部门，依照下列规定履行职责：

（一）国务院经济贸易综合管理部门和省、自治区、直辖市人民政府经济贸易管理部门，依照本条例的规定，负责危险化学品安全监督管理综合工作，负责危险化学品生产、储存企业设立及其改建、扩建的审查，负责危险化学品包装物、容器（包括用于运输工具的槽罐，下同）专业生产企业的审查和定点，负责危险化学品经营许可证的发放，负责国内危险化学品的登记，负责危险化学品事故应急救援的组织和协调，并负责前述事项的监督检查；设区的市级人民政府和县级人民政府的负责危险化学品安全监督管理综合工作的部门，由各该级人民政府确定，依照本条例的规定履行职责。

（二）公安部门负责危险化学品的公共安全管理，负责发放剧毒化学品购买凭证和准购证，负责审查核发剧毒化学品公路运输通行证，对危险化学品道路运输安全实施监督，并负责前述事项的监督检查。

（三）质检部门负责发放危险化学品及其包装物、容器的生产许可证，负责对危险化学品包装物、容器的产品质量实施监督，并负责前述事项的监督检查。

（四）环境保护部门负责废弃危险化学品处置的监督管理，负责调查重大危险化学品污染事故和生态破坏事件，负责有毒化学品事故现场的应急监测和进口危险化学品的登记，并负责前述事项的监督检查。

（五）铁路、民航部门负责危险化学品铁路、航空运输和危险化学品铁路、民航运输单位及其运输工具的安全管理及监督检查。交通部门负责危险化学品公路、水路运输单位及其运输工具的安全管理，对危险化学品水路运输安全实施监督，负责危险化学品公路、水路运输单位、驾驶人员、船员、装卸人员和押运人员的资质认定，并负责前述事项的监督检查。

（六）卫生行政部门负责危险化学品的毒性鉴定和危险化学品事故伤亡人员的医疗救护工作。

（七）工商行政管理部门依据有关部门的批准、许可文件，核发危险化学品生产、经营、储存、运输单位营业执照，并监督管理危险化学品市场经营活动。

（八）邮政部门负责邮寄危险化学品的监督检查。

第六条 依照本条例对危险化学品单位实施监督管理的有关部门，依法进行监督检查，可以行使下列职权：

（一）进入危险化学品作业场所进行现场检查，调取有关资料，向有关人员了解情况，向危险化学品单位提出整改措施和建议；

（二）发现危险化学品事故隐患时，责令立即排除或者限期排除；

（三）对有根据认为不符合有关法律、法规、规章规定和国家标准要求的设施、设备、器材和运输工具，责令立即停止使用；

（四）发现违法行为，当场予以纠正或者责令限期改正。

危险化学品单位应当接受有关部门依法实施的监督检查，不得拒绝、阻挠。

有关部门派出的工作人员依法进行监督检查时，应当出示证件。

第二章　危险化学品的生产、储存和使用

第七条 国家对危险化学品的生产和储存实行统一规划、合理布局和严格控制，并对危险化学品生产、储存实行审批制度；未经审批，任何单位和个人都不得生产、储存危险化学品。

设区的市级人民政府根据当地经济发展的实际需要，在编制总体规划时，应当按照确保安全的原则规划适当区域专门用于危险化学品的生产、储存。

第八条 危险化学品生产、储存企业，必须具备下列条件：

（一）有符合国家标准的生产工艺、设备或者储存方式、设施；

（二）工厂、仓库的周边防护距离符合国家标准或者国家有关规定；

（三）有符合生产或者储存需要的管理人员和技术人员；

（四）有健全的安全管理制度；

（五）符合法律、法规规定和国家标准要求的其他条件。

第九条 设立剧毒化学品生产、储存企业和其他危险化学品生产、储存企业，应当分别向省、自治区、直辖市人民政府经济贸易管理部门和设区的市级人民政府负责危险化学品安全监督管理综合工作的部门提出申请，并提交下列文件：

（一）可行性研究报告；

（二）原料、中间产品、最终产品或者储存的危险化学品的燃点、自燃点、闪点、爆炸极限、毒性等理化性能指标；

（三）包装、储存、运输的技术要求；

（四）安全评价报告；

（五）事故应急救援措施；

（六）符合本条例第八条规定条件的证明文件。

省、自治区、直辖市人民政府经济贸易管理部门或者设区的市级人民政府负责危险化学品安全监督管理综合工作的部门收到申请和提交的文件后，应当组织有关专家进行审查，提出审查意见后，报本级人民政府作出批准或者不予批准的决定。依据本级人民政府的决定，予以批准的，由省、自治区、直辖市人民政府经济贸易管理部门或者设区的市级人民政府负责危险化学品安全监督管理综合工作的部门颁发批准书；不予批准的，书面通知申请人。

申请人凭批准书向工商行政管理部门办理登记注册手续。

第十条 除运输工具加油站、加气站外，危险化学品的生产装置和储存数量构成重大危险源的储存设施，与下列场所、区域的距离必须符合国家标准或者国家有关规定：

（一）居民区、商业中心、公园等人口密集区域；

（二）学校、医院、影剧院、体育场（馆）等公共设施；

（三）供水水源、水厂及水源保护区；

（四）车站、码头（按照国家规定，经批准，专门从事危险化学品装卸作业的除外）、机场以及公路、铁路、水路交通干线、地铁风亭及出入口；

（五）基本农田保护区、畜牧区、渔业水域和种子、种畜、水产苗种生产基地；

（六）河流、湖泊、风景名胜区和自然保护区；

（七）军事禁区、军事管理区；

（八）法律、行政法规规定予以保护的其他区域。

已建危险化学品的生产装置和储存数量构成重大危险源的储存设施不符合前款规定的，由所在地设区的市级人民政府负责危险化学品安全监督管理综合工作的部门监督其在规定期限内进行整顿；需要转产、停产、搬迁、关闭的，报本级人民政府批准后实施。

本条例所称重大危险源，是指生产、运输、使用、储存危险化学品或者处置废弃危险化学品，且危险化学品的数量等于或者超过临界量的单元（包括场所和设施）。

第十一条 危险化学品生产、储存企业改建、扩建的，必须依照本条例第九条的规定经审查批准。

第十二条 依法设立的危险化学品生产企业，必须向国务院质检部门申请领取危险化学品生产许可证;未取得危险化学品生产许可证的,不得开工生产。

国务院质检部门应当将颁发危险化学品生产许可证的情况通报国务院经济贸易综合管理部门、环境保护部门和公安部门。

第十三条 任何单位和个人不得生产、经营、使用国家明令禁止的危险化学品。

禁止用剧毒化学品生产灭鼠药以及其他可能进入人民日常生活的化学产品和日用化学品。

第十四条 生产危险化学品的,应当在危险化学品的包装内附有与危险化学品完全一致的化学品安全技术说明书,并在包装(包括外包装件)上加贴或者拴挂与包装内危险化学品完全一致的化学品安全标签。

危险化学品生产企业发现其生产的危险化学品有新的危害特性时,应当立即公告,并及时修订安全技术说明书和安全标签。

第十五条 使用危险化学品从事生产的单位,其生产条件必须符合国家标准和国家有关规定,并依照国家有关法律、法规的规定取得相应的许可,必须建立、健全危险化学品使用的安全管理规章制度,保证危险化学品的安全使用和管理。

第十六条 生产、储存、使用危险化学品的,应当根据危险化学品的种类、特性,在车间、库房等作业场所设置相应的监测、通风、防晒、调温、防火、灭火、防爆、泄压、防毒、消毒、中和、防潮、防雷、防静电、防腐、防渗漏、防护围堤或者隔离操作等安全设施、设备,并按照国家标准和国家有关规定进行维护、保养,保证符合安全运行要求。

第十七条 生产、储存、使用剧毒化学品的单位,应当对本单位的生产、储存装置每年进行一次安全评价;生产、储存、使用其他危险化学品的单位,应当对本单位的生产、储存装置每两年进行一次安全评价。

安全评价报告应当对生产、储存装置存在的安全问题提出整改方案。安全评价中发现生产、储存装置存在现实危险的,应当立即停止使用,予以更换或者修复,并采取相应的安全措施。

安全评价报告应当报所在地设区的市级人民政府负责危险化学品安全监督管理综合工作的部门备案。

第十八条 危险化学品的生产、储存、使用单位,应当在生产、储存和使用场所设置通讯、报警装置,并保证在任何情况下处于正常适用状态。

第十九条 剧毒化学品的生产、储存、使用单位,应当对剧毒化学品的产量、流向、储存量和用途如实记录,并采取必要的保安措施,防止剧毒化学品被盗、丢失或者误售、误用;发现剧毒化学品被盗、丢失或者误售、误用时,必须立即向当地公安部门报告。

第二十条 危险化学品的包装必须符合国家法律、法规、规章的规定和国家标准的要求。

危险化学品包装的材质、型式、规格、方法和单件质量(重量),应当与所包装的危险化学品的性质和用途相适应,便于装卸、运输和储存。

第二十一条 危险化学品的包装物、容器,必须由省、自治区、直辖市人民政府经济贸易管理部门审查合格的专业生产企业定点生产,并经国务院质检部门认可的专业检测、检验机构检测、检验合格,方可使用。

重复使用的危险化学品包装物、容器在使用前,应当进行检查,并作出记录;检查记录应当至少保存2年。

质检部门应当对危险化学品的包装物、容器的产品质量进行定期的或者不定期的检查。

第二十二条 危险化学品必须储存在专用仓库、专用场地或者专用储存室(以下统称专用仓库)内,储存方式、方法与储存数量必须符合国家标准,并由专人管理。

危险化学品出入库,必须进行核查登记。库存危险化学品应当定期检查。

剧毒化学品以及储存数量构成重大危险源的其他危险化学品必须在专用仓库内单独存放,实行双人收发、双人保管制度。储存单位应当将储存剧毒化学品以及构成重大危险源的其他危险化学品的数量、地点以及管理人员的情况,报当地公安部门和负责危险化学品安全监督管理综合工作的部门备案。

第二十三条 危险化学品专用仓库,应当符合国家标准对安全、消防的要求,设置明显标志。危险化学品专用仓库的储存设备和安全设施应当定期检测。

第二十四条 处置废弃危险化学品,依照固体废物污染环境防治法和国家有关规定执行。

第二十五条 危险化学品的生产、储存、使用单位转产、停产、停业或者解散的,应当采取有效措施,处置危险化学品的生产或者储存设备、库存产品及生产原料,不得留有事故隐患。处置方案应当报所在地设区的市级人民政府负责危险化学品安全监督管理综合工作的部门和同级环境保护部门、公安部门备案。负责危险化学品安全监督管理综合工作的部门应当对处置情况进行监督检查。

第二十六条 公众上交的危险化学品,由公安部门接收。公安部门接收的危险化学品和其他有关部门收缴的危险化学品,交由环境保护部门认定的专业单位处理。

第三章　危险化学品的经营

第二十七条 国家对危险化学品经营销售实行许可制度。未经许可,任何单位和个人都不得经营销售危险化学品。

第二十八条 危险化学品经营企业,必须具备下列条件:

(一) 经营场所和储存设施符合国家标准;

(二) 主管人员和业务人员经过专业培训,并取得上岗资格;

(三) 有健全的安全管理制度;

(四) 符合法律、法规规定和国家标准要求的其他条件。

第二十九条 经营剧毒化学品和其他危险化学品的,应当分别向省、自治区、直辖市人民政府经济贸易管理部门或者设区的市级人民政府负责危险化学品安全监督管理综合工作的部门提出申请,并附送本条例第二十八条规定条件的相关证明材料。省、自治区、直辖市人民政府经济贸易管理部门或者设区的市级人民政府负责危险化学品安全监督管理综合工作的部门接到申请后,应当依照本条例的规定对申请人提交的证明材料和经营场所进行审查。经审查,符合条件的,颁发危险化学品经营许可证,并将颁发危险化学品经营许可证的情况通报同级公安部门和环境保护部门;不符合条件的,书面通知申请人并说明理由。

申请人凭危险化学品经营许可证向工商行政管理部门办理登记注册手续。

第三十条 经营危险化学品,不得有下列行为:

(一) 从未取得危险化学品生产许可证或者危险化学品经营许可证的企业采购危险化学品;

（二）经营国家明令禁止的危险化学品和用剧毒化学品生产的灭鼠药以及其他可能进入人民日常生活的化学产品和日用化学品；

（三）销售没有化学品安全技术说明书和化学品安全标签的危险化学品。

第三十一条 危险化学品生产企业不得向未取得危险化学品经营许可证的单位或者个人销售危险化学品。

第三十二条 危险化学品经营企业储存危险化学品，应当遵守本条例第二章的有关规定。危险化学品商店内只能存放民用小包装的危险化学品，其总量不得超过国家规定的限量。

第三十三条 剧毒化学品经营企业销售剧毒化学品，应当记录购买单位的名称、地址和购买人员的姓名、身份证号码及所购剧毒化学品的品名、数量、用途。记录应当至少保存1年。

剧毒化学品经营企业应当每天核对剧毒化学品的销售情况；发现被盗、丢失、误售等情况时，必须立即向当地公安部门报告。

第三十四条 购买剧毒化学品，应当遵守下列规定：

（一）生产、科研、医疗等单位经常使用剧毒化学品的，应当向设区的市级人民政府公安部门申请领取购买凭证，凭购买凭证购买；

（二）单位临时需要购买剧毒化学品的，应当凭本单位出具的证明（注明品名、数量、用途）向设区的市级人民政府公安部门申请领取准购证，凭准购证购买；

（三）个人不得购买农药、灭鼠药、灭虫药以外的剧毒化学品。

剧毒化学品生产企业、经营企业不得向个人或者无购买凭证、准购证的单位销售剧毒化学品。剧毒化学品购买凭证、准购证不得伪造、变造、买卖、出借或者以其他方式转让，不得使用作废的剧毒化学品购买凭证、准购证。

剧毒化学品购买凭证和准购证的式样和具体申领办法由国务院公安部门制定。

第四章 危险化学品的运输

第三十五条 国家对危险化学品的运输实行资质认定制度；未经资质认定，不得运输危险化学品。

危险化学品运输企业必须具备的条件由国务院交通部门规定。

第三十六条 用于危险化学品运输工具的槽罐以及其他容器，必须依照本条例第二十一条的规定，由专业生产企业定点生产，并经检测、检验合格，方可使用。

质检部门应当对前款规定的专业生产企业定点生产的槽罐以及其他容器的产品质量进行定期的或者不定期的检查。

第三十七条 危险化学品运输企业，应当对其驾驶员、船员、装卸管理人员、押运人员进行有关安全知识培训；驾驶员、船员、装卸管理人员、押运人员必须掌握危险化学品运输的安全知识，并经所在地设区的市级人民政府交通部门考核合格（船员经海事管理机构考核合格），取得上岗资格证，方可上岗作业。危险化学品的装卸作业必须在装卸管理人员的现场指挥下进行。

运输危险化学品的驾驶员、船员、装卸人员和押运人员必须了解所运载的危险化学品的性质、危害特性、包装容器的使用特性和发生意外时的应急措施。运输危险化学品，必须配备必要的应急处理器材和防护用品。

第三十八条 通过公路运输危险化学品的，托运人只能委托有危险化学品运输资质的运输企业承运。

第三十九条 通过公路运输剧毒化学品的，托运人应当向目的地的县级人民政府公安部门申请办理剧毒化学品公路运输通行证。

办理剧毒化学品公路运输通行证，托运人应当向公安部门提交有关危险化学品的品名、数量、运输始发地和目的地、运输路线、运输单位、驾驶人员、押运人员、经营单位和购买单位资质情况的材料。

剧毒化学品公路运输通行证的式样和具体申领办法由国务院公安部门制定。

第四十条 禁止利用内河以及其他封闭水域等航运渠道运输剧毒化学品以及国务院交通部门规定禁止运输的其他危险化学品。

利用内河以及其他封闭水域等航运渠道运输前款规定以外的危险化学品的，只能委托有危险化学品运输资质的水运企业承运，并按照国务院交通部门的规定办理手续，接受有关交通部门（港口部门、海事管理机构，下同）的监督管理。

运输危险化学品的船舶及其配载的容器必须按照国家关于船舶检验的规范进行生产，并经海事管理机构认可的船舶检验机构检验合格，方可投入使用。

第四十一条 托运人托运危险化学品，应当向承运人说明运输的危险化学品的品名、数量、危害、应急措施等情况。

运输危险化学品需要添加抑制剂或者稳定剂的，托运人交付托运时应当添加抑制剂或者稳定剂，并告知承运人。

托运人不得在托运的普通货物中夹带危险化学品，不得将危险化学品匿报或者谎报为普通货物托运。

第四十二条 运输、装卸危险化学品，应当依照有关法律、法规、规章的规定和国家标准的要求并按照危险化学品的危险特性，采取必要的安全防护措施。

运输危险化学品的槽罐以及其他容器必须封口严密，能够承受正常运输条件下产生的内部压力和外部压力，保证危险化学品在运输中不因温度、湿度或者压力的变化而发生任何渗（洒）漏。

第四十三条 通过公路运输危险化学品，必须配备押运人员，并随时处于押运人员的监管之下，不得超装、超载，不得进入危险化学品运输车辆禁止通行的区域；确需进入禁止通行区域的，应当事先向当地公安部门报告，由公安部门为其指定行车时间和路线，运输车辆必须遵守公安部门规定的行车时间和路线。

危险化学品运输车辆禁止通行区域，由设区的市级人民政府公安部门划定，并设置明显的标志。

运输危险化学品途中需要停车住宿或者遇有无法正常运输的情况时，应当向当地公安部门报告。

第四十四条 剧毒化学品在公路运输途中发生被盗、丢失、流散、泄漏等情况时，承运人及押运人员必须立即向当地公安部门报告，并采取一切可能的警示措施。公安部门接到报告后，应当立即向其他有关部门通报情况；有关部门应当采取必要的安全措施。

第四十五条 任何单位和个人不得邮寄或者在邮件内夹带危险化学品，不得将危险化学品匿报或者谎报为普通物品邮寄。

第四十六条 通过铁路、航空运输危险化学品的，按照国务院铁路、民航部门的有关规定执行。

第五章 危险化学品的登记与事故应急救援

第四十七条 国家实行危险化学品登记制度，并为危险化学品安全管理、事故预防和应急救援提供技术、信息支持。

第四十八条 危险化学品生产、储存企业以及使用剧毒化学品和数量构成重大危险源的其他危险化学品的单位，应当向国务院经济贸易综合管理部门负责危险化学品登记的机构办理危险化学品登记。危险化学品登记的具体办法由国务院经济贸易综合管理部门制定。

负责危险化学品登记的机构应当向环境保护、公安、质检、卫生等有关部门提供危险化学品登记的资料。

第四十九条 县级以上地方各级人民政府负责危险化学品安全监督管理综合工作的部门应当会同同级其他有关部门制定危险化学品事故应急救援预案，报经本级人民政府批准后实施。

第五十条 危险化学品单位应当制定本单位事故应急救援预案，配备应急救援人员和必要的应急救援器材、设备，并定期组织演练。

危险化学品事故应急救援预案应当报设区的市级人民政府负责危险化学品安全监督管理综合工作的部门备案。

第五十一条 发生危险化学品事故，单位主要负责人应当按照本单位制定的应急救援预案，立即组织救援，并立即报告当地负责危险化学品安全监督管理综合工作的部门和公安、环境保护、质检部门。

第五十二条 发生危险化学品事故，有关地方人民政府应当做好指挥、领导工作。负责危险化学品安全监督管理综合工作的部门和环境保护、公安、卫生等有关部门，应当按照当地应急救援预案组织实施救援，不得拖延、推诿。有关地方人民政府及其有关部门并应当按照下列规定，采取必要措施，减少事故损失，防止事故蔓延、扩大：

（一）立即组织营救受害人员，组织撤离或者采取其他措施保护危害区域内的其他人员；

（二）迅速控制危害源，并对危险化学品造成的危害进行检验、监测，测定事故的危害区域、危险化学品性质及危害程度；

（三）针对事故对人体、动植物、土壤、水源、空气造成的现实危害和可能产生的危害，迅速采取封闭、隔离、洗消等措施；

（四）对危险化学品事故造成的危害进行监测、处置，直至符合国家环境保护标准。

第五十三条 危险化学品生产企业必须为危险化学品事故应急救援提供技术指导和必要的协助。

第五十四条 危险化学品事故造成环境污染的信息，由环境保护部门统一公布。

第六章 法律责任

第五十五条 对生产、经营、储存、运输、使用危险化学品和处置废弃危险化学品依法实施监督管理的有关部门工作人员，有下列行为之一的，依法给予降级或者撤职的行政处分；触犯刑律的，依照刑法关于受贿罪、滥用职权罪、玩忽职守罪或者其他罪的规定，依法追究刑事责任：

（一）利用职务上的便利收受他人财物或者其他好处，对不符合本条例规定条件的涉及生产、经营、储存、运输、使用危险化学品和处置废弃危险化学品的事项予以批准或者许可的；

（二）发现未依法取得批准或者许可的单位和个人擅自从事有关活动或者接到举报后不予取缔或者不依法予以处理的；

（三）对已经依法取得批准或者许可的单位和个人不履行监督管理职责，发现其不再具备本条例规定的条件而不撤销原批准、许可或者发现违反本条例的行为不予查处的。

第五十六条 发生危险化学品事故，有关部门未依照本条例的规定履行职责，组织实施救援或者采取必要措施，减少事故损失，防止事故蔓延、扩大，或者拖延、推诿的，对负有责任的主管人员和其他直接责任人员依法给予降级或者撤职的行政处分；触犯刑律的，依照刑法关于滥用职权罪、玩忽职守罪或者其他罪的规定，依法追究刑事责任。

第五十七条 违反本条例的规定，有下列行为之一的，分别由工商行政管理部门、质检部门、负责危险化学品安全监督管理综合工作的部门依据各自的职权予以关闭或者责令停产停业整顿，责令无害化销毁国家明令禁止生产、经营、使用的危险化学品或者用剧毒化学品生产的灭鼠药以及其他可能进入人民日常生活的化学产品和日用化学品；有违法所得的，没收违法所得；违法所得10万元以上的，并处违法所得1倍以上5倍以下的罚款；没有违法所得或者违法所得不足10万元的，并处5万元以上50万元以下的罚款；触犯刑律的，对负有责任的主管人员和其他直接责任人员依照刑法关于危险物品肇事罪、非法经营罪或者其他罪的规定，依法追究刑事责任：

（一）未经批准或者未经工商登记注册，擅自从事危险化学品生产、储存的；

（二）未取得危险化学品生产许可证，擅自开工生产危险化学品的；

（三）未经审查批准，危险化学品生产、储存企业擅自改建、扩建的；

（四）未取得危险化学品经营许可证或者未经工商登记注册，擅自从事危险化学品经营的；

（五）生产、经营、使用国家明令禁止的危险化学品，或者用剧毒化学品生产灭鼠药以及其他可能进入人民日常生活的化学产品和日用化学品的。

第五十八条 危险化学品单位违反本条例的规定，未根据危险化学品的种类、特性，在车间、库房等作业场所设置相应的监测、通风、防晒、调温、防火、灭火、防爆、泄压、防毒、消毒、中和、防潮、防雷、防静电、防腐、防渗漏、防护围堤或者隔离操作等安全设施、设备的，由负责危险化学品安全监督管理综合工作的部门或者公安部门依据各自的职权责令立即或者限期改正，处2万元以上10万元以下的罚款；触犯刑律的，对负有责任的主管人员和其他直接责任人员依照刑法关于危险物品肇事罪、重大责任事故罪或者其他罪的规定，依法追究刑事责任。

第五十九条 违反本条例的规定，有下列行为之一的，由负责危险化学品安全监督管理综合工作的部门、质检部门或者交通部门依据各自的职权责令立即或者限期改正，处2万元以上20万元以下的罚款；逾期未改正的，责令停产停业整顿；触犯刑律的，对负有责任的主管人员和其他直接责任人员依照刑法关于危险物品肇事罪、生产销售伪劣商品罪或者其他罪的规定，依法追究刑事责任：

（一）未经定点，擅自生产危险化学品包装物、容器的；

（二）运输危险化学品的船舶及其配载的容器未按照国家关于船舶检验的规范进行生产，并经检验合格的；

（三）危险化学品包装的材质、型式、规格、方法和单件质量（重量）与所包装的危险化学品的性质和用途不相适应的；

（四）对重复使用的危险化学品的包装物、容器在使用前，不进行检查的；

（五）使用非定点企业生产的或者未经检测、检验合格的包装物、容器包装、盛装、运输危险化学品的。

第六十条 危险化学品单位违反本条例的规定，有下列行为之一的，由负责危险化学品安全监督管理综合工作的部门责令立即或者限期改正，处1万元以上5万元以下的罚款；逾期不改正的，责令停产停业整顿：

（一）危险化学品生产企业未在危险化学品包装内附有与危险化学品完全一致的化学品安全技术说明书，或者未在包装（包括外包装件）上加贴、拴挂与包装内危险化学品完全一致的化学品安全标签的；

（二）危险化学品生产企业发现危险化学品有新的危害特性时，不立即公告并及时修订其安全技术说明书和安全标签的；

（三）危险化学品经营企业销售没有化学品安全技术说明书和安全标签的危险化学品的。

第六十一条 危险化学品单位违反本条例的规定，有下列行为之一的，由负责危险化学品安全监督管理综合工作的部门或者公安部门依据各自的职权责令立即或者限期改正，处1万元以上5万元以下的罚款；逾期不改正的，由原发证机关吊销危险化学品生产许可证、经营许可证和营业执照；触犯刑律的，对负有责任的主管人员和其他直接责任人员依照刑法关于危险物品肇事罪、重大责任事故罪或者其他罪的规定，依法追究刑事责任：

（一）未对其生产、储存装置进行定期安全评价，并报所在地设区的市级人民政府负责危险化学品安全监督管理综合工作的部门备案，或者对安全评价中发现的存在现实危险的生产、储存装置不立即停止使用，予以更换或者修复，并采取相应的安全措施的；

（二）未在生产、储存和使用危险化学品场所设置通讯、报警装置，并保持正常适用状态的；

（三）危险化学品未储存在专用仓库内或者未设专人管理的；

（四）危险化学品出入库未进行核查登记或者入库后未定期检查的；

（五）危险化学品专用仓库不符合国家标准对安全、消防的要求，未设置明显标志，或者未对专用仓库的储存设备和安全设施定期检测的；

（六）危险化学品经销商店存放非民用小包装的危险化学品或者危险化学品民用小包装的存放量超过国家规定限量的；

（七）剧毒化学品以及构成重大危险源的其他危险化学品未在专用仓库内单独存放，或者未实行双人收发、双人保管，或者未将储存剧毒化学品以及构成重大危险源的其他危险化学品的数量、地点以及管理人员的情况，报当地公安部门和负责危险化学品安全监督管理综合工作的部门备案的；

（八）危险化学品生产单位不如实记录剧毒化学品的产量、流向、储存量和用途，或者未采取必要的保安措施防止剧毒化学品被盗、丢失、误售、误用，或者发生剧毒化学品被盗、丢失、误售、误用后不立即向当地公安部门报告的；

（九）危险化学品经营企业不记录剧毒化学品购买单位的名称、地址，购买人员的姓名、身份证号码及所购剧毒化学品的品名、数量、用途，或者不每天核对剧毒化学品的销售情况，或者发现被盗、丢失、误售不立即向当地公安部门报告的。

第六十二条 危险化学品单位违反本条例的规定，在转产、停产、停业或者解散时未采取有效措施，处置危险化学品生产、储存设备、库存产品及生产原料的，由负责危险化学品安全监督管理综合工作的部门责令改正，处2万元以上10万元以下的罚款；触犯刑律的，对负有责任的主管人员和其他直接责任人员依照刑法关于重大环境污染事故罪、危险物品肇事罪或者其他罪的规定，依法追究刑事责任。

第六十三条 违反本条例的规定，有下列行为之一的，由工商行政管理部门责令改正，有违法所得的，没收违法所得；违法所得5万元以上的，并处违法所得1倍以上5倍以下的罚款；没有违法所得或者违法所得不足5万元的，并处2万元以上20万元以下的罚款；不改正的，由原发证机关吊销生产许可证、经营许可证和营业执照；触犯刑律的，对负有责任的主管人员和其他直接责任人员依照刑法关于非法经营罪、危险物品肇事罪或者其他罪的规定，依法追究刑事责任：

（一）危险化学品经营企业从未取得危险化学品生产许可证或者危险化学品经营许可证的企业采购危险化学品的；

（二）危险化学品生产企业向未取得危险化学品经营许可证的经营单位销售其产品的；

（三）剧毒化学品经营企业向个人或者无购买凭证、准购证的单位销售剧毒化学品的。

第六十四条 违反本条例的规定，伪造、变造、买卖、出借或者以其他方式转让剧毒化学品购买凭证、准购证以及其他有关证件，或者使用作废的上述有关证件的，由公安部门责令改正，处1万元以上5万元以下的罚款；触犯刑律的，对负有责任的主管人员和其他直接责任人员依照刑法关于伪造、变造、买卖国家机关公文、证件、印章罪或者其他罪的规定，依法追究刑事责任。

第六十五条 违反本条例的规定，未取得危险化学品运输企业资质，擅自从事危险化学品公路、水路运输，有违法所得的，由交通部门没收违法所得；违法所得5万元以上的，并处违法所得1倍以上5倍以下的罚款；没有违法所得或者违法所得不足5万元的，处2万元以上20万元以下的罚款；触犯刑律的，对负有责任的主管人员和其他直接责任人员依照刑法关于危险物品肇事罪或者其他罪的规定，依法追究刑事责任。

第六十六条 违反本条例的规定，有下列行为之一的，由交通部门处2万元以上10万元以下的罚款；触犯刑律的，依照刑法关于危险物品肇事罪或者其他罪的规定，依法追究刑事责任：

（一）从事危险化学品公路、水路运输的驾驶员、船员、装卸管理人员、押运人员未经考核合格，取得上岗资格证的；

（二）利用内河以及其他封闭水域等航运渠道运输剧毒化学品和国家禁止运输的其他危险化学品的；

（三）托运人未按照规定向交通部门办理水路运输手续，擅自通过水路运输剧毒化学品和国家禁止运输的其他危险化学品以外的危险化学品的；

（四）托运人托运危险化学品，不向承运人说明运输的危险化学品的品名、数量、危害、应急措施等情况，或者需要添加抑制剂或者稳定剂，交付托运时未添加的；

（五）运输、装卸危险化学品不符合国家有关法律、法规、规章的规定和国家标准，并按照危险化学品的特性采取必要安全防护措施的。

第六十七条 违反本条例的规定，有下列行为之一的，由公安部门责令改正，处2万元以上10万元以下的罚款；触犯刑律的，依照刑法关于危险物品肇事罪、重大环境污染事故罪或者其他罪的规定，依法追究刑事责任：

（一）托运人未向公安部门申请领取剧毒化学品公路运输通行证，擅自通过公路运输剧毒化学品的；

（二）危险化学品运输企业运输危险化学品，不配备押运人员或者脱离押运人员监管，超装、超载，中途停车住宿或者遇有无法正常运输的情况，不向当地公安部门报告的；

（三）危险化学品运输企业运输危险化学品，未向公安部门报告，擅自进入危险化学品运输车辆禁止通行区域，或者进入禁止通行区域不遵守公安部门规定的行车时间和路线的；

（四）危险化学品运输企业运输剧毒化学品，在公路运输途中发生被盗、丢失、流散、泄露等情况，不立即向当地公安部门报告，并采取一切可能的警示措施的；

（五）托运人在托运的普通货物中夹带危险化学品或者将危险化学品匿报、谎报为普通货物托运的。

第六十八条 违反本条例的规定，邮寄或者在邮件内夹带危险化学品，或者将危险化学品匿报、谎报为普通物品邮寄的，由公安部门处2000元以上2万元以下的罚款；触犯刑律的，依照刑法关于危险物品肇事罪或者其他罪的规定，依法追究刑事责任。

第六十九条 危险化学品单位发生危险化学品事故，未按照本条例的规定立即组织救援，或者不立即向负责危险化学品安全监督管理综合工作的部门和公安、环境保护、质检部门报告，造成严重后果的，对负有责任的主管人员和其他直接责任人员依照刑法关于国有公司、企业工作人员失职罪或者其他罪的规定，依法追究刑事责任。

第七十条 危险化学品单位发生危险化学品事故造成人员伤亡、财产损失的，应当依法承担赔偿责任；拒不承担赔偿责任或者其负责人逃匿的，依法拍卖其财产，用于赔偿。

第七章　附　　则

第七十一条 监控化学品、属于药品的危险化学品和农药的安全管理，依照本条例的规定执行；国家另有规定的，依照其规定。

民用爆炸品、放射性物品、核能物质和城镇燃气的安全管理，不适用本条例。

第七十二条 危险化学品的进出口管理依照国家有关规定执行；进口危险化学品的经营、储存、运输、使用和处置进口废弃危险化学品，依照本条例的规定执行。

第七十三条 依照本条例的规定，对生产、经营、储存、运输、使用危险化学品和处置废弃危险化学品进行审批、许可并实施监督管理的国务院有关部门，应当根据本条例的规定制定并公布审批、许可的期限和程序。

本条例规定的国家标准和涉及危险化学品安全管理的国家有关规定，由国务院质检部门或者国务院有关部门分别依照国家标准化法律和其他有关法律、行政法规以及本条例的规定制定、调整并公布。

第七十四条 本条例自2002年3月15日起施行。1987年2月17日国务院发布的《化学危险物品安全管理条例》同时废止。

中华人民共和国国务院令

第406号

《中华人民共和国道路运输条例》已经2004年4月14日国务院第48次常务会议通过，现予公布，自2004年7月1日起施行。

总理 温家宝

二〇〇四年四月三十日

中华人民共和国道路运输条例(节选)

第一条 为了维护道路运输市场秩序，保障道路运输安全，保护道路运输有关各方当事人的合法权益，促进道路运输业的健康发展，制定本条例。

第二条 从事道路运输经营以及道路运输相关业务的，应当遵守本条例。

第二十二条 申请从事货运经营的，应当具备下列条件：

(一) 有与其经营业务相适应并经检测合格的车辆；

(二) 有符合本条例第二十三条规定条件的驾驶人员；

(三) 有健全的安全生产管理制度。

第二十三条 从事货运经营的驾驶人员，应当符合下列条件：

(一) 取得相应的机动车驾驶证；

(二) 年龄不超过60周岁；

(三) 经设区的市级道路运输管理机构对有关货运法律法规、机动车维修和货物装载保管基本知识考试合格。

第二十四条 申请从事危险货物运输经营的，还应当具备下列条件：

(一) 有5辆以上经检测合格的危险货物运输专用车辆、设备；

(二) 有经所在地设区的市级人民政府交通主管部门考试合格，取得上岗资格证的驾驶人员、装卸管理人员、押运人员；

(三) 危险货物运输专用车辆配有必要的通讯工具；

(四) 有健全的安全生产管理制度。

第二十五条 申请从事货运经营的，应当按照下列规定提出申请并分别提交符合本条例第二十二条、第二十四条规定条件的相关材料：

(一) 从事危险货物运输经营以外的货运经营的，向县级道路运输管理机构提出申请；

(二) 从事危险货物运输经营的，向设区的市级道路运输管理机构提出申请。

依照前款规定收到申请的道路运输管理机构，应当自受理申请之日起20日内审查完毕，作出许可或者不予许可的决定。予以许可的，向申请人颁发道路运输经营许可证，并向申请人投入运输的车辆配发车辆营运证；不予许可的，应当书面通知申请人并说明理由。

货运经营者应当持道路运输经营许可证依法向工商行政管理机关办理有关登记手续。

第二十六条 货运经营者不得运输法律、行政法规禁止运输的货物。

法律、行政法规规定必须办理有关手续后方可运输的货物，货运经营者应当查验有关手续。

第二十七条 国家鼓励货运经营者实行封闭式运输，保证环境卫生和货物运输安全。

货运经营者应当采取必要措施，防止货物脱落、扬撒等。

运输危险货物应当采取必要措施，防止危险货物燃烧、爆炸、辐射、泄漏等。

第二十八条 运输危险货物应当配备必要的押运人员，保证危险货物处于押运人员的监管之下，并悬挂明显的危险货物运输标志。

托运危险货物的，应当向货运经营者说明危险货物的品名、性质、应急处置方法等情况，并严格按照国家有关规定包装，设置明显标志。

第六十八条 违反本条例的规定，客运经营者、危险货物运输经营者未按规定投保承运人责任险的，由县级以上道路运输管理机构责令限期投保；拒不投保的，由原许可机关吊销道路运输经营许可证。

第八十条 从事非经营性危险货物运输的，应当遵守本条例有关规定。

中华人民共和国国务院令

第466号

《民用爆炸物品安全管理条例》已经2006年4月26日国务院第134次常务会议通过，现予公布，自2006年9月1日起施行。

总理　温家宝

二〇〇六年五月十日

民用爆炸物品安全管理条例

第一章　总　则

第一条　为了加强对民用爆炸物品的安全管理，预防爆炸事故发生，保障公民生命、财产安全和公共安全，制定本条例。

第二条　民用爆炸物品的生产、销售、购买、进出口、运输、爆破作业和储存以及硝酸铵的销售、购买，适用本条例。

本条例所称民用爆炸物品，是指用于非军事目的、列入民用爆炸物品品名表的各类火药、炸药及其制品和雷管、导火索等点火、起爆器材。

民用爆炸物品品名表，由国务院国防科技工业主管部门会同国务院公安部门制订、公布。

第三条　国家对民用爆炸物品的生产、销售、购买、运输和爆破作业实行许可证制度。

未经许可，任何单位或者个人不得生产、销售、购买、运输民用爆炸物品，不得从事爆破作业。

严禁转让、出借、转借、抵押、赠送、私藏或者非法持有民用爆炸物品。

第四条　国防科技工业主管部门负责民用爆炸物品生产、销售的安全监督管理。

公安机关负责民用爆炸物品公共安全管理和民用爆炸物品购买、运输、爆破作业的安全监督管理，监控民用爆炸物品流向。

安全生产监督、铁路、交通、民用航空主管部门依照法律、行政法规的规定，负责做好民用爆炸物品的有关安全监督管理工作。

国防科技工业主管部门、公安机关、工商行政管理部门按照职责分工，负责组织查处非法生产、销售、购买、储存、运输、邮寄、使用民用爆炸物品的行为。

第五条　民用爆炸物品生产、销售、购买、运输和爆破作业单位（以下称民用爆炸物品从业单位）的主要负责人是本单位民用爆炸物品安全管理责任人，对本单位的民用爆炸物品安全管理工作全面负责。

民用爆炸物品从业单位是治安保卫工作的重点单位，应当依法设置治安保卫机构或者配备治安保卫人员，设置技术防范设施，防止民用爆炸物品丢失、被盗、被抢。

民用爆炸物品从业单位应当建立安全管理制度、岗位安全责任制度，制订安全防范措施和事故应急预案，设置安全管理机构或者配备专职安全管理人员。

第六条 无民事行为能力人、限制民事行为能力人或者曾因犯罪受过刑事处罚的人，不得从事民用爆炸物品的生产、销售、购买、运输和爆破作业。

民用爆炸物品从业单位应当加强对本单位从业人员的安全教育、法制教育和岗位技术培训，从业人员经考核合格的，方可上岗作业；对有资格要求的岗位，应当配备具有相应资格的人员。

第七条 国家建立民用爆炸物品信息管理系统，对民用爆炸物品实行标识管理，监控民用爆炸物品流向。

民用爆炸物品生产企业、销售企业和爆破作业单位应当建立民用爆炸物品登记制度，如实将本单位生产、销售、购买、运输、储存、使用民用爆炸物品的品种、数量和流向信息输入计算机系统。

第八条 任何单位或者个人都有权举报违反民用爆炸物品安全管理规定的行为；接到举报的主管部门、公安机关应当立即查处，并为举报人员保密，对举报有功人员给予奖励。

第九条 国家鼓励民用爆炸物品从业单位采用提高民用爆炸物品安全性能的新技术，鼓励发展民用爆炸物品生产、配送、爆破作业一体化的经营模式。

第二章 生 产

第十条 设立民用爆炸物品生产企业，应当遵循统筹规划、合理布局的原则。

第十一条 申请从事民用爆炸物品生产的企业，应当具备下列条件：

（一）符合国家产业结构规划和产业技术标准；

（二）厂房和专用仓库的设计、结构、建筑材料、安全距离以及防火、防爆、防雷、防静电等安全设备、设施符合国家有关标准和规范；

（三）生产设备、工艺符合有关安全生产的技术标准和规程；

（四）有具备相应资格的专业技术人员、安全生产管理人员和生产岗位人员；

（五）有健全的安全管理制度、岗位安全责任制度；

（六）法律、行政法规规定的其他条件。

第十二条 申请从事民用爆炸物品生产的企业，应当向国务院国防科技工业主管部门提交申请书、可行性研究报告以及能够证明其符合本条例第十一条规定条件的有关材料。国务院国防科技工业主管部门应当自受理申请之日起45日内进行审查，对符合条件的，核发《民用爆炸物品生产许可证》；对不符合条件的，不予核发《民用爆炸物品生产许可证》，书面向申请人说明理由。

民用爆炸物品生产企业为调整生产能力及品种进行改建、扩建的，应当依照前款规定申请办理《民用爆炸物品生产许可证》。

第十三条 取得《民用爆炸物品生产许可证》的企业应当在基本建设完成后，向国务院国防科技工业主管部门申请安全生产许可。国务院国防科技工业主管部门应当依照《安全生产许可证条例》的规定对其进行查验，对符合条件的，在《民用爆炸物品生产许可证》上标注安全生产许可。民用爆炸物品生产企业持经标注安全生产许可的《民用爆炸物品生产许可证》到工商行政管理部门办理工商登记后，方可生产民用爆炸物品。

民用爆炸物品生产企业应当在办理工商登记后3日内，向所在地县级人民政府公安机关备案。

第十四条 民用爆炸物品生产企业应当严格按照《民用爆炸物品生产许可证》核定的品种和产量进行生产，生产作业应当严格执行安全技术规程的规定。

第十五条 民用爆炸物品生产企业应当对民用爆炸物品做出警示标识、登记标识，对雷管编码打号。民用爆炸物品警示标识、登记标识和雷管编码规则，由国务院公安部门会同国务院国防科技工业主管部门规定。

第十六条 民用爆炸物品生产企业应当建立健全产品检验制度，保证民用爆炸物品的质量符合相关标准。民用爆炸物品的包装，应当符合法律、行政法规的规定以及相关标准。

第十七条 试验或者试制民用爆炸物品，必须在专门场地或者专门的试验室进行。严禁在生产车间或者仓库内试验或者试制民用爆炸物品。

第三章 销售和购买

第十八条 申请从事民用爆炸物品销售的企业，应当具备下列条件：

（一）符合对民用爆炸物品销售企业规划的要求；

（二）销售场所和专用仓库符合国家有关标准和规范；

（三）有具备相应资格的安全管理人员、仓库管理人员；

（四）有健全的安全管理制度、岗位安全责任制度；

（五）法律、行政法规规定的其他条件。

第十九条 申请从事民用爆炸物品销售的企业，应当向所在地省、自治区、直辖市人民政府国防科技工业主管部门提交申请书、可行性研究报告以及能够证明其符合本条例第十八条规定条件的有关材料。省、自治区、直辖市人民政府国防科技工业主管部门应当自受理申请之日起30日内进行审查，并对申请单位的销售场所和专用仓库等经营设施进行查验，对符合条件的，核发《民用爆炸物品销售许可证》；对不符合条件的，不予核发《民用爆炸物品销售许可证》，书面向申请人说明理由。

民用爆炸物品销售企业持《民用爆炸物品销售许可证》到工商行政管理部门办理工商登记后，方可销售民用爆炸物品。

民用爆炸物品销售企业应当在办理工商登记后3日内，向所在地县级人民政府公安机关备案。

第二十条 民用爆炸物品生产企业凭《民用爆炸物品生产许可证》，可以销售本企业生产的民用爆炸物品。

民用爆炸物品生产企业销售本企业生产的民用爆炸物品，不得超出核定的品种、产量。

第二十一条 民用爆炸物品使用单位申请购买民用爆炸物品的，应当向所在地县级人民政府公安机关提出购买申请，并提交下列有关材料：

（一）工商营业执照或者事业单位法人证书；

（二）《爆破作业单位许可证》或者其他合法使用的证明；

（三）购买单位的名称、地址、银行账户；

（四）购买的品种、数量和用途说明。

受理申请的公安机关应当自受理申请之日起5日内对提交的有关材料进行审查，对符合条件的，核发《民用爆炸物品购买许可证》；对不符合条件的，不予核发《民用爆炸物品购买许可证》，书面向申请人说明理由。

《民用爆炸物品购买许可证》应当载明许可购买的品种、数量、购买单位以及许可的有效期限。

第二十二条 民用爆炸物品生产企业凭《民用爆炸物品生产许可证》购买属于民用爆炸物品的原料，民用爆炸物品销售企业凭《民用爆炸物品销售许可证》向民用爆炸物品生产企业购买民用爆炸物品，民用爆炸物品使用单位凭《民用爆炸物品购买许可证》购买民用爆炸物品，还应当提供经办人的身份证明。

销售民用爆炸物品的企业，应当查验前款规定的许可证和经办人的身份证明；对持《民用爆炸物品购买许可证》购买的，应当按照许可的品种、数量销售。

第二十三条 销售、购买民用爆炸物品，应当通过银行账户进行交易，不得使用现金或者实物进行交易。

销售民用爆炸物品的企业，应当将购买单位的许可证、银行账户转账凭证、经办人的身份证明复印件保存2年备查。

第二十四条 销售民用爆炸物品的企业，应当自民用爆炸物品买卖成交之日起3日内，将销售的品种、数量和购买单位向所在地省、自治区、直辖市人民政府国防科技工业主管部门和所在地县级人民政府公安机关备案。

购买民用爆炸物品的单位，应当自民用爆炸物品买卖成交之日起3日内，将购买的品种、数量向所在地县级人民政府公安机关备案。

第二十五条 进出口民用爆炸物品，应当经国务院国防科技工业主管部门审批。进出口民用爆炸物品审批办法，由国务院国防科技工业主管部门会同国务院公安部门、海关总署规定。

进出口单位应当将进出口的民用爆炸物品的品种、数量向收货地或者出境口岸所在地县级人民政府公安机关备案。

第四章 运 输

第二十六条 运输民用爆炸物品，收货单位应当向运达地县级人民政府公安机关提出申请，并提交包括下列内容的材料：

（一）民用爆炸物品生产企业、销售企业、使用单位以及进出口单位分别提供的《民用爆炸物品生产许可证》、《民用爆炸物品销售许可证》、《民用爆炸物品购买许可证》或者进出口批准证明；

（二）运输民用爆炸物品的品种、数量、包装材料和包装方式；

（三）运输民用爆炸物品的特性、出现险情的应急处置方法；

（四）运输时间、起始地点、运输路线、经停地点。

受理申请的公安机关应当自受理申请之日起3日内对提交的有关材料进行审查，对符合条件的，核发《民用爆炸物品运输许可证》；对不符合条件的，不予核发《民用爆炸物品运输许可证》，书面向申请人说明理由。

《民用爆炸物品运输许可证》应当载明收货单位、销售企业、承运人，一次性运输有效期限、起始地点、运输路线、经停地点，民用爆炸物品的品种、数量。

第二十七条 运输民用爆炸物品的，应当凭《民用爆炸物品运输许可证》，按照许可的品种、数量运输。

第二十八条 经由道路运输民用爆炸物品的，应当遵守下列规定：

（一）携带《民用爆炸物品运输许可证》；

（二）民用爆炸物品的装载符合国家有关标准和规范，车厢内不得载人；

（三）运输车辆安全技术状况应当符合国家有关安全技术标准的要求，并按照规定悬挂或者安装符合国家标准的易燃易爆危险物品警示标志；

（四）运输民用爆炸物品的车辆应当保持安全车速；

（五）按照规定的路线行驶，途中经停应当有专人看守，并远离建筑设施和人口稠密的地方，不得在许可以外的地点经停；

（六）按照安全操作规程装卸民用爆炸物品，并在装卸现场设置警戒，禁止无关人员进入；

（七）出现危险情况立即采取必要的应急处置措施，并报告当地公安机关。

第二十九条 民用爆炸物品运达目的地，收货单位应当进行验收后在《民用爆炸物品运输许可证》上签注，并在3日内将《民用爆炸物品运输许可证》交回发证机关核销。

第三十条 禁止携带民用爆炸物品搭乘公共交通工具或者进入公共场所。

禁止邮寄民用爆炸物品，禁止在托运的货物、行李、包裹、邮件中夹带民用爆炸物品。

第五章 爆破作业

第三十一条 申请从事爆破作业的单位，应当具备下列条件：

（一）爆破作业属于合法的生产活动；

（二）有符合国家有关标准和规范的民用爆炸物品专用仓库；

（三）有具备相应资格的安全管理人员、仓库管理人员和具备国家规定执业资格的爆破作业人员；

（四）有健全的安全管理制度、岗位安全责任制度；

（五）有符合国家标准、行业标准的爆破作业专用设备；

（六）法律、行政法规规定的其他条件。

第三十二条 申请从事爆破作业的单位，应当按照国务院公安部门的规定，向有关人民政府公安机关提出申请，并提供能够证明其符合本条例第三十一条规定条件的有关材料。受理申请的公安机关应当自受理申请之日起20日内进行审查，对符合条件的，核发《爆破作业单位许可证》；对不符合条件的，不予核发《爆破作业单位许可证》，书面向申请人说明理由。

营业性爆破作业单位持《爆破作业单位许可证》到工商行政管理部门办理工商登记后，方可从事营业性爆破作业活动。

爆破作业单位应当在办理工商登记后3日内，向所在地县级人民政府公安机关备案。

第三十三条 爆破作业单位应当对本单位的爆破作业人员、安全管理人员、仓库管理人员进行专业技术培训。爆破作业人员应当经设区的市级人民政府公安机关考核合格，取得

《爆破作业人员许可证》后，方可从事爆破作业。

第三十四条 爆破作业单位应当按照其资质等级承接爆破作业项目，爆破作业人员应当按照其资格等级从事爆破作业。爆破作业的分级管理办法由国务院公安部门规定。

第三十五条 在城市、风景名胜区和重要工程设施附近实施爆破作业的，应当向爆破作业所在地设区的市级人民政府公安机关提出申请，提交《爆破作业单位许可证》和具有相应资质的安全评估企业出具的爆破设计、施工方案评估报告。受理申请的公安机关应当自受理申请之日起20日内对提交的有关材料进行审查，对符合条件的，作出批准的决定；对不符合条件的，作出不予批准的决定，并书面向申请人说明理由。

实施前款规定的爆破作业，应当由具有相应资质的安全监理企业进行监理，由爆破作业所在地县级人民政府公安机关负责组织实施安全警戒。

第三十六条 爆破作业单位跨省、自治区、直辖市行政区域从事爆破作业的，应当事先将爆破作业项目的有关情况向爆破作业所在地县级人民政府公安机关报告。

第三十七条 爆破作业单位应当如实记载领取、发放民用爆炸物品的品种、数量、编号以及领取、发放人员姓名。领取民用爆炸物品的数量不得超过当班用量，作业后剩余的民用爆炸物品必须当班清退回库。

爆破作业单位应当将领取、发放民用爆炸物品的原始记录保存2年备查。

第三十八条 实施爆破作业，应当遵守国家有关标准和规范，在安全距离以外设置警示标志并安排警戒人员，防止无关人员进入；爆破作业结束后应当及时检查、排除未引爆的民用爆炸物品。

第三十九条 爆破作业单位不再使用民用爆炸物品时，应当将剩余的民用爆炸物品登记造册，报所在地县级人民政府公安机关组织监督销毁。

发现、拣拾无主民用爆炸物品的，应当立即报告当地公安机关。

第六章 储 存

第四十条 民用爆炸物品应当储存在专用仓库内，并按照国家规定设置技术防范设施。

第四十一条 储存民用爆炸物品应当遵守下列规定：

（一）建立出入库检查、登记制度，收存和发放民用爆炸物品必须进行登记，做到账目清楚，账物相符；

（二）储存的民用爆炸物品数量不得超过储存设计容量，对性质相抵触的民用爆炸物品必须分库储存，严禁在库房内存放其他物品；

（三）专用仓库应当指定专人管理、看护，严禁无关人员进入仓库区内，严禁在仓库区内吸烟和用火，严禁把其他容易引起燃烧、爆炸的物品带入仓库区内，严禁在库房内住宿和进行其他活动；

（四）民用爆炸物品丢失、被盗、被抢，应当立即报告当地公安机关。

第四十二条 在爆破作业现场临时存放民用爆炸物品的，应当具备临时存放民用爆炸物品的条件，并设专人管理、看护，不得在不具备安全存放条件的场所存放民用爆炸物品。

第四十三条 民用爆炸物品变质和过期失效的，应当及时清理出库，并予以销毁。销毁前应当登记造册，提出销毁实施方案，报省、自治区、直辖市人民政府国防科技工业主管部门、所在地县级人民政府公安机关组织监督销毁。

第七章　法 律 责 任

第四十四条　非法制造、买卖、运输、储存民用爆炸物品，构成犯罪的，依法追究刑事责任；尚不构成犯罪，有违反治安管理行为的，依法给予治安管理处罚。

违反本条例规定，在生产、储存、运输、使用民用爆炸物品中发生重大事故，造成严重后果或者后果特别严重，构成犯罪的，依法追究刑事责任。

违反本条例规定，未经许可生产、销售民用爆炸物品的，由国防科技工业主管部门责令停止非法生产、销售活动，处10万元以上50万元以下的罚款，并没收非法生产、销售的民用爆炸物品及其违法所得。

违反本条例规定，未经许可购买、运输民用爆炸物品或者从事爆破作业的，由公安机关责令停止非法购买、运输、爆破作业活动，处5万元以上20万元以下的罚款，并没收非法购买、运输以及从事爆破作业使用的民用爆炸物品及其违法所得。

国防科技工业主管部门、公安机关对没收的非法民用爆炸物品，应当组织销毁。

第四十五条　违反本条例规定，生产、销售民用爆炸物品的企业有下列行为之一的，由国防科技工业主管部门责令限期改正，处10万元以上50万元以下的罚款；逾期不改正的，责令停产停业整顿；情节严重的，吊销《民用爆炸物品生产许可证》或者《民用爆炸物品销售许可证》：

（一）超出生产许可的品种、产量进行生产、销售的；

（二）违反安全技术规程生产作业的；

（三）民用爆炸物品的质量不符合相关标准的；

（四）民用爆炸物品的包装不符合法律、行政法规的规定以及相关标准的；

（五）超出购买许可的品种、数量销售民用爆炸物品的；

（六）向没有《民用爆炸物品生产许可证》、《民用爆炸物品销售许可证》、《民用爆炸物品购买许可证》的单位销售民用爆炸物品的；

（七）民用爆炸物品生产企业销售本企业生产的民用爆炸物品未按照规定向国防科技工业主管部门备案的；

（八）未经审批进出口民用爆炸物品的。

第四十六条　违反本条例规定，有下列情形之一的，由公安机关责令限期改正，处5万元以上20万元以下的罚款；逾期不改正的，责令停产停业整顿：

（一）未按照规定对民用爆炸物品做出警示标识、登记标识或者未对雷管编码打号的；

（二）超出购买许可的品种、数量购买民用爆炸物品的；

（三）使用现金或者实物进行民用爆炸物品交易的；

（四）未按照规定保存购买单位的许可证、银行账户转账凭证、经办人的身份证明复印件的；

（五）销售、购买、进出口民用爆炸物品，未按照规定向公安机关备案的；

（六）未按照规定建立民用爆炸物品登记制度，如实将本单位生产、销售、购买、运输、储存、使用民用爆炸物品的品种、数量和流向信息输入计算机系统的；

（七）未按照规定将《民用爆炸物品运输许可证》交回发证机关核销的。

第四十七条 违反本条例规定,经由道路运输民用爆炸物品,有下列情形之一的,由公安机关责令改正,处5万元以上20万元以下的罚款:

(一)违反运输许可事项的;

(二)未携带《民用爆炸物品运输许可证》的;

(三)违反有关标准和规范混装民用爆炸物品的;

(四)运输车辆未按照规定悬挂或者安装符合国家标准的易燃易爆危险物品警示标志的;

(五)未按照规定的路线行驶,途中经停没有专人看守或者在许可以外的地点经停的;

(六)装载民用爆炸物品的车厢载人的;

(七)出现危险情况未立即采取必要的应急处置措施、报告当地公安机关的。

第四十八条 违反本条例规定,从事爆破作业的单位有下列情形之一的,由公安机关责令停止违法行为或者限期改正,处10万元以上50万元以下的罚款;逾期不改正的,责令停产停业整顿;情节严重的,吊销《爆破作业单位许可证》:

(一)爆破作业单位未按照其资质等级从事爆破作业的;

(二)营业性爆破作业单位跨省、自治区、直辖市行政区域实施爆破作业,未按照规定事先向爆破作业所在地的县级人民政府公安机关报告的;

(三)爆破作业单位未按照规定建立民用爆炸物品领取登记制度、保存领取登记记录的;

(四)违反国家有关标准和规范实施爆破作业的。

爆破作业人员违反国家有关标准和规范的规定实施爆破作业的,由公安机关责令限期改正,情节严重的,吊销《爆破作业人员许可证》。

第四十九条 违反本条例规定,有下列情形之一的,由国防科技工业主管部门、公安机关按照职责责令限期改正,可以并处5万元以上20万元以下的罚款;逾期不改正的,责令停产停业整顿;情节严重的,吊销许可证:

(一)未按照规定在专用仓库设置技术防范设施的;

(二)未按照规定建立出入库检查、登记制度或者收存和发放民用爆炸物品,致使账物不符的;

(三)超量储存、在非专用仓库储存或者违反储存标准和规范储存民用爆炸物品的;

(四)有本条例规定的其他违反民用爆炸物品储存管理规定行为的。

第五十条 违反本条例规定,民用爆炸物品从业单位有下列情形之一的,由公安机关处2万元以上10万元以下的罚款;情节严重的,吊销其许可证;有违反治安管理行为的,依法给予治安管理处罚:

(一)违反安全管理制度,致使民用爆炸物品丢失、被盗、被抢的;

(二)民用爆炸物品丢失、被盗、被抢,未按照规定向当地公安机关报告或者故意隐瞒不报的;

(三)转让、出借、转借、抵押、赠送民用爆炸物品的。

第五十一条 违反本条例规定,携带民用爆炸物品搭乘公共交通工具或者进入公共场所,邮寄或者在托运的货物、行李、包裹、邮件中夹带民用爆炸物品,构成犯罪的,依法追究刑事责任;尚不构成犯罪的,由公安机关依法给予治安管理处罚,没收非法的民用爆炸物品,处1000元以上1万元以下的罚款。

第五十二条 民用爆炸物品从业单位的主要负责人未履行本条例规定的安全管理责任，导致发生重大伤亡事故或者造成其他严重后果，构成犯罪的，依法追究刑事责任；尚不构成犯罪的，对主要负责人给予撤职处分，对个人经营的投资人处2万元以上20万元以下的罚款。

第五十三条 国防科技工业主管部门、公安机关、工商行政管理部门的工作人员，在民用爆炸物品安全监督管理工作中滥用职权、玩忽职守或者徇私舞弊，构成犯罪的，依法追究刑事责任；尚不构成犯罪的，依法给予行政处分。

第八章 附 则

第五十四条 《民用爆炸物品生产许可证》、《民用爆炸物品销售许可证》，由国务院国防科技工业主管部门规定式样；《民用爆炸物品购买许可证》、《民用爆炸物品运输许可证》、《爆破作业单位许可证》、《爆破作业人员许可证》，由国务院公安部门规定式样。

第五十五条 本条例自2006年9月1日起施行。1984年1月6日国务院发布的《中华人民共和国民用爆炸物品管理条例》同时废止。

中华人民共和国国务院令

第380号

《医疗废物管理条例》已经2003年6月4日国务院第十次常务会议通过，现予公布，自公布之日起施行。

总理　温家宝

二〇〇三年六月十六日

医疗废物管理条例

第一章　总　　则

第一条　为了加强医疗废物的安全管理，防止疾病传播，保护环境，保障人体健康，根据《中华人民共和国传染病防治法》和《中华人民共和国固体废物污染环境防治法》，制定本条例。

第二条　本条例所称医疗废物，是指医疗卫生机构在医疗、预防、保健以及其他相关活动中产生的具有直接或者间接感染性、毒性以及其他危害性的废物。

医疗废物分类目录，由国务院卫生行政主管部门和环境保护行政主管部门共同制定、公布。

第三条　本条例适用于医疗废物的收集、运送、贮存、处置以及监督管理等活动。

医疗卫生机构收治的传染病病人或者疑似传染病病人产生的生活垃圾，按照医疗废物进行管理和处置。

医疗卫生机构废弃的麻醉、精神、放射性、毒性等药品及其相关的废物的管理，依照有关法律、行政法规和国家有关规定、标准执行。

第四条　国家推行医疗废物集中无害化处置，鼓励有关医疗废物安全处置技术的研究与开发。

县级以上地方人民政府负责组织建设医疗废物集中处置设施。

国家对边远贫困地区建设医疗废物集中处置设施给予适当的支持。

第五条　县级以上各级人民政府卫生行政主管部门，对医疗废物收集、运送、贮存、处置活动中的疾病防治工作实施统一监督管理；环境保护行政主管部门，对医疗废物收集、运送、贮存、处置活动中的环境污染防治工作实施统一监督管理。

县级以上各级人民政府其他有关部门在各自的职责范围内负责与医疗废物处置有关的监督管理工作。

第六条　任何单位和个人有权对医疗卫生机构、医疗废物集中处置单位和监督管理部门及其工作人员的违法行为进行举报、投诉、检举和控告。

第二章 医疗废物管理的一般规定

第七条 医疗卫生机构和医疗废物集中处置单位，应当建立、健全医疗废物管理责任制，其法定代表人为第一责任人，切实履行职责，防止因医疗废物导致传染病传播和环境污染事故。

第八条 医疗卫生机构和医疗废物集中处置单位，应当制定与医疗废物安全处置有关的规章制度和在发生意外事故时的应急方案；设置监控部门或者专（兼）职人员，负责检查、督促、落实本单位医疗废物的管理工作，防止违反本条例的行为发生。

第九条 医疗卫生机构和医疗废物集中处置单位，应当对本单位从事医疗废物收集、运送、贮存、处置等工作的人员和管理人员，进行相关法律和专业技术、安全防护以及紧急处理等知识的培训。

第十条 医疗卫生机构和医疗废物集中处置单位，应当采取有效的职业卫生防护措施，为从事医疗废物收集、运送、贮存、处置等工作的人员和管理人员，配备必要的防护用品，定期进行健康检查；必要时，对有关人员进行免疫接种，防止其受到健康损害。

第十一条 医疗卫生机构和医疗废物集中处置单位，应当依照《中华人民共和国固体废物污染环境防治法》的规定，执行危险废物转移联单管理制度。

第十二条 医疗卫生机构和医疗废物集中处置单位，应当对医疗废物进行登记，登记内容应当包括医疗废物的来源、种类、重量或者数量、交接时间、处置方法、最终去向以及经办人签名等项目。登记资料至少保存3年。

第十三条 医疗卫生机构和医疗废物集中处置单位，应当采取有效措施，防止医疗废物流失、泄漏、扩散。

发生医疗废物流失、泄漏、扩散时，医疗卫生机构和医疗废物集中处置单位应当采取减少危害的紧急处理措施，对致病人员提供医疗救护和现场救援；同时向所在地的县级人民政府卫生行政主管部门、环境保护行政主管部门报告，并向可能受到危害的单位和居民通报。

第十四条 禁止任何单位和个人转让、买卖医疗废物。

禁止在运送过程中丢弃医疗废物；禁止在非贮存地点倾倒、堆放医疗废物或者将医疗废物混入其他废物和生活垃圾。

第十五条 禁止邮寄医疗废物。

禁止通过铁路、航空运输医疗废物。

有陆路通道的，禁止通过水路运输医疗废物；没有陆路通道必需经水路运输医疗废物的，应当经设区的市级以上人民政府环境保护行政主管部门批准，并采取严格的环境保护措施后，方可通过水路运输。

禁止将医疗废物与旅客在同一运输工具上载运。

禁止在饮用水源保护区的水体上运输医疗废物。

第三章 医疗卫生机构对医疗废物的管理

第十六条 医疗卫生机构应当及时收集本单位产生的医疗废物，并按照类别分置于防渗漏、防锐器穿透的专用包装物或者密闭的容器内。

医疗废物专用包装物、容器，应当有明显的警示标识和警示说明。

医疗废物专用包装物、容器的标准和警示标识的规定，由国务院卫生行政主管部门和环境保护行政主管部门共同制定。

第十七条 医疗卫生机构应当建立医疗废物的暂时贮存设施、设备，不得露天存放医疗废物；医疗废物暂时贮存的时间不得超过2天。

医疗废物的暂时贮存设施、设备，应当远离医疗区、食品加工区和人员活动区以及生活垃圾存放场所，并设置明显的警示标识和防渗漏、防鼠、防蚊蝇、防蟑螂、防盗以及预防儿童接触等安全措施。

医疗废物的暂时贮存设施、设备应当定期消毒和清洁。

第十八条 医疗卫生机构应当使用防渗漏、防遗撒的专用运送工具，按照本单位确定的内部医疗废物运送时间、路线，将医疗废物收集、运送至暂时贮存地点。

运送工具使用后应当在医疗卫生机构内指定的地点及时消毒和清洁。

第十九条 医疗卫生机构应当根据就近集中处置的原则，及时将医疗废物交由医疗废物集中处置单位处置。

医疗废物中病原体的培养基、标本和菌种、毒种保存液等高危险废物，在交医疗废物集中处置单位处置前应当就地消毒。

第二十条 医疗卫生机构产生的污水、传染病病人或者疑似传染病病人的排泄物，应当按照国家规定严格消毒；达到国家规定的排放标准后，方可排入污水处理系统。

第二十一条 不具备集中处置医疗废物条件的农村，医疗卫生机构应当按照县级人民政府卫生行政主管部门、环境保护行政主管部门的要求，自行就地处置其产生的医疗废物。自行处置医疗废物的，应当符合下列基本要求：

（一）使用后的一次性医疗器具和容易致人损伤的医疗废物，应当消毒并作毁形处理；

（二）能够焚烧的，应当及时焚烧；

（三）不能焚烧的，消毒后集中填埋。

第四章　医疗废物的集中处置

第二十二条 从事医疗废物集中处置活动的单位，应当向县级以上人民政府环境保护行政主管部门申请领取经营许可证；未取得经营许可证的单位，不得从事有关医疗废物集中处置的活动。

第二十三条 医疗废物集中处置单位，应当符合下列条件：

（一）具有符合环境保护和卫生要求的医疗废物贮存、处置设施或者设备；

（二）具有经过培训的技术人员以及相应的技术工人；

（三）具有负责医疗废物处置效果检测、评价工作的机构和人员；

（四）具有保证医疗废物安全处置的规章制度。

第二十四条 医疗废物集中处置单位的贮存、处置设施，应当远离居（村）民居住区、水源保护区和交通干道，与工厂、企业等工作场所有适当的安全防护距离，并符合国务院环境保护行政主管部门的规定。

第二十五条 医疗废物集中处置单位应当至少每2天到医疗卫生机构收集、运送一次医疗废物，并负责医疗废物的贮存、处置。

第二十六条 医疗废物集中处置单位运送医疗废物，应当遵守国家有关危险货物运输管理的规定，使用有明显医疗废物标识的专用车辆。医疗废物专用车辆应当达到防渗漏、防遗撒以及其他环境保护和卫生要求。

运送医疗废物的专用车辆使用后，应当在医疗废物集中处置场所内及时进行消毒和清洁。

运送医疗废物的专用车辆不得运送其他物品。

第二十七条 医疗废物集中处置单位在运送医疗废物过程中应当确保安全，不得丢弃、遗撒医疗废物。

第二十八条 医疗废物集中处置单位应当安装污染物排放在线监控装置，并确保监控装置经常处于正常运行状态。

第二十九条 医疗废物集中处置单位处置医疗废物，应当符合国家规定的环境保护、卫生标准、规范。

第三十条 医疗废物集中处置单位应当按照环境保护行政主管部门和卫生行政主管部门的规定，定期对医疗废物处置设施的环境污染防治和卫生学效果进行检测、评价。检测、评价结果存入医疗废物集中处置单位档案，每半年向所在地环境保护行政主管部门和卫生行政主管部门报告一次。

第三十一条 医疗废物集中处置单位处置医疗废物，按照国家有关规定向医疗卫生机构收取医疗废物处置费用。

医疗卫生机构按照规定支付的医疗废物处置费用，可以纳入医疗成本。

第三十二条 各地区应当利用和改造现有固体废物处置设施和其他设施，对医疗废物集中处置，并达到基本的环境保护和卫生要求。

第三十三条 尚无集中处置设施或者处置能力不足的城市，自本条例施行之日起，设区的市级以上城市应当在1年内建成医疗废物集中处置设施；县级市应当在2年内建成医疗废物集中处置设施。县（旗）医疗废物集中处置设施的建设，由省、自治区、直辖市人民政府规定。

在尚未建成医疗废物集中处置设施期间，有关地方人民政府应当组织制定符合环境保护和卫生要求的医疗废物过渡性处置方案，确定医疗废物收集、运送、处置方式和处置单位。

第五章 监督管理

第三十四条 县级以上地方人民政府卫生行政主管部门、环境保护行政主管部门，应当依照本条例的规定，按照职责分工，对医疗卫生机构和医疗废物集中处置单位进行监督检查。

第三十五条 县级以上地方人民政府卫生行政主管部门，应当对医疗卫生机构和医疗废物集中处置单位从事医疗废物的收集、运送、贮存、处置中的疾病防治工作，以及工作人员的卫生防护等情况进行定期监督检查或者不定期的抽查。

第三十六条 县级以上地方人民政府环境保护行政主管部门，应当对医疗卫生机构和医疗废物集中处置单位从事医疗废物收集、运送、贮存、处置中的环境污染防治工作进行定期监督检查或者不定期的抽查。

第三十七条 卫生行政主管部门、环境保护行政主管部门应当定期交换监督检查和抽查结果。在监督检查或者抽查中发现医疗卫生机构和医疗废物集中处置单位存在隐患时，应当责令立即消除隐患。

第三十八条 卫生行政主管部门、环境保护行政主管部门接到对医疗卫生机构、医疗废物集中处置单位和监督管理部门及其工作人员违反本条例行为的举报、投诉、检举和控告后，应当及时核实，依法作出处理，并将处理结果予以公布。

第三十九条 卫生行政主管部门、环境保护行政主管部门履行监督检查职责时，有权采取下列措施：

（一）对有关单位进行实地检查，了解情况，现场监测，调查取证；

（二）查阅或者复制医疗废物管理的有关资料，采集样品；

（三）责令违反本条例规定的单位和个人停止违法行为；

（四）查封或者暂扣涉嫌违反本条例规定的场所、设备、运输工具和物品；

（五）对违反本条例规定的行为进行查处。

第四十条 发生因医疗废物管理不当导致传染病传播或者环境污染事故，或者有证据证明传染病传播或者环境污染的事故有可能发生时，卫生行政主管部门、环境保护行政主管部门应当采取临时控制措施，疏散人员，控制现场，并根据需要责令暂停导致或者可能导致传染病传播或者环境污染事故的作业。

第四十一条 医疗卫生机构和医疗废物集中处置单位，对有关部门的检查、监测、调查取证，应当予以配合，不得拒绝和阻碍，不得提供虚假材料。

第六章 法律责任

第四十二条 县级以上地方人民政府未依照本条例的规定，组织建设医疗废物集中处置设施或者组织制定医疗废物过渡性处置方案的，由上级人民政府通报批评，责令限期建成医疗废物集中处置设施或者组织制定医疗废物过渡性处置方案；并可以对政府主要领导人、负有责任的主管人员，依法给予行政处分。

第四十三条 县级以上各级人民政府卫生行政主管部门、环境保护行政主管部门或者其他有关部门，未按照本条例的规定履行监督检查职责，发现医疗卫生机构和医疗废物集中处置单位的违法行为不及时处理，发生或者可能发生传染病传播或者环境污染事故时未及时采取减少危害措施，以及有其他玩忽职守、失职、渎职行为的，由本级人民政府或者上级人民政府有关部门责令改正，通报批评；造成传染病传播或者环境污染事故的，对主要负责人、负有责任的主管人员和其他直接责任人员依法给予降级、撤职、开除的行政处分；构成犯罪的，依法追究刑事责任。

第四十四条 县级以上人民政府环境保护行政主管部门，违反本条例的规定发给医疗废物集中处置单位经营许可证的，由本级人民政府或者上级人民政府环境保护行政主管部门通报批评，责令收回违法发给的证书；并可以对主要负责人、负有责任的主管人员和其他直接责任人员依法给予行政处分。

第四十五条 医疗卫生机构、医疗废物集中处置单位违反本条例规定，有下列情形之一的，由县级以上地方人民政府卫生行政主管部门或者环境保护行政主管部门按照各自的职责责令限期改正，给予警告；逾期不改正的，处2000元以上5000元以下的罚款：

（一）未建立、健全医疗废物管理制度，或者未设置监控部门或者专（兼）职人员的；

（二）未对有关人员进行相关法律和专业技术、安全防护以及紧急处理等知识的培训的；

（三）未对从事医疗废物收集、运送、贮存、处置等工作的人员和管理人员采取职业卫生防护措施的；

（四）未对医疗废物进行登记或者未保存登记资料的；

（五）对使用后的医疗废物运送工具或者运送车辆未在指定地点及时进行消毒和清洁的；

（六）未及时收集、运送医疗废物的；

（七）未定期对医疗废物处置设施的环境污染防治和卫生学效果进行检测、评价，或者未将检测、评价效果存档、报告的。

第四十六条 医疗卫生机构、医疗废物集中处置单位违反本条例规定，有下列情形之一的，由县级以上地方人民政府卫生行政主管部门或者环境保护行政主管部门按照各自的职责责令限期改正，给予警告，可以并处5000元以下的罚款；逾期不改正的，处5000元以上3万元以下的罚款：

（一）贮存设施或者设备不符合环境保护、卫生要求的；

（二）未将医疗废物按照类别分置于专用包装物或者容器的；

（三）未使用符合标准的专用车辆运送医疗废物或者使用运送医疗废物的车辆运送其他物品的；

（四）未安装污染物排放在线监控装置或者监控装置未经常处于正常运行状态的。

第四十七条 医疗卫生机构、医疗废物集中处置单位有下列情形之一的，由县级以上地方人民政府卫生行政主管部门或者环境保护行政主管部门按照各自的职责责令限期改正，给予警告，并处5000元以上1万元以下的罚款；逾期不改正的，处1万元以上3万元以下的罚款；造成传染病传播或者环境污染事故的，由原发证部门暂扣或者吊销执业许可证件或者经营许可证件；构成犯罪的，依法追究刑事责任：

（一）在运送过程中丢弃医疗废物，在非贮存地点倾倒、堆放医疗废物或者将医疗废物混入其他废物和生活垃圾的；

（二）未执行危险废物转移联单管理制度的；

（三）将医疗废物交给未取得经营许可证的单位或者个人收集、运送、贮存、处置的；

（四）对医疗废物的处置不符合国家规定的环境保护、卫生标准、规范的；

（五）未按照本条例的规定对污水、传染病病人或者疑似传染病病人的排泄物，进行严格消毒，或者未达到国家规定的排放标准，排入污水处理系统的；

（六）对收治的传染病病人或者疑似传染病病人产生的生活垃圾，未按照医疗废物进行管理和处置的。

第四十八条 医疗卫生机构违反本条例规定，将未达到国家规定标准的污水、传染病病人或者疑似传染病病人的排泄物排入城市排水管网的，由县级以上地方人民政府建设行政主管部门责令限期改正，给予警告，并处5000元以上1万元以下的罚款；逾期不改正的，处1万元以上3万元以下的罚款；造成传染病传播或者环境污染事故的，由原发证部门暂扣或者吊销执业许可证件；构成犯罪的，依法追究刑事责任。

第四十九条 医疗卫生机构、医疗废物集中处置单位发生医疗废物流失、泄漏、扩散时，未采取紧急处理措施，或者未及时向卫生行政主管部门和环境保护行政主管部门报告的，由县级以上地方人民政府卫生行政主管部门或者环境保护行政主管部门按照各自的职责责令改正，给予警告，并处1万元以上3万元以下的罚款；造成传染病传播或者环境污染事故的，由原发证部门暂扣或者吊销执业许可证件或者经营许可证件；构成犯罪的，依法追究刑事责任。

第五十条 医疗卫生机构、医疗废物集中处置单位，无正当理由，阻碍卫生行政主管部门或者环境保护行政主管部门执法人员执行职务，拒绝执法人员进入现场，或者不配合执法部门的检查、监测、调查取证的，由县级以上地方人民政府卫生行政主管部门或者环境保护行政主管部门按照各自的职责责令改正，给予警告；拒不改正的，由原发证部门暂扣或者吊销执业许可证件或者经营许可证件；触犯《中华人民共和国治安管理处罚条例》，构成违反治安管理行为的，由公安机关依法予以处罚；构成犯罪的，依法追究刑事责任。

第五十一条 不具备集中处置医疗废物条件的农村，医疗卫生机构未按照本条例的要求处置医疗废物的，由县级人民政府卫生行政主管部门或者环境保护行政主管部门按照各自的职责责令限期改正，给予警告；逾期不改正的，处1000元以上5000元以下的罚款；造成传染病传播或者环境污染事故的，由原发证部门暂扣或者吊销执业许可证件；构成犯罪的，依法追究刑事责任。

第五十二条 未取得经营许可证从事医疗废物的收集、运送、贮存、处置等活动的，由县级以上地方人民政府环境保护行政主管部门责令立即停止违法行为，没收违法所得，可以并处违法所得1倍以下的罚款。

第五十三条 转让、买卖医疗废物，邮寄或者通过铁路、航空运输医疗废物，或者违反本条例规定通过水路运输医疗废物的，由县级以上地方人民政府环境保护行政主管部门责令转让、买卖双方、邮寄人、托运人立即停止违法行为，给予警告，没收违法所得；违法所得5000元以上的，并处违法所得2倍以上5倍以下的罚款；没有违法所得或者违法所得不足5000元的，并处5000元以上2万元以下的罚款。

承运人明知托运人违反本条例的规定运输医疗废物，仍予以运输的，或者承运人将医疗废物与旅客在同一工具上载运的，按照前款的规定予以处罚。

第五十四条 医疗卫生机构、医疗废物集中处置单位违反本条例规定，导致传染病传播或者发生环境污染事故，给他人造成损害的，依法承担民事赔偿责任。

第七章　附　则

第五十五条 计划生育技术服务、医学科研、教学、尸体检查和其他相关活动中产生的具有直接或者间接感染性、毒性以及其他危害性废物的管理，依照本条例执行。

第五十六条 军队医疗卫生机构医疗废物的管理由中国人民解放军卫生主管部门参照本条例制定管理办法。

第五十七条 本条例自公布之日起施行。

中华人民共和国国务院令

第397号

《安全生产许可证条例》已经2004年1月7日国务院第34次常务会议通过，现予公布，自公布之日起施行。

总理　温家宝

二〇〇四年一月十三日

安全生产许可证条例

第一条　为了严格规范安全生产条件，进一步加强安全生产监督管理，防止和减少生产安全事故，根据《中华人民共和国安全生产法》的有关规定，制定本条例。

第二条　国家对矿山企业、建筑施工企业和危险化学品、烟花爆竹、民用爆破器材生产企业（以下统称企业）实行安全生产许可制度。

企业未取得安全生产许可证的，不得从事生产活动。

第三条　国务院安全生产监督管理部门负责中央管理的非煤矿矿山企业和危险化学品、烟花爆竹生产企业安全生产许可证的颁发和管理。

省、自治区、直辖市人民政府安全生产监督管理部门负责前款规定以外的非煤矿矿山企业和危险化学品、烟花爆竹生产企业安全生产许可证的颁发和管理，并接受国务院安全生产监督管理部门的指导和监督。

国家煤矿安全监察机构负责中央管理的煤矿企业安全生产许可证的颁发和管理。

在省、自治区、直辖市设立的煤矿安全监察机构负责前款规定以外的其他煤矿企业安全生产许可证的颁发和管理，并接受国家煤矿安全监察机构的指导和监督。

第四条　国务院建设主管部门负责中央管理的建筑施工企业安全生产许可证的颁发和管理。

省、自治区、直辖市人民政府建设主管部门负责前款规定以外的建筑施工企业安全生产许可证的颁发和管理，并接受国务院建设主管部门的指导和监督。

第五条　国务院国防科技工业主管部门负责民用爆破器材生产企业安全生产许可证的颁发和管理。

第六条　企业取得安全生产许可证，应当具备下列安全生产条件：

（一）建立、健全安全生产责任制，制定完备的安全生产规章制度和操作规程；

（二）安全投入符合安全生产要求；

（三）设置安全生产管理机构，配备专职安全生产管理人员；

（四）主要负责人和安全生产管理人员经考核合格；

（五）特种作业人员经有关业务主管部门考核合格，取得特种作业操作资格证书；

（六）从业人员经安全生产教育和培训合格；

（七）依法参加工伤保险，为从业人员缴纳保险费；

（八）厂房、作业场所和安全设施、设备、工艺符合有关安全生产法律、法规、标准和规程的要求；

（九）有职业危害防治措施，并为从业人员配备符合国家标准或者行业标准的劳动防护用品；

（十）依法进行安全评价；

（十一）有重大危险源检测、评估、监控措施和应急预案；

（十二）有生产安全事故应急救援预案、应急救援组织或者应急救援人员，配备必要的应急救援器材、设备；

（十三）法律、法规规定的其他条件。

第七条 企业进行生产前，应当依照本条例的规定向安全生产许可证颁发管理机关申请领取安全生产许可证，并提供本条例第六条规定的相关文件、资料。安全生产许可证颁发管理机关应当自收到申请之日起 45 日内审查完毕，经审查符合本条例规定的安全生产条件的，颁发安全生产许可证；不符合本条例规定的安全生产条件的，不予颁发安全生产许可证，书面通知企业并说明理由。

煤矿企业应当以矿（井）为单位，在申请领取煤炭生产许可证前，依照本条例的规定取得安全生产许可证。

第八条 安全生产许可证由国务院安全生产监督管理部门规定统一的式样。

第九条 安全生产许可证的有效期为 3 年。安全生产许可证有效期满需要延期的，企业应当于期满前 3 个月向原安全生产许可证颁发管理机关办理延期手续。

企业在安全生产许可证有效期内，严格遵守有关安全生产的法律法规，未发生死亡事故的，安全生产许可证有效期届满时，经原安全生产许可证颁发管理机关同意，不再审查，安全生产许可证有效期延期 3 年。

第十条 安全生产许可证颁发管理机关应当建立、健全安全生产许可证档案管理制度，并定期向社会公布企业取得安全生产许可证的情况。

第十一条 煤矿企业安全生产许可证颁发管理机关、建筑施工企业安全生产许可证颁发管理机关、民用爆破器材生产企业安全生产许可证颁发管理机关，应当每年向同级安全生产监督管理部门通报其安全生产许可证颁发和管理情况。

第十二条 国务院安全生产监督管理部门和省、自治区、直辖市人民政府安全生产监督管理部门对建筑施工企业、民用爆破器材生产企业、煤矿企业取得安全生产许可证的情况进行监督。

第十三条 企业不得转让、冒用安全生产许可证或者使用伪造的安全生产许可证。

第十四条 企业取得安全生产许可证后，不得降低安全生产条件，并应当加强日常安全生产管理，接受安全生产许可证颁发管理机关的监督检查。

安全生产许可证颁发管理机关应当加强对取得安全生产许可证的企业的监督检查，发现其不再具备本条例规定的安全生产条件的，应当暂扣或者吊销安全生产许可证。

第十五条 安全生产许可证颁发管理机关工作人员在安全生产许可证颁发、管理和监督检查工作中，不得索取或者接受企业的财物，不得谋取其他利益。

第十六条 监察机关依照《中华人民共和国行政监察法》的规定，对安全生产许可证颁发管理机关及其工作人员履行本条例规定的职责实施监察。

第十七条 任何单位或者个人对违反本条例规定的行为,有权向安全生产许可证颁发管理机关或者监察机关等有关部门举报。

第十八条 安全生产许可证颁发管理机关工作人员有下列行为之一的,给予降级或者撤职的行政处分;构成犯罪的,依法追究刑事责任:

(一)向不符合本条例规定的安全生产条件的企业颁发安全生产许可证的;

(二)发现企业未依法取得安全生产许可证擅自从事生产活动,不依法处理的;

(三)发现取得安全生产许可证的企业不再具备本条例规定的安全生产条件,不依法处理的;

(四)接到对违反本条例规定行为的举报后,不及时处理的;

(五)在安全生产许可证颁发、管理和监督检查工作中,索取或者接受企业的财物,或者谋取其他利益的。

第十九条 违反本条例规定,未取得安全生产许可证擅自进行生产的,责令停止生产,没收违法所得,并处10万元以上50万元以下的罚款;造成重大事故或者其他严重后果,构成犯罪的,依法追究刑事责任。

第二十条 违反本条例规定,安全生产许可证有效期满未办理延期手续,继续进行生产的,责令停止生产,限期补办延期手续,没收违法所得,并处5万元以上10万元以下的罚款;逾期仍不办理延期手续,继续进行生产的,依照本条例第十九条的规定处罚。

第二十一条 违反本条例规定,转让安全生产许可证的,没收违法所得,处10万元以上50万元以下的罚款,并吊销其安全生产许可证;构成犯罪的,依法追究刑事责任;接受转让的,依照本条例第十九条的规定处罚。

冒用安全生产许可证或者使用伪造的安全生产许可证的,依照本条例第十九条的规定处罚。

第二十二条 本条例施行前已经进行生产的企业,应当自本条例施行之日起1年内,依照本条例的规定向安全生产许可证颁发管理机关申请办理安全生产许可证;逾期不办理安全生产许可证,或者经审查不符合本条例规定的安全生产条件,未取得安全生产许可证,继续进行生产的,依照本条例第十九条的规定处罚。

第二十三条 本条例规定的行政处罚,由安全生产许可证颁发管理机关决定。

第二十四条 本条例自公布之日起施行。

中华人民共和国国务院令

第442号

《麻醉药品和精神药品管理条例》已经2005年7月26日国务院第100次常务会议通过，现予公布，自2005年11月1日起施行。

总理　温家宝

二〇〇五年八月三日

麻醉药品和精神药品管理条例

第一章　总　则

第一条　为加强麻醉药品和精神药品的管理，保证麻醉药品和精神药品的合法、安全、合理使用，防止流入非法渠道，根据药品管理法和其他有关法律的规定，制定本条例。

第二条　麻醉药品药用原植物的种植，麻醉药品和精神药品的实验研究、生产、经营、使用、储存、运输等活动以及监督管理，适用本条例。

麻醉药品和精神药品的进出口依照有关法律的规定办理。

第三条　本条例所称麻醉药品和精神药品，是指列入麻醉药品目录、精神药品目录（以下称目录）的药品和其他物质。精神药品分为第一类精神药品和第二类精神药品。

目录由国务院药品监督管理部门会同国务院公安部门、国务院卫生主管部门制定、调整并公布。

上市销售但尚未列入目录的药品和其他物质或者第二类精神药品发生滥用，已经造成或者可能造成严重社会危害的，国务院药品监督管理部门会同国务院公安部门、国务院卫生主管部门应当及时将该药品和该物质列入目录或者将该第二类精神药品调整为第一类精神药品。

第四条　国家对麻醉药品药用原植物以及麻醉药品和精神药品实行管制。除本条例另有规定的外，任何单位、个人不得进行麻醉药品药用原植物的种植以及麻醉药品和精神药品的实验研究、生产、经营、使用、储存、运输等活动。

第五条　国务院药品监督管理部门负责全国麻醉药品和精神药品的监督管理工作，并会同国务院农业主管部门对麻醉药品药用原植物实施监督管理。国务院公安部门负责对造成麻醉药品药用原植物、麻醉药品和精神药品流入非法渠道的行为进行查处。国务院其他有关主管部门在各自的职责范围内负责与麻醉药品和精神药品有关的管理工作。

省、自治区、直辖市人民政府药品监督管理部门负责本行政区域内麻醉药品和精神药品的监督管理工作。县级以上地方公安机关负责对本行政区域内造成麻醉药品和精神药品流入非法渠道的行为进行查处。县级以上地方人民政府其他有关主管部门在各自的职责范围内负责与麻醉药品和精神药品有关的管理工作。

第六条 麻醉药品和精神药品生产、经营企业和使用单位可以依法参加行业协会。行业协会应当加强行业自律管理。

第二章 种植、实验研究和生产

第七条 国家根据麻醉药品和精神药品的医疗、国家储备和企业生产所需原料的需要确定需求总量,对麻醉药品药用原植物的种植、麻醉药品和精神药品的生产实行总量控制。

国务院药品监督管理部门根据麻醉药品和精神药品的需求总量制定年度生产计划。

国务院药品监督管理部门和国务院农业主管部门根据麻醉药品年度生产计划,制定麻醉药品药用原植物年度种植计划。

第八条 麻醉药品药用原植物种植企业应当根据年度种植计划,种植麻醉药品药用原植物。

麻醉药品药用原植物种植企业应当向国务院药品监督管理部门和国务院农业主管部门定期报告种植情况。

第九条 麻醉药品药用原植物种植企业由国务院药品监督管理部门和国务院农业主管部门共同确定,其他单位和个人不得种植麻醉药品药用原植物。

第十条 开展麻醉药品和精神药品实验研究活动应当具备下列条件,并经国务院药品监督管理部门批准:

(一)以医疗、科学研究或者教学为目的;

(二)有保证实验所需麻醉药品和精神药品安全的措施和管理制度;

(三)单位及其工作人员2年内没有违反有关禁毒的法律、行政法规规定的行为。

第十一条 麻醉药品和精神药品的实验研究单位申请相关药品批准证明文件,应当依照药品管理法的规定办理;需要转让研究成果的,应当经国务院药品监督管理部门批准。

第十二条 药品研究单位在普通药品的实验研究过程中,产生本条例规定的管制品种的,应当立即停止实验研究活动,并向国务院药品监督管理部门报告。国务院药品监督管理部门应当根据情况,及时作出是否同意其继续实验研究的决定。

第十三条 麻醉药品和第一类精神药品的临床试验,不得以健康人为受试对象。

第十四条 国家对麻醉药品和精神药品实行定点生产制度。

国务院药品监督管理部门应当根据麻醉药品和精神药品的需求总量,确定麻醉药品和精神药品定点生产企业的数量和布局,并根据年度需求总量对数量和布局进行调整、公布。

第十五条 麻醉药品和精神药品的定点生产企业应当具备下列条件:

(一)有药品生产许可证;

(二)有麻醉药品和精神药品实验研究批准文件;

(三)有符合规定的麻醉药品和精神药品生产设施、储存条件和相应的安全管理设施;

(四)有通过网络实施企业安全生产管理和向药品监督管理部门报告生产信息的能力;

(五)有保证麻醉药品和精神药品安全生产的管理制度;

(六)有与麻醉药品和精神药品安全生产要求相适应的管理水平和经营规模;

(七)麻醉药品和精神药品生产管理、质量管理部门的人员应当熟悉麻醉药品和精神药品管理以及有关禁毒的法律、行政法规；

（八）没有生产、销售假药、劣药或者违反有关禁毒的法律、行政法规规定的行为；

（九）符合国务院药品监督管理部门公布的麻醉药品和精神药品定点生产企业数量和布局的要求。

第十六条 从事麻醉药品、第一类精神药品生产以及第二类精神药品原料药生产的企业，应当经所在地省、自治区、直辖市人民政府药品监督管理部门初步审查，由国务院药品监督管理部门批准；从事第二类精神药品制剂生产的企业，应当经所在地省、自治区、直辖市人民政府药品监督管理部门批准。

第十七条 定点生产企业生产麻醉药品和精神药品，应当依照药品管理法的规定取得药品批准文号。

国务院药品监督管理部门应当组织医学、药学、社会学、伦理学和禁毒等方面的专家成立专家组，由专家组对申请首次上市的麻醉药品和精神药品的社会危害性和被滥用的可能性进行评价，并提出是否批准的建议。

未取得药品批准文号的，不得生产麻醉药品和精神药品。

第十八条 发生重大突发事件，定点生产企业无法正常生产或者不能保证供应麻醉药品和精神药品时，国务院药品监督管理部门可以决定其他药品生产企业生产麻醉药品和精神药品。

重大突发事件结束后，国务院药品监督管理部门应当及时决定前款规定的企业停止麻醉药品和精神药品的生产。

第十九条 定点生产企业应当严格按照麻醉药品和精神药品年度生产计划安排生产，并依照规定向所在地省、自治区、直辖市人民政府药品监督管理部门报告生产情况。

第二十条 定点生产企业应当依照本条例的规定，将麻醉药品和精神药品销售给具有麻醉药品和精神药品经营资格的企业或者依照本条例规定批准的其他单位。

第二十一条 麻醉药品和精神药品的标签应当印有国务院药品监督管理部门规定的标志。

第三章 经 营

第二十二条 国家对麻醉药品和精神药品实行定点经营制度。

国务院药品监督管理部门应当根据麻醉药品和第一类精神药品的需求总量，确定麻醉药品和第一类精神药品的定点批发企业布局，并应当根据年度需求总量对布局进行调整、公布。

药品经营企业不得经营麻醉药品原料药和第一类精神药品原料药。但是，供医疗、科学研究、教学使用的小包装的上述药品可以由国务院药品监督管理部门规定的药品批发企业经营。

第二十三条 麻醉药品和精神药品定点批发企业除应当具备药品管理法第十五条规定的药品经营企业的开办条件外，还应当具备下列条件：

（一）有符合本条例规定的麻醉药品和精神药品储存条件；

（二）有通过网络实施企业安全管理和向药品监督管理部门报告经营信息的能力；

（三）单位及其工作人员2年内没有违反有关禁毒的法律、行政法规规定的行为；

（四）符合国务院药品监督管理部门公布的定点批发企业布局。

麻醉药品和第一类精神药品的定点批发企业，还应当具有保证供应责任区域内医疗机构所需麻醉药品和第一类精神药品的能力，并具有保证麻醉药品和第一类精神药品安全经营的管理制度。

第二十四条 跨省、自治区、直辖市从事麻醉药品和第一类精神药品批发业务的企业（以下称全国性批发企业），应当经国务院药品监督管理部门批准；在本省、自治区、直辖市行政区域内从事麻醉药品和第一类精神药品批发业务的企业（以下称区域性批发企业），应当经所在地省、自治区、直辖市人民政府药品监督管理部门批准。

专门从事第二类精神药品批发业务的企业，应当经所在地省、自治区、直辖市人民政府药品监督管理部门批准。

全国性批发企业和区域性批发企业可以从事第二类精神药品批发业务。

第二十五条 全国性批发企业可以向区域性批发企业，或者经批准可以向取得麻醉药品和第一类精神药品使用资格的医疗机构以及依照本条例规定批准的其他单位销售麻醉药品和第一类精神药品。

全国性批发企业向取得麻醉药品和第一类精神药品使用资格的医疗机构销售麻醉药品和第一类精神药品，应当经医疗机构所在地省、自治区、直辖市人民政府药品监督管理部门批准。

国务院药品监督管理部门在批准全国性批发企业时，应当明确其所承担供药责任的区域。

第二十六条 区域性批发企业可以向本省、自治区、直辖市行政区域内取得麻醉药品和第一类精神药品使用资格的医疗机构销售麻醉药品和第一类精神药品；由于特殊地理位置的原因，需要就近向其他省、自治区、直辖市行政区域内取得麻醉药品和第一类精神药品使用资格的医疗机构销售的，应当经国务院药品监督管理部门批准。

省、自治区、直辖市人民政府药品监督管理部门在批准区域性批发企业时，应当明确其所承担供药责任的区域。

区域性批发企业之间因医疗急需、运输困难等特殊情况需要调剂麻醉药品和第一类精神药品的，应当在调剂后 2 日内将调剂情况分别报所在地省、自治区、直辖市人民政府药品监督管理部门备案。

第二十七条 全国性批发企业应当从定点生产企业购进麻醉药品和第一类精神药品。

区域性批发企业可以从全国性批发企业购进麻醉药品和第一类精神药品；经所在地省、自治区、直辖市人民政府药品监督管理部门批准，也可以从定点生产企业购进麻醉药品和第一类精神药品。

第二十八条 全国性批发企业和区域性批发企业向医疗机构销售麻醉药品和第一类精神药品，应当将药品送至医疗机构。医疗机构不得自行提货。

第二十九条 第二类精神药品定点批发企业可以向医疗机构、定点批发企业和符合本条例第三十一条规定的药品零售企业以及依照本条例规定批准的其他单位销售第二类精神药品。

第三十条 麻醉药品和第一类精神药品不得零售。

禁止使用现金进行麻醉药品和精神药品交易，但是个人合法购买麻醉药品和精神药品的除外。

第三十一条 经所在地设区的市级药品监督管理部门批准，实行统一进货、统一配送、统一管理的药品零售连锁企业可以从事第二类精神药品零售业务。

第三十二条 第二类精神药品零售企业应当凭执业医师出具的处方，按规定剂量销售第二类精神药品，并将处方保存 2 年备查；禁止超剂量或者无处方销售第二类精神药品；不得向未成年人销售第二类精神药品。

第三十三条 麻醉药品和精神药品实行政府定价，在制定出厂和批发价格的基础上，逐步实行全国统一零售价格。具体办法由国务院价格主管部门制定。

第四章 使 用

第三十四条 药品生产企业需要以麻醉药品和第一类精神药品为原料生产普通药品的，应当向所在地省、自治区、直辖市人民政府药品监督管理部门报送年度需求计划，由省、自治区、直辖市人民政府药品监督管理部门汇总报国务院药品监督管理部门批准后，向定点生产企业购买。

药品生产企业需要以第二类精神药品为原料生产普通药品的，应当将年度需求计划报所在地省、自治区、直辖市人民政府药品监督管理部门，并向定点批发企业或者定点生产企业购买。

第三十五条 食品、食品添加剂、化妆品、油漆等非药品生产企业需要使用咖啡因作为原料的，应当经所在地省、自治区、直辖市人民政府药品监督管理部门批准，向定点批发企业或者定点生产企业购买。

科学研究、教学单位需要使用麻醉药品和精神药品开展实验、教学活动的，应当经所在地省、自治区、直辖市人民政府药品监督管理部门批准，向定点批发企业或者定点生产企业购买。

需要使用麻醉药品和精神药品的标准品、对照品的，应当经所在地省、自治区、直辖市人民政府药品监督管理部门批准，向国务院药品监督管理部门批准的单位购买。

第三十六条 医疗机构需要使用麻醉药品和第一类精神药品的，应当经所在地设区的市级人民政府卫生主管部门批准，取得麻醉药品、第一类精神药品购用印鉴卡（以下称印鉴卡）。医疗机构应当凭印鉴卡向本省、自治区、直辖市行政区域内的定点批发企业购买麻醉药品和第一类精神药品。

设区的市级人民政府卫生主管部门发给医疗机构印鉴卡时，应当将取得印鉴卡的医疗机构情况抄送所在地设区的市级药品监督管理部门，并报省、自治区、直辖市人民政府卫生主管部门备案。省、自治区、直辖市人民政府卫生主管部门应当将取得印鉴卡的医疗机构名单向本行政区域内的定点批发企业通报。

第三十七条 医疗机构取得印鉴卡应当具备下列条件：

（一）有专职的麻醉药品和第一类精神药品管理人员；

（二）有获得麻醉药品和第一类精神药品处方资格的执业医师；

（三）有保证麻醉药品和第一类精神药品安全储存的设施和管理制度。

第三十八条 医疗机构应当按照国务院卫生主管部门的规定，对本单位执业医师进行有关麻醉药品和精神药品使用知识的培训、考核，经考核合格的，授予麻醉药品和第一类精神药品处方资格。执业医师取得麻醉药品和第一类精神药品的处方资格后，方可在本医疗机构开具麻醉药品和第一类精神药品处方，但不得为自己开具该种处方。

医疗机构应当将具有麻醉药品和第一类精神药品处方资格的执业医师名单及其变更情况，定期报送所在地设区的市级人民政府卫生主管部门，并抄送同级药品监督管理部门。

医务人员应当根据国务院卫生主管部门制定的临床应用指导原则，使用麻醉药品和精神药品。

第三十九条 具有麻醉药品和第一类精神药品处方资格的执业医师，根据临床应用指导原则，对确需使用麻醉药品或者第一类精神药品的患者，应当满足其合理用药需求。在医疗机构就诊的癌症疼痛患者和其他危重患者得不到麻醉药品或者第一类精神药品时，患者或者其亲属可以向执业医师提出申请。具有麻醉药品和第一类精神药品处方资格的执业医师认为要求合理的，应当及时为患者提供所需麻醉药品或者第一类精神药品。

第四十条 执业医师应当使用专用处方开具麻醉药品和精神药品，单张处方的最大用量应当符合国务院卫生主管部门的规定。

对麻醉药品和第一类精神药品处方，处方的调配人、核对人应当仔细核对，签署姓名，并予以登记；对不符合本条例规定的，处方的调配人、核对人应当拒绝发药。

麻醉药品和精神药品专用处方的格式由国务院卫生主管部门规定。

第四十一条 医疗机构应当对麻醉药品和精神药品处方进行专册登记，加强管理。麻醉药品处方至少保存3年，精神药品处方至少保存2年。

第四十二条 医疗机构抢救病人急需麻醉药品和第一类精神药品而本医疗机构无法提供时，可以从其他医疗机构或者定点批发企业紧急借用；抢救工作结束后，应当及时将借用情况报所在地设区的市级药品监督管理部门和卫生主管部门备案。

第四十三条 对临床需要而市场无供应的麻醉药品和精神药品，持有医疗机构制剂许可证和印鉴卡的医疗机构需要配制制剂的，应当经所在地省、自治区、直辖市人民政府药品监督管理部门批准。医疗机构配制的麻醉药品和精神药品制剂只能在本医疗机构使用，不得对外销售。

第四十四条 因治疗疾病需要，个人凭医疗机构出具的医疗诊断书、本人身份证明，可以携带单张处方最大用量以内的麻醉药品和第一类精神药品；携带麻醉药品和第一类精神药品出入境的，由海关根据自用、合理的原则放行。

医务人员为了医疗需要携带少量麻醉药品和精神药品出入境的，应当持有省级以上人民政府药品监督管理部门发放的携带麻醉药品和精神药品证明。海关凭携带麻醉药品和精神药品证明放行。

第四十五条 医疗机构、戒毒机构以开展戒毒治疗为目的，可以使用美沙酮或者国家确定的其他用于戒毒治疗的麻醉药品和精神药品。具体管理办法由国务院药品监督管理部门、国务院公安部门和国务院卫生主管部门制定。

第五章 储 存

第四十六条 麻醉药品药用原植物种植企业、定点生产企业、全国性批发企业和区域性批发企业以及国家设立的麻醉药品储存单位，应当设置储存麻醉药品和第一类精神药品的专库。该专库应当符合下列要求：

（一）安装专用防盗门，实行双人双锁管理；

（二）具有相应的防火设施；

（三）具有监控设施和报警装置，报警装置应当与公安机关报警系统联网。

全国性批发企业经国务院药品监督管理部门批准设立的药品储存点应当符合前款的规定。

麻醉药品定点生产企业应当将麻醉药品原料药和制剂分别存放。

第四十七条 麻醉药品和第一类精神药品的使用单位应当设立专库或者专柜储存麻醉药品和第一类精神药品。专库应当设有防盗设施并安装报警装置；专柜应当使用保险柜。专库和专柜应当实行双人双锁管理。

第四十八条 麻醉药品药用原植物种植企业、定点生产企业、全国性批发企业和区域性批发企业、国家设立的麻醉药品储存单位以及麻醉药品和第一类精神药品的使用单位，应当配备专人负责管理工作，并建立储存麻醉药品和第一类精神药品的专用账册。药品入库双人验收，出库双人复核，做到账物相符。专用账册的保存期限应当自药品有效期期满之日起不少于5年。

第四十九条 第二类精神药品经营企业应当在药品库房中设立独立的专库或者专柜储存第二类精神药品，并建立专用账册，实行专人管理。专用账册的保存期限应当自药品有效期期满之日起不少于5年。

第六章 运 输

第五十条 托运、承运和自行运输麻醉药品和精神药品的，应当采取安全保障措施，防止麻醉药品和精神药品在运输过程中被盗、被抢、丢失。

第五十一条 通过铁路运输麻醉药品和第一类精神药品的，应当使用集装箱或者铁路行李车运输，具体办法由国务院药品监督管理部门会同国务院铁路主管部门制定。

没有铁路需要通过公路或者水路运输麻醉药品和第一类精神药品的，应当由专人负责押运。

第五十二条 托运或者自行运输麻醉药品和第一类精神药品的单位，应当向所在地省、自治区、直辖市人民政府药品监督管理部门申请领取运输证明。运输证明有效期为1年。

运输证明应当由专人保管，不得涂改、转让、转借。

第五十三条 托运人办理麻醉药品和第一类精神药品运输手续，应当将运输证明副本交付承运人。承运人应当查验、收存运输证明副本，并检查货物包装。没有运输证明或者货物包装不符合规定的，承运人不得承运。

承运人在运输过程中应当携带运输证明副本，以备查验。

第五十四条 邮寄麻醉药品和精神药品，寄件人应当提交所在地省、自治区、直辖市人民政府药品监督管理部门出具的准予邮寄证明。邮政营业机构应当查验、收存准予邮寄证明；没有准予邮寄证明的，邮政营业机构不得收寄。

省、自治区、直辖市邮政主管部门指定符合安全保障条件的邮政营业机构负责收寄麻醉药品和精神药品。邮政营业机构收寄麻醉药品和精神药品，应当依法对收寄的麻醉药品和精神药品予以查验。

邮寄麻醉药品和精神药品的具体管理办法，由国务院药品监督管理部门会同国务院邮政主管部门制定。

第五十五条　定点生产企业、全国性批发企业和区域性批发企业之间运输麻醉药品、第一类精神药品，发货人在发货前应当向所在地省、自治区、直辖市人民政府药品监督管理部门报送本次运输的相关信息。属于跨省、自治区、直辖市运输的，收到信息的药品监督管理部门应当向收货人所在地的同级药品监督管理部门通报；属于在本省、自治区、直辖市行政区域内运输的，收到信息的药品监督管理部门应当向收货人所在地设区的市级药品监督管理部门通报。

第七章　审批程序和监督管理

第五十六条　申请人提出本条例规定的审批事项申请，应当提交能够证明其符合本条例规定条件的相关资料。审批部门应当自收到申请之日起40日内作出是否批准的决定；作出批准决定的，发给许可证明文件或者在相关许可证明文件上加注许可事项；作出不予批准决定的，应当书面说明理由。

确定定点生产企业和定点批发企业，审批部门应当在经审查符合条件的企业中，根据布局的要求，通过公平竞争的方式初步确定定点生产企业和定点批发企业，并予公布。其他符合条件的企业可以自公布之日起10日内向审批部门提出异议。审批部门应当自收到异议之日起20日内对异议进行审查，并作出是否调整的决定。

第五十七条　药品监督管理部门应当根据规定的职责权限，对麻醉药品药用原植物的种植以及麻醉药品和精神药品的实验研究、生产、经营、使用、储存、运输活动进行监督检查。

第五十八条　省级以上人民政府药品监督管理部门根据实际情况建立监控信息网络，对定点生产企业、定点批发企业和使用单位的麻醉药品和精神药品生产、进货、销售、库存、使用的数量以及流向实行实时监控，并与同级公安机关做到信息共享。

第五十九条　尚未连接监控信息网络的麻醉药品和精神药品定点生产企业、定点批发企业和使用单位，应当每月通过电子信息、传真、书面等方式，将本单位麻醉药品和精神药品生产、进货、销售、库存、使用的数量以及流向，报所在地设区的市级药品监督管理部门和公安机关；医疗机构还应当报所在地设区的市级人民政府卫生主管部门。

设区的市级药品监督管理部门应当每3个月向上一级药品监督管理部门报告本地区麻醉药品和精神药品的相关情况。

第六十条　对已经发生滥用，造成严重社会危害的麻醉药品和精神药品品种，国务院药品监督管理部门应当采取在一定期限内中止生产、经营、使用或者限定其使用范围和用途等措施。对不再作为药品使用的麻醉药品和精神药品，国务院药品监督管理部门应当撤销其药品批准文号和药品标准，并予以公布。

药品监督管理部门、卫生主管部门发现生产、经营企业和使用单位的麻醉药品和精神药品管理存在安全隐患时，应当责令其立即排除或者限期排除；对有证据证明可能流入非法渠道的，应当及时采取查封、扣押的行政强制措施，在7日内作出行政处理决定，并通报同级公安机关。

药品监督管理部门发现取得印鉴卡的医疗机构未依照规定购买麻醉药品和第一类精神药品时，应当及时通报同级卫生主管部门。接到通报的卫生主管部门应当立即调查处理。必要时，药品监督管理部门可以责令定点批发企业中止向该医疗机构销售麻醉药品和第一类精神药品。

第六十一条 麻醉药品和精神药品的生产、经营企业和使用单位对过期、损坏的麻醉药品和精神药品应当登记造册，并向所在地县级药品监督管理部门申请销毁。药品监督管理部门应当自接到申请之日起5日内到场监督销毁。医疗机构对存放在本单位的过期、损坏麻醉药品和精神药品，应当按照本条规定的程序向卫生主管部门提出申请，由卫生主管部门负责监督销毁。

对依法收缴的麻醉药品和精神药品，除经国务院药品监督管理部门或者国务院公安部门批准用于科学研究外，应当依照国家有关规定予以销毁。

第六十二条 县级以上人民政府卫生主管部门应当对执业医师开具麻醉药品和精神药品处方的情况进行监督检查。

第六十三条 药品监督管理部门、卫生主管部门和公安机关应当互相通报麻醉药品和精神药品生产、经营企业和使用单位的名单以及其他管理信息。

各级药品监督管理部门应当将在麻醉药品药用原植物的种植以及麻醉药品和精神药品的实验研究、生产、经营、使用、储存、运输等各环节的管理中的审批、撤销等事项通报同级公安机关。

麻醉药品和精神药品的经营企业、使用单位报送各级药品监督管理部门的备案事项，应当同时报送同级公安机关。

第六十四条 发生麻醉药品和精神药品被盗、被抢、丢失或者其他流入非法渠道的情形的，案发单位应当立即采取必要的控制措施，同时报告所在地县级公安机关和药品监督管理部门。医疗机构发生上述情形的，还应当报告其主管部门。

公安机关接到报告、举报，或者有证据证明麻醉药品和精神药品可能流入非法渠道时，应当及时开展调查，并可以对相关单位采取必要的控制措施。

药品监督管理部门、卫生主管部门以及其他有关部门应当配合公安机关开展工作。

第八章 法律责任

第六十五条 药品监督管理部门、卫生主管部门违反本条例的规定，有下列情形之一的，由其上级行政机关或者监察机关责令改正；情节严重的，对直接负责的主管人员和其他直接责任人员依法给予行政处分；构成犯罪的，依法追究刑事责任：

（一）对不符合条件的申请人准予行政许可或者超越法定职权作出准予行政许可决定的；

（二）未到场监督销毁过期、损坏的麻醉药品和精神药品的；

（三）未依法履行监督检查职责，应当发现而未发现违法行为、发现违法行为不及时查处，或者未依照本条例规定的程序实施监督检查的；

（四）违反本条例规定的其他失职、渎职行为。

第六十六条 麻醉药品药用原植物种植企业违反本条例的规定，有下列情形之一的，由药品监督管理部门责令限期改正，给予警告；逾期不改正的，处5万元以上10万元以下的罚款；情节严重的，取消其种植资格：

（一）未依照麻醉药品药用原植物年度种植计划进行种植的；

（二）未依照规定报告种植情况的；

（三）未依照规定储存麻醉药品的。

第六十七条 定点生产企业违反本条例的规定，有下列情形之一的，由药品监督管理部门责令限期改正，给予警告，并没收违法所得和违法销售的药品；逾期不改正的，责令停产，并处5万元以上10万元以下的罚款；情节严重的，取消其定点生产资格：

（一）未按照麻醉药品和精神药品年度生产计划安排生产的；

（二）未依照规定向药品监督管理部门报告生产情况的；

（三）未依照规定储存麻醉药品和精神药品，或者未依照规定建立、保存专用账册的；

（四）未依照规定销售麻醉药品和精神药品的；

（五）未依照规定销毁麻醉药品和精神药品的。

第六十八条 定点批发企业违反本条例的规定销售麻醉药品和精神药品，或者违反本条例的规定经营麻醉药品原料药和第一类精神药品原料药的，由药品监督管理部门责令限期改正，给予警告，并没收违法所得和违法销售的药品；逾期不改正的，责令停业，并处违法销售药品货值金额2倍以上5倍以下的罚款；情节严重的，取消其定点批发资格。

第六十九条 定点批发企业违反本条例的规定，有下列情形之一的，由药品监督管理部门责令限期改正，给予警告；逾期不改正的，责令停业，并处2万元以上5万元以下的罚款；情节严重的，取消其定点批发资格：

（一）未依照规定购进麻醉药品和第一类精神药品的；

（二）未保证供药责任区域内的麻醉药品和第一类精神药品的供应的；

（三）未对医疗机构履行送货义务的；

（四）未依照规定报告麻醉药品和精神药品的进货、销售、库存数量以及流向的；

（五）未依照规定储存麻醉药品和精神药品，或者未依照规定建立、保存专用账册的；

（六）未依照规定销毁麻醉药品和精神药品的；

（七）区域性批发企业之间违反本条例的规定调剂麻醉药品和第一类精神药品，或者因特殊情况调剂麻醉药品和第一类精神药品后未依照规定备案的。

第七十条 第二类精神药品零售企业违反本条例的规定储存、销售或者销毁第二类精神药品的，由药品监督管理部门责令限期改正，给予警告，并没收违法所得和违法销售的药品；逾期不改正的，责令停业，并处5000元以上2万元以下的罚款；情节严重的，取消其第二类精神药品零售资格。

第七十一条 本条例第三十四条、第三十五条规定的单位违反本条例的规定，购买麻醉药品和精神药品的，由药品监督管理部门没收违法购买的麻醉药品和精神药品，责令限期改正，给予警告；逾期不改正的，责令停产或者停止相关活动，并处2万元以上5万元以下的罚款。

第七十二条 取得印鉴卡的医疗机构违反本条例的规定，有下列情形之一的，由设区的市级人民政府卫生主管部门责令限期改正，给予警告；逾期不改正的，处5000元以上1万元以下的罚款；情节严重的，吊销其印鉴卡；对直接负责的主管人员和其他直接责任人员，依法给予降级、撤职、开除的处分：

（一）未依照规定购买、储存麻醉药品和第一类精神药品的；

（二）未依照规定保存麻醉药品和精神药品专用处方，或者未依照规定进行处方专册登记的；

（三）未依照规定报告麻醉药品和精神药品的进货、库存、使用数量的；

（四）紧急借用麻醉药品和第一类精神药品后未备案的；

（五）未依照规定销毁麻醉药品和精神药品的。

第七十三条 具有麻醉药品和第一类精神药品处方资格的执业医师，违反本条例的规定开具麻醉药品和第一类精神药品处方，或者未按照临床应用指导原则的要求使用麻醉药品和第一类精神药品的，由其所在医疗机构取消其麻醉药品和第一类精神药品处方资格；造成严重后果的，由原发证部门吊销其执业证书。执业医师未按照临床应用指导原则的要求使用第二类精神药品或者未使用专用处方开具第二类精神药品，造成严重后果的，由原发证部门吊销其执业证书。

未取得麻醉药品和第一类精神药品处方资格的执业医师擅自开具麻醉药品和第一类精神药品处方，由县级以上人民政府卫生主管部门给予警告，暂停其执业活动；造成严重后果的，吊销其执业证书；构成犯罪的，依法追究刑事责任。

处方的调配人、核对人违反本条例的规定未对麻醉药品和第一类精神药品处方进行核对，造成严重后果的，由原发证部门吊销其执业证书。

第七十四条 违反本条例的规定运输麻醉药品和精神药品的，由药品监督管理部门和运输管理部门依照各自职责，责令改正，给予警告，处2万元以上5万元以下的罚款。

收寄麻醉药品、精神药品的邮政营业机构未依照本条例的规定办理邮寄手续的，由邮政主管部门责令改正，给予警告；造成麻醉药品、精神药品邮件丢失的，依照邮政法律、行政法规的规定处理。

第七十五条 提供虚假材料、隐瞒有关情况，或者采取其他欺骗手段取得麻醉药品和精神药品的实验研究、生产、经营、使用资格的，由原审批部门撤销其已取得的资格，5年内不得提出有关麻醉药品和精神药品的申请；情节严重的，处1万元以上3万元以下的罚款，有药品生产许可证、药品经营许可证、医疗机构执业许可证的，依法吊销其许可证明文件。

第七十六条 药品研究单位在普通药品的实验研究和研制过程中，产生本条例规定管制的麻醉药品和精神药品，未依照本条例的规定报告的，由药品监督管理部门责令改正，给予警告，没收违法药品；拒不改正的，责令停止实验研究和研制活动。

第七十七条 药物临床试验机构以健康人为麻醉药品和第一类精神药品临床试验的受试对象的，由药品监督管理部门责令停止违法行为，给予警告；情节严重的，取消其药物临床试验机构的资格；构成犯罪的，依法追究刑事责任。对受试对象造成损害的，药物临床试验机构依法承担治疗和赔偿责任。

第七十八条 定点生产企业、定点批发企业和第二类精神药品零售企业生产、销售假劣麻醉药品和精神药品的，由药品监督管理部门取消其定点生产资格、定点批发资格或者第二类精神药品零售资格，并依照药品管理法的有关规定予以处罚。

第七十九条 定点生产企业、定点批发企业和其他单位使用现金进行麻醉药品和精神药品交易的，由药品监督管理部门责令改正，给予警告，没收违法交易的药品，并处5万元以上10万元以下的罚款。

第八十条 发生麻醉药品和精神药品被盗、被抢、丢失案件的单位，违反本条例的规定未采取必要的控制措施或者未依照本条例的规定报告的，由药品监督管理部门和卫生主管部门依照各自职责，责令改正，给予警告；情节严重的，处5000元以上1万元以下的罚款；有上级主管部门的，由其上级主管部门对直接负责的主管人员和其他直接责任人员，依法给予降级、撤职的处分。

第八十一条 依法取得麻醉药品药用原植物种植或者麻醉药品和精神药品实验研究、

生产、经营、使用、运输等资格的单位，倒卖、转让、出租、出借、涂改其麻醉药品和精神药品许可证明文件的，由原审批部门吊销相应许可证明文件，没收违法所得；情节严重的，处违法所得2倍以上5倍以下的罚款；没有违法所得的，处2万元以上5万元以下的罚款；构成犯罪的，依法追究刑事责任。

第八十二条 违反本条例的规定，致使麻醉药品和精神药品流入非法渠道造成危害，构成犯罪的，依法追究刑事责任；尚不构成犯罪的，由县级以上公安机关处5万元以上10万元以下的罚款；有违法所得的，没收违法所得；情节严重的，处违法所得2倍以上5倍以下的罚款；由原发证部门吊销其药品生产、经营和使用许可证明文件。

药品监督管理部门、卫生主管部门在监督管理工作中发现前款规定情形的，应当立即通报所在地同级公安机关，并依照国家有关规定，将案件以及相关材料移送公安机关。

第八十三条 本章规定由药品监督管理部门作出的行政处罚，由县级以上药品监督管理部门按照国务院药品监督管理部门规定的职责分工决定。

第九章 附 则

第八十四条 本条例所称实验研究是指以医疗、科学研究或者教学为目的的临床前药物研究。

经批准可以开展与计划生育有关的临床医疗服务的计划生育技术服务机构需要使用麻醉药品和精神药品的，依照本条例有关医疗机构使用麻醉药品和精神药品的规定执行。

第八十五条 麻醉药品目录中的罂粟壳只能用于中药饮片和中成药的生产以及医疗配方使用。具体管理办法由国务院药品监督管理部门另行制定。

第八十六条 生产含麻醉药品的复方制剂，需要购进、储存、使用麻醉药品原料药的，应当遵守本条例有关麻醉药品管理的规定。

第八十七条 军队医疗机构麻醉药品和精神药品的供应、使用，由国务院药品监督管理部门会同中国人民解放军总后勤部依据本条例制定具体管理办法。

第八十八条 对动物用麻醉药品和精神药品的管理，由国务院兽医主管部门会同国务院药品监督管理部门依据本条例制定具体管理办法。

第八十九条 本条例自2005年11月1日起施行。1987年11月28日国务院发布的《麻醉药品管理办法》和1988年12月27日国务院发布的《精神药品管理办法》同时废止。

中华人民共和国国务院令

第 455 号

《烟花爆竹安全管理条例》已经 2006 年 1 月 11 日国务院第 121 次常务会议通过，现予公布，自公布之日起施行。

总理　温家宝

二〇〇六年一月二十一日

烟花爆竹安全管理条例

第一章　总　　则

第一条　为了加强烟花爆竹安全管理，预防爆炸事故发生，保障公共安全和人身、财产的安全，制定本条例。

第二条　烟花爆竹的生产、经营、运输和燃放，适用本条例。

本条例所称烟花爆竹，是指烟花爆竹制品和用于生产烟花爆竹的民用黑火药、烟火药、引火线等物品。

第三条　国家对烟花爆竹的生产、经营、运输和举办焰火晚会以及其他大型焰火燃放活动，实行许可证制度。

未经许可，任何单位或者个人不得生产、经营、运输烟花爆竹，不得举办焰火晚会以及其他大型焰火燃放活动。

第四条　安全生产监督管理部门负责烟花爆竹的安全生产监督管理；公安部门负责烟花爆竹的公共安全管理；质量监督检验部门负责烟花爆竹的质量监督和进出口检验。

第五条　公安部门、安全生产监督管理部门、质量监督检验部门、工商行政管理部门应当按照职责分工，组织查处非法生产、经营、储存、运输、邮寄烟花爆竹以及非法燃放烟花爆竹的行为。

第六条　烟花爆竹生产、经营、运输企业和焰火晚会以及其他大型焰火燃放活动主办单位的主要负责人，对本单位的烟花爆竹安全工作负责。

烟花爆竹生产、经营、运输企业和焰火晚会以及其他大型焰火燃放活动主办单位应当建立健全安全责任制，制定各项安全管理制度和操作规程，并对从业人员定期进行安全教育、法制教育和岗位技术培训。

中华全国供销合作总社应当加强对本系统企业烟花爆竹经营活动的管理。

第七条　国家鼓励烟花爆竹生产企业采用提高安全程度和提升行业整体水平的新工艺、新配方和新技术。

第二章 生 产 安 全

第八条 生产烟花爆竹的企业,应当具备下列条件:

(一) 符合当地产业结构规划;

(二) 基本建设项目经过批准;

(三) 选址符合城乡规划,并与周边建筑、设施保持必要的安全距离;

(四) 厂房和仓库的设计、结构和材料以及防火、防爆、防雷、防静电等安全设备、设施符合国家有关标准和规范;

(五) 生产设备、工艺符合安全标准;

(六) 产品品种、规格、质量符合国家标准;

(七) 有健全的安全生产责任制;

(八) 有安全生产管理机构和专职安全生产管理人员;

(九) 依法进行了安全评价;

(十) 有事故应急救援预案、应急救援组织和人员,并配备必要的应急救援器材、设备;

(十一) 法律、法规规定的其他条件。

第九条 生产烟花爆竹的企业,应当在投入生产前向所在地设区的市人民政府安全生产监督管理部门提出安全审查申请,并提交能够证明符合本条例第八条规定条件的有关材料。设区的市人民政府安全生产监督管理部门应当自收到材料之日起20日内提出安全审查初步意见,报省、自治区、直辖市人民政府安全生产监督管理部门审查。省、自治区、直辖市人民政府安全生产监督管理部门应当自受理申请之日起45日内进行安全审查,对符合条件的,核发《烟花爆竹安全生产许可证》;对不符合条件的,应当说明理由。

第十条 生产烟花爆竹的企业为扩大生产能力进行基本建设或者技术改造的,应当依照本条例的规定申请办理安全生产许可证。

生产烟花爆竹的企业,持《烟花爆竹安全生产许可证》到工商行政管理部门办理登记手续后,方可从事烟花爆竹生产活动。

第十一条 生产烟花爆竹的企业,应当按照安全生产许可证核定的产品种类进行生产,生产工序和生产作业应当执行有关国家标准和行业标准。

第十二条 生产烟花爆竹的企业,应当对生产作业人员进行安全生产知识教育,对从事药物混合、造粒、筛选、装药、筑药、压药、切引、搬运等危险工序的作业人员进行专业技术培训。从事危险工序的作业人员经设区的市人民政府安全生产监督管理部门考核合格,方可上岗作业。

第十三条 生产烟花爆竹使用的原料,应当符合国家标准的规定。生产烟花爆竹使用的原料,国家标准有用量限制的,不得超过规定的用量。不得使用国家标准规定禁止使用或者禁忌配伍的物质生产烟花爆竹。

第十四条 生产烟花爆竹的企业,应当按照国家标准的规定,在烟花爆竹产品上标注燃放说明,并在烟花爆竹包装物上印制易燃易爆危险物品警示标志。

第十五条 生产烟花爆竹的企业,应当对黑火药、烟火药、引火线的保管采取必要的安全技术措施,建立购买、领用、销售登记制度,防止黑火药、烟火药、引火线丢失。黑火药、烟火药、引火线丢失的,企业应当立即向当地安全生产监督管理部门和公安部门报告。

第三章 经营安全

第十六条 烟花爆竹的经营分为批发和零售。

从事烟花爆竹批发的企业和零售经营者的经营布点，应当经安全生产监督管理部门审批。

禁止在城市市区布设烟花爆竹批发场所；城市市区的烟花爆竹零售网点，应当按照严格控制的原则合理布设。

第十七条 从事烟花爆竹批发的企业，应当具备下列条件：

（一）具有企业法人条件；

（二）经营场所与周边建筑、设施保持必要的安全距离；

（三）有符合国家标准的经营场所和储存仓库；

（四）有保管员、仓库守护员；

（五）依法进行了安全评价；

（六）有事故应急救援预案、应急救援组织和人员，并配备必要的应急救援器材、设备；

（七）法律、法规规定的其他条件。

第十八条 烟花爆竹零售经营者，应当具备下列条件：

（一）主要负责人经过安全知识教育；

（二）实行专店或者专柜销售，设专人负责安全管理；

（三）经营场所配备必要的消防器材，张贴明显的安全警示标志；

（四）法律、法规规定的其他条件。

第十九条 申请从事烟花爆竹批发的企业，应当向所在地省、自治区、直辖市人民政府安全生产监督管理部门或者其委托的设区的市人民政府安全生产监督管理部门提出申请，并提供能够证明符合本条例第十七条规定条件的有关材料。受理申请的安全生产监督管理部门应当自受理申请之日起30日内对提交的有关材料和经营场所进行审查，对符合条件的，核发《烟花爆竹经营(批发)许可证》；对不符合条件的，应当说明理由。

申请从事烟花爆竹零售的经营者，应当向所在地县级人民政府安全生产监督管理部门提出申请，并提供能够证明符合本条例第十八条规定条件的有关材料。受理申请的安全生产监督管理部门应当自受理申请之日起20日内对提交的有关材料和经营场所进行审查，对符合条件的，核发《烟花爆竹经营(零售)许可证》；对不符合条件的，应当说明理由。

《烟花爆竹经营(零售)许可证》，应当载明经营负责人、经营场所地址、经营期限、烟花爆竹种类和限制存放量。

烟花爆竹的批发企业、零售经营者，持烟花爆竹经营许可证到工商行政管理部门办理登记手续后，方可从事烟花爆竹经营活动。

第二十条 从事烟花爆竹批发的企业，应当向生产烟花爆竹的企业采购烟花爆竹，向从事烟花爆竹零售的经营者供应烟花爆竹。从事烟花爆竹零售的经营者，应当向从事烟花爆竹批发的企业采购烟花爆竹。

从事烟花爆竹批发的企业、零售经营者不得采购和销售非法生产、经营的烟花爆竹。

从事烟花爆竹批发的企业，不得向从事烟花爆竹零售的经营者供应按照国家标准规定应由专业燃放人员燃放的烟花爆竹。从事烟花爆竹零售的经营者，不得销售按照国家标准规定应由专业燃放人员燃放的烟花爆竹。

第二十一条 生产、经营黑火药、烟火药、引火线的企业，不得向未取得烟花爆竹安全生产许可的任何单位或者个人销售黑火药、烟火药和引火线。

第四章 运输安全

第二十二条 经由道路运输烟花爆竹的，应当经公安部门许可。

经由铁路、水路、航空运输烟花爆竹的，依照铁路、水路、航空运输安全管理的有关法律、法规、规章的规定执行。

第二十三条 经由道路运输烟花爆竹的，托运人应当向运达地县级人民政府公安部门提出申请，并提交下列有关材料：

（一）承运人从事危险货物运输的资质证明；

（二）驾驶员、押运员从事危险货物运输的资格证明；

（三）危险货物运输车辆的道路运输证明；

（四）托运人从事烟花爆竹生产、经营的资质证明；

（五）烟花爆竹的购销合同及运输烟花爆竹的种类、规格、数量；

（六）烟花爆竹的产品质量和包装合格证明；

（七）运输车辆牌号、运输时间、起始地点、行驶路线、经停地点。

第二十四条 受理申请的公安部门应当自受理申请之日起 3 日内对提交的有关材料进行审查，对符合条件的，核发《烟花爆竹道路运输许可证》；对不符合条件的，应当说明理由。

《烟花爆竹道路运输许可证》应当载明托运人、承运人、一次性运输有效期限、起始地点、行驶路线、经停地点、烟花爆竹的种类、规格和数量。

第二十五条 经由道路运输烟花爆竹的，除应当遵守《中华人民共和国道路交通安全法》外，还应当遵守下列规定：

（一）随车携带《烟花爆竹道路运输许可证》；

（二）不得违反运输许可事项；

（三）运输车辆悬挂或者安装符合国家标准的易燃易爆危险物品警示标志；

（四）烟花爆竹的装载符合国家有关标准和规范；

（五）装载烟花爆竹的车厢不得载人；

（六）运输车辆限速行驶，途中经停必须有专人看守；

（七）出现危险情况立即采取必要的措施，并报告当地公安部门。

第二十六条 烟花爆竹运达目的地后，收货人应当在 3 日内将《烟花爆竹道路运输许可证》交回发证机关核销。

第二十七条 禁止携带烟花爆竹搭乘公共交通工具。

禁止邮寄烟花爆竹，禁止在托运的行李、包裹、邮件中夹带烟花爆竹。

第五章 燃放安全

第二十八条 燃放烟花爆竹，应当遵守有关法律、法规和规章的规定。县级以上地方人民政府可以根据本行政区域的实际情况，确定限制或者禁止燃放烟花爆竹的时间、地点和种类。

第二十九条 各级人民政府和政府有关部门应当开展社会宣传活动，教育公民遵守有关法律、法规和规章，安全燃放烟花爆竹。

广播、电视、报刊等新闻媒体，应当做好安全燃放烟花爆竹的宣传、教育工作。

未成年人的监护人应当对未成年人进行安全燃放烟花爆竹的教育。

第三十条 禁止在下列地点燃放烟花爆竹：

（一）文物保护单位；

（二）车站、码头、飞机场等交通枢纽以及铁路线路安全保护区内；

（三）易燃易爆物品生产、储存单位；

（四）输变电设施安全保护区内；

（五）医疗机构、幼儿园、中小学校、敬老院；

（六）山林、草原等重点防火区；

（七）县级以上地方人民政府规定的禁止燃放烟花爆竹的其他地点。

第三十一条 燃放烟花爆竹，应当按照燃放说明燃放，不得以危害公共安全和人身、财产安全的方式燃放烟花爆竹。

第三十二条 举办焰火晚会以及其他大型焰火燃放活动，应当按照举办的时间、地点、环境、活动性质、规模以及燃放烟花爆竹的种类、规格和数量，确定危险等级，实行分级管理。分级管理的具体办法，由国务院公安部门规定。

第三十三条 申请举办焰火晚会以及其他大型焰火燃放活动，主办单位应当按照分级管理的规定，向有关人民政府公安部门提出申请，并提交下列有关材料：

（一）举办焰火晚会以及其他大型焰火燃放活动的时间、地点、环境、活动性质、规模；

（二）燃放烟花爆竹的种类、规格、数量；

（三）燃放作业方案；

（四）燃放作业单位、作业人员符合行业标准规定条件的证明。

受理申请的公安部门应当自受理申请之日起20日内对提交的有关材料进行审查，对符合条件的，核发《焰火燃放许可证》；对不符合条件的，应当说明理由。

第三十四条 焰火晚会以及其他大型焰火燃放活动燃放作业单位和作业人员，应当按照焰火燃放安全规程和经许可的燃放作业方案进行燃放作业。

第三十五条 公安部门应当加强对危险等级较高的焰火晚会以及其他大型焰火燃放活动的监督检查。

第六章　法律责任

第三十六条 对未经许可生产、经营烟花爆竹制品，或者向未取得烟花爆竹安全生产许可的单位或者个人销售黑火药、烟火药、引火线的，由安全生产监督管理部门责令停止非法生产、经营活动，处2万元以上10万元以下的罚款，并没收非法生产、经营的物品及违法所得。

对未经许可经由道路运输烟花爆竹的，由公安部门责令停止非法运输活动，处1万元以上5万元以下的罚款，并没收非法运输的物品及违法所得。

非法生产、经营、运输烟花爆竹，构成违反治安管理行为的，依法给予治安管理处罚；构成犯罪的，依法追究刑事责任。

第三十七条 生产烟花爆竹的企业有下列行为之一的，由安全生产监督管理部门责令限期改正，处1万元以上5万元以下的罚款；逾期不改正的，责令停产停业整顿，情节严重的，吊销安全生产许可证：

（一）未按照安全生产许可证核定的产品种类进行生产的；

（二）生产工序或者生产作业不符合有关国家标准、行业标准的；

（三）雇佣未经设区的市人民政府安全生产监督管理部门考核合格的人员从事危险工序作业的；

（四）生产烟花爆竹使用的原料不符合国家标准规定的，或者使用的原料超过国家标准规定的用量限制的；

（五）使用按照国家标准规定禁止使用或者禁忌配伍的物质生产烟花爆竹的；

（六）未按照国家标准的规定在烟花爆竹产品上标注燃放说明，或者未在烟花爆竹的包装物上印制易燃易爆危险物品警示标志的。

第三十八条 从事烟花爆竹批发的企业向从事烟花爆竹零售的经营者供应非法生产、经营的烟花爆竹，或者供应按照国家标准规定应由专业燃放人员燃放的烟花爆竹的，由安全生产监督管理部门责令停止违法行为，处2万元以上10万元以下的罚款，并没收非法经营的物品及违法所得；情节严重的，吊销烟花爆竹经营许可证。

从事烟花爆竹零售的经营者销售非法生产、经营的烟花爆竹，或者销售按照国家标准规定应由专业燃放人员燃放的烟花爆竹的，由安全生产监督管理部门责令停止违法行为，处1000元以上5000元以下的罚款，并没收非法经营的物品及违法所得；情节严重的，吊销烟花爆竹经营许可证。

第三十九条 生产、经营、使用黑火药、烟火药、引火线的企业，丢失黑火药、烟火药、引火线未及时向当地安全生产监督管理部门和公安部门报告的，由公安部门对企业主要负责人处5000元以上2万元以下的罚款，对丢失的物品予以追缴。

第四十条 经由道路运输烟花爆竹，有下列行为之一的，由公安部门责令改正，处200元以上2000元以下的罚款：

（一）违反运输许可事项的；

（二）未随车携带《烟花爆竹道路运输许可证》的；

（三）运输车辆没有悬挂或者安装符合国家标准的易燃易爆危险物品警示标志的；

（四）烟花爆竹的装载不符合国家有关标准和规范的；

（五）装载烟花爆竹的车厢载人的；

（六）超过危险物品运输车辆规定时速行驶的；

（七）运输车辆途中经停没有专人看守的；

（八）运达目的地后，未按规定时间将《烟花爆竹道路运输许可证》交回发证机关核销的。

第四十一条 对携带烟花爆竹搭乘公共交通工具，或者邮寄烟花爆竹以及在托运的行李、包裹、邮件中夹带烟花爆竹的，由公安部门没收非法携带、邮寄、夹带的烟花爆竹，可以并处200元以上1000元以下的罚款。

第四十二条 对未经许可举办焰火晚会以及其他大型焰火燃放活动，或者焰火晚会以及其他大型焰火燃放活动燃放作业单位和作业人员违反焰火燃放安全规程、燃放作业方案进行燃放作业的，由公安部门责令停止燃放，对责任单位处1万元以上5万元以下的罚款。

在禁止燃放烟花爆竹的时间、地点燃放烟花爆竹，或者以危害公共安全和人身、财产安全的方式燃放烟花爆竹的，由公安部门责令停止燃放，处100元以上500元以下的罚款；构成违反治安管理行为的，依法给予治安管理处罚。

第四十三条 对没收的非法烟花爆竹以及生产、经营企业弃置的废旧烟花爆竹，应当就地封存，并由公安部门组织销毁、处置。

第四十四条 安全生产监督管理部门、公安部门、质量监督检验部门、工商行政管理部门的工作人员，在烟花爆竹安全监管工作中滥用职权、玩忽职守、徇私舞弊，构成犯罪的，依法追究刑事责任；尚不构成犯罪的，依法给予行政处分。

第七章 附 则

第四十五条 《烟花爆竹安全生产许可证》、《烟花爆竹经营（批发）许可证》、《烟花爆竹经营（零售）许可证》，由国务院安全生产监督管理部门规定式样；《烟花爆竹道路运输许可证》、《焰火燃放许可证》，由国务院公安部门规定式样。

第四十六条 本条例自公布之日起施行。

中华人民共和国国务院令

第 190 号

现发布《中华人民共和国监控化学品管理条例》,自发布之日起施行。

总理　　李鹏

一九九五年十二月二十七日

中华人民共和国监控化学品管理条例

第一条　为了加强对监控化学品的管理,保障公民的人身安全和保护环境,制定本条例。

第二条　在中华人民共和国境内从事监控化学品的生产、经营和使用活动,必须遵守本条例。

第三条　本条例所称监控化学品,是指下列各类化学品:

第一类:可作为化学武器的化学品;

第二类:可作为生产化学武器前体的化学品;

第三类:可作为生产化学武器主要原料的化学品;

第四类:除炸药和纯碳氢化合物外的特定有机化学品。

前款各类监控化学品的名录由国务院入学工业主管部门提出,报国务院批准后公布。

第四条　国务院化学工业主管部门负责全国监控化学品的管理工作。省、自治区、直辖市人民政府化学工业主管部门负责本行政区域内监控化学品的管理工作。

第五条　生产、经营或者使用监控化学品的,应当依照本条例和国家有关规定向国务院化学工业主管部门或者省、自治区、直辖市人民政府化学工业主管部门申报生产、经营或者使用监控化学品的有关资料、数据和使用目的,接受化学工业主管部门的检查监督。

第六条　国家严格控制第一类监控化学品的生产。

为科研、医疗、制造药物或者防护目的需要生产第一类监控化学品的,应当报国务院化学工业主管部门批准,并在国务院化学工业主管部门指定的小型设施中生产。严禁在未经国务院化学工业主管部门指定的设施中生产第一类监控化学品。

第七条　国家对第二类、第三类监控化学品和第四类监控化学品中含磷、硫、氟的特定有机化学品的生产,实行特别许可制度;未经特别许可的,任何单位和个人均不得生产。特别许可办法,由国务院化学工业主管部门制定。

第八条　新建、扩建或者改建用于生产第二类、第三类监控化学品和第四类监控化学品中含磷、硫、氟的特定有机化学品的设施,应当向所在地省、自治区、直辖市人民政府化学工业主管部门提出申请,经省、自治区、直辖市人 民政府化学工业 主管部门审查签署意见,报国务院化学工业主管部门批准后,方可开工建设;工程竣工后,经所在地省、自治区、直辖市人民政府化学工业主管部门验收合格，并报国务院化学工业主管部门批准后，方可投产使用。

新建、扩建或者改建用于生产第四类监控化学品中不含磷、硫、氟的特定有机化学品的设施，应当在开工生产前向所在地省、自治区、直辖市人民政府化学工业主管部门备案。

第九条 监控化学品应当在专用的化工仓库中储存，并设专人管理。监控化学品的储存条件应当符合国家有关规定。

第十条 储存监控化学品的单位，应当建立严格的出库、入库检查制度和登记制度；发现丢失、被盗时，应当立即报告当地公安机关和所在地省、自治区、直辖市人民政府化学工业主管部门；省、自治区、直辖市人民政府化学工业主管部门应当积极配合公安机关进行查处。

第十一条 对变质或者过期失效的监控化学品，应当及时处理。处理方案报所在地省、自治区、直辖市人民政府化学工业主管部门批准后实施。

第十二条 为科研、医疗、制造药物或者防护目的需要使用第一类监控化学品的，应当向国务院化学工业主管部门提出申请，经国务院化学工业主管部门审查批准后，凭批准文件同国务院化学工业主管部门指定的生产单位签订合同，并将合同副本报送国务院化学工业主管部门备案。

第十三条 需要使用第二类监控化学品的，应当向所在地省、自治区、直辖市人民政府化学工业主管部门提出申请，经省、自治区、直辖市人民政府化学工业主管部门审查批准后，凭批准文件同国务院化学工业主管部门指定的经销单位签订合同，并将合同副本报送所在地省、自治区、直辖市人民政府化学工业主管部门备案。

第十四条 国务院化学工业主管部门会同国务院对外经济贸易主管部门指定的单位（以下简称被指定单位），可以从事第一类监控化学品和第二类、第三类监控化学品及其生产技术、专用设备的进出口业务。

需要进口或者出口第一类监控化学品和第二类、第三类监控化学品及其生产技术、专用设备的，应当委托被指定单位代理进口或者出口。除被指定单位外，任何单位和个人均不得从事这类进出口业务。

第十五条 国家严格控制第一类监控化学品的进口和出口。非为科研、医疗、制造药物或者防护目的，不得进口第一类监控化学品。接受委托进口第一类监控化学品的被指定单位；应当向国务院化学工业主管部门提出申请，并提交产品最终用途的说明和证明；经国务院化学工业主管部门审查签署意见后，报国务院审查批准。被指定单位凭国务院的批准文件向国务院对外经济贸易主管部门申请领取进口许可证。

第十六条 接受委托进口第二类、第三类监控化学品及其生产技术、专用设备的被指定单位，应当向国务院化学工业主管部门提出申请，并提交所进口的化学品、生产技术或者专用设备最终用途的说明和证明；经国务院化学工业主管部门审查批准后，被指定单位凭国务院化学工业主管部门的批准文件向国务院对外经济贸易主管部门申请领取进口许可证。

第十七条 接受委托出口第一类监控化学品的被指定单位，应当向国务院化学工业主管部门提出申请，并提交进口国政府或者政府委托机构出具的所进口的化学品仅用于科研、医疗、制造药物或者防护目的和不转口第三国的保证书；经国务院化学工业主管部门审查签署意见后，报国务院审查批准。被指定单位凭国务院的批准文件向国务院对外经济贸易主管部门申请领取出口许可证。

第十八条 接受委托出口第二类、第三类监控化学品及其生产技术、专用设备的被指定单位,应当向国务院化学工业主管部门提出申请,并提交进口国政府或者政府委托机构出具的所进口的化学品、生产技术、专用设备不用于生产化学武器和不转口第三国的保证书;经国务院化学工业主管部门审查批准后,被指定单位凭国务院化学工业主管部门的批准文件向国务院对外经济贸易主管部门申请领取出口许可证。

第十九条 使用监控化学品的,应当与其申报的使用目的相一致;需要政变使用目的的,应当报原审批机关批准。

第二十条 使用第一类、第二类监控化学品的,应当按照国家有关规定,定期向所在地省、自治区、直辖市人民政府化学工业主管部门报告消耗此类监控化学品的数量和使用此类监控化学品生产最终产品的数量。

第二十一条 违反本条例规定,生产监控化学品的,由省、自治区、直辖市人民政府化学工业主管部门责令限期改正;逾期不改正的,可以处20 万元以下的罚款;情节严重的,可以提请省、自治区、直辖市人民政府责令停产整顿。

第二十二条 违反本条例规定,使用监控化学品的,由省、自治区、直辖市人民政府化学工业主管部门责令限期改正;逾期不改正的,可以处5 万元以下的罚款。

第二十三条 违反本条例规定,经营监控化学品的,由省、自治区、直辖市人民政府化学工业主管部门没收其违法经营的监控化学品和违法所得,可以并处违法经营额一倍以上二倍以下的罚款。

第二十四条 违反本条例规定,隐瞒、拒报有关监控化学品的资料、数据,或者妨碍、阻挠化学工业主管部门依照本条例的规定履行检查监督职责的,由省、自治区、直辖市人民政府化学工业主管部门处以5 万元以下的罚款。

第二十五条 违反本条例规定,构成违反治安管理行为的,依照《中华人民共和国治安管理处罚条例》的有关规定处罚;构成犯罪的,依法追究刑事责任。

第二十六条 在本条例施行前已经从事生产、经营或者使用监控化学品的,应当依照本条例的规定,办理有关手续。

第二十七条 本条例自发布之日起施行

附件:

各类监控化学品名录

第一类:可作为化学武器的化学品(化学文摘社登记号)

A.

(1) 烷基(甲基、乙基、正丙基或异丙基)氟膦酸烷(少于或等于10 个碳原手的碳链,包括环烷)酯

例如:沙林:甲基氟磷酸异丙酯(107 -44 -8)梭曼:甲基氟膦酸频那酯(96 -64 -0)

(2) 二烷(甲、乙、正丙或异丙)氮基氰膦酸烷(少于或等于10 个碳原子的碳链,包括环烷)酯

例如:塔崩:二甲氨基氰膦酸乙酯(77 -81 -6)

(3) 烷基(甲基、已基、正丙基或并丙基)硫代磷酸烷基(氢或少于或等于10 个碳原子的碳铁,包括环烷基)-S-2- 二烷(甲、乙、正丙或异丙)氨基乙酯及相应烷基化盐或质子

化盐

例如：VX：甲基硫代膦酸乙基－S－2－ 二异丙氨基乙酯（50782－69－9）

（4）硫芥气

2－ 氯乙基氯甲基琉醚（2625－76－5）

芥手气：二（2－ 氯乙基）硫醚（50S－60－2）

二（2－ 氯乙硫基）甲烷（63869－13－6）

倍半芥气：1,2－ 二（2－ 氯乙硫基）乙烷（3563－36－8）

l,3－ 二（2－ 氯乙琉基）正丙烷（63905－10－2）

l,4－ 二（2－ 氯己琉基）正丁烷（142868－93－7）

l,5－ 二（2－ 氯乙硫基）正戊烷（142868－94－8）

氧芥气：二（2－ 氯乙硫基乙基）醚（63918－89－8）

（5）路易氏剂

路易氏剂1：2－ 氯乙烯基二氯胂（541－25－3）

路易氏剂2：二（2－ 氯乙烯基）氯胂（40334－69－8）

路易氏剂3：三（2－ 氯乙烯基）胂（40334－70－1）

（6）氮芥气

HN1：N,N－ 二（2－ 氯乙基）乙胺（538－07－8）

HN2：N,N－ 二（2－ 氯乙基）甲胺（51－75－2）

HN3：三（2－ 氯乙基）胺（565－77－1）

（7）石房蛤毒素（35523－89－8）

（8）蓖麻毒素（9009－86－3）

B.

（9）烷基（甲基、乙基、正丙基或异丙基）膦酰二氟

例如：DF：甲基膦酰二氟（676－99－3）

（10）烷基（甲基、乙基、正丙基或异丙基）亚磷酸

烷基（氢或少于或等于10个碳原子的碳链，包括环烷基）－2－ 二烷（甲、乙、正丙或异丙）氨基乙酯及相应烷基化盐或质子化盐

例如：QL：甲基亚膦酸乙基－2－ 二异丙氨基乙酯（57856－11－8）

（11）氯沙林：甲基氯膦酸异丙酯（1445－76－7）

（12）氯梭曼：甲基氯膦酸频那酯（7040－57－5）

第二类：可作为生产化学武器前体的化学品

A.

（1）胺吸膦：硫代磷酸二乙基－S－2－ 二乙氨基乙酯及相应烷基化盐或质子化盐（78－53－5）

（2）PFIB：1,1,3,3,3－ 五氟－2－ 三氟甲基－1－ 丙烯（又名：全氟异丁烯；八氟异丁烯）（382－21－8）

（3）BZ：二苯乙醇酸－3－ 奎宁环酯（＊）（6581－06－2）

B.

（4）含有一个磷原子并有一个甲基、乙基或（正或异）丙基原子团与该膦原子结合的化学品，不包括含更多碳原子的情形，但第一类名录所列者除外。

例如：

甲基膦酞二氯（676 –97 –1）

甲基膦酸二甲酯（756 –79 –6）

例外：地虫磷：二硫代乙基膦酸 – S – 苯基乙酯（944 –22 –9）

(5) 二烷（甲、乙、正丙或异丙）氨基膦酰二卤

(6) 二烷（甲、已、正丙或异丙）氨基膦酸二烷（甲、乙、正丙或异丙）酯

(7) 三氯化砷（7784 –34 –1）

(8) 2,2 – 二苯基 –2 – 羟基乙酸：二苯羟乙酸；二苯乙醇酸（76 –93 –7）

(9) 奎宁环 –3 – 醇（1619 –34 –7）

(10) 二烷（甲、乙、正丙或异丙）氨基乙基 –2 – 氯及相应质子化盐

(11) 二烷（甲、乙、正丙或异丙）氨基乙 –2 – 醇及相应质子化盐

例外：二甲氮基乙醇及相应质子化盐（108 –01 –0）

二乙氮基乙醇及相应质子化盐（100 –37 –8）

(12) 烷基（甲、乙、正丙或异丙）氨基乙 –2 – 硫醇及相应质子化盐

(13) 硫二甘醇：二(2 – 羟乙基）硫醚；硫代双乙醇（111 –48 –8）

(14) 频那基醇：3,3 – 二甲基丁 –2 – 醇（464？7？)

第三类：可作为生产化学武器主要原料的化学品

A.

(1) 光气：碳酰二氯（75 –44 –5）

(2) 氯化氰（506 –77 –4）

(3) 氰化氢（74 –90 –8）

(4) 氯化苦；三氯硝基甲烷（76 –06 –2）

B.

(5) 磷酰氯：三氯氧磷；氧氯化磷（10025 –87 –3）

(6) 三氯化磷（7719 –12 –2）

(7) 五氯化磷（10026 –13 –8）

(8) 亚磷酸三甲酯（121 –45 –9）

(9) 亚磷酸三乙酯（122 –52 –1）

(10) 亚磷酸二甲酯（868 –85 –9）

(11) 亚磷酸二乙酯（762 –94 –9）

(12) 一氯化硫（10025 –679）

(13) 二氯化硫（10545 –99 –0）

(14) 亚硫酰氯：氯化亚砜；氧氯化硫（7719 –09 –7）

(15) 乙基二乙醇胺（139 –87 –7）

(16) 甲基二乙醇胺（105 –59 –9）

(17) 三乙醇胺（102 –71 –6）

第四类：除炸药和纯碳氢化合物以外的特定有机化学品

“特定有机化学品”是指可由其化学名称、结构式（如果已知的话）和化学文摘社登记号（如果已给定此一号码）辨明的属于除碳的氧化物、硫化物和金属碳酸盐以外的所有碳化合物所组成的化合物族类的任何化学品。

附件：

列入第三类监控化学品的新增品种清单

化学品名称，化学文摘社登记号

l. 3－羟基－1－甲基哌啶（3554－74－3）

2. 3－奎宁环酮（3731－38－2）

3. 频哪酮（75－97－8）

4. 氰化钾（151－50－8）

5. 氰化钠（143－33－9）

6. 五硫化二磷（1314－80－3）

7. 二甲胺（124－40－3）

8. 三乙醇胺盐酸盐（637－39－8）

9. 二甲胺盐酸盐（606－59－2）

10. 二苯乙醇酸甲酯（76－89－1）

中华人民共和国国务院令

第445号

《易制毒化学品管理条例》已经2005年8月17日国务院第102次常务会议通过，现予公布，自2005年11月1日起施行。

总理　温家宝

二〇〇五年八月二十六日

易制毒化学品管理条例

第一章　总　则

第一条　为了加强易制毒化学品管理，规范易制毒化学品的生产、经营、购买、运输和进口、出口行为，防止易制毒化学品被用于制造毒品，维护经济和社会秩序，制定本条例。

第二条　国家对易制毒化学品的生产、经营、购买、运输和进口、出口实行分类管理和许可制度。

易制毒化学品分为三类。第一类是可以用于制毒的主要原料，第二类、第三类是可以用于制毒的化学配剂。易制毒化学品的具体分类和品种，由本条例附表列示。

易制毒化学品的分类和品种需要调整的，由国务院公安部门会同国务院食品药品监督管理部门、安全生产监督管理部门、商务主管部门、卫生主管部门和海关总署提出方案，报国务院批准。

省、自治区、直辖市人民政府认为有必要在本行政区域内调整分类或者增加本条例规定以外的品种的，应当向国务院公安部门提出，由国务院公安部门会同国务院有关行政主管部门提出方案，报国务院批准。

第三条　国务院公安部门、食品药品监督管理部门、安全生产监督管理部门、商务主管部门、卫生主管部门、海关总署、价格主管部门、铁路主管部门、交通主管部门、工商行政管理部门、环境保护主管部门在各自的职责范围内，负责全国的易制毒化学品有关管理工作；县级以上地方各级人民政府有关行政主管部门在各自的职责范围内，负责本行政区域内的易制毒化学品有关管理工作。

县级以上地方各级人民政府应当加强对易制毒化学品管理工作的领导，及时协调解决易制毒化学品管理工作中的问题。

第四条　易制毒化学品的产品包装和使用说明书，应当标明产品的名称（含学名和通用名）、化学分子式和成分。

第五条　易制毒化学品的生产、经营、购买、运输和进口、出口，除应当遵守本条例的规定外，属于药品和危险化学品的，还应当遵守法律、其他行政法规对药品和危险化学品的有关规定。

禁止走私或者非法生产、经营、购买、转让、运输易制毒化学品。

禁止使用现金或者实物进行易制毒化学品交易。但是，个人合法购买第一类中的药品类易制毒化学品药品制剂和第三类易制毒化学品的除外。

生产、经营、购买、运输和进口、出口易制毒化学品的单位，应当建立单位内部易制毒化学品管理制度。

第六条 国家鼓励向公安机关等有关行政主管部门举报涉及易制毒化学品的违法行为。接到举报的部门应当为举报者保密。对举报属实的，县级以上人民政府及有关行政主管部门应当给予奖励。

第二章 生产、经营管理

第七条 申请生产第一类易制毒化学品，应当具备下列条件，并经本条例第八条规定的行政主管部门审批，取得生产许可证后，方可进行生产：

（一）属依法登记的化工产品生产企业或者药品生产企业；

（二）有符合国家标准的生产设备、仓储设施和污染物处理设施；

（三）有严格的安全生产管理制度和环境突发事件应急预案；

（四）企业法定代表人和技术、管理人员具有安全生产和易制毒化学品的有关知识，无毒品犯罪记录；

（五）法律、法规、规章规定的其他条件。

申请生产第一类中的药品类易制毒化学品，还应当在仓储场所等重点区域设置电视监控设施以及与公安机关联网的报警装置。

第八条 申请生产第一类中的药品类易制毒化学品的，由国务院食品药品监督管理部门审批；申请生产第一类中的非药品类易制毒化学品的，由省、自治区、直辖市人民政府安全生产监督管理部门审批。

前款规定的行政主管部门应当自收到申请之日起60日内，对申请人提交的申请材料进行审查。对符合规定的，发给生产许可证，或者在企业已经取得的有关生产许可证件上标注；不予许可的，应当书面说明理由。

审查第一类易制毒化学品生产许可申请材料时，根据需要，可以进行实地核查和专家评审。

第九条 申请经营第一类易制毒化学品，应当具备下列条件，并经本条例第十条规定的行政主管部门审批，取得经营许可证后，方可进行经营：

（一）属依法登记的化工产品经营企业或者药品经营企业；

（二）有符合国家规定的经营场所，需要储存、保管易制毒化学品的，还应当有符合国家技术标准的仓储设施；

（三）有易制毒化学品的经营管理制度和健全的销售网络；

（四）企业法定代表人和销售、管理人员具有易制毒化学品的有关知识，无毒品犯罪记录；

（五）法律、法规、规章规定的其他条件。

第十条 申请经营第一类中的药品类易制毒化学品的，由国务院食品药品监督管理部门审批；申请经营第一类中的非药品类易制毒化学品的，由省、自治区、直辖市人民政府安全生产监督管理部门审批。

前款规定的行政主管部门应当自收到申请之日起30日内，对申请人提交的申请材料进行审查。对符合规定的，发给经营许可证，或者在企业已经取得的有关经营许可证件上标注；不予许可的，应当书面说明理由。

审查第一类易制毒化学品经营许可申请材料时，根据需要，可以进行实地核查。

第十一条 取得第一类易制毒化学品生产许可或者依照本条例第十三条第一款规定已经履行第二类、第三类易制毒化学品备案手续的生产企业，可以经销自产的易制毒化学品。但是，在厂外设立销售网点经销第一类易制毒化学品的，应当依照本条例的规定取得经营许可。

第一类中的药品类易制毒化学品药品单方制剂，由麻醉药品定点经营企业经销，且不得零售。

第十二条 取得第一类易制毒化学品生产、经营许可的企业，应当凭生产、经营许可证到工商行政管理部门办理经营范围变更登记。未经变更登记，不得进行第一类易制毒化学品的生产、经营。

第一类易制毒化学品生产、经营许可证被依法吊销的，行政主管部门应当自作出吊销决定之日起5日内通知工商行政管理部门；被吊销许可证的企业，应当及时到工商行政管理部门办理经营范围变更或者企业注销登记。

第十三条 生产第二类、第三类易制毒化学品的，应当自生产之日起30日内，将生产的品种、数量等情况，向所在地的设区的市级人民政府安全生产监督管理部门备案。

经营第二类易制毒化学品的，应当自经营之日起30日内，将经营的品种、数量、主要流向等情况，向所在地的设区的市级人民政府安全生产监督管理部门备案；经营第三类易制毒化学品的，应当自经营之日起30日内，将经营的品种、数量、主要流向等情况，向所在地的县级人民政府安全生产监督管理部门备案。

前两款规定的行政主管部门应当于收到备案材料的当日发给备案证明。

第三章 购买管理

第十四条 申请购买第一类易制毒化学品，应当提交下列证件，经本条例第十五条规定的行政主管部门审批，取得购买许可证：

(一) 经营企业提交企业营业执照和合法使用需要证明；

(二) 其他组织提交登记证书(成立批准文件)和合法使用需要证明。

第十五条 申请购买第一类中的药品类易制毒化学品的，由所在地的省、自治区、直辖市人民政府食品药品监督管理部门审批；申请购买第一类中的非药品类易制毒化学品的，由所在地的省、自治区、直辖市人民政府公安机关审批。

前款规定的行政主管部门应当自收到申请之日起10日内，对申请人提交的申请材料和证件进行审查。对符合规定的，发给购买许可证；不予许可的，应当书面说明理由。

审查第一类易制毒化学品购买许可申请材料时，根据需要，可以进行实地核查。

第十六条 持有麻醉药品、第一类精神药品购买印鉴卡的医疗机构购买第一类中的药品类易制毒化学品的，无须申请第一类易制毒化学品购买许可证。

个人不得购买第一类、第二类易制毒化学品。

第十七条 购买第二类、第三类易制毒化学品的，应当在购买前将所需购买的品种、数量，向所在地的县级人民政府公安机关备案。个人自用购买少量高锰酸钾的，无须备案。

第十八条 经营单位销售第一类易制毒化学品时，应当查验购买许可证和经办人的身份证明。对委托代购的，还应当查验购买人持有的委托文书。

经营单位在查验无误、留存上述证明材料的复印件后，方可出售第一类易制毒化学品；发现可疑情况的，应当立即向当地公安机关报告。

第十九条 经营单位应当建立易制毒化学品销售台账，如实记录销售的品种、数量、日期、购买方等情况。销售台账和证明材料复印件应当保存2年备查。

第一类易制毒化学品的销售情况，应当自销售之日起5日内报当地公安机关备案；第一类易制毒化学品的使用单位，应当建立使用台账，并保存2年备查。

第二类、第三类易制毒化学品的销售情况，应当自销售之日起30日内报当地公安机关备案。

第四章 运输管理

第二十条 跨设区的市级行政区域（直辖市为跨市界）或者在国务院公安部门确定的禁毒形势严峻的重点地区跨县级行政区域运输第一类易制毒化学品的，由运出地的设区的市级人民政府公安机关审批；运输第二类易制毒化学品的，由运出地的县级人民政府公安机关审批。经审批取得易制毒化学品运输许可证后，方可运输。

运输第三类易制毒化学品的，应当在运输前向运出地的县级人民政府公安机关备案。公安机关应当于收到备案材料的当日发给备案证明。

第二十一条 申请易制毒化学品运输许可，应当提交易制毒化学品的购销合同，货主是企业的，应当提交营业执照；货主是其他组织的，应当提交登记证书（成立批准文件）；货主是个人的，应当提交其个人身份证明。经办人还应当提交本人的身份证明。

公安机关应当自收到第一类易制毒化学品运输许可申请之日起10日内，收到第二类易制毒化学品运输许可申请之日起3日内，对申请人提交的申请材料进行审查。对符合规定的，发给运输许可证；不予许可的，应当书面说明理由。

审查第一类易制毒化学品运输许可申请材料时，根据需要，可以进行实地核查。

第二十二条 对许可运输第一类易制毒化学品的，发给一次有效的运输许可证。

对许可运输第二类易制毒化学品的，发给3个月有效的运输许可证；6个月内运输安全状况良好的，发给12个月有效的运输许可证。

易制毒化学品运输许可证应当载明拟运输的易制毒化学品的品种、数量、运入地、货主及收货人、承运人情况以及运输许可证种类。

第二十三条 运输供教学、科研使用的100克以下的麻黄素样品和供医疗机构制剂配方使用的小包装麻黄素以及医疗机构或者麻醉药品经营企业购买麻黄素片剂6万片以下、注射剂1.5万支以下，货主或者承运人持有依法取得的购买许可证明或者麻醉药品调拨单的，无须申请易制毒化学品运输许可。

第二十四条 接受货主委托运输的，承运人应当查验货主提供的运输许可证或者备案证明,并查验所运货物与运输许可证或者备案证明载明的易制毒化学品品种等情况是否相符;不相符的,不得承运。

运输易制毒化学品,运输人员应当自启运起全程携带运输许可证或者备案证明。公安机关应当在易制毒化学品的运输过程中进行检查。

运输易制毒化学品,应当遵守国家有关货物运输的规定。

第二十五条 因治疗疾病需要,患者、患者近亲属或者患者委托的人凭医疗机构出具的医疗诊断书和本人的身份证明,可以随身携带第一类中的药品类易制毒化学品药品制剂,但是不得超过医用单张处方的最大剂量。

医用单张处方最大剂量,由国务院卫生主管部门规定、公布。

第五章 进口、出口管理

第二十六条 申请进口或者出口易制毒化学品,应当提交下列材料,经国务院商务主管部门或者其委托的省、自治区、直辖市人民政府商务主管部门审批,取得进口或者出口许可证后,方可从事进口、出口活动:

(一) 对外贸易经营者备案登记证明(外商投资企业联合年检合格证书)复印件;

(二) 营业执照副本;

(三) 易制毒化学品生产、经营、购买许可证或者备案证明;

(四) 进口或者出口合同(协议)副本;

(五) 经办人的身份证明。

申请易制毒化学品出口许可的,还应当提交进口方政府主管部门出具的合法使用易制毒化学品的证明或者进口方合法使用的保证文件。

第二十七条 受理易制毒化学品进口、出口申请的商务主管部门应当自收到申请材料之日起20日内,对申请材料进行审查,必要时可以进行实地核查。对符合规定的,发给进口或者出口许可证;不予许可的,应当书面说明理由。

对进口第一类中的药品类易制毒化学品的,有关的商务主管部门在作出许可决定前,应当征得国务院食品药品监督管理部门的同意。

第二十八条 麻黄素等属于重点监控物品范围的易制毒化学品,由国务院商务主管部门会同国务院有关部门核定的企业进口、出口。

第二十九条 国家对易制毒化学品的进口、出口实行国际核查制度。易制毒化学品国际核查目录及核查的具体办法,由国务院商务主管部门会同国务院公安部门规定、公布。

国际核查所用时间不计算在许可期限之内。

对向毒品制造、贩运情形严重的国家或者地区出口易制毒化学品以及本条例规定品种以外的化学品的,可以在国际核查措施以外实施其他管制措施,具体办法由国务院商务主管部门会同国务院公安部门、海关总署等有关部门规定、公布。

第三十条 进口、出口或者过境、转运、通运易制毒化学品的,应当如实向海关申报,并提交进口或者出口许可证。海关凭许可证办理通关手续。

易制毒化学品在境外与保税区、出口加工区等海关特殊监管区域、保税场所之间进出的,适用前款规定。

易制毒化学品在境内与保税区、出口加工区等海关特殊监管区域、保税场所之间进出的，或者在上述海关特殊监管区域、保税场所之间进出的，无须申请易制毒化学品进口或者出口许可证。

进口第一类中的药品类易制毒化学品，还应当提交食品药品监督管理部门出具的进口药品通关单。

第三十一条 进出境人员随身携带第一类中的药品类易制毒化学品药品制剂和高锰酸钾，应当以自用且数量合理为限，并接受海关监管。

进出境人员不得随身携带前款规定以外的易制毒化学品。

第六章 监督检查

第三十二条 县级以上人民政府公安机关、食品药品监督管理部门、安全生产监督管理部门、商务主管部门、卫生主管部门、价格主管部门、铁路主管部门、交通主管部门、工商行政管理部门、环境保护主管部门和海关，应当依照本条例和有关法律、行政法规的规定，在各自的职责范围内，加强对易制毒化学品生产、经营、购买、运输、价格以及进口、出口的监督检查；对非法生产、经营、购买、运输易制毒化学品，或者走私易制毒化学品的行为，依法予以查处。

前款规定的行政主管部门在进行易制毒化学品监督检查时，可以依法查看现场、查阅和复制有关资料、记录有关情况、扣押相关的证据材料和违法物品；必要时，可以临时查封有关场所。

被检查的单位或者个人应当如实提供有关情况和材料、物品，不得拒绝或者隐匿。

第三十三条 对依法收缴、查获的易制毒化学品，应当在省、自治区、直辖市或者设区的市级人民政府公安机关、海关或者环境保护主管部门的监督下，区别易制毒化学品的不同情况进行保管、回收，或者依照环境保护法律、行政法规的有关规定，由有资质的单位在环境保护主管部门的监督下销毁。其中，对收缴、查获的第一类中的药品类易制毒化学品，一律销毁。

易制毒化学品违法单位或者个人无力提供保管、回收或者销毁费用的，保管、回收或者销毁的费用在回收所得中开支，或者在有关行政主管部门的禁毒经费中列支。

第三十四条 易制毒化学品丢失、被盗、被抢的，发案单位应当立即向当地公安机关报告，并同时报告当地的县级人民政府食品药品监督管理部门、安全生产监督管理部门、商务主管部门或者卫生主管部门。接到报案的公安机关应当及时立案查处，并向上级公安机关报告；有关行政主管部门应当逐级上报并配合公安机关的查处。

第三十五条 有关行政主管部门应当将易制毒化学品许可以及依法吊销许可的情况通报有关公安机关和工商行政管理部门；工商行政管理部门应当将生产、经营易制毒化学品企业依法变更或者注销登记的情况通报有关公安机关和行政主管部门。

第三十六条 生产、经营、购买、运输或者进口、出口易制毒化学品的单位，应当于每年3月31日前向许可或者备案的行政主管部门和公安机关报告本单位上年度易制毒化学品的生产、经营、购买、运输或者进口、出口情况；有条件的生产、经营、购买、运输或者进口、出口单位，可以与有关行政主管部门建立计算机联网，及时通报有关经营情况。

第三十七条 县级以上人民政府有关行政主管部门应当加强协调合作，建立易制毒化学品管理情况、监督检查情况以及案件处理情况的通报、交流机制。

第七章　法律责任

第三十八条　违反本条例规定，未经许可或者备案擅自生产、经营、购买、运输易制毒化学品，伪造申请材料骗取易制毒化学品生产、经营、购买或者运输许可证，使用他人的或者伪造、变造、失效的许可证生产、经营、购买、运输易制毒化学品的，由公安机关没收非法生产、经营、购买或者运输的易制毒化学品、用于非法生产易制毒化学品的原料以及非法生产、经营、购买或者运输易制毒化学品的设备、工具，处非法生产、经营、购买或者运输的易制毒化学品货值10倍以上20倍以下的罚款，货值的20倍不足1万元的，按1万元罚款；有违法所得的，没收违法所得；有营业执照的，由工商行政管理部门吊销营业执照；构成犯罪的，依法追究刑事责任。

对有前款规定违法行为的单位或者个人，有关行政主管部门可以自作出行政处罚决定之日起3年内，停止受理其易制毒化学品生产、经营、购买、运输或者进口、出口许可申请。

第三十九条　违反本条例规定，走私易制毒化学品的，由海关没收走私的易制毒化学品；有违法所得的，没收违法所得，并依照海关法律、行政法规给予行政处罚；构成犯罪的，依法追究刑事责任。

第四十条　违反本条例规定，有下列行为之一的，由负有监督管理职责的行政主管部门给予警告，责令限期改正，处1万元以上5万元以下的罚款；对违反规定生产、经营、购买的易制毒化学品可以予以没收；逾期不改正的，责令限期停产停业整顿；逾期整顿不合格的，吊销相应的许可证：

（一）易制毒化学品生产、经营、购买、运输或者进口、出口单位未按规定建立安全管理制度的；

（二）将许可证或者备案证明转借他人使用的；

（三）超出许可的品种、数量生产、经营、购买易制毒化学品的；

（四）生产、经营、购买单位不记录或者不如实记录交易情况、不按规定保存交易记录或者不如实、不及时向公安机关和有关行政主管部门备案销售情况的；

（五）易制毒化学品丢失、被盗、被抢后未及时报告，造成严重后果的；

（六）除个人合法购买第一类中的药品类易制毒化学品药品制剂以及第三类易制毒化学品外，使用现金或者实物进行易制毒化学品交易的；

（七）易制毒化学品的产品包装和使用说明书不符合本条例规定要求的；

（八）生产、经营易制毒化学品的单位不如实或者不按时向有关行政主管部门和公安机关报告年度生产、经销和库存等情况的。

企业的易制毒化学品生产经营许可被依法吊销后，未及时到工商行政管理部门办理经营范围变更或者企业注销登记的，依照前款规定，对易制毒化学品予以没收，并处罚款。

第四十一条　运输的易制毒化学品与易制毒化学品运输许可证或者备案证明载明的品种、数量、运入地、货主及收货人、承运人等情况不符，运输许可证种类不当，或者运输人员未全程携带运输许可证或者备案证明的，由公安机关责令停运整改，处5000元以上5万元以下的罚款；有危险物品运输资质的，运输主管部门可以依法吊销其运输资质。

个人携带易制毒化学品不符合品种、数量规定的，没收易制毒化学品，处1000元以上5000元以下的罚款。

第四十二条　生产、经营、购买、运输或者进口、出口易制毒化学品的单位或者个人拒不接受有关行政主管部门监督检查的，由负有监督管理职责的行政主管部门责令改正，对直接负责的主管人员以及其他直接责任人员给予警告；情节严重的，对单位处1万元以上5万元以下的罚款，对直接负责的主管人员以及其他直接责任人员处1000元以上5000元以下的罚款；有违反治安管理行为的，依法给予治安管理处罚；构成犯罪的，依法追究刑事责任。

第四十三条　易制毒化学品行政主管部门工作人员在管理工作中有应当许可而不许可、不应当许可而滥许可，不依法受理备案，以及其他滥用职权、玩忽职守、徇私舞弊行为的，依法给予行政处分；构成犯罪的，依法追究刑事责任。

第八章　附　　则

第四十四条　易制毒化学品生产、经营、购买、运输和进口、出口许可证，由国务院有关行政主管部门根据各自的职责规定式样并监制。

第四十五条　本条例自2005年11月1日起施行。

本条例施行前已经从事易制毒化学品生产、经营、购买、运输或者进口、出口业务的，应当自本条例施行之日起6个月内，依照本条例的规定重新申请许可。

附表：

易制毒化学品的分类和品种目录

第一类

1. 1－苯基－2－丙酮
2. 3,4－亚甲基二氧苯基－2－丙酮
3. 胡椒醛
4. 黄樟素
5. 黄樟油
6. 异黄樟素
7. N－乙酰邻氨基苯酸
8. 邻氨基苯甲酸
9. 麦角酸＊
10. 麦角胺＊
11. 麦角新碱＊
12. 麻黄素、伪麻黄素、消旋麻黄素、去甲麻黄素、甲基麻黄素、麻黄浸膏、麻黄浸膏粉等麻黄素类物质＊

第二类

1. 苯乙酸
2. 醋酸酐
3. 三氯甲烷
4. 乙醚
5. 哌啶

第三类

1. 甲苯
2. 丙酮
3. 甲基乙基酮
4. 高锰酸钾
5. 硫酸
6. 盐酸

说明：

一、第一类、第二类所列物质可能存在的盐类，也纳入管制。

二、带有 * 标记的品种为第一类中的药品类易制毒化学品，第一类中的药品类易制毒化学品包括原料药及其单方制剂。

中华人民共和国国务院令

第352号

《使用有毒物品作业场所劳动保护条例》已经2002年4月30日国务院第57次常务会议通过，现予公布，自公布之日起施行。

总理　朱镕基

二〇〇二年五月十二日

使用有毒物品作业场所劳动保护条例

第一章　总　　则

第一条　为了保证作业场所安全使用有毒物品，预防、控制和消除职业中毒危害，保护劳动者的生命安全、身体健康及其相关权益，根据职业病防治法和其他有关法律、行政法规的规定，制定本条例。

第二条　作业场所使用有毒物品可能产生职业中毒危害的劳动保护，适用本条例。

第三条　按照有毒物品产生的职业中毒危害程度，有毒物品分为一般有毒物品和高毒物品。国家对作业场所使用高毒物品实行特殊管理。

一般有毒物品目录、高毒物品目录由国务院卫生行政部门会同有关部门依据国家标准制定、调整并公布。

第四条　从事使用有毒物品作业的用人单位（以下简称用人单位）应当使用符合国家标准的有毒物品，不得在作业场所使用国家明令禁止使用的有毒物品或者使用不符合国家标准的有毒物品。

用人单位应当尽可能使用无毒物品；需要使用有毒物品的，应当优先选择使用低毒物品。

第五条　用人单位应当依照本条例和其他有关法律、行政法规的规定，采取有效的防护措施，预防职业中毒事故的发生，依法参加工伤保险，保障劳动者的生命安全和身体健康。

第六条　国家鼓励研制、开发、推广、应用有利于预防、控制、消除职业中毒危害和保护劳动者健康的新技术、新工艺、新材料；限制使用或者淘汰有关职业中毒危害严重的技术、工艺、材料；加强对有关职业病的机理和发生规律的基础研究，提高有关职业病防治科学技术水平。

第七条　禁止使用童工。

用人单位不得安排未成年人和孕期、哺乳期的女职工从事使用有毒物品的作业。

第八条　工会组织应当督促并协助用人单位开展职业卫生宣传教育和培训，对用人单位的职业卫生工作提出意见和建议，与用人单位就劳动者反映的职业病防治问题进行协调并督促解决。

工会组织对用人单位违反法律、法规，侵犯劳动者合法权益的行为，有权要求纠正；产生严重职业中毒危害时，有权要求用人单位采取防护措施，或者向政府有关部门建议采取强制性措施；发生职业中毒事故时，有权参与事故调查处理；发现危及劳动者生命、健康的情形时，有权建议用人单位组织劳动者撤离危险现场，用人单位应当立即作出处理。

第九条 县级以上人民政府卫生行政部门及其他有关行政部门应当依据各自的职责，监督用人单位严格遵守本条例和其他有关法律、法规的规定，加强作业场所使用有毒物品的劳动保护，防止职业中毒事故发生，确保劳动者依法享有的权利。

第十条 各级人民政府应当加强对使用有毒物品作业场所职业卫生安全及相关劳动保护工作的领导，督促、支持卫生行政部门及其他有关行政部门依法履行监督检查职责，及时协调、解决有关重大问题；在发生职业中毒事故时，应当采取有效措施，控制事故危害的蔓延并消除事故危害，并妥善处理有关善后工作。

第二章 作业场所的预防措施

第十一条 用人单位的设立，应当符合有关法律、行政法规规定的设立条件，并依法办理有关手续，取得营业执照。

用人单位的使用有毒物品作业场所，除应当符合职业病防治法规定的职业卫生要求外，还必须符合下列要求：

（一）作业场所与生活场所分开，作业场所不得住人；

（二）有害作业与无害作业分开，高毒作业场所与其他作业场所隔离；

（三）设置有效的通风装置；可能突然泄漏大量有毒物品或者易造成急性中毒的作业场所，设置自动报警装置和事故通风设施；

（四）高毒作业场所设置应急撤离通道和必要的泄险区。

用人单位及其作业场所符合前两款规定的，由卫生行政部门发给职业卫生安全许可证，方可从事使用有毒物品的作业。

第十二条 使用有毒物品作业场所应当设置黄色区域警示线、警示标识和中文警示说明。警示说明应当载明产生职业中毒危害的种类、后果、预防以及应急救治措施等内容。

高毒作业场所应当设置红色区域警示线、警示标识和中文警示说明，并设置通讯报警设备。

第十三条 新建、扩建、改建的建设项目和技术改造、技术引进项目（以下统称建设项目），可能产生职业中毒危害的，应当依照职业病防治法的规定进行职业中毒危害预评价，并经卫生行政部门审核同意；可能产生职业中毒危害的建设项目的职业中毒危害防护设施应当与主体工程同时设计，同时施工，同时投入生产和使用；建设项目竣工，应当进行职业中毒危害控制效果评价，并经卫生行政部门验收合格。

存在高毒作业的建设项目的职业中毒危害防护设施设计，应当经卫生行政部门进行卫生审查；经审查，符合国家职业卫生标准和卫生要求的，方可施工。

第十四条 用人单位应当按照国务院卫生行政部门的规定，向卫生行政部门及时、如实申报存在职业中毒危害项目。

从事使用高毒物品作业的用人单位，在申报使用高毒物品作业项目时，应当向卫生行政部门提交下列有关资料：

（一）职业中毒危害控制效果评价报告；

（二）职业卫生管理制度和操作规程等材料；

（三）职业中毒事故应急救援预案。

从事使用高毒物品作业的用人单位变更所使用的高毒物品品种的，应当依照前款规定向原受理申报的卫生行政部门重新申报。

第十五条 用人单位变更名称、法定代表人或者负责人的，应当向原受理申报的卫生行政部门备案。

第十六条 从事使用高毒物品作业的用人单位，应当配备应急救援人员和必要的应急救援器材、设备，制定事故应急救援预案，并根据实际情况变化对应急救援预案适时进行修订，定期组织演练。事故应急救援预案和演练记录应当报当地卫生行政部门、安全生产监督管理部门和公安部门备案。

第三章 劳动过程的防护

第十七条 用人单位应当依照职业病防治法的有关规定，采取有效的职业卫生防护管理措施，加强劳动过程中的防护与管理。

从事使用高毒物品作业的用人单位，应当配备专职的或者兼职的职业卫生医师和护士；不具备配备专职的或者兼职的职业卫生医师和护士条件的，应当与依法取得资质认证的职业卫生技术服务机构签订合同，由其提供职业卫生服务。

第十八条 用人单位应当与劳动者订立劳动合同，将工作过程中可能产生的职业中毒危害及其后果、职业中毒危害防护措施和待遇等如实告知劳动者，并在劳动合同中写明，不得隐瞒或者欺骗。

劳动者在已订立劳动合同期间因工作岗位或者工作内容变更，从事劳动合同中未告知的存在职业中毒危害的作业时，用人单位应当依照前款规定，如实告知劳动者，并协商变更原劳动合同有关条款。

用人单位违反前两款规定的，劳动者有权拒绝从事存在职业中毒危害的作业，用人单位不得因此单方面解除或者终止与劳动者所订立的劳动合同。

第十九条 用人单位有关管理人员应当熟悉有关职业病防治的法律、法规以及确保劳动者安全使用有毒物品作业的知识。

用人单位应当对劳动者进行上岗前的职业卫生培训和在岗期间的定期职业卫生培训，普及有关职业卫生知识，督促劳动者遵守有关法律、法规和操作规程，指导劳动者正确使用职业中毒危害防护设备和个人使用的职业中毒危害防护用品。

劳动者经培训考核合格，方可上岗作业。

第二十条 用人单位应当确保职业中毒危害防护设备、应急救援设施、通讯报警装置处于正常适用状态，不得擅自拆除或者停止运行。

用人单位应当对前款所列设施进行经常性的维护、检修，定期检测其性能和效果，确保其处于良好运行状态。

职业中毒危害防护设备、应急救援设施和通讯报警装置处于不正常状态时，用人单位应当立即停止使用有毒物品作业;恢复正常状态后,方可重新作业。

第二十一条 用人单位应当为从事使用有毒物品作业的劳动者提供符合国家职业卫生标准的防护用品,并确保劳动者正确使用。

第二十二条 有毒物品必须附具说明书,如实载明产品特性、主要成分、存在的职业中毒危害因素、可能产生的危害后果、安全使用注意事项、职业中毒危害防护以及应急救治措施等内容;没有说明书或者说明书不符合要求的,不得向用人单位销售。

用人单位有权向生产、经营有毒物品的单位索取说明书。

第二十三条 有毒物品的包装应当符合国家标准,并以易于劳动者理解的方式加贴或者拴挂有毒物品安全标签。有毒物品的包装必须有醒目的警示标识和中文警示说明。

经营、使用有毒物品的单位,不得经营、使用没有安全标签、警示标识和中文警示说明的有毒物品。

第二十四条 用人单位维护、检修存在高毒物品的生产装置,必须事先制订维护、检修方案,明确职业中毒危害防护措施,确保维护、检修人员的生命安全和身体健康。

维护、检修存在高毒物品的生产装置,必须严格按照维护、检修方案和操作规程进行。维护、检修现场应当有专人监护,并设置警示标志。

第二十五条 需要进入存在高毒物品的设备、容器或者狭窄封闭场所作业时,用人单位应当事先采取下列措施:

(一)保持作业场所良好的通风状态,确保作业场所职业中毒危害因素浓度符合国家职业卫生标准;

(二)为劳动者配备符合国家职业卫生标准的防护用品;

(三)设置现场监护人员和现场救援设备。

未采取前款规定措施或者采取的措施不符合要求的,用人单位不得安排劳动者进入存在高毒物品的设备、容器或者狭窄封闭场所作业。

第二十六条 用人单位应当按照国务院卫生行政部门的规定,定期对使用有毒物品作业场所职业中毒危害因素进行检测、评价。检测、评价结果存入用人单位职业卫生档案,定期向所在地卫生行政部门报告并向劳动者公布。

从事使用高毒物品作业的用人单位应当至少每一个月对高毒作业场所进行一次职业中毒危害因素检测;至少每半年进行一次职业中毒危害控制效果评价。

高毒作业场所职业中毒危害因素不符合国家职业卫生标准和卫生要求时,用人单位必须立即停止高毒作业,并采取相应的治理措施;经治理,职业中毒危害因素符合国家职业卫生标准和卫生要求的,方可重新作业。

第二十七条 从事使用高毒物品作业的用人单位应当设置淋浴间和更衣室,并设置清洗、存放或者处理从事使用高毒物品作业劳动者的工作服、工作鞋帽等物品的专用间。

劳动者结束作业时,其使用的工作服、工作鞋帽等物品必须存放在高毒作业区域内,不得穿戴到非高毒作业区域。

第二十八条 用人单位应当按照规定对从事使用高毒物品作业的劳动者进行岗位轮换。

用人单位应当为从事使用高毒物品作业的劳动者提供岗位津贴。

第二十九条 用人单位转产、停产、停业或者解散、破产的,应当采取有效措施,妥善处理留存或者残留有毒物品的设备、包装物和容器。

第三十条　用人单位应当对本单位执行本条例规定的情况进行经常性的监督检查；发现问题，应当及时依照本条例规定的要求进行处理。

第四章　职业健康监护

第三十一条　用人单位应当组织从事使用有毒物品作业的劳动者进行上岗前职业健康检查。

用人单位不得安排未经上岗前职业健康检查的劳动者从事使用有毒物品的作业，不得安排有职业禁忌的劳动者从事其所禁忌的作业。

第三十二条　用人单位应当对从事使用有毒物品作业的劳动者进行定期职业健康检查。

用人单位发现有职业禁忌或者有与所从事职业相关的健康损害的劳动者，应当将其及时调离原工作岗位，并妥善安置。

用人单位对需要复查和医学观察的劳动者，应当按照体检机构的要求安排其复查和医学观察。

第三十三条　用人单位应当对从事使用有毒物品作业的劳动者进行离岗时的职业健康检查；对离岗时未进行职业健康检查的劳动者，不得解除或者终止与其订立的劳动合同。

用人单位发生分立、合并、解散、破产等情形的，应当对从事使用有毒物品作业的劳动者进行健康检查，并按照国家有关规定妥善安置职业病病人。

第三十四条　用人单位对受到或者可能受到急性职业中毒危害的劳动者，应当及时组织进行健康检查和医学观察。

第三十五条　劳动者职业健康检查和医学观察的费用，由用人单位承担。

第三十六条　用人单位应当建立职业健康监护档案。

职业健康监护档案应当包括下列内容：

（一）劳动者的职业史和职业中毒危害接触史；

（二）相应作业场所职业中毒危害因素监测结果；

（三）职业健康检查结果及处理情况；

（四）职业病诊疗等劳动者健康资料。

第五章　劳动者的权利与义务

第三十七条　从事使用有毒物品作业的劳动者在存在威胁生命安全或者身体健康危险的情况下，有权通知用人单位并从使用有毒物品造成的危险现场撤离。

用人单位不得因劳动者依据前款规定行使权利，而取消或者减少劳动者在正常工作时享有的工资、福利待遇。

第三十八条　劳动者享有下列职业卫生保护权利：

（一）获得职业卫生教育、培训；

（二）获得职业健康检查、职业病诊疗、康复等职业病防治服务；

（三）了解工作场所产生或者可能产生的职业中毒危害因素、危害后果和应当采取的职业中毒危害防护措施；

（四）要求用人单位提供符合防治职业病要求的职业中毒危害防护设施和个人使用的职业中毒危害防护用品，改善工作条件；

（五）对违反职业病防治法律、法规，危及生命、健康的行为提出批评、检举和控告；

（六）拒绝违章指挥和强令进行没有职业中毒危害防护措施的作业；

（七）参与用人单位职业卫生工作的民主管理，对职业病防治工作提出意见和建议。

用人单位应当保障劳动者行使前款所列权利。禁止因劳动者依法行使正当权利而降低其工资、福利等待遇或者解除、终止与其订立的劳动合同。

第三十九条 劳动者有权在正式上岗前从用人单位获得下列资料：

（一）作业场所使用的有毒物品的特性、有害成分、预防措施、教育和培训资料；

（二）有毒物品的标签、标识及有关资料；

（三）有毒物品安全使用说明书；

（四）可能影响安全使用有毒物品的其他有关资料。

第四十条 劳动者有权查阅、复印其本人职业健康监护档案。

劳动者离开用人单位时，有权索取本人健康监护档案复印件；用人单位应当如实、无偿提供，并在所提供的复印件上签章。

第四十一条 用人单位按照国家规定参加工伤保险的，患职业病的劳动者有权按照国家有关工伤保险的规定，享受下列工伤保险待遇：

（一）医疗费：因患职业病进行诊疗所需费用，由工伤保险基金按照规定标准支付；

（二）住院伙食补助费：由用人单位按照当地因公出差伙食标准的一定比例支付；

（三）康复费：由工伤保险基金按照规定标准支付；

（四）残疾用具费：因残疾需要配置辅助器具的，所需费用由工伤保险基金按照普及型辅助器具标准支付；

（五）停工留薪期待遇：原工资、福利待遇不变，由用人单位支付；

（六）生活护理补助费：经评残并确认需要生活护理的，生活护理补助费由工伤保险基金按照规定标准支付；

（七）一次性伤残补助金：经鉴定为十级至一级伤残的，按照伤残等级享受相当于6个月至24个月的本人工资的一次性伤残补助金，由工伤保险基金支付；

（八）伤残津贴：经鉴定为四级至一级伤残的，按照规定享受相当于本人工资75%至90%的伤残津贴，由工伤保险基金支付；

（九）死亡补助金：因职业中毒死亡的，由工伤保险基金按照不低于48个月的统筹地区上年度职工月平均工资的标准一次支付；

（十）丧葬补助金：因职业中毒死亡的，由工伤保险基金按照6个月的统筹地区上年度职工月平均工资的标准一次支付；

（十一）供养亲属抚恤金：因职业中毒死亡的，对由死者生前提供主要生活来源的亲属由工伤保险基金支付抚恤金：对其配偶每月按照统筹地区上年度职工月平均工资的40%发给，对其生前供养的直系亲属每人每月按照统筹地区上年度职工月平均工资的30%发给；

（十二）国家规定的其他工伤保险待遇。

本条例施行后，国家对工伤保险待遇的项目和标准作出调整时，从其规定。

第四十二条 用人单位未参加工伤保险的，其劳动者从事有毒物品作业患职业病的，用人单位应当按照国家有关工伤保险规定的项目和标准，保证劳动者享受工伤待遇。

第四十三条 用人单位无营业执照以及被依法吊销营业执照，其劳动者从事使用有毒物品作业患职业病的，应当按照国家有关工伤保险规定的项目和标准，给予劳动者一次性赔偿。

第四十四条 用人单位分立、合并的，承继单位应当承担由原用人单位对患职业病的劳动者承担的补偿责任。

用人单位解散、破产的，应当依法从其清算财产中优先支付患职业病的劳动者的补偿费用。

第四十五条 劳动者除依法享有工伤保险外，依照有关民事法律的规定，尚有获得赔偿的权利的，有权向用人单位提出赔偿要求。

第四十六条 劳动者应当学习和掌握相关职业卫生知识，遵守有关劳动保护的法律、法规和操作规程，正确使用和维护职业中毒危害防护设施及其用品；发现职业中毒事故隐患时，应当及时报告。

作业场所出现使用有毒物品产生的危险时，劳动者应当采取必要措施，按照规定正确使用防护设施，将危险加以消除或者减少到最低限度。

第六章 监督管理

第四十七条 县级以上人民政府卫生行政部门应当依照本条例的规定和国家有关职业卫生要求，依据职责划分，对作业场所使用有毒物品作业及职业中毒危害检测、评价活动进行监督检查。

卫生行政部门实施监督检查，不得收取费用，不得接受用人单位的财物或者其他利益。

第四十八条 卫生行政部门应当建立、健全监督制度，核查反映用人单位有关劳动保护的材料，履行监督责任。

用人单位应当向卫生行政部门如实、具体提供反映有关劳动保护的材料；必要时，卫生行政部门可以查阅或者要求用人单位报送有关材料。

第四十九条 卫生行政部门应当监督用人单位严格执行有关职业卫生规范。

卫生行政部门应当依照本条例的规定对使用有毒物品作业场所的职业卫生防护设备、设施的防护性能进行定期检验和不定期的抽查；发现职业卫生防护设备、设施存在隐患时，应当责令用人单位立即消除隐患；消除隐患期间，应当责令其停止作业。

第五十条 卫生行政部门应当采取措施，鼓励对用人单位的违法行为进行举报、投诉、检举和控告。

卫生行政部门对举报、投诉、检举和控告应当及时核实，依法作出处理，并将处理结果予以公布。

卫生行政部门对举报人、投诉人、检举人和控告人负有保密的义务。

第五十一条 卫生行政部门执法人员依法执行职务时，应当出示执法证件。

卫生行政部门执法人员应当忠于职守，秉公执法；涉及用人单位秘密的，应当为其保密。

第五十二条 卫生行政部门依法实施罚款的行政处罚，应当依照有关法律、行政法规的规定，实施罚款决定与罚款收缴分离；收缴的罚款以及依法没收的经营所得，必须全部上缴国库。

第五十三条 卫生行政部门履行监督检查职责时，有权采取下列措施：

（一）进入用人单位和使用有毒物品作业场所现场，了解情况，调查取证，进行抽样检查、检测、检验，进行实地检查；

（二）查阅或者复制与违反本条例行为有关的资料，采集样品；

（三）责令违反本条例规定的单位和个人停止违法行为。

第五十四条 发生职业中毒事故或者有证据证明职业中毒危害状态可能导致事故发生时，卫生行政部门有权采取下列临时控制措施：

（一）责令暂停导致职业中毒事故的作业；

（二）封存造成职业中毒事故或者可能导致事故发生的物品；

（三）组织控制职业中毒事故现场。

在职业中毒事故或者危害状态得到有效控制后，卫生行政部门应当及时解除控制措施。

第五十五条 卫生行政部门执法人员依法执行职务时，被检查单位应当接受检查并予以支持、配合，不得拒绝和阻碍。

第五十六条 卫生行政部门应当加强队伍建设，提高执法人员的政治、业务素质，依照本条例的规定，建立、健全内部监督制度，对执法人员执行法律、法规和遵守纪律的情况进行监督检查。

第七章 罚 则

第五十七条 卫生行政部门的工作人员有下列行为之一，导致职业中毒事故发生的，依照刑法关于滥用职权罪、玩忽职守罪或者其他罪的规定，依法追究刑事责任；造成职业中毒危害但尚未导致职业中毒事故发生，不够刑事处罚的，根据不同情节，依法给予降级、撤职或者开除的行政处分：

（一）对不符合本条例规定条件的涉及使用有毒物品作业事项，予以批准的；

（二）发现用人单位擅自从事使用有毒物品作业，不予取缔的；

（三）对依法取得批准的用人单位不履行监督检查职责，发现其不再具备本条例规定的条件而不撤销原批准或者发现违反本条例的其他行为不予查处的；

（四）发现用人单位存在职业中毒危害，可能造成职业中毒事故，不及时依法采取控制措施的。

第五十八条 用人单位违反本条例的规定，有下列情形之一的，由卫生行政部门给予警告，责令限期改正，处10万元以上50万元以下的罚款；逾期不改正的，提请有关人民政府按照国务院规定的权限责令停建、予以关闭；造成严重职业中毒危害或者导致职业中毒事故发生的，对负有责任的主管人员和其他直接责任人员依照刑法关于重大劳动安全事故罪或者其他罪的规定，依法追究刑事责任：

（一）可能产生职业中毒危害的建设项目，未依照职业病防治法的规定进行职业中毒危害预评价，或者预评价未经卫生行政部门审核同意，擅自开工的；

（二）职业卫生防护设施未与主体工程同时设计，同时施工，同时投入生产和使用的；

（三）建设项目竣工，未进行职业中毒危害控制效果评价，或者未经卫生行政部门验收或者验收不合格，擅自投入使用的；

（四）存在高毒作业的建设项目的防护设施设计未经卫生行政部门审查同意，擅自施工的。

第五十九条 用人单位违反本条例的规定，有下列情形之一的，由卫生行政部门给予警告，责令限期改正，处5万元以上20万元以下的罚款；逾期不改正的，提请有关人民政府按照国务院规定的权限予以关闭；造成严重职业中毒危害或者导致职业中毒事故发生的，对负有责任的主管人员和其他直接责任人员依照刑法关于重大劳动安全事故罪或者其他罪的规定，依法追究刑事责任：

（一）使用有毒物品作业场所未按照规定设置警示标识和中文警示说明的；

（二）未对职业卫生防护设备、应急救援设施、通讯报警装置进行维护、检修和定期检测，导致上述设施处于不正常状态的；

（三）未依照本条例的规定进行职业中毒危害因素检测和职业中毒危害控制效果评价的；

（四）高毒作业场所未按照规定设置撤离通道和泄险区的；

（五）高毒作业场所未按照规定设置警示线的；

（六）未向从事使用有毒物品作业的劳动者提供符合国家职业卫生标准的防护用品，或者未保证劳动者正确使用的。

第六十条 用人单位违反本条例的规定，有下列情形之一的，由卫生行政部门给予警告，责令限期改正，处5万元以上30万元以下的罚款；逾期不改正的，提请有关人民政府按照国务院规定的权限予以关闭；造成严重职业中毒危害或者导致职业中毒事故发生的，对负有责任的主管人员和其他直接责任人员依照刑法关于重大责任事故罪、重大劳动安全事故罪或者其他罪的规定，依法追究刑事责任：

（一）使用有毒物品作业场所未设置有效通风装置的，或者可能突然泄漏大量有毒物品或者易造成急性中毒的作业场所未设置自动报警装置或者事故通风设施的；

（二）职业卫生防护设备、应急救援设施、通讯报警装置处于不正常状态而不停止作业，或者擅自拆除或者停止运行职业卫生防护设备、应急救援设施、通讯报警装置的。

第六十一条 从事使用高毒物品作业的用人单位违反本条例的规定，有下列行为之一的，由卫生行政部门给予警告，责令限期改正，处5万元以上20万元以下的罚款；逾期不改正的，提请有关人民政府按照国务院规定的权限予以关闭；造成严重职业中毒危害或者导致职业中毒事故发生的，对负有责任的主管人员和其他直接责任人员依照刑法关于重大责任事故罪或者其他罪的规定，依法追究刑事责任：

（一）作业场所职业中毒危害因素不符合国家职业卫生标准和卫生要求而不立即停止高毒作业并采取相应的治理措施的，或者职业中毒危害因素治理不符合国家职业卫生标准和卫生要求重新作业的；

（二）未依照本条例的规定维护、检修存在高毒物品的生产装置的；

（三）未采取本条例规定的措施，安排劳动者进入存在高毒物品的设备、容器或者狭窄封闭场所作业的。

第六十二条 在作业场所使用国家明令禁止使用的有毒物品或者使用不符合国家标准的有毒物品的，由卫生行政部门责令立即停止使用，处5万元以上30万元以下的罚款；情节严重的，责令停止使用有毒物品作业，或者提请有关人民政府按照国务院规定的权限予以关闭；造成严重职业中毒危害或者导致职业中毒事故发生的，对负有责任的主管人员和其他直接责任人员依照刑法关于危险物品肇事罪、重大责任事故罪或者其他罪的规定，依法追究刑事责任。

第六十三条 用人单位违反本条例的规定,有下列行为之一的,由卫生行政部门给予警告,责令限期改正;逾期不改正的,处5万元以上30万元以下的罚款;造成严重职业中毒危害或者导致职业中毒事故发生的,对负有责任的主管人员和其他直接责任人员依照刑法关于重大责任事故罪或者其他罪的规定,依法追究刑事责任:

(一)使用未经培训考核合格的劳动者从事高毒作业的;

(二)安排有职业禁忌的劳动者从事所禁忌的作业的;

(三)发现有职业禁忌或者有与所从事职业相关的健康损害的劳动者,未及时调离原工作岗位,并妥善安置的;

(四)安排未成年人或者孕期、哺乳期的女职工从事使用有毒物品作业的;

(五)使用童工的。

第六十四条 违反本条例的规定,未经许可,擅自从事使用有毒物品作业的,由工商行政管理部门、卫生行政部门依据各自职权予以取缔;造成职业中毒事故的,依照刑法关于危险物品肇事罪或者其他罪的规定,依法追究刑事责任;尚不够刑事处罚的,由卫生行政部门没收经营所得,并处经营所得3倍以上5倍以下的罚款;对劳动者造成人身伤害的,依法承担赔偿责任。

第六十五条 从事使用有毒物品作业的用人单位违反本条例的规定,在转产、停产、停业或者解散、破产时未采取有效措施,妥善处理留存或者残留高毒物品的设备、包装物和容器的,由卫生行政部门责令改正,处2万元以上10万元以下的罚款;触犯刑律的,对负有责任的主管人员和其他直接责任人员依照刑法关于重大环境污染事故罪、危险物品肇事罪或者其他罪的规定,依法追究刑事责任。

第六十六条 用人单位违反本条例的规定,有下列情形之一的,由卫生行政部门给予警告,责令限期改正,处5000元以上2万元以下的罚款;逾期不改正的,责令停止使用有毒物品作业,或者提请有关人民政府按照国务院规定的权限予以关闭;造成严重职业中毒危害或者导致职业中毒事故发生的,对负有责任的主管人员和其他直接责任人员依照刑法关于重大劳动安全事故罪、危险物品肇事罪或者其他罪的规定,依法追究刑事责任:

(一)使用有毒物品作业场所未与生活场所分开或者在作业场所住人的;

(二)未将有害作业与无害作业分开的;

(三)高毒作业场所未与其他作业场所有效隔离的;

(四)从事高毒作业未按照规定配备应急救援设施或者制定事故应急救援预案的。

第六十七条 用人单位违反本条例的规定,有下列情形之一的,由卫生行政部门给予警告,责令限期改正,处2万元以上5万元以下的罚款;逾期不改正的,提请有关人民政府按照国务院规定的权限予以关闭:

(一)未按照规定向卫生行政部门申报高毒作业项目的;

(二)变更使用高毒物品品种,未按照规定向原受理申报的卫生行政部门重新申报,或者申报不及时、有虚假的。

第六十八条 用人单位违反本条例的规定,有下列行为之一的,由卫生行政部门给予警告,责令限期改正,处2万元以上5万元以下的罚款;逾期不改正的,责令停止使用有毒物品作业,或者提请有关人民政府按照国务院规定的权限予以关闭:

(一)未组织从事使用有毒物品作业的劳动者进行上岗前职业健康检查,安排未经上岗前职业健康检查的劳动者从事使用有毒物品作业的;

（二）未组织从事使用有毒物品作业的劳动者进行定期职业健康检查的；

（三）未组织从事使用有毒物品作业的劳动者进行离岗职业健康检查的；

（四）对未进行离岗职业健康检查的劳动者，解除或者终止与其订立的劳动合同的；

（五）发生分立、合并、解散、破产情形，未对从事使用有毒物品作业的劳动者进行健康检查，并按照国家有关规定妥善安置职业病病人的；

（六）对受到或者可能受到急性职业中毒危害的劳动者，未及时组织进行健康检查和医学观察的；

（七）未建立职业健康监护档案的；

（八）劳动者离开用人单位时，用人单位未如实、无偿提供职业健康监护档案的；

（九）未依照职业病防治法和本条例的规定将工作过程中可能产生的职业中毒危害及其后果、有关职业卫生防护措施和待遇等如实告知劳动者并在劳动合同中写明的；

（十）劳动者在存在威胁生命、健康危险的情况下，从危险现场中撤离，而被取消或者减少应当享有的待遇的。

第六十九条 用人单位违反本条例的规定，有下列行为之一的，由卫生行政部门给予警告，责令限期改正，处5000元以上2万元以下的罚款；逾期不改正的，责令停止使用有毒物品作业，或者提请有关人民政府按照国务院规定的权限予以关闭：

（一）未按照规定配备或者聘请职业卫生医师和护士的；

（二）未为从事使用高毒物品作业的劳动者设置淋浴间、更衣室或者未设置清洗、存放和处理工作服、工作鞋帽等物品的专用间，或者不能正常使用的；

（三）未安排从事使用高毒物品作业一定年限的劳动者进行岗位轮换的。

第八章 附 则

第七十条 涉及作业场所使用有毒物品可能产生职业中毒危害的劳动保护的有关事项，本条例未作规定的，依照职业病防治法和其他有关法律、行政法规的规定执行。

有毒物品的生产、经营、储存、运输、使用和废弃处置的安全管理，依照危险化学品安全管理条例执行。

第七十一条 本条例自公布之日起施行。

中华人民共和国国务院令

第373号

《特种设备安全监察条例》已经2003年2月19日国务院第68次常务会议通过，现予公布，自2003年6月1日起施行。

总理　朱镕基

二〇〇三年三月十一日

特种设备安全监察条例

第一章　总　则

第一条　为了加强特种设备的安全监察，防止和减少事故，保障人民群众生命和财产安全，促进经济发展，制定本条例。

第二条　本条例所称特种设备是指涉及生命安全、危险性较大的锅炉、压力容器（含气瓶，下同）、压力管道、电梯、起重机械、客运索道、大型游乐设施。

前款特种设备的目录由国务院负责特种设备安全监督管理的部门（以下简称国务院特种设备安全监督管理部门）制订，报国务院批准后执行。

第三条　特种设备的生产（含设计、制造、安装、改造、维修，下同）、使用、检验检测及其监督检查，应当遵守本条例，但本条例另有规定的除外。

军事装备、核设施、航空航天器、铁路机车、海上设施和船舶以及煤矿矿井使用的特种设备的安全监察不适用本条例。

房屋建筑工地和市政工程工地用起重机械的安装、使用的监督管理，由建设行政主管部门依照有关法律、法规的规定执行。

第四条　国务院特种设备安全监督管理部门负责全国特种设备的安全监察工作，县以上地方负责特种设备安全监督管理的部门对本行政区域内特种设备实施安全监察（以下统称特种设备安全监督管理部门）。

第五条　特种设备生产、使用单位应当建立健全特种设备安全管理制度和岗位安全责任制度。

特种设备生产、使用单位的主要负责人应当对本单位特种设备的安全全面负责。

特种设备生产、使用单位和特种设备检验检测机构，应当接受特种设备安全监督管理部门依法进行的特种设备安全监察。

第六条　特种设备检验检测机构，应当依照本条例规定，进行检验检测工作，对其检验检测结果、鉴定结论承担法律责任。

第七条 县级以上地方人民政府应当督促、支持特种设备安全监督管理部门依法履行安全监察职责，对特种设备安全监察中存在的重大问题及时予以协调、解决。

第八条 国家鼓励推行科学的管理方法，采用先进技术，提高特种设备安全性能和管理水平，增强特种设备生产、使用单位防范事故的能力，对取得显著成绩的单位和个人，给予奖励。

第九条 任何单位和个人对违反本条例规定的行为，有权向特种设备安全监督管理部门和行政监察等有关部门举报。

特种设备安全监督管理部门应当建立特种设备安全监察举报制度，公布举报电话、信箱或者电子邮件地址，受理对特种设备生产、使用和检验检测违法行为的举报，并及时予以处理。

特种设备安全监督管理部门和行政监察等有关部门应当为举报人保密，并按照国家有关规定给予奖励。

第二章 特种设备的生产

第十条 特种设备生产单位，应当依照本条例规定以及国务院特种设备安全监督管理部门制订并公布的安全技术规范（以下简称安全技术规范）的要求，进行生产活动。

特种设备生产单位对其生产的特种设备的安全性能负责。

第十一条 压力容器的设计单位应当经国务院特种设备安全监督管理部门许可，方可从事压力容器的设计活动。

压力容器的设计单位应当具备下列条件：

（一）有与压力容器设计相适应的设计人员、设计审核人员；

（二）有与压力容器设计相适应的健全的管理制度和责任制度。

第十二条 锅炉、压力容器中的气瓶（以下简称气瓶）、氧舱和客运索道、大型游乐设施的设计文件，应当经国务院特种设备安全监督管理部门核准的检验检测机构鉴定，方可用于制造。

第十三条 按照安全技术规范的要求，应当进行型式试验的特种设备产品、部件或者试制特种设备新产品、新部件，必须进行整机或者部件的型式试验。

第十四条 锅炉、压力容器、电梯、起重机械、客运索道、大型游乐设施及其安全附件、安全保护装置的制造、安装、改造单位，以及压力管道用管子、管件、阀门、法兰、补偿器、安全保护装置等（以下简称压力管道元件）的制造单位，应当经国务院特种设备安全监督管理部门许可，方可从事相应的活动。

前款特种设备的制造、安装、改造单位应当具备下列条件：

（一）有与特种设备制造、安装、改造相适应的专业技术人员和技术工人；

（二）有与特种设备制造、安装、改造相适应的生产条件和检测手段；

（三）有健全的质量管理制度和责任制度。

第十五条 特种设备出厂时，应当附有安全技术规范要求的设计文件、产品质量合格证明、安装及使用维修说明、监督检验证明等文件。

第十六条 锅炉、压力容器、电梯、起重机械、客运索道、大型游乐设施的维修单位，应当有与特种设备维修相适应的专业技术人员和技术工人以及必要的检测手段，并经省、自治区、直辖市特种设备安全监督管理部门许可，方可从事相应的维修活动。

第十七条 锅炉、压力容器、起重机械、客运索道、大型游乐设施的安装、改造、维修，必须由依照本条例取得许可的单位进行。

电梯的安装、改造、维修，必须由电梯制造单位或者其通过合同委托、同意的依照本条例取得许可的单位进行。电梯制造单位对电梯质量以及安全运行涉及的质量问题负责。

特种设备安装、改造、维修的施工单位应当在施工前将拟进行的特种设备安装、改造、维修情况书面告知直辖市或者设区的市的特种设备安全监督管理部门，告知后即可施工。

第十八条 电梯井道的土建工程必须符合建筑工程质量要求。电梯安装施工过程中，电梯安装单位应当遵守施工现场的安全生产要求，落实现场安全防护措施。电梯安装施工过程中，施工现场的安全生产监督，由有关部门依照有关法律、行政法规的规定执行。

电梯安装施工过程中，电梯安装单位应当服从建筑施工总承包单位对施工现场的安全生产管理，并订立合同，明确各自的安全责任。

第十九条 电梯的制造、安装、改造和维修活动，必须严格遵守安全技术规范的要求。电梯制造单位委托或者同意其他单位进行电梯安装、改造、维修活动的，应当对其安装、改造、维修活动进行安全指导和监控。电梯的安装、改造、维修活动结束后，电梯制造单位应当按照安全技术规范的要求对电梯进行校验和调试，并对校验和调试的结果负责。

第二十条 锅炉、压力容器、电梯、起重机械、客运索道、大型游乐设施的安装、改造、维修竣工后，安装、改造、维修的施工单位应当在验收后30日内将有关技术资料移交使用单位。使用单位应当将其存入该特种设备的安全技术档案。

第二十一条 锅炉、压力容器、压力管道元件、起重机械、大型游乐设施的制造过程和锅炉、压力容器、电梯、起重机械、客运索道、大型游乐设施的安装、改造、重大维修过程，必须经国务院特种设备安全监督管理部门核准的检验检测机构按照安全技术规范的要求进行监督检验；未经监督检验合格的不得出厂或者交付使用。

第二十二条 气瓶充装单位应当经省、自治区、直辖市的特种设备安全监督管理部门许可，方可从事充装活动。

气瓶充装单位应当具备下列条件：

(一) 有与气瓶充装和管理相适应的管理人员和技术人员；

(二) 有与气瓶充装和管理相适应的充装设备、检测手段、场地厂房、器具、安全设施和一定的气体储存能力，并能够向使用者提供符合安全技术规范要求的气瓶；

(三) 有健全的充装安全管理制度、责任制度、紧急处理措施。

气瓶充装单位应当对气瓶使用者安全使用气瓶进行指导，提供服务。

第三章 特种设备的使用

第二十三条 特种设备使用单位，应当严格执行本条例和有关安全生产的法律、行政法规的规定，保证特种设备的安全使用。

第二十四条 特种设备使用单位应当使用符合安全技术规范要求的特种设备。特种设备投入使用前，使用单位应当核对其是否附有本条例第十五条规定的相关文件。

第二十五条 特种设备在投入使用前或者投入使用后30日内，特种设备使用单位应当向直辖市或者设区的市的特种设备安全监督管理部门登记。登记标志应当置于或者附着于该特种设备的显著位置。

第二十六条 特种设备使用单位应当建立特种设备安全技术档案。安全技术档案应当包括以下内容：

（一）特种设备的设计文件、制造单位、产品质量合格证明、使用维护说明等文件以及安装技术文件和资料；

（二）特种设备的定期检验和定期自行检查的记录；

（三）特种设备的日常使用状况记录；

（四）特种设备及其安全附件、安全保护装置、测量调控装置及有关附属仪器仪表的日常维护保养记录；

（五）特种设备运行故障和事故记录。

第二十七条 特种设备使用单位应当对在用特种设备进行经常性日常维护保养，并定期自行检查。

特种设备使用单位对在用特种设备应当至少每月进行一次自行检查，并作出记录。特种设备使用单位在对在用特种设备进行自行检查和日常维护保养时发现异常情况的，应当及时处理。

特种设备使用单位应当对在用特种设备的安全附件、安全保护装置、测量调控装置及有关附属仪器仪表进行定期校验、检修，并作出记录。

第二十八条 特种设备使用单位应当按照安全技术规范的定期检验要求，在安全检验合格有效期届满前 1 个月向特种设备检验检测机构提出定期检验要求。

检验检测机构接到定期检验要求后，应当按照安全技术规范的要求及时进行检验。

未经定期检验或者检验不合格的特种设备，不得继续使用。

第二十九条 特种设备出现故障或者发生异常情况，使用单位应当对其进行全面检查，消除事故隐患后，方可重新投入使用。

第三十条 特种设备存在严重事故隐患，无改造、维修价值，或者超过安全技术规范规定使用年限，特种设备使用单位应当及时予以报废，并应当向原登记的特种设备安全监督管理部门办理注销。

第三十一条 特种设备使用单位应当制定特种设备的事故应急措施和救援预案。

第三十二条 电梯的日常维护保养必须由依照本条例取得许可的安装、改造、维修单位或者电梯制造单位进行。

电梯应当至少每 15 日进行一次清洁、润滑、调整和检查。

第三十三条 电梯的日常维护保养单位应当在维护保养中严格执行国家安全技术规范的要求，保证其维护保养的电梯的安全技术性能，并负责落实现场安全防护措施，保证施工安全。电梯的日常维护保养单位，应当对其维护保养的电梯的安全性能负责。接到故障通知后，应当立即赶赴现场，并采取必要的应急救援措施。

第三十四条 电梯、客运索道、大型游乐设施等为公众提供服务的特种设备运营使用单位，应当设置特种设备安全管理机构或者配备专职的安全管理人员；其他特种设备使用单位，应当根据情况设置特种设备安全管理机构或者配备专职、兼职的安全管理人员。

特种设备的安全管理人员应当对特种设备使用状况进行经常性检查，发现问题的应当立即处理；情况紧急时，可以决定停止使用特种设备并及时报告本单位有关负责人。

第三十五条 客运索道、大型游乐设施的运营使用单位在客运索道、大型游乐设施每日投入使用前，应当进行试运行和例行安全检查，并对安全装置进行检查确认。

电梯、客运索道、大型游乐设施的运营使用单位应当将电梯、客运索道、大型游乐设施的安全注意事项和警示标志置于易于为乘客注意的显著位置。

第三十六条 客运索道、大型游乐设施的运营使用单位的主要负责人应当熟悉客运索道、大型游乐设施的相关安全知识，并全面负责客运索道、大型游乐设施的安全使用。

客运索道、大型游乐设施的运营使用单位的主要负责人至少应当每月召开一次会议，督促、检查客运索道、大型游乐设施的安全使用工作。

客运索道、大型游乐设施的运营使用单位，应当结合本单位的实际情况，配备相应数量的营救装备和急救物品。

第三十七条 电梯、客运索道、大型游乐设施的乘客应当遵守使用安全注意事项的要求，服从有关工作人员的指挥。

第三十八条 电梯投入使用后，电梯制造单位应当对其制造的电梯的安全运行情况进行跟踪调查和了解，对电梯的日常维护保养单位或者电梯的使用单位在安全运行方面存在的问题，提出改进建议，并提供必要的技术帮助。发现电梯存在严重事故隐患的，应当及时向特种设备安全监督管理部门报告。电梯制造单位对调查和了解的情况，应当作出记录。

第三十九条 锅炉、压力容器、电梯、起重机械、客运索道、大型游乐设施的作业人员及其相关管理人员（以下统称特种设备作业人员），应当按照国家有关规定经特种设备安全监督管理部门考核合格，取得国家统一格式的特种作业人员证书，方可从事相应的作业或者管理工作。

第四十条 特种设备使用单位应当对特种设备作业人员进行特种设备安全教育和培训，保证特种设备作业人员具备必要的特种设备安全作业知识。

特种设备作业人员在作业中应当严格执行特种设备的操作规程和有关的安全规章制度。

第四十一条 特种设备作业人员在作业过程中发现事故隐患或者其他不安全因素，应当立即向现场安全管理人员和单位有关负责人报告。

第四章 检验检测

第四十二条 从事本条例规定的监督检验、定期检验、型式试验检验检测工作的特种设备检验检测机构，应当经国务院特种设备安全监督管理部门核准。

特种设备使用单位设立的特种设备检验检测机构，经国务院特种设备安全监督管理部门核准，负责本单位一定范围内的特种设备定期检验、型式试验工作。

第四十三条 特种设备检验检测机构，应当具备下列条件：

（一）有与所从事的检验检测工作相适应的检验检测人员；

（二）有与所从事的检验检测工作相适应的检验检测仪器和设备；

（三）有健全的检验检测管理制度、检验检测责任制度。

第四十四条 特种设备的监督检验、定期检验和型式试验应当由依照本条例经核准的特种设备检验检测机构进行。

特种设备检验检测工作应当符合安全技术规范的要求。

第四十五条 从事本条例规定的监督检验、定期检验和型式试验的特种设备检验检测人员应当经国务院特种设备安全监督管理部门组织考核合格，取得检验检测人员证书，方可从事检验检测工作。

检验检测人员从事检验检测工作，必须在特种设备检验检测机构执业，但不得同时在两个以上检验检测机构中执业。

第四十六条 特种设备检验检测机构和检验检测人员进行特种设备检验检测，应当遵循诚信原则和方便企业的原则，为特种设备生产、使用单位提供可靠、便捷的检验检测服务。

特种设备检验检测机构和检验检测人员对涉及的被检验检测单位的商业秘密，负有保密义务。

第四十七条 特种设备检验检测机构和检验检测人员应当客观、公正、及时地出具检验检测结果、鉴定结论。检验检测结果、鉴定结论经检验检测人员签字后，由检验检测机构负责人签署。

特种设备检验检测机构和检验检测人员对检验检测结果、鉴定结论负责。

国务院特种设备安全监督管理部门应当组织对特种设备检验检测机构的检验检测结果、鉴定结论进行监督抽查。县以上地方负责特种设备安全监督管理的部门在本行政区域内也可以组织监督抽查，但是要防止重复抽查。监督抽查结果应当向社会公布。

第四十八条 特种设备检验检测机构和检验检测人员不得从事特种设备的生产、销售，不得以其名义推荐或者监制、监销特种设备。

第四十九条 特种设备检验检测机构进行特种设备检验检测，发现严重事故隐患，应当及时告知特种设备使用单位，并立即向特种设备安全监督管理部门报告。

第五十条 特种设备检验检测机构和检验检测人员利用检验检测工作故意刁难特种设备生产、使用单位，特种设备生产、使用单位有权向特种设备安全监督管理部门投诉，接到投诉的特种设备安全监督管理部门应当及时进行调查处理。

第五章 监督检查

第五十一条 特种设备安全监督管理部门依照本条例规定，对特种设备生产、使用单位和检验检测机构实施安全监察。

对学校、幼儿园以及车站、客运码头、商场、体育场馆、展览馆、公园等公众聚集场所的特种设备，特种设备安全监督管理部门应当实施重点安全监察。

第五十二条 特种设备安全监督管理部门根据举报或者取得的涉嫌违法证据，对涉嫌违反本条例规定的行为进行查处时，可以行使下列职权：

（一）向特种设备生产、使用单位和检验检测机构的法定代表人、主要负责人和其他有关人员调查、了解与涉嫌从事违反本条例的生产、使用、检验检测有关的情况；

（二）查阅、复制特种设备生产、使用单位和检验检测机构的有关合同、发票、账簿以及其他有关资料；

（三）对有证据表明不符合安全技术规范要求的或者有其他严重事故隐患的特种设备或者其主要部件，予以查封或者扣押。

第五十三条 依照本条例规定，实施许可、核准、登记的特种设备安全监督管理部门，应当严格依照本条例规定条件和安全技术规范要求对有关事项进行审查；不符合本条例规定条件和安全技术规范要求的，不得许可、核准、登记。

未依法取得许可、核准、登记的单位擅自从事特种设备的生产、使用或者检验检测活动的，特种设备安全监督管理部门应当予以取缔或者依法予以处理。

已经取得许可、核准、登记的特种设备的生产、使用单位和检验检测机构，特种设备安全监督管理部门发现其不再符合本条例规定条件和安全技术规范要求的，应当依法撤销原许可、核准、登记。

第五十四条 特种设备安全监督管理部门在办理本条例规定的有关行政审批事项时，其受理、审查、许可、核准的程序必须公开，并应当自受理申请之日起30日内，作出许可、核准或者不予许可、核准的决定；不予许可、核准的，应当书面向申请人说明理由。

第五十五条 地方各级特种设备安全监督管理部门不得以任何形式进行地方保护和地区封锁，不得对已经依照本条例规定在其他地方取得许可的特种设备生产单位重复进行许可，也不得要求对依照本条例规定在其他地方检验检测合格的特种设备，重复进行检验检测。

第五十六条 特种设备安全监督管理部门的安全监察人员（以下简称特种设备安全监察人员）应当熟悉相关法律、法规、规章和安全技术规范，具有相应的专业知识和工作经验，并经国务院特种设备安全监督管理部门考核，取得特种设备安全监察人员证书。

特种设备安全监察人员应当忠于职守、坚持原则、秉公执法。

第五十七条 特种设备安全监督管理部门对特种设备生产、使用单位和检验检测机构实施安全监察时，应当有两名以上特种设备安全监察人员参加，并出示有效的特种设备安全监察人员证件。

第五十八条 特种设备安全监督管理部门对特种设备生产、使用单位和检验检测机构实施安全监察，应当对每次安全监察的内容、发现的问题及处理情况，作出记录，并由参加安全监察的特种设备安全监察人员和被检查单位的有关负责人签字后归档。被检查单位的有关负责人拒绝签字的，特种设备安全监察人员应当将情况记录在案。

第五十九条 特种设备安全监督管理部门对特种设备生产、使用单位和检验检测机构进行安全监察时，发现有违反本条例和安全技术规范的行为或者在用的特种设备存在事故隐患的，应当以书面形式发出特种设备安全监察指令，责令有关单位及时采取措施，予以改正或者消除事故隐患。紧急情况下需要采取紧急处置措施的，应当随后补发书面通知。

第六十条 特种设备安全监督管理部门对特种设备生产、使用单位和检验检测机构进行安全监察，发现重大违法行为或者严重事故隐患时，应当在采取必要措施的同时，及时向上级特种设备安全监督管理部门报告。接到报告的特种设备安全监督管理部门应当采取必要措施，及时予以处理。

对违法行为或者严重事故隐患的处理需要当地人民政府和有关部门的支持、配合时，特种设备安全监督管理部门应当报告当地人民政府，并通知其他有关部门。当地人民政府和其他有关部门应当采取必要措施，及时予以处理。

第六十一条 国务院特种设备安全监督管理部门和省、自治区、直辖市特种设备安全监督管理部门应当定期向社会公布特种设备安全状况。

公布特种设备安全状况，应当包括下列内容：

（一）在用的特种设备数量；

（二）特种设备事故的情况、特点、原因分析、防范对策；

（三）其他需要公布的情况。

第六十二条 特种设备发生事故，事故发生单位应当迅速采取有效措施，组织抢救，防止事故扩大，减少人员伤亡和财产损失，并按照国家有关规定，及时、如实地向负有安全生产监督管理职责的部门和特种设备安全监督管理部门等有关部门报告。不得隐瞒不报、谎报或者拖延不报。

第六十三条 特种设备发生事故的，按照国家有关规定进行事故调查，追究责任。

第六章 法律责任

第六十四条 未经许可，擅自从事压力容器设计活动的，由特种设备安全监督管理部门予以取缔，处5万元以上20万元以下罚款；有违法所得的，没收违法所得；触犯刑律的，对负有责任的主管人员和其他直接责任人员依照刑法关于非法经营罪或者其他罪的规定，依法追究刑事责任。

第六十五条 锅炉、气瓶、氧舱和客运索道、大型游乐设施的设计文件，未经国务院特种设备安全监督管理部门核准的检验检测机构鉴定，擅自用于制造的，由特种设备安全监督管理部门责令改正，没收非法制造的产品，处5万元以上20万元以下罚款；触犯刑律的，对负有责任的主管人员和其他直接责任人员依照刑法关于生产、销售伪劣产品罪、非法经营罪或者其他罪的规定，依法追究刑事责任。

第六十六条 按照安全技术规范的要求应当进行型式试验的特种设备产品、部件或者试制特种设备新产品、新部件，未进行整机或者部件型式试验的，由特种设备安全监督管理部门责令限期改正；逾期未改正的，处2万元以上10万元以下罚款。

第六十七条 未经许可，擅自从事锅炉、压力容器、电梯、起重机械、客运索道、大型游乐设施及其安全附件、安全保护装置的制造、安装、改造以及压力管道元件的制造活动的，由特种设备安全监督管理部门予以取缔，没收非法制造的产品，已经实施安装、改造的，责令恢复原状或者责令限期由取得许可的单位重新安装、改造，处5万元以上20万元以下罚款；触犯刑律的，对负有责任的主管人员和其他直接责任人员依照刑法关于生产、销售伪劣产品罪、非法经营罪、重大责任事故罪或者其他罪的规定，依法追究刑事责任。

第六十八条 特种设备出厂时，未按照安全技术规范的要求附有设计文件、产品质量合格证明、安装及使用维修说明、监督检验证明等文件的，由特种设备安全监督管理部门责令改正；情节严重的，责令停止生产、销售，处违法生产、销售货值金额30%以下罚款；有违法所得的，没收违法所得。

第六十九条 未经许可，擅自从事锅炉、压力容器、电梯、起重机械、客运索道、大型游乐设施的维修或者日常维护保养的，由特种设备安全监督管理部门予以取缔，处1万元以上5万元以下罚款；有违法所得的，没收违法所得；触犯刑律的，对负有责任的主管人员和其他直接责任人员依照刑法关于非法经营罪、重大责任事故罪或者其他罪的规定，依法追究刑事责任。

第七十条 锅炉、压力容器、电梯、起重机械、客运索道、大型游乐设施的安装、改造、维修的施工单位，在施工前未将拟进行的特种设备安装、改造、维修情况书面告知直辖市或者设区的市的特种设备安全监督管理部门即行施工的，或者在验收后30日内未将有关技术资料移交锅炉、压力容器、电梯、起重机械、客运索道、大型游乐设施的使用单位的，由特种设备安全监督管理部门责令限期改正；逾期未改正的，处2000元以上1万元以下罚款。

第七十一条 锅炉、压力容器、压力管道元件、起重机械、大型游乐设施的制造过程和锅炉、压力容器、电梯、起重机械、客运索道、大型游乐设施的安装、改造、重大维修过程，未经国务院特种设备安全监督管理部门核准的检验检测机构按照安全技术规范的要求进行监督检验,出厂或者交付使用的,由特种设备安全监督管理部门责令改正,没收违法生产、销售的产品,已经实施安装、改造或者重大维修的,责令限期进行监督检验,处5万元以上20万元以下的罚款;有违法所得的,没收违法所得;情节严重的,撤销制造、安装、改造或者维修单位已经取得的许可,并由工商行政管理部门吊销其营业执照;触犯刑律的,对负有责任的主管人员和其他直接责任人员依照刑法关于生产、销售伪劣产品罪或者其他罪的规定,依法追究刑事责任。

第七十二条 未经许可,擅自从事气瓶充装活动的,由特种设备安全监督管理部门予以取缔,没收违法充装的气瓶,处5万元以上20万元以下罚款;有违法所得的,没收违法所得;触犯刑律的,对负有责任的主管人员和其他直接责任人员依照刑法关于非法经营罪或者其他罪的规定,依法追究刑事责任。

第七十三条 电梯制造单位有下列情形之一的,由特种设备安全监督管理部门责令限期改正;逾期未改正的,予以通报批评:

(一) 未依照本条例第十九条的规定对电梯进行校验、调试的;

(二) 对电梯的安全运行情况进行跟踪调查和了解时,发现存在严重事故隐患,未及时向特种设备安全监督管理部门报告的。

第七十四条 特种设备使用单位有下列情形之一的,由特种设备安全监督管理部门责令限期改正;逾期未改正的,处2000元以上2万元以下罚款;情节严重的,责令停止使用或者停产停业整顿:

(一) 特种设备投入使用前或者投入使用后30日内,未向特种设备安全监督管理部门登记,擅自将其投入使用的;

(二) 未依照本条例第二十六条的规定,建立特种设备安全技术档案的;

(三) 未依照本条例第二十七条的规定,对在用特种设备进行经常性日常维护保养和定期自行检查的,或者对在用特种设备的安全附件、安全保护装置、测量调控装置及有关附属仪器仪表进行定期校验、检修,并作出记录的;

(四) 未按照安全技术规范的定期检验要求,在安全检验合格有效期届满前1个月向特种设备检验检测机构提出定期检验要求的;

(五) 使用未经定期检验或者检验不合格的特种设备的;

(六) 特种设备出现故障或者发生异常情况,未对其进行全面检查、消除事故隐患,继续投入使用的;

(七) 未制定特种设备的事故应急措施和救援预案的;

(八) 未依照本条例第三十二条第二款的规定,对电梯进行清洁、润滑、调整和检查的。

第七十五条 特种设备存在严重事故隐患,无改造、维修价值,或者超过安全技术规范规定的使用年限,特种设备使用单位未予以报废,并向原登记的特种设备安全监督管理部门办理注销的,由特种设备安全监督管理部门责令限期改正;逾期未改正的,处5万元以上20万元以下罚款。

第七十六条 电梯、客运索道、大型游乐设施的运营使用单位有下列情形之一的,由特种设备安全监督管理部门责令限期改正;逾期未改正的,责令停止使用或者停产停业整顿,处1万元以上5万元以下罚款:

(一) 客运索道、大型游乐设施每日投入使用前,未进行试运行和例行安全检查,并对安全装置进行检查确认的；

（二）未将电梯、客运索道、大型游乐设施的安全注意事项和警示标志置于易于为乘客注意的显著位置的。

第七十七条 特种设备使用单位有下列情形之一的，由特种设备安全监督管理部门责令限期改正；逾期未改正的，责令停止使用或者停产停业整顿，处2000元以上2万元以下罚款：

（一）未依照本条例规定设置特种设备安全管理机构或者配备专职、兼职的安全管理人员的；

（二）从事特种设备作业的人员，未取得相应特种作业人员证书，上岗作业的；

（三）未对特种设备作业人员进行特种设备安全教育和培训的。

第七十八条 特种设备使用单位的主要负责人在本单位发生重大特种设备事故时，不立即组织抢救或者在事故调查处理期间擅离职守或者逃匿的，给予降职、撤职的处分；触犯刑律的，依照刑法关于重大责任事故罪或者其他罪的规定，依法追究刑事责任。

特种设备使用单位的主要负责人对特种设备事故隐瞒不报、谎报或者拖延不报的，依照前款规定处罚。

第七十九条 特种设备作业人员违反特种设备的操作规程和有关的安全规章制度操作，或者在作业过程中发现事故隐患或者其他不安全因素，未立即向现场安全管理人员和单位有关负责人报告的，由特种设备使用单位给予批评教育、处分；触犯刑律的，依照刑法关于重大责任事故罪或者其他罪的规定，依法追究刑事责任。

第八十条 未经核准，擅自从事本条例所规定的监督检验、定期检验、型式试验等检验检测活动的，由特种设备安全监督管理部门予以取缔，处5万元以上20万元以下罚款；有违法所得的，没收违法所得；触犯刑律的，对负有责任的主管人员和其他直接责任人员依照刑法关于非法经营罪或者其他罪的规定，依法追究刑事责任。

第八十一条 特种设备检验检测机构，有下列情形之一的，由特种设备安全监督管理部门处2万元以上10万元以下罚款；情节严重的，撤销其检验检测资格：

（一）检验检测工作不符合安全技术规范的要求；

（二）聘用未经特种设备安全监督管理部门组织考核合格并取得检验检测人员证书的人员，从事相关检验检测工作的；

（三）在进行特种设备检验检测中，发现严重事故隐患，未及时告知特种设备使用单位，并立即向特种设备安全监督管理部门报告的。

第八十二条 特种设备检验检测机构和检验检测人员，出具虚假的检验检测结果、鉴定结论或者检验检测结果、鉴定结论严重失实的，由特种设备安全监督管理部门对检验检测机构没收违法所得，处5万元以上20万元以下罚款，情节严重的，撤销其检验检测资格；对检验检测人员处5000元以上5万元以下罚款，情节严重的，撤销其检验检测资格，触犯刑律的，依照刑法关于中介组织人员提供虚假证明文件罪、中介组织人员出具证明文件重大失实罪或者其他罪的规定，依法追究刑事责任。特种设备检验检测机构和检验检测人员，出具虚假的检验检测结果、鉴定结论或者检验检测结果、鉴定结论严重失实，造成损害的，应当承担赔偿责任。

第八十三条 特种设备检验检测机构或者检验检测人员从事特种设备的生产、销售，或者以其名义推荐或者监制、监销特种设备的，由特种设备安全监督管理部门撤销特种设备检验检测机构和检验检测人员的资格，处5万元以上20万元以下罚款；有违法所得的，没收违法所得。

第八十四条 特种设备检验检测机构和检验检测人员利用检验检测工作故意刁难特种设备生产、使用单位，由特种设备安全监督管理部门责令改正；拒不改正的，撤销其检验检测资格。

第八十五条 检验检测人员，从事检验检测工作，不在特种设备检验检测机构执业或者同时在两个以上检验检测机构中执业的，由特种设备安全监督管理部门责令改正，情节严重的，给予停止执业6个月以上2年以下的处罚；有违法所得的，没收违法所得。

第八十六条 特种设备安全监督管理部门及其特种设备安全监察人员，有下列违法行为之一的，对直接负责的主管人员和其他直接责任人员，依法给予降级或者撤职的行政处分；触犯刑律的，依照刑法关于受贿罪、滥用职权罪、玩忽职守罪或者其他罪的规定，依法追究刑事责任：

（一）不按照本条例规定的条件和安全技术规范要求，实施许可、核准、登记的；

（二）发现未经许可、核准、登记擅自从事特种设备的生产、使用或者检验检测活动不予取缔或者不依法予以处理的；

（三）发现特种设备生产、使用单位不再具备本条例规定的条件而不撤销其原许可，或者发现特种设备生产、使用违法行为不予查处的；

（四）发现特种设备检验检测机构不再具备本条例规定的条件而不撤销其原核准，或者对其出具虚假的检验检测结果、鉴定结论或者检验检测结果、鉴定结论严重失实的行为不予查处的；

（五）对依照本条例规定在其他地方取得许可的特种设备生产单位重复进行许可，或者对依照本条例规定在其他地方检验检测合格的特种设备，重复进行检验检测的；

（六）发现有违反本条例和安全技术规范的行为或者在用的特种设备存在严重事故隐患，不立即处理的；

（七）发现重大的违法行为或者严重事故隐患，未及时向上级特种设备安全监督管理部门报告，或者接到报告的特种设备安全监督管理部门不立即处理的。

第八十七条 特种设备的生产、使用单位或者检验检测机构，拒不接受特种设备安全监督管理部门依法实施的安全监察的，由特种设备安全监督管理部门责令限期改正；逾期未改正的，责令停产停业整顿，处2万元以上10万元以下的罚款；触犯刑律的，依照刑法关于妨害公务罪或者其他罪的规定，依法追究刑事责任。

第七章　附　　则

第八十八条 本条例下列用语的含义是：

锅炉，是指利用各种燃料、电或者其他能源，将所盛装的液体加热到一定的参数，并承载一定压力的密闭设备，其范围规定为容积大于或者等于30L的承压蒸汽锅炉；出口水压大于或者等于0.1MPa（表压），且额定功率大于或者等于0.1MW的承压热水锅炉；有机热载体锅炉。

压力容器，是指盛装气体或者液体，承载一定压力的密闭设备，其范围规定为最高工作压力大于或者等于0.1MPa（表压），且压力与容积的乘积大于或者等于2.5MPa·L的气体、液化气体和最高工作温度高于或者等于标准沸点的液体的固定式容器和移动式容器；盛装公称工作压力大于或者等于0.2MPa（表压），且压力与容积的乘积大于或者等于1.0MPa·L的气体、液化气体和标准沸点等于或者低于60℃液体的气瓶；氧舱等。

压力管道，是指利用一定的压力，用于输送气体或者液体的管状设备，其范围规定为最高工作压力大于或者等于0.1MPa（表压）的气体、液化气体、蒸汽介质或者可燃、易爆、有毒、有腐蚀性、最高工作温度高于或者等于标准沸点的液体介质，且公称直径大于25mm的管道。

电梯，是指动力驱动，利用沿刚性导轨运行的箱体或者沿固定线路运行的梯级（踏步），进行升降或者平行运送人、货物的机电设备，包括载人（货）电梯、自动扶梯、自动人行道等。

起重机械，是指用于垂直升降或者垂直升降并水平移动重物的机电设备，其范围规定为额定起重量大于或者等于0.5t的升降机；额定起重量大于或者等于1t，且提升高度大于或者等于2m的起重机和承重形式固定的电动葫芦等。

客运索道，是指动力驱动，利用柔性绳索牵引箱体等运载工具运送人员的机电设备，包括客运架空索道、客运缆车、客运拖牵索道等。

大型游乐设施，是指用于经营目的，承载乘客游乐的设施，其范围规定为设计最大运行线速度大于或者等于2m/s，或者运行高度距地面高于或者等于2m的载人大型游乐设施。

特种设备包括其附属的安全附件、安全保护装置和与安全保护装置相关的设施。

第八十九条 压力管道设计、安装、使用的安全监督管理办法由国务院另行制定。

第九十条 特种设备检验检测机构依照本条例规定实施检验检测，收取费用，依照国家有关规定执行。

第九十一条 本条例自2003年6月1日起施行。1982年2月6日国务院发布的《锅炉压力容器安全监察暂行条例》同时废止。

中华人民共和国国务院令

第302号

现公布《国务院关于特大安全事故行政责任追究的规定》，自公布之日起施行。

总理　朱镕基

二〇〇一年四月二十一日

国务院关于特大安全事故行政责任追究的规定

第一条　为了有效地防范特大安全事故的发生，严肃追究特大安全事故的行政责任，保障人民群众生命、财产安全，制定本规定。

第二条　地方人民政府主要领导人和政府有关部门正职负责人对下列特大安全事故的防范、发生，依照法律、行政法规和本规定的规定有失职、渎职情形或者负有领导责任的，依照本规定给予行政处分；构成玩忽职守罪或者其他罪的，依法追究刑事责任：

（一）特大火灾事故；

（二）特大交通安全事故；

（三）特大建筑质量安全事故；

（四）民用爆炸物品和化学危险品特大安全事故；

（五）煤矿和其他矿山特大安全事故；

（六）锅炉、压力容器、压力管道和特种设备特大安全事故；

（七）其他特大安全事故。

地方人民政府和政府有关部门对特大安全事故的防范、发生直接负责的主管人员和其他直接责任人员，比照本规定给予行政处分；构成玩忽职守罪或者其他罪的，依法追究刑事责任。

特大安全事故肇事单位和个人的刑事处罚、行政处罚和民事责任，依照有关法律、法规和规章的规定执行。

第三条　特大安全事故的具体标准，按照国家有关规定执行。

第四条　地方各级人民政府及政府有关部门应当依照有关法律、法规和规章的规定，采取行政措施，对本地区实施安全监督管理，保障本地区人民群众生命、财产安全，对本地区或者职责范围内防范特大安全事故的发生、特大安全事故发生后的迅速和妥善处理负责。

第五条　地方各级人民政府应当每个季度至少召开一次防范特大安全事故工作会议，由政府主要领导人或者政府主要领导人委托政府分管领导人召集有关部门正职负责人参加，分析、布置、督促、检查本地区防范特大安全事故的工作。会议应当作出决定并形成纪要，会议确定的各项防范措施必须严格实施。

第六条 市(地、州)、县(市、区)人民政府应当组织有关部门按照职责分工对本地区容易发生特大安全事故的单位、设施和场所安全事故的防范明确责任、采取措施,并组织有关部门对上述单位、设施和场所进行严格检查。

第七条 市(地、州)、县(市、区)人民政府必须制定本地区特大安全事故应急处理预案。本地区特大安全事故应急处理预案经政府主要领导人签署后,报上一级人民政府备案。

第八条 市(地、州)、县(市、区)人民政府应当组织有关部门对本规定第二条所列各类特大安全事故的隐患进行查处;发现特大安全事故隐患的,责令立即排除;特大安全事故隐患排除前或者排除过程中,无法保证安全的,责令暂时停产、停业或者停止使用。法律、行政法规对查处机关另有规定的,依照其规定。

第九条 市(地、州)、县(市、区)人民政府及其有关部门对本地区存在的特大安全事故隐患,超出其管辖或者职责范围的,应当立即向有管辖权或者负有职责的上级人民政府或者政府有关部门报告;情况紧急的,可以立即采取包括责令暂时停产、停业在内的紧急措施,同时报告;有关上级人民政府或者政府有关部门接到报告后,应当立即组织查处。

第十条 中小学校对学生进行劳动技能教育以及组织学生参加公益劳动等社会实践活动,必须确保学生安全。严禁以任何形式、名义组织学生从事接触易燃、易爆、有毒、有害等危险品的劳动或者其他危险性劳动。严禁将学校场地出租作为从事易燃、易爆、有毒、有害等危险品的生产、经营场所。

中小学校违反前款规定的,按照学校隶属关系,对县(市、区)、乡(镇)人民政府主要领导人和县(市、区)人民政府教育行政部门正职负责人,根据情节轻重,给予记过、降级直至撤职的行政处分;构成玩忽职守罪或者其他罪的,依法追究刑事责任。

中小学校违反本条第一款规定的,对校长给予撤职的行政处分,对直接组织者给予开除公职的行政处分;构成非法制造爆炸物罪或者其他罪的,依法追究刑事责任。

第十一条 依法对涉及安全生产事项负责行政审批(包括批准、核准、许可、注册、认证、颁发证照、竣工验收等,下同)的政府部门或者机构,必须严格依照法律、法规和规章规定的安全条件和程序进行审查;不符合法律、法规和规章规定的安全条件的,不得批准;不符合法律、法规和规章规定的安全条件,弄虚作假,骗取批准或者勾结串通行政审批工作人员取得批准的,负责行政审批的政府部门或者机构除必须立即撤销原批准外,应当对弄虚作假骗取批准或者勾结串通行政审批工作人员的当事人依法给予行政处罚;构成行贿罪或者其他罪的,依法追究刑事责任。

负责行政审批的政府部门或者机构违反前款规定,对不符合法律、法规和规章规定的安全条件予以批准的,对部门或者机构的正职负责人,根据情节轻重,给予降级、撤职直至开除公职的行政处分;与当事人勾结串通的,应当开除公职;构成受贿罪、玩忽职守罪或者其他罪的,依法追究刑事责任。

第十二条 对依照本规定第十一条第一款的规定取得批准的单位和个人,负责行政审批的政府部门或者机构必须对其实施严格监督检查;发现其不再具备安全条件的,必须立即撤销原批准。

负责行政审批的政府部门或者机构违反前款规定,不对取得批准的单位和个人实施严格监督检查,或者发现其不再具备安全条件而不立即撤销原批准的,对部门或者机构的正职负责人,根据情节轻重,给予降级或者撤职的行政处分;构成受贿罪、玩忽职守罪或者其他罪的，依法追究刑事责任。

第十三条 对未依法取得批准，擅自从事有关活动的，负责行政审批的政府部门或者机构发现或者接到举报后，应当立即予以查封、取缔，并依法给予行政处罚；属于经营单位的，由工商行政管理部门依法相应吊销营业执照。

负责行政审批的政府部门或者机构违反前款规定，对发现或者举报的未依法取得批准而擅自从事有关活动的，不予查封、取缔、不依法给予行政处罚，工商行政管理部门不予吊销营业执照的，对部门或者机构的正职负责人，根据情节轻重，给予降级或者撤职的行政处分；构成受贿罪、玩忽职守罪或者其他罪的，依法追究刑事责任。

第十四条 市（地、州）、县（市、区）人民政府依照本规定应当履行职责而未履行，或者未按照规定的职责和程序履行，本地区发生特大安全事故的，对政府主要领导人，根据情节轻重，给予降级或者撤职的行政处分；构成玩忽职守罪的，依法追究刑事责任。

负责行政审批的政府部门或者机构、负责安全监督管理的政府有关部门，未依照本规定履行职责，发生特大安全事故的，对部门或者机构的正职负责人，根据情节轻重，给予撤职或者开除公职的行政处分；构成玩忽职守罪或者其他罪的，依法追究刑事责任。

第十五条 发生特大安全事故，社会影响特别恶劣或者性质特别严重的，由国务院对负有领导责任的省长、自治区主席、直辖市市长和国务院有关部门正职负责人给予行政处分。

第十六条 特大安全事故发生后，有关县（市、区）、市（地、州）和省、自治区、直辖市人民政府及政府有关部门应当按照国家规定的程序和时限立即上报，不得隐瞒不报、谎报或者拖延报告，并应当配合、协助事故调查，不得以任何方式阻碍、干涉事故调查。

特大安全事故发生后，有关地方人民政府及政府有关部门违反前款规定的，对政府主要领导人和政府部门正职负责人给予降级的行政处分。

第十七条 特大安全事故发生后，有关地方人民政府应当迅速组织救助，有关部门应当服从指挥、调度，参加或者配合救助，将事故损失降到最低限度。

第十八条 特大安全事故发生后，省、自治区、直辖市人民政府应当按照国家有关规定迅速、如实发布事故消息。

第十九条 特大安全事故发生后，按照国家有关规定组织调查组对事故进行调查。事故调查工作应当自事故发生之日起60日内完成，并由调查组提出调查报告；遇有特殊情况的，经调查组提出并报国家安全生产监督管理机构批准后，可以适当延长时间。调查报告应当包括依照本规定对有关责任人员追究行政责任或者其他法律责任的意见。

省、自治区、直辖市人民政府应当自调查报告提交之日起30日内，对有关责任人员作出处理决定；必要时，国务院可以对特大安全事故的有关责任人员作出处理决定。

第二十条 地方人民政府或者政府部门阻挠、干涉对特大安全事故有关责任人员追究行政责任的，对该地方人民政府主要领导人或者政府部门正职负责人，根据情节轻重，给予降级或者撤职的行政处分。

第二十一条 任何单位和个人均有权向有关地方人民政府或者政府部门报告特大安全事故隐患，有权向上级人民政府或者政府部门举报地方人民政府或者政府部门不履行安全监督管理职责或者不按照规定履行职责的情况。接到报告或者举报的有关人民政府或者政府部门，应当立即组织对事故隐患进行查处，或者对举报的不履行、不按照规定履行安全监督管理职责的情况进行调查处理。

第二十二条 监察机关依照行政监察法的规定，对地方各级人民政府和政府部门及其工作人员履行安全监督管理职责实施监察。

第二十三条 对特大安全事故以外的其他安全事故的防范、发生追究行政责任的办法，由省、自治区、直辖市人民政府参照本规定制定。

第二十四条 本规定自公布之日起施行。

中华人民共和国国务院令

第34号

《特别重大事故调查程序暂行规定》已经1989年1月3日国务院第31次常委会议通过，现予发布施行。

总理　李　鹏

一九八九年三月二十九日

特别重大事故调查程序暂行规定

第一章　总　　则

第一条　为了保证特别重大事故的调查工作顺利进行，制定本规定。

第二条　本规定所称特别重大事故，是指造成特别重大人身伤亡或者巨大经济损失以及性质特别严重、产生重大影响的事故。

第三条　本规定适用于特别重大事故(以下简称特大事故)的调查。但国家法律、法规已有规定的除外。

第四条　特大事故的调查工作，必须坚持实事求是、尊重科学的原则。

第五条　任何单位或者个人不得非法干预特大事故的调查工作。

第二章　特大事故的现场保护和报告

第六条　特大事故发生后，事故发生地的有关单位必须严格保护事故现场。

第七条　特大事故发生单位在事故发生后，必须做到：

(一) 立即将所发生特大事故的情况，报告上级归口管理部门和所在地地方人民政府，并报告所在地的省、自治区、直辖市人民政府和国务院归口管理部门。

(二) 在24小时内写出事故报告，报本条(一)项所列部门。

第八条　涉及军民两个方面的特大事故，特大事故发生单位在事故发生后，必须立即将所发生特大事故的情况报告当地警备司令部或最高军事机关，并应当在24小时内写出事故报告，报上述单位。

第九条　省、自治区、直辖市人民政府和国务院归口管理部门，接到特大事故报告后，应当立即向国务院作出报告。

第十条　特大事故报告应当包括以下内容：

(一) 事故发生的时间、地点、单位；

（二）事故的简要经过、伤亡人数、直接经济损失的初步估计；

（三）事故发生原因的初步判断；

（四）事故发生后采取的措施及事故控制情况；

（五）事故报告单位。

第十一条 特大事故发生单位所在地地方人民政府接到特大事故报告后，应当立即通知公安部门、人民检察机关和工会。

第十二条 特大事故发生地公安部门得知发生特大事故后，应当立即派人赶赴事故现场，负责事故现场的保护和收集证据的工作。

第十三条 特大事故发生单位所在地地方人民政府负责组织由有关部门参加的特大事故现场勘查工作。

第十四条 因抢救人员、防止事故扩大以及疏通交通等原因，需要移动现场物件的，应当做出标志、绘制现场简图并写出书面记录，妥善保存现场重要痕迹、物证。

第十五条 特大事故发生后，特大事故发生单位所在地地方人民政府可以根据实际需要，将特大事故的有关情况通报当地驻军，请驻军参加事故的抢救或者给予必要的支援。

第三章　特大事故的调查

第十六条 特大事故发生后，按照事故发生单位的隶属关系，由省、自治区、直辖市人民政府或者国务院归口管理部门组织成立特大事故调查组，负责事故的调查工作。

涉及军民两个方面的特大事故，组织事故调查的单位应当邀请军队派员参加事故的调查工作。

第十七条 国务院认为应当由国务院调查的特大事故，由国务院或者国务院授权的部门组织成立特大事故调查组。

第十八条 特大事故调查组，应当根据所发生事故的具体情况，由事故发生单位的归口管理部门、公安部门、监察部门、计划综合部门、劳动部门等单位派员组成，并应当邀请人民检察机关和工会派员参加。

特大事故调查组根据调查工作的需要，可以选聘其他部门或者单位的人员参加，也可以聘请有关专家进行技术鉴定和财产损失评估。

第十九条 特大事故调查组成员应当符合下列条件：

（一）具有事故调查所需要的某一方面的专长；

（二）与所发生事故没有直接利害关系。

第二十条 特大事故调查组的职责如下：

（一）查明事故发生的原因、人员伤亡及财产损失情况；

（二）查明事故的性质和责任；

（三）提出事故处理及防止类似事故再次发生所应采取措施的建议；

（四）提出对事故责任者的处理建议；

（五）检查控制事故的应急措施是否得当和落实；

（六）写出事故调查报告。

第二十一条 特大事故调查组有权向事故发生单位、有关部门及有关人员了解事故的有关情况并索取有关资料，任何单位和个人不得拒绝。

第二十二条 任何单位和个人不得阻碍、干涉事故调查组的正常工作。

第二十三条 特大事故调查组写出事故报告后，应当报送组织调查的部门。经组织调查的部门同意，调查工作即告结束。

第四章 罚 则

第二十四条 违反本规定，有下列行为之一者，特大事故调查组可建议有关部门或者单位对有关人员给予行政处罚；构成犯罪的，由司法机关依法追究刑事责任：

（一）对已发生的特大事故隐瞒不报、谎报或者故意拖延报告期限的；

（二）故意破坏事故现场的；

（三）阻碍、干涉调查工作正常进行的；

（四）无正当理由，拒绝接受特大事故调查组查询或者拒绝提供与事故有关的情况和资料的。

第二十五条 特大事故调查组成员有下列行为之一者，由有关部门给予行政处罚；构成犯罪的，由司法机关依法追究刑事责任：

（一）对调查工作不负责任，致使调查工作有重大疏漏的；

（二）索贿受贿、包庇事故责任者或者借机打击报复的。

第五章 附 则

第二十六条 特大事故的处理，由组织特大事故调查的部门或其授权的部门负责；国务院认为应当由国务院处理的特大事故，由国务院或者国务院授权的部门负责事故的处理。涉及军民双方的特大事故，由国务院、中央军委或者国务院、中央军委授权的部门负责事故的处理。

第二十七条 本规定由劳动部负责解释。

第二十八条 本规定自发布之日起施行。

中华人民共和国交通部令

2006年第9号

《道路运输从业人员管理规定》已于2006年9月5日经第11次部务会议通过，现予公布，自2007年3月1日起施行。

部长　李盛霖

二〇〇六年十一月二十三日

道路运输从业人员管理规定

第一章　总　则

第一条　为加强道路运输从业人员管理，提高道路运输从业人员综合素质，根据《中华人民共和国道路运输条例》、《危险化学品安全管理条例》以及有关法律、行政法规，制定本规定。

第二条　本规定所称道路运输从业人员是指经营性道路客货运输驾驶员、道路危险货物运输从业人员、机动车维修技术人员、机动车驾驶培训教练员、道路运输经理人和其他道路运输从业人员。

经营性道路客货运输驾驶员包括经营性道路旅客运输驾驶员和经营性道路货物运输驾驶员。

道路危险货物运输从业人员包括道路危险货物运输驾驶员、装卸管理人员和押运人员。

机动车维修技术人员包括机动车维修技术负责人员、质量检验人员以及从事机修、电器、钣金、涂漆、车辆技术评估(含检测)作业的技术人员。

机动车驾驶培训教练员包括理论教练员、驾驶操作教练员、道路客货运输驾驶员从业资格培训教练员和危险货物运输驾驶员从业资格培训教练员。

道路运输经理人包括道路客货运输企业、道路客货运输站(场)、机动车驾驶员培训机构、机动车维修企业的管理人员。

其他道路运输从业人员是指除上述人员以外的道路运输从业人员，包括道路客运乘务员、机动车驾驶员培训机构教学负责人及结业考核人员、机动车维修企业价格结算员及业务接待员。

第三条　道路运输从业人员应当依法经营，诚实信用，规范操作，文明从业。

第四条　道路运输从业人员管理工作应当公平、公正、公开和便民。

第五条 交通部负责全国道路运输从业人员管理工作。

县级以上地方人民政府交通主管部门负责组织领导本行政区域内的道路运输从业人员管理工作，并具体负责本行政区域内道路危险货物运输从业人员的管理工作。

县级以上道路运输管理机构具体负责本行政区域内经营性道路客货运输驾驶员、机动车维修技术人员、机动车驾驶培训教练员、道路运输经理人和其他道路运输从业人员的管理工作。

第二章 从业资格管理

第六条 国家对道路运输从业人员实行从业资格考试制度。

从业资格是对道路运输从业人员所从事的特定岗位职业素质的基本评价。

经营性道路客货运输驾驶员和道路危险货物运输从业人员必须取得相应从业资格，方可从事相应的道路运输活动。

机动车维修技术人员、机动车驾驶培训教练员取得从业资格的比例分别是相关经营者依法获取机动车维修和机动车驾驶员培训经营许可的必要条件之一。

第七条 道路运输从业人员从业资格考试应当按照交通部编制的考试大纲、考试题库、考核标准、考试工作规范和程序组织实施。

第八条 经营性道路客货运输驾驶员从业资格考试由设区的市级道路运输管理机构组织实施，每月组织一次考试。

道路危险货物运输从业人员从业资格考试由设区的市级人民政府交通主管部门组织实施，每季度组织一次考试。

机动车维修技术人员从业资格考试由设区的市级道路运输管理机构组织实施，每季度组织一次考试。

道路运输经理人和机动车驾驶培训教练员从业资格考试由省级道路运输管理机构组织实施，每年组织两次考试。

其他道路运输从业人员从业资格考试管理权限由省级道路运输管理机构确定。

第九条 经营性道路旅客运输驾驶员应当符合下列条件：

（一）取得相应的机动车驾驶证 1 年以上；

（二）年龄不超过 60 周岁；

（三）3 年内无重大以上交通责任事故；

（四）掌握相关道路旅客运输法规、机动车维修和旅客急救基本知识；

（五）经考试合格，取得相应的从业资格证件。

第十条 经营性道路货物运输驾驶员应当符合下列条件：

（一）取得相应的机动车驾驶证；

（二）年龄不超过 60 周岁；

（三）掌握相关道路货物运输法规、机动车维修和货物装载保管基本知识；

（四）经考试合格，取得相应的从业资格证件。

第十一条 道路危险货物运输驾驶员应当符合下列条件：

（一）取得相应的机动车驾驶证；

（二）年龄不超过 60 周岁；

（三）3 年内无重大以上交通责任事故；

（四）取得经营性道路旅客运输或者货物运输驾驶员从业资格 2 年以上；

（五）接受相关法规、安全知识、专业技术、职业卫生防护和应急救援知识的培训，了解危险货物性质、危害特征、包装容器的使用特性和发生意外时的应急措施；

（六）经考试合格，取得相应的从业资格证件。

第十二条 道路危险货物运输装卸管理人员和押运人员应当符合下列条件：

（一）年龄不超过 60 周岁；

（二）初中以上学历；

（三）接受相关法规、安全知识、专业技术、职业卫生防护和应急救援知识的培训，了解危险货物性质、危害特征、包装容器的使用特性和发生意外时的应急措施；

（四）经考试合格，取得相应的从业资格证件。

第十三条 机动车维修技术人员应当符合下列条件：

（一）技术负责人员

1. 具有机动车维修或者相关专业大专以上学历，或者具有机动车维修或相关专业中级以上专业技术职称；

2. 熟悉机动车维修业务，掌握机动车维修及相关政策法规和技术规范。

（二）质量检验人员

1. 具有高中以上学历；

2. 熟悉机动车维修检测作业规范，掌握机动车维修故障诊断和质量检验的相关技术，熟悉机动车维修服务收费标准及相关政策法规和技术规范。

（三）从事机修、电器、钣金、涂漆、车辆技术评估（含检测）作业的技术人员

1. 具有初中以上学历；

2. 熟悉所从事工种的维修技术和操作规范，并了解机动车维修及相关政策法规。

第十四条 机动车驾驶培训教练员应当符合下列条件：

（一）理论教练员

1. 取得相应的机动车驾驶证，具有 2 年以上安全驾驶经历；

2. 年龄不超过 60 周岁；

3. 具有汽车及相关专业中专以上学历或者汽车及相关专业中级以上技术职称；

4. 掌握道路交通安全法规、驾驶理论、机动车构造、交通安全心理学、常用伤员急救等安全驾驶知识，了解车辆环保和节约能源的有关知识，了解教育学、教育心理学的基本教学知识，具备编写教案、规范讲解的授课能力。

（二）驾驶操作教练员

1. 取得相应的机动车驾驶证，符合安全驾驶经历和相应车型驾驶经历的要求；

2. 年龄不超过 60 周岁；

3. 具有汽车及相关专业中专或者高中以上学历；

4. 掌握道路交通安全法规、驾驶理论、机动车构造、交通安全心理学和应急驾驶的基本知识，熟悉车辆维护和常见故障诊断、车辆环保和节约能源的有关知识，具备驾驶要领讲解、驾驶动作示范、指导驾驶的教学能力。

（三）道路客货运输驾驶员从业资格培训教练员

1. 具有汽车及相关专业大专以上学历或者汽车及相关专业高级以上技术职称；

2. 掌握道路旅客运输法规、货物运输法规以及机动车维修、货物装卸保管和旅客急救等相关知识，具备相应的授课能力；

3. 具有 2 年以上从事普通机动车驾驶员培训的教学经历，且近 2 年无不良的教学记录。

（四）危险货物运输驾驶员从业资格培训教练员

1. 具有化工及相关专业大专以上学历或者化工及相关专业高级以上技术职称；

2. 掌握危险货物运输法规、危险化学品特性、包装容器使用方法、职业安全防护和应急救援等知识，具备相应的授课能力；

3. 具有 2 年以上化工及相关专业的教学经历，且近 2 年无不良的教学记录。

第十五条 申请参加经营性道路客货运输驾驶员从业资格考试的人员，应当向其户籍地或者暂住地设区的市级道路运输管理机构提出申请，填写《经营性道路客货运输驾驶员从业资格考试申请表》（式样见附件 1），并提供下列材料：

（一）身份证明及复印件；

（二）机动车驾驶证及复印件；

（三）申请参加道路旅客运输驾驶员从业资格考试的，还应当提供道路交通安全主管部门出具的 3 年内无重大以上交通责任事故记录证明。

第十六条 申请参加道路危险货物运输驾驶员从业资格考试的，应当向其户籍地或者暂住地设区的市级交通主管部门提出申请，填写《道路危险货物运输从业人员从业资格考试申请表》（式样见附件 2），并提供下列材料：

（一）身份证明及复印件；

（二）机动车驾驶证及复印件；

（三）道路旅客运输驾驶员从业资格证件或者道路货物运输驾驶员从业资格证件及复印件；

（四）相关培训证明及复印件；

（五）道路交通安全主管部门出具的 3 年内无重大以上交通责任事故记录证明。

第十七条 申请参加道路危险货物运输装卸管理人员和押运人员从业资格考试的，应当向其户籍地或者暂住地设区的市级交通主管部门提出申请，填写《道路危险货物运输从业人员从业资格考试申请表》，并提供下列材料：

（一）身份证明及复印件；

（二）学历证明及复印件；

（三）相关培训证明及复印件。

第十八条 申请参加机动车维修技术人员从业资格考试的，应当向其户籍地或者暂住地设区的市级道路运输管理机构提出申请，填写《机动车维修技术人员从业资格考试申请表》（式样见附件 3），并提供下列材料：

（一）身份证明及复印件；

（二）学历证明及复印件，申请参加技术负责人员从业资格考试的，也可以提供技术职称证明及复印件。

申请质量检验人员从业资格考试的，还应当同时提供机动车驾驶证及复印件和维修技术工作经历证明。

第十九条 申请参加机动车驾驶培训教练员从业资格考试的，应当向其户籍地或者暂住地省级道路运输管理机构提出申请，填写《机动车驾驶培训教练员从业资格考试申请表》

（式样见附件4），并提供下列材料：

（一）身份证明及复印件；

（二）机动车驾驶证及复印件；

（三）学历证明或者技术职称证明及复印件；

（四）道路交通安全主管部门出具的安全驾驶经历证明；

（五）相应车型驾驶经历证明；

（六）申请参加道路客货运输驾驶员从业资格培训教练员和危险货物运输驾驶员从业资格培训教练员从业资格考试的，还应当提供相应的教学经历证明。

第二十条 交通主管部门和道路运输管理机构对符合申请条件的申请人应当安排考试。

第二十一条 交通主管部门和道路运输管理机构应当在考试结束10日内公布考试成绩。对考试合格人员，应当自公布考试成绩之日起10日内颁发相应的道路运输从业人员从业资格证件。

第二十二条 道路运输从业人员从业资格考试成绩有效期为1年，考试成绩逾期作废。

第二十三条 申请人在从业资格考试中有舞弊行为的，取消当次考试资格，考试成绩无效。

第二十四条 交通主管部门或者道路运输管理机构应当建立道路运输从业人员从业资格管理档案。

道路运输从业人员从业资格管理档案包括：从业资格考试申请材料，从业资格考试及从业资格证件记录，从业资格证件换发、补发、变更记录，违章、事故及诚信考核、继续教育记录等。

第二十五条 交通主管部门和道路运输管理机构应当向社会提供道路运输从业人员相关从业信息的查询服务。

第三章 从业资格证件管理

第二十六条 机动车驾驶培训教练员经考试合格后，取得《中华人民共和国机动车驾驶培训教练员证》，证件式样按照《机动车驾驶员培训管理规定》（交通部2006年第2号令）的规定执行；经营性道路客货运输驾驶员、道路危险货物运输从业人员、机动车维修技术人员、道路运输经理人和其他道路运输从业人员经考试合格后，取得《中华人民共和国道路运输从业人员从业资格证》（式样见附件5）。

《中华人民共和国道路运输从业人员从业资格证》和《中华人民共和国机动车驾驶培训教练员证》统称道路运输从业人员从业资格证件。

第二十七条 道路运输从业人员从业资格证件全国通用。

第二十八条 已获得从业资格证件的人员需要增加相应从业资格类别的，应当向原发证机关提出申请，并按照规定参加相应培训和考试。

第二十九条 道路运输从业人员从业资格证件由交通部统一印制并编号。具体工作委托交通专业人员资格评价中心负责。

机动车驾驶培训教练员和道路运输经理人从业资格证件由省级道路运输管理机构发放和管理。

道路危险货物运输从业人员从业资格证件由设区的市级交通主管部门发放和管理。

经营性道路客货运输驾驶员从业资格证件、机动车维修技术人员从业资格证件由设区的市级道路运输管理机构发放和管理。

其他道路运输从业人员从业资格证件发放和管理权限由省级道路运输管理机构确定。

第三十条 交通主管部门和道路运输管理机构应当建立道路运输从业人员从业资格证件管理数据库，使用全国统一的管理软件核发从业资格证件，并逐步采用电子存取和防伪技术，确保有关信息实时输入、输出和存储。

交通主管部门和道路运输管理机构应当结合道路运输从业人员从业资格证件的管理工作，建立道路运输从业人员管理信息系统，并逐步实现异地稽查信息共享和动态资格管理。

第三十一条 道路运输从业人员从业资格证件有效期为6年。道路运输从业人员应当在从业资格证件有效期届满30日前到原发证机关办理换证手续。

道路运输从业人员从业资格证件遗失、毁损的，应当到原发证机关办理证件补发手续。

道路运输从业人员服务单位变更的，应当到交通主管部门或者道路运输管理机构办理从业资格证件变更手续。

道路运输从业人员从业资格档案应当由原发证机关在变更手续办结后30日内移交户籍迁入地或者现居住地的交通主管部门或者道路运输管理机构。

第三十二条 道路运输从业人员办理换证、补证和变更手续，应当填写《道路运输从业人员从业资格证件换发、补发、变更登记表》（式样见附件6）。

第三十三条 交通主管部门和道路运输管理机构应当对符合要求的从业资格证件换发、补发、变更申请予以办理。

申请人违反相关从业资格管理规定且尚未接受处罚的，受理机关应当在其接受处罚后换发、补发、变更相应的从业资格证件。

第三十四条 经营性道路客货运输驾驶员、道路危险货物运输从业人员在发证机关所在地以外从业，且从业时间超过3个月的，应当到服务地管理部门备案。

第三十五条 道路运输从业人员有下列情形之一的，由发证机关注销其从业资格证件：

（一）持证人死亡的；

（二）持证人申请注销的；

（三）经营性道路客货运输驾驶员、道路危险货物运输从业人员、机动车驾驶培训教练员年龄超过60周岁的；

（四）经营性道路客货运输驾驶员、道路危险货物运输驾驶员、机动车维修质量检验人员、机动车驾驶培训教练员的机动车驾驶证被注销或者被吊销的；

（五）超过从业资格证件有效期180日未申请换证的。

凡被注销的从业资格证件，应当由发证机关予以收回，公告作废并登记归档；无法收回的，从业资格证件自行作废。

第三十六条 交通主管部门和道路运输管理机构应当将道路运输从业人员的违章行为记录在《中华人民共和国道路运输从业人员从业资格证》的违章记录栏内，并通报发证机关。发证机关应当将该记录作为道路运输从业人员诚信考核和计分考核的依据，并存入管理档案。机动车驾驶培训教练员违章记录直接记入教练员档案，并作为诚信考核的重要内容。

第三十七条 道路运输从业人员诚信考核和计分考核周期为12个月，从初次领取从业资格证件之日起计算。诚信考核等级分为优良、合格、基本合格和不合格，分别用AAA级、AA级、A级和B级表示。在考核周期内，累计计分超过规定的，诚信考核等级为B级。

省级交通主管部门和道路运输管理机构应当将道路运输从业人员每年的诚信考核和计分考核结果向社会公布，供公众查阅。

道路运输从业人员诚信考核和计分考核具体办法另行制定。

第四章 从业行为规定

第三十八条 经营性道路客货运输驾驶员以及道路危险货物运输从业人员应当在从业资格证件许可的范围内从事道路运输活动。道路危险货物运输驾驶员除可以驾驶道路危险货物运输车辆外,还可以驾驶原从业资格证件许可的道路旅客运输车辆或者道路货物运输车辆。

第三十九条 道路运输从业人员在从事道路运输活动时,应当携带相应的从业资格证件,并应当遵守国家相关法规和道路运输安全操作规程,不得违法经营、违章作业。

第四十条 道路运输从业人员应当按照规定参加国家相关法规、职业道德及业务知识培训。

第四十一条 经营性道路客货运输驾驶员和道路危险货物运输驾驶员不得超限、超载运输,连续驾驶时间不得超过 4 个小时。

第四十二条 经营性道路旅客运输驾驶员和道路危险货物运输驾驶员应当按照规定填写行车日志。行车日志式样由省级道路运输管理机构统一制定。

第四十三条 经营性道路旅客运输驾驶员应当采取必要措施保证旅客的人身和财产安全,发生紧急情况时,应当积极进行救护。

经营性道路货物运输驾驶员应当采取必要措施防止货物脱落、扬撒等。

严禁驾驶道路货物运输车辆从事经营性道路旅客运输活动。

第四十四条 道路危险货物运输驾驶员应当按照道路交通安全主管部门指定的行车时间和路线运输危险货物。

道路危险货物运输装卸管理人员应当按照安全作业规程对道路危险货物装卸作业进行现场监督,确保装卸安全。

道路危险货物运输押运人员应当对道路危险货物运输进行全程监管。

道路危险货物运输从业人员应当严格按照《汽车运输危险货物规则》(JT617)、《汽车运输、装卸危险货物作业规程》(JT618)操作,不得违章作业。

第四十五条 在道路危险货物运输过程中发生燃烧、爆炸、污染、中毒或者被盗、丢失、流散、泄漏等事故,道路危险货物运输驾驶员、押运人员应当立即向当地公安部门和所在运输企业或者单位报告,说明事故情况、危险货物品名和特性,并采取一切可能的警示措施和应急措施,积极配合有关部门进行处置。

第四十六条 机动车维修技术人员应当按照维修规范和程序作业,不得擅自扩大维修项目,不得使用假冒伪劣配件,不得擅自改装机动车,不得承修已报废的机动车,不得利用配件拼装机动车。

第四十七条 机动车驾驶培训教练员应当按照全国统一的教学大纲实施教学,规范填写教学日志和培训记录,不得擅自减少学时和培训内容。

第五章 法律责任

第四十八条 违反本规定,有下列行为之一的人员,由县级以上道路运输管理机构责令

改正,处200元以上2000元以下的罚款;构成犯罪的,依法追究刑事责任:

(一)未取得相应从业资格证件,驾驶道路客货运输车辆的;

(二)使用失效、伪造、变造的从业资格证件,驾驶道路客货运输车辆的;

(三)超越从业资格证件核定范围,驾驶道路客货运输车辆的。

第四十九条 违反本规定,有下列行为之一的人员,由设区的市级人民政府交通主管部门处2万元以上10万元以下的罚款;构成犯罪的,依法追究刑事责任:

(一)未取得相应从业资格证件,从事道路危险货物运输活动的;

(二)使用失效、伪造、变造的从业资格证件,从事道路危险货物运输活动的;

(三)超越从业资格证件核定范围,从事道路危险货物运输活动的。

第五十条 道路运输从业人员有下列不具备安全条件情形之一的,由发证机关吊销其从业资格证件:

(一)经营性道路客货运输驾驶员、道路危险货物运输从业人员、机动车驾驶培训教练员身体健康状况不符合有关机动车驾驶和相关从业要求且没有主动申请注销从业资格的;

(二)经营性道路客货运输驾驶员、道路危险货物运输驾驶员、机动车驾驶培训教练员发生重大以上交通事故,且负主要责任的;

(三)机动车维修技术人员发生重大生产安全事故,且负主要责任的;

(四)发现重大事故隐患,不立即采取消除措施,继续作业的。

被吊销的从业资格证件应当由发证机关公告作废并登记归档。

第五十一条 违反本规定,交通主管部门及道路运输管理机构工作人员有下列情形之一的,依法给予行政处分;构成犯罪的,依法追究刑事责任:

(一)不按规定的条件、程序和期限组织从业资格考试的;

(二)发现违法行为未及时查处的;

(三)索取、收受他人财物及谋取其他不正当利益的;

(四)其他违法行为。

第六章 附 则

第五十二条 从业资格考试收费标准和从业资格证件工本费由省级以上交通主管部门会同同级财政部门、物价部门核定。

第五十三条 本规定自2007年3月1日起施行。2001年9月6日公布的《营业性道路运输驾驶员职业培训管理规定》(交通部2001年第7号令)同时废止。

附件:(略)

1. 经营性道路客货运输驾驶员从业资格考试申请表
2. 道路危险货物运输从业人员从业资格考试申请表
3. 机动车维修技术人员从业资格考试申请表
4. 机动车驾驶培训教练员从业资格考试申请表
5. 中华人民共和国道路运输从业人员从业资格证式样
6. 道路运输从业人员从业资格证件换发、补发、变更登记表

中华人民共和国交通部令

2005年第9号

《道路危险货物运输管理规定》已于2005年6月3日经第11次部务会议通过，现予公布，自2005年8月1日起施行。

部长　　张春贤

二〇〇五年七月十二日

道路危险货物运输管理规定

第一章　总　　则

第一条　为规范道路危险货物运输市场秩序，保障人民生命财产安全，保护环境，维护道路危险货物运输各方当事人的合法权益，根据《中华人民共和国道路运输条例》和《危险化学品安全管理条例》等有关法律、行政法规，制定本规定。

第二条　从事道路危险货物运输经营和使用自备车辆从事为本单位服务的非经营性道路危险货物运输的，应当遵守本规定。军事危险货物运输除外。

法律、行政法规对特定种类危险货物的道路运输另有规定的，从其规定。

第三条　本规定所称危险货物，是指具有爆炸、易燃、毒害、腐蚀、放射性等特性，在运输、装卸和储存过程中，容易造成人身伤亡、财产毁损和环境污染而需要特别防护的货物。危险货物以列入国家标准《危险货物品名表》（GB12268）的为准，未列入《危险货物品名表》的，以有关法律、行政法规的规定或者国务院有关部门公布的结果为准。

本规定所称道路危险货物运输车辆（以下简称专用车辆），是指从事道路危险货物运输的载货汽车。

本规定所称道路危险货物运输，是指使用专用车辆，通过道路运输危险货物的作业全过程。

第四条　危险货物的分类、分项、品名和品名编号应当按照国家标准《危险货物分类和品名编号》（GB6944）、《危险货物品名表》（GB12268）执行。危险货物的危险程度依据国家标准《危险货物运输包装通用技术条件》（GB12463），分为Ⅰ、Ⅱ、Ⅲ等级。

第五条　从事道路危险货物运输应当保障安全，依法运输，诚实信用。

第六条　国家鼓励技术力量雄厚、设备和运输条件好的大型专业危险化学品生产企业从事道路危险货物运输，鼓励道路危险货物运输企业实行集约化、专业化经营，鼓励使用厢式、罐式和集装箱等专用车辆运输危险货物。

第七条　交通部主管全国道路危险货物运输管理工作。

县级以上地方人民政府交通主管部门负责组织领导本行政区域的道路危险货物运输管理工作。

县级以上道路运输管理机构负责具体实施道路危险货物运输管理工作。

第二章 运输许可

第八条 申请从事道路危险货物运输经营的,应当具备下列条件:

(一) 有符合下列要求的专用车辆及设备:

1. 自有专用车辆5辆以上;

2. 专用车辆技术性能符合国家标准《营运车辆综合性能要求和检验方法》(GB18565)的要求,车辆外廓尺寸、轴荷和质量符合国家标准《道路车辆外廓尺寸、轴荷和质量限值》(GB1589)的要求,车辆技术等级达到行业标准《营运车辆技术等级划分和评定要求》(JT/T198)规定的一级技术等级;

3. 配备有效的通讯工具;

4. 有符合安全规定并与经营范围、规模相适应的停车场地。具有运输剧毒、爆炸和I类包装危险货物专用车辆的,还应当配备与其他设备、车辆、人员隔离的专用停车区域,并设立明显的警示标志;

5. 配备有与运输的危险货物性质相适应的安全防护、环境保护和消防设施设备;

6. 运输剧毒、爆炸、易燃、放射性危险货物的,应当具备罐式车辆或厢式车辆、专用容器,车辆应当安装行驶记录仪或定位系统;

7. 罐式专用车辆的罐体应当经质量检验部门检验合格。运输爆炸、强腐蚀性危险货物的罐式专用车辆的罐体容积不得超过20立方米,运输剧毒危险货物的罐式专用车辆的罐体容积不得超过10立方米,但罐式集装箱除外;

8. 运输剧毒、爆炸、强腐蚀性危险货物的非罐式专用车辆,核定载质量不得超过10吨。

(二) 有符合下列要求的从业人员:

1. 专用车辆的驾驶人员取得相应机动车驾驶证,年龄不超过60周岁;

2. 从事道路危险货物运输的驾驶人员、装卸管理人员、押运人员经所在地设区的市级人民政府交通主管部门考试合格,取得相应从业资格证。

(三) 有健全的安全生产管理制度,包括安全生产操作规程、安全生产责任制、安全生产监督检查制度以及从业人员、车辆、设备安全管理制度。

第九条 符合下列条件的企事业单位,可以使用自备专用车辆从事为本单位服务的非经营性道路危险货物运输:

(一) 下列企事业单位之一:

1. 省级以上安全生产监督管理部门批准设立的生产、使用、储存危险化学品的企业;

2. 有特殊需求的科研、军工、通用民航等企事业单位。

(二) 具备第八条规定的条件,但自有专用车辆的数量可以少于5辆。

第十条 申请从事道路危险货物运输经营的企业,应当向所在地设区的市级道路运输管理机构提出申请,并提交以下材料:

(一)《道路危险货物运输经营申请表》(见附件1);

(二) 拟运输的危险货物类别、项别及运营方案;

（三）企业章程文本；

（四）投资人、负责人身份证明及其复印件，经办人的身份证明及其复印件和委托书；

（五）拟投入车辆承诺书，内容包括专用车辆数量、类型、技术等级、通讯工具配备、总质量、核定载质量、车轴数以及车辆外廓长、宽、高等情况，罐式专用车辆的罐体容积，罐体容积与车辆载质量匹配情况，运输剧毒、爆炸、易燃、放射性危险货物的专用车辆配备行驶记录仪或者定位系统情况。若拟投入专用车辆为已购置或者现有的，应提供行驶证、车辆技术等级证书或者车辆技术检测合格证、罐式专用车辆的罐体检测合格证或者检测报告及其复印件；

（六）拟聘用驾驶人员、装卸管理人员、押运人员的从业资格证及其复印件，驾驶人员的驾驶证及其复印件；

（七）具备停车场地、专用停车区域和安全防护、环境保护、消防设施设备的证明材料；

（八）有关安全生产管理制度文本。

第十一条 申请从事非经营性道路危险货物运输的单位，向所在地设区的市级道路运输管理机构提出申请时，除提交第十条第（五）至第（八）项规定的材料外，还应当提交以下材料：

（一）《道路危险货物运输申请表》（见附件2）；

（二）下列形式之一的单位基本情况证明：

1. 省级以上安全生产监督管理部门颁发的《危险化学品登记证》；

2. 能证明科研、军工、通用民航等企事业单位性质或者业务范围的有关材料；

（三）特殊运输需求的说明材料；

（四）经办人的身份证明及其复印件，所在单位的工作证明或者委托书。

第十二条 设区的市级道路运输管理机构应当按照《中华人民共和国道路运输条例》和《交通行政许可实施程序规定》以及本规定规范的程序实施道路危险货物运输行政许可，并进行实地核查。

决定准予许可的，应当向被许可人出具《道路危险货物运输行政许可决定书》（见附件3），注明许可事项，许可事项为运输危险货物的类别和项别、专用车辆数量及要求、运输性质；并在10日内向道路危险货物运输经营申请人发放《道路运输经营许可证》，向非经营性道路危险货物运输申请人颁发《道路危险货物运输许可证》。

决定不予许可的，应当向申请人出具《不予交通行政许可决定书》。

第十三条 被许可人已获得其他道路运输经营许可的，设区的市级道路运输管理机构应当为其换发《道路运输经营许可证》，并在经营范围中加注新许可的事项。如果原《道路运输经营许可证》是由省级道路运输管理机构发放的，由原发证机关按照上述要求予以换发。

第十四条 被许可人应当按照限定的时间落实拟投入车辆承诺书。做出许可决定的道路运输管理机构已核实被许可人落实了拟投入车辆承诺书且专用车辆符合许可要求、罐体经质检部门检验合格后，应当为专用车辆配发《道路运输证》，并在《道路运输证》经营范围栏内注明允许运输危险货物的类别、项别。其中对从事非经营性道路危险货物运输的，应当在其《道路运输证》上加盖"非经营性危险货物运输专用章"。

第十五条 道路运输管理机构不得许可一次性、临时性的道路危险货物运输。

第十六条 被许可人应当持《道路运输经营许可证》或者《道路危险货物运输许可证》依法向工商行政管理机关办理登记手续。

第十七条　中外合资、中外合作、外商独资形式投资道路危险货物运输的，应当同时遵守《外商投资道路运输业管理规定》。

第十八条　道路危险货物运输企业或者单位设立子公司从事道路危险货物运输的，应当向设立地设区的市级道路运输管理机构申请运输许可；设立分公司的，应当向设立地设区的市级道路运输管理机构报备。

第十九条　道路危险货物运输企业或者单位需要变更许可事项的，应当向原许可机关提出申请，按照本章有关许可的规定办理。

第二十条　道路危险货物运输企业或者单位终止危险货物运输业务的，应当在终止之日的30日前告知原许可机关，并在停业后10日内将《道路运输经营许可证》或者《道路危险货物运输许可证》以及《道路运输证》交回原发放机关。

第三章　专用车辆、设备管理

第二十一条　道路危险货物运输企业或者单位应当按照《道路货物运输及站场管理规定》中有关车辆管理的规定，维护、检测、使用和管理专用车辆，确保专用车辆技术状况良好。

第二十二条　设区的市级道路运输管理机构应当定期对专用车辆进行审验，每年审验一次。审验按照《道路货物运输及站场管理规定》进行，并增加以下审验项目：

（一）专用车辆投保危险货物承运人责任险情况；

（二）罐式专用车辆罐体质量检验情况；

（三）必需的应急处理器材和安全防护设施设备的配备情况。

第二十三条　禁止使用报废的、擅自改装的、检测不合格的、车辆技术等级达不到一级的和其他不符合国家规定的车辆从事道路危险货物运输。

除铰接列车、具有特殊装置的大型物件运输专用车辆外，严禁使用货车列车从事危险货物运输；倾卸式车辆只能运输散装硫磺、萘饼、粗蒽、煤焦沥青等危险货物。

禁止使用移动罐体（罐式集装箱除外）从事危险货物运输。

第二十四条　专用车辆应当到具备道路危险货物运输车辆维修条件的企业进行维修。

第二十五条　用于装卸危险货物的机械及工、属具的技术状况应当符合行业标准《汽车运输危险货物规则》（JT617）规定的技术要求。

第二十六条　罐式专用车辆的罐体应符合《钢制压力容器》（GB150）、《汽车运输液体危险货物常压容器（罐体）通用技术条件》（GB18564）等国家标准规定的技术条件。罐式专用车辆应当在罐体检验合格的有效期内承运危险货物。

第四章　危险货物运输

第二十七条　危险货物托运人应当委托具有道路危险货物运输资质的企业承运，严格按照国家有关规定包装，并向承运人说明危险货物的品名、数量、危害、应急措施等情况。需要添加抑制剂或者稳定剂的，应当按照规定添加。托运危险化学品的还应提交与托运的危险化学品完全一致的安全技术说明书和安全标签。

第二十八条　道路危险货物运输企业或者单位应当严格按照道路运输管理机构决定的许可事项从事道路危险货物运输活动，不得转让、出租道路危险货物运输许可证件。

严禁非经营性道路危险货物运输单位从事道路危险货物运输经营活动。

第二十九条 不得使用罐式专用车辆或者运输有毒、腐蚀、放射性危险货物的专用车辆运输普通货物。

其他专用车辆可以从事食品、生活用品、药品、医疗器具以外的普通货物运输活动，但应当对专用车辆进行消除危险处理，确保不对普通货物造成污染、损害。

危险货物不得与普通货物混装。

第三十条 专用车辆应当按照国家标准《道路运输危险货物车辆标志》(GB13392)的要求悬挂标志。

第三十一条 专用车辆应当根据所运危险货物的性质配备必需的应急处理器材和安全防护设施设备。

第三十二条 道路危险货物运输企业或者单位不得运输法律、行政法规禁止运输的货物。

法律、行政法规规定的限运、凭证运输货物，道路危险货物运输企业或者单位应当按照有关规定办理相关运输手续。

法律、行政法规规定托运人必须办理有关手续后方可运输的危险货物，道路危险货物运输企业应当查验有关手续齐全有效后方可承运。

第三十三条 道路危险货物运输企业或者单位应当采取必要措施，防止危险货物脱落、扬散、丢失以及燃烧、爆炸、辐射、泄漏等。

第三十四条 专用车辆驾驶人员应当随车携带《道路运输证》。

第三十五条 道路危险货物运输企业或者单位应当聘用具有相应从业资格证的驾驶人员、装卸管理人员和押运人员。

驾驶人员、装卸管理人员和押运人员上岗时应当随身携带从业资格证。

第三十六条 在道路危险货物运输过程中，除驾驶人员外，专用车辆上应当另外配备押运人员。押运人员应当对运输全过程进行监管。

第三十七条 危险货物的装卸作业，应当在装卸管理人员的现场指挥下进行。

第三十八条 严禁专用车辆违反国家有关规定和本规定超载、超限运输。

第三十九条 道路危险货物运输企业或者单位在运输危险货物时，应当遵守有关部门关于危险货物运输线路、时间、速度方面的有关规定。

第四十条 道路危险货物运输从业人员必须熟悉有关安全生产的法规、技术标准和安全生产规章制度、安全操作规程，了解所装运危险货物的性质、危害特性、包装物或者容器的使用要求和发生意外事故时的处置措施。严格按照《汽车运输危险货物规则》(JT617)、《汽车运输、装卸危险货物作业规程》(JT618)操作，不得违章作业。

第四十一条 道路危险货物运输企业或者单位应当对从业人员进行经常性的安全、职业道德教育和业务知识、操作规程培训。

第四十二条 道路危险货物运输企业或者单位应当加强安全生产管理，配备专职安全管理人员，制定突发事件应急预案，严格落实各项安全制度。

第四十三条 在危险货物运输过程中发生燃烧、爆炸、污染、中毒或者被盗、丢失、流散、泄漏等事故，驾驶人员、押运人员应当立即向当地公安部门和本运输企业或者单位报告，说明事故情况、危险货物品名、危害和应急措施，并在现场采取一切可能的警示措施，并积极配合有关部门进行处置。运输企业或者单位应当立即启动应急预案。

第四十四条 在危险货物装卸、保管、贮存过程中，应当根据危险货物的性质和保管要求，轻装轻卸，分区存放，堆码整齐，防止混杂、撒漏、破损，不得与普通货物混合存放。

第四十五条 道路危险货物运输企业或者单位应当为危险货物投保承运人责任险。

第五章 监督检查

第四十六条 道路危险货物运输监督检查按照《道路货物运输及站场管理规定》执行。

第四十七条 道路运输管理机构工作人员在实施道路运输监督检查过程中，发现专用车辆有超载行为且具备安全卸载和储存条件的，应当要求驾驶人员或者押运人员到具备所运输危险货物储存条件的场所卸货。

第六章 法律责任

第四十八条 违反本规定，有下列情形之一的，由县级以上道路运输管理机构责令停止运输，有违法所得的，没收违法所得。运输货物属于危险化学品，违法所得5万元以上的，处违法所得1倍以上5倍以下的罚款；没有违法所得或违法所得不足5万元的，处2万以上20万以下的罚款。运输货物属于危险化学品以外的其他危险货物，有违法所得的，处违法所得2倍以上10倍以下的罚款；没有违法所得或者违法所得不足2万元的，处3万元以上10万元以下的罚款。构成犯罪的，依法追究刑事责任：

（一）未取得道路危险货物运输许可，擅自从事道路危险货物运输的；

（二）使用失效、伪造、变造、被注销等无效道路危险货物运输许可证件从事道路危险货物运输的；

（三）超越许可事项，从事道路危险货物运输的；

（四）非经营性道路危险货物运输单位从事道路危险货物运输经营的。

第四十九条 违反本规定，道路危险货物运输企业或者单位非法转让、出租道路危险货物运输许可证件的，由县级以上道路运输管理机构责令停止违法行为，收缴有关证件，处2000元以上1万元以下的罚款；有违法所得的，没收违法所得。

第五十条 违反本规定，道路危险货物运输企业或者单位有下列行为之一，由县级以上道路运输管理机构责令限期投保；拒不投保的，由原许可机关吊销《道路运输经营许可证》或者《道路危险货物运输许可证》，或者吊销相应的经营范围：

（一）未投保危险货物承运人责任险的；

（二）投保的危险货物承运人责任险已过期，未继续投保的。

第五十一条 违反本规定，道路危险货物运输企业或者单位未按规定维护和检测专用车辆的，由县级以上道路运输管理机构责令改正，处1000元以上5000元以下的罚款。

第五十二条 违反本规定，道路危险货物运输企业或者单位不按照规定携带《道路运输证》的，由县级以上道路运输管理机构责令改正，处警告或者20元以上200元以下的罚款。

第五十三条 违反本规定，道路危险货物运输企业或者单位、托运人有下列行为之一的，处2万元以上10万元以下的罚款；构成犯罪的，依法追究刑事责任：

（一）从事道路危险化学品运输的驾驶人员、押运人员、装卸管理人员未取得从业资格证的；

（二）托运人托运危险化学品，不向承运人说明运输的危险化学品的品名、数量、危害、应急措施等情况；或者需要添加抑制剂或稳定剂，交付托运时未添加的；

（三）运输、装卸危险化学品不符合国家有关法律、法规、规章的规定和国家标准，并未按照危险化学品的特性采取必要安全防护措施的。

第五十四条 违反本规定，道路危险货物运输企业或者单位没有采取必要措施防止货物脱落、扬撒的，由县级以上道路运输管理机构责令改正，处1000元以上3000元以下的罚款；情节严重的，由原许可机关吊销《道路运输经营许可证》或者《道路危险货物运输许可证》，或者吊销相应的经营范围。

第五十五条 违反本规定，道路危险货物运输企业或者单位已不具备开业要求的有关安全条件、存在重大运输安全隐患的，由县级以上道路运输管理机构责令限期改正；在规定时间内不能按要求改正且情节严重的，由原许可机关吊销《道路运输经营许可证》或者《道路危险货物运输许可证》，或者吊销相应的经营范围。

第五十六条 违反本规定，道路危险货物运输企业或者单位擅自改装已取得《道路运输证》的专用车辆及罐式专用车辆罐体的，由县级以上道路运输管理机构责令改正，并处5000元以上2万元以下的罚款。

第七章 附 则

第五十七条 本规定对道路危险货物运输经营未作规定的，按照《道路货物运输及站场管理规定》执行；对非经营性道路危险货物运输未作规定的，参照《道路货物运输及站场管理规定》执行。

第五十八条 道路运输管理机构依照本规定发放的道路危险货物运输许可证件和《道路运输证》，可以收取工本费。工本费的具体收费标准由省、自治区、直辖市人民政府财政、价格主管部门会同同级交通主管部门核定。

第五十九条 本规定自2005年8月1日起施行。交通部1993年发布的《道路危险货物运输管理规定》（交运发[1993]1382号）同时废止。

中华人民共和国交通部令

2005年第6号

《道路货物运输及站场管理规定》已于2005年6月3日经第11次部务会议通过,现予公布,自2005年8月1日起施行。

部长　张春贤

二〇〇五年六月十六日

道路货物运输及站场管理规定

第一章　总　则

第一条　为规范道路货物运输和道路货物运输站(场)经营活动,维护道路货物运输市场秩序,保障道路货物运输安全,保护道路货物运输和道路货物运输站(场)有关各方当事人的合法权益,根据《中华人民共和国道路运输条例》及有关法律、行政法规的规定,制定本规定。

第二条　从事道路货物运输经营和道路货物运输站(场)经营的,应当遵守本规定。

本规定所称道路货物运输经营,是指为社会提供公共服务、具有商业性质的道路货物运输活动。道路货物运输包括道路普通货运、道路货物专用运输、道路大型物件运输和道路危险货物运输。

本规定所称道路货物专用运输,是指使用集装箱、冷藏保鲜设备、罐式容器等专用车辆进行的货物运输。

本规定所称道路货物运输站(场)(以下简称"货运站"),是指以场地设施为依托,为社会提供有偿服务的具有仓储、保管、配载、信息服务、装卸、理货等功能的综合货运站(场)、零担货运站、集装箱中转站、物流中心等经营场所。

第三条　道路货物运输和货运站经营者应当依法经营,诚实信用,公平竞争。

道路货物运输管理应当公平、公正、公开和便民。

第四条　鼓励道路货物运输实行集约化、网络化经营。鼓励采用集装箱、封闭厢式车和多轴重型车运输。

第五条　交通部主管全国道路货物运输和货运站管理工作。

县级以上地方人民政府交通主管部门负责组织领导本行政区域的道路货物运输和货运站管理工作。

县级以上道路运输管理机构具体实施本行政区域的道路货物运输和货运站管理工作。

第二章　经 营 许 可

第六条　申请从事道路货物运输经营的,应当具备下列条件:

(一) 有与其经营业务相适应并经检测合格的运输车辆:

1. 车辆技术要求:

(1)车辆技术性能应当符合国家标准《营运车辆综合性能要求和检验方法》(GB18565)的要求;

(2)车辆外廓尺寸、轴荷和载质量应当符合国家标准《道路车辆外廓尺寸、轴荷及质量限值》(GB1589)的要求。

2. 车辆其他要求:

(1)从事大型物件运输经营的,应当具有与所运输大型物件相适应的超重型车组;

(2)从事冷藏保鲜、罐式容器等专用运输的,应当具有与运输货物相适应的专用容器、设备、设施,并固定在专用车辆上;

(3)从事集装箱运输的,车辆还应当有固定集装箱的转锁装置。

(二) 有符合规定条件的驾驶人员:

1. 取得与驾驶车辆相应的机动车驾驶证;

2. 年龄不超过 60 周岁;

3. 经设区的市级道路运输管理机构对有关道路货物运输法规、机动车维修和货物及装载保管基本知识考试合格,并取得从业资格证。

(三) 有健全的安全生产管理制度,包括安全生产责任制度、安全生产业务操作规程、安全生产监督检查制度、驾驶员和车辆安全生产管理制度等。

第七条　申请从事货运站经营的,应当具备下列条件:

(一) 有与其经营规模相适应的货运站房、生产调度办公室、信息管理中心、仓库、仓储库棚、场地和道路等设施,并经有关部门组织的工程竣工验收合格;

(二) 有与其经营规模相适应的安全、消防、装卸、通讯、计量等设备;

(三) 有与其经营规模、经营类别相适应的管理人员和专业技术人员;

(四) 有健全的业务操作规程和安全生产管理制度。

第八条　申请从事道路货物运输经营的,应当向县级道路运输管理机构(不含设区的市所属区运输管理机构,下同)提出申请,并提供以下材料:

(一)《道路货物运输经营申请表》;

(二) 负责人身份证明,经办人的身份证明和委托书;

(三) 机动车辆行驶证、车辆检测合格证明复印件;拟购置运输车辆的承诺书,承诺书应当包括车辆数量、类型、技术性能、购置时间等内容;

(四) 聘用或拟聘用驾驶员的机动车驾驶证、从业资格证及其复印件;

(五) 安全生产管理制度文本;

(六) 法律、法规规定的其他材料。

第九条　申请从事货运站经营的,应当向县级道路运输管理机构提出申请,并提供以下材料:

(一)《道路运输站(场)经营申请表》;

（二）负责人身份证明，经办人的身份证明和委托书；

（三）经营道路货运站的土地、房屋的合法证明；

（四）货运站竣工验收证明；

（五）与业务相适应的专业人员和管理人员的身份证明、专业证书；

（六）业务操作规程和安全生产管理制度文本。

第十条 道路运输管理机构应当按照《中华人民共和国道路运输条例》、《交通行政许可实施程序规定》和本规定规范的程序实施道路货物运输经营和货运站经营的行政许可。

第十一条 道路运输管理机构对道路货运经营申请予以受理的，应当自受理之日起20日内作出许可或者不予许可的决定；道路运输管理机构对货运站经营申请予以受理的，应当自受理之日起15日内作出许可或者不予许可的决定。

第十二条 道路运输管理机构对符合法定条件的道路货物运输经营申请作出准予行政许可决定的，应当出具《道路货物运输经营许可决定书》，明确许可事项。在10日内向被许可人颁发《道路运输经营许可证》，在《道路运输经营许可证》上注明经营范围。

道路运输管理机构对符合法定条件的货运站经营申请作出准予行政许可决定的，应当出具《道路货物运输站（场）经营许可决定书》，明确许可事项。在10日内向被许可人颁发《道路运输经营许可证》，在《道路运输经营许可证》上注明经营范围。

对道路货物运输和货运站经营不予许可的，应当向申请人出具《不予交通行政许可决定书》。

第十三条 被许可人应当按照承诺书的要求购置运输车辆。购置车辆或者已有车辆经道路运输管理机构核实并符合条件的，道路运输管理机构向投入运输的车辆配发《道路运输证》。

第十四条 道路货物运输经营者和货运站经营者应当持《道路运输经营许可证》依法向工商行政管理机关办理有关登记手续。

第十五条 道路货物运输经营者设立子公司的，应当向设立地的道路运输管理机构申请经营许可；设立分公司的，应当向设立地的道路运输管理机构报备。

第十六条 道路货物运输和货运站经营者需要终止经营的，应当在终止经营之日30日前告知原许可的道路运输管理机构，并办理有关注销手续。

第十七条 道路货物运输经营者变更许可事项、扩大经营范围的，按本章有关许可规定办理。

道路货物运输和货运站经营者变更名称、地址等，应当向作出原许可决定的道路运输管理机构备案。

第三章 货运车辆管理

第十八条 道路货物运输经营者应当建立车辆技术管理制度，按照国家规定的技术规范对货运车辆进行定期维护，确保货运车辆技术状况良好。

货运车辆的维护作业项目和程序应当按照国家标准《汽车维护、检测、诊断技术规范》（GB18344）等有关技术标准的规定执行。

严禁任何单位和个人为道路货物运输经营者指定车辆维护企业；车辆二级维护执行情况不得作为路检路查项目。

第十九条 道路货物运输经营者应当定期进行货运车辆检测，车辆检测结合车辆定期审验的频率一并进行。

道路货物运输经营者在规定时间内，到符合国家相关标准的机动车综合性能检测机构进行检测。机动车综合性能检测机构按照国家标准《营运车辆综合性能要求和检验方法》（GB18565）和《道路车辆外廓尺寸、轴荷和质量限值》（GB1589）的规定进行检测，出具全国统一式样的检测报告。并依据检测结果，对照行业标准《营运车辆技术等级划分和评定要求》（JT/T198）评定车辆技术等级。货运车辆技术等级分为一级、二级和三级。

车籍所在地县级以上道路运输管理机构应当将车辆技术等级在《道路运输证》上标明。

第二十条 县级以上道路运输管理机构应当定期对货运车辆进行审验，每年审验一次。

审验内容包括车辆技术档案、车辆结构及尺寸变动情况和违章记录等。

审验符合要求的，道路运输管理机构在《道路运输证》审验记录中注明；不符合要求的，应当责令限期改正或者办理变更手续。

第二十一条 机动车综合性能检测机构应当使用符合标准的设施、设备，严格按照国家有关营运车辆技术检测标准对货运车辆进行检测，对出具的车辆检测报告负责，并对已检测车辆建立检测档案。

第二十二条 禁止使用报废的、擅自改装的、拼装的、检测不合格的和其他不符合国家规定的车辆从事道路货物运输经营。

第二十三条 道路货物运输经营者和县级以上道路运输管理机构应当分别建立货运车辆技术档案和管理档案，并妥善保管。对相关内容的记载应当及时、完整和准确，不得随意更改。

道路货物运输经营者车辆技术档案主要内容为：车辆基本情况、主要部件更换情况、修理和二级维护记录（含出厂合格证）、技术等级评定记录、车辆变更记录、行驶里程记录、交通事故记录等。

道路运输管理机构管理档案主要内容为：车辆基本情况、二级维护和检测情况、技术等级记录、车辆变更记录、交通事故记录等。

道路货物运输车辆办理过户变更手续时，道路货物运输经营者应当将货运车辆技术档案完整移交。县级以上道路运输管理机构对经营者车辆技术档案建立情况实施监督管理。

第二十四条 道路货物运输经营者对达到国家规定的报废标准或者经检测不符合国家强制性标准要求的货运车辆，应当及时交回《道路运输证》，不得继续从事道路货物运输经营。

第四章 货运经营管理

第二十五条 道路货物运输经营者应当按照《道路运输经营许可证》核定的经营范围从事货物运输经营，不得转让、出租道路运输经营许可证件。

第二十六条 道路货物运输经营者应当对从业人员进行经常性的安全、职业道德教育和业务知识、操作规程培训。

第二十七条 道路货物运输经营者应当按照国家有关规定在其重型货运车辆、牵引车上安装、使用行驶记录仪，并采取有效措施，防止驾驶人员连续驾驶时间超过4个小时。

第二十八条 道路货物运输经营者应当要求其聘用的车辆驾驶员随车携带《道路运输

证》。

《道路运输证》不得转让、出租、涂改、伪造。

第二十九条 道路货物运输经营者应当聘用持有从业资格证的驾驶人员。

第三十条 营运驾驶员应当驾驶与其从业资格类别相符的车辆。驾驶营运车辆时，应当随身携带从业资格证。

第三十一条 运输的货物应当符合货运车辆核定的载质量，载物的长、宽、高不得违反装载要求。禁止货运车辆违反国家有关规定超限、超载运输。

禁止使用货运车辆运输旅客。

第三十二条 道路货物运输经营者运输大型物件，应当制定道路运输组织方案。涉及超限运输的应当按照交通部颁布的《超限运输车辆行驶公路管理规定》办理相应的审批手续。

第三十三条 从事大型物件运输的车辆，应当按照规定装置统一的标志和悬挂标志旗；夜间行驶和停车休息时应当设置标志灯。

第三十四条 道路货物运输经营者不得运输法律、行政法规禁止运输的货物。

道路货物运输经营者在受理法律、行政法规规定限运、凭证运输的货物时，应当查验并确认有关手续齐全有效后方可运输。

货物托运人应当按照有关法律、行政法规的规定办理限运、凭证运输手续。

第三十五条 道路货物运输经营者不得采取不正当手段招揽货物、垄断货源。不得阻碍其他货运经营者开展正常的运输经营活动。

道路货物运输经营者应当采取有效措施，防止货物变质、腐烂、短少或损失。

第三十六条 道路货物运输经营者和货物托运人应当按照《合同法》的要求，订立道路货物运输合同。

道路货物运输可以采用交通部颁布的《汽车货物运输规则》所推荐的道路货物运单签订运输合同。

第三十七条 国家鼓励实行封闭式运输。道路货物运输经营者应当采取有效的措施，防止货物脱落、扬撒等情况发生。

第三十八条 道路货物运输经营者应当制定有关交通事故、自然灾害、公共卫生以及其他突发公共事件的道路运输应急预案。应急预案应当包括报告程序、应急指挥、应急车辆和设备的储备以及处置措施等内容。

第三十九条 发生交通事故、自然灾害、公共卫生以及其他突发公共事件，道路货物运输经营者应当服从县级以上人民政府或者有关部门的统一调度、指挥。

第四十条 道路货物运输经营者应当严格遵守国家有关价格法律、法规和规章的规定，不得恶意压价竞争。

第五章 货运站经营管理

第四十一条 货运站经营者应当按照经营许可证核定的许可事项经营，不得随意改变货运站用途和服务功能。

第四十二条 货运站经营者应当依法加强安全管理，完善安全生产条件，健全和落实安全生产责任制。

货运站经营者应当对出站车辆进行安全检查，防止超载车辆或者未经安全检查的车辆出站，保证安全生产。

第四十三条 货运站经营者应当按照货物的性质、保管要求进行分类存放，危险货物应当单独存放，保证货物完好无损。

第四十四条 货物运输包装应当按照国家规定的货物运输包装标准作业，包装物和包装技术、质量要符合运输要求。

第四十五条 货运站经营者应当按照规定的业务操作规程进行货物的搬运装卸。搬运装卸作业应当轻装、轻卸，堆放整齐，防止混杂、撒漏、破损，严禁有毒、易污染物品与食品混装。

第四十六条 货运站经营者应当严格执行价格规定，在经营场所公布收费项目和收费标准。严禁乱收费。

第四十七条 进入货运站经营的经营业户及车辆，经营手续必须齐全。

货运站经营者应当公平对待使用货运站的道路货物运输经营者，禁止无证经营的车辆进站从事经营活动，无正当理由不得拒绝道路货物运输经营者进站从事经营活动。

第四十八条 货运站经营者不得垄断货源、抢装货物、扣押货物。

第四十九条 货运站要保持清洁卫生，各项服务标志醒目。

第五十条 货运站经营者经营配载服务应当坚持自愿原则，提供的货源信息和运力信息应当真实、准确。

第五十一条 货运站经营者不得超限、超载配货，不得为无道路运输经营许可证或证照不全者提供服务；不得违反国家有关规定，为运输车辆装卸国家禁运、限运的物品。

第五十二条 货运站经营者应当制定有关突发公共事件的应急预案。应急预案应当包括报告程序、应急指挥、应急车辆和设备的储备以及处置措施等内容。

第五十三条 货运站经营者应当建立和完善各类台账和档案，并按要求报送有关信息。

第六章 监督检查

第五十四条 道路运输管理机构应当加强对道路货物运输经营和货运站经营活动的监督检查。

道路运输管理机构工作人员应当严格按照职责权限和法定程序进行监督检查。

第五十五条 道路运输管理机构及其工作人员应当重点在货运站、货物集散地对道路货物运输、货运站经营活动实施监督检查。此外，根据管理需要，可以在公路路口实施监督检查，但不得随意拦截正常行驶的道路运输车辆，不得双向拦截车辆进行检查。

第五十六条 道路运输管理机构的工作人员实施监督检查时，应当有 2 名以上人员参加，并向当事人出示交通部统一制式的交通行政执法证件。

第五十七条 道路运输管理机构的工作人员可以向被检查单位和个人了解情况，查阅和复制有关材料。但是，应当保守被调查单位和个人的商业秘密。

被监督检查的单位和个人应当接受道路运输管理机构及其工作人员依法实施的监督检查，如实提供有关情况或者资料。

第五十八条 道路运输管理人员在货运站、货物集散地实施监督检查过程中，发现货运车辆有超载行为的，应当立即予以制止，装载符合标准后方可放行。

第五十九条　道路货物运输经营者在许可的道路运输管理机构管辖区域外违法从事经营活动的，违法行为发生地的道路运输管理机构应当依法将当事人的违法事实、处罚结果记录到《道路运输证》上，并抄告作出道路运输经营许可的道路运输管理机构。

第六十条　道路货物运输经营者违反本规定后拒不接受处罚的，县级以上道路运输管理机构可以暂扣其《道路运输证》等道路运输管理机构颁发的相关证件，签发待理证，待接受处罚后交还。

第六十一条　道路运输管理机构的工作人员在实施道路运输监督检查过程中，对没有《道路运输证》又无法当场提供其他有效证明的货运车辆可以予以暂扣，并出具《道路运输车辆暂扣凭证》(见附件5)。对暂扣车辆应当妥善保管，不得使用，不得收取或者变相收取保管费用。

违法当事人应当在暂扣凭证规定时间内到指定地点接受处理。逾期不接受处理的，道路运输管理机构可依法作出处罚决定，并将处罚决定书送达当事人。当事人无正当理由逾期不履行处罚决定的，道路运输管理机构可申请人民法院强制执行。

第七章　法律责任

第六十二条　违反本规定，有下列行为之一的，由县级以上道路运输管理机构责令停止经营；有违法所得的，没收违法所得，处违法所得2倍以上10倍以下的罚款；没有违法所得或者违法所得不足2万元的，处3万元以上10万元以下的罚款；构成犯罪的，依法追究刑事责任：

(一) 未取得道路货物运输经营许可，擅自从事道路货物运输经营的；

(二) 使用失效、伪造、变造、被注销等无效的道路运输经营许可证件从事道路货物运输经营的；

(三) 超越许可的事项，从事道路货物运输经营的。

第六十三条　违反本规定，道路货物运输和货运站经营者非法转让、出租道路运输经营许可证件的，由县级以上道路运输管理机构责令停止违法行为，收缴有关证件，处2000元以上1万元以下的罚款；有违法所得的，没收违法所得。

第六十四条　违反本规定，取得道路货物运输经营许可的道路货物运输经营者使用无道路运输证的车辆参加货物运输的，由县级以上道路运输管理机构责令改正，处3000元以上10000元以下的罚款。

违反本规定，道路货物运输经营者不按照规定携带《道路运输证》的，由县级以上道路运输管理机构责令改正，处警告或者20元以上200元以下的罚款。

第六十五条　违反本规定，道路货物运输经营者、货运站经营者已不具备开业要求的有关安全条件、存在重大运输安全隐患的，由县级以上道路运输管理机构限期责令改正；在规定时间内不能按要求改正且情节严重的，由原许可机关吊销《道路运输经营许可证》或者吊销其相应的经营范围。

第六十六条　违反本规定，道路货物运输经营者有下列情形之一的，由县级以上道路运输管理机构责令改正，处1000元以上3000元以下的罚款；情节严重的，由原许可机关吊销道路运输经营许可证或者吊销其相应的经营范围：

(一) 强行招揽货物的；

（二）没有采取必要措施防止货物脱落、扬撒的。

第六十七条 违反本规定，道路货物运输经营者不按规定维护和检测运输车辆的，由县级以上道路运输管理机构责令改正，处1000元以上5000元以下的罚款。

第六十八条 违反本规定，道路货物运输经营者使用擅自改装或者擅自改装已取得《道路运输证》的车辆的，由县级以上道路运输管理机构责令改正，处5000元以上2万元以下的罚款。

第六十九条 违反本规定，有下列行为之一的，由县级以上道路运输管理机构责令停止经营；有违法所得的，没收违法所得，处违法所得2倍以上10倍以下的罚款；没有违法所得或者违法所得不足1万元的，处2万元以上5万元以下的罚款；构成犯罪的，依法追究刑事责任：

（一）未取得货运站经营许可，擅自从事货运站经营的；

（二）使用失效、伪造、变造、被注销等无效的道路运输经营许可证件从事货运站经营的；

（三）超越许可的事项，从事货运站经营的。

第七十条 违反本规定，机动车综合性能检测机构不按国家有关技术规范进行检测、未经检测出具检测结果或者不如实出具检测结果的，由县级以上道路运输管理机构责令改正，没收违法所得，违法所得在5000元以上的，并处违法所得2倍以上5倍以下的罚款；没有违法所得或者违法所得不足5000元的，处以5000元以上2万元以下的罚款；构成犯罪的，依法追究刑事责任。

第七十一条 违反本规定，货运站经营者对超限、超载车辆配载，放行出站的，由县级以上道路运输管理机构责令改正，处1万元以上3万元以下的罚款。

第七十二条 违反本规定，货运站经营者擅自改变道路运输站（场）的用途和服务功能，由县级以上道路运输管理机构责令改正；拒不改正的，处3000元的罚款；有违法所得的，没收违法所得。

第七十三条 违反本规定，有下列行为之一的，由县级以上道路运输管理机构责令限期整改，整改不合格的，予以通报：

（一）没有建立货运车辆技术档案的；

（二）没有按照国家有关规定在货运车辆上安装行驶记录仪的；

（三）大型物件运输车辆不按规定悬挂、标明运输标志的；

（四）发生公共突发性事件，不接受当地政府统一调度安排的；

（五）因配载造成超限、超载的；

（六）运输没有限运证明物资的；

（七）未查验禁运、限运物资证明，配载禁运、限运物资的。

第七十四条 道路运输管理机构的工作人员违反本规定，有下列情形之一的，依法给予相应的行政处分；构成犯罪的，依法追究刑事责任：

（一）不依照本规定规定的条件、程序和期限实施行政许可的；

（二）参与或者变相参与道路货物运输和货运站经营的；

（三）发现违法行为不及时查处的；

（四）违反规定拦截、检查正常行驶的道路运输车辆的；

（五）违法扣留运输车辆、《道路运输证》的；

（六）索取、收受他人财物，或者谋取其他利益的；

（七）其他违法行为。

第八章　附　　则

第七十五条　道路货物运输经营者从事国际道路货物运输经营、危险货物运输活动，除一般行为规范适用本规定外，有关从业条件等特殊要求应当适用交通部制定的国际道路运输管理规定、道路危险货物运输管理规定。

第七十六条　中外合资、中外合作、独资形式投资道路货物运输和货运站经营业务的，按照《外商投资道路运输业管理规定》办理。

第七十七条　道路运输管理机构依照规定发放道路货物运输经营许可证件和《道路运输证》，可以收取工本费。工本费的具体收费标准由省级人民政府财政、价格主管部门会同同级交通主管部门核定。

第七十八条　本规定自2005年8月1日起施行。交通部1993年5月19日发布的《道路货物运输业户开业技术经济条件（试行）》（交运发［1993］531号）、1996年12月2日发布的《道路零担货物运输管理办法》（交公路发［1996］1039号）、1997年5月22日发布的《道路货物运单使用和管理办法》（交通部令1997年4号）、2001年4月5日发布的《道路货物运输企业经营资质管理规定（试行）》（交公路发［2001］154号）同时废止。

中华人民共和国交通部令

2005 年第 7 号

《机动车维修管理规定》已于 2005 年 6 月 3 日经第 11 次部务会议通过，现予公布，自 2005 年 8 月 1 日起施行。

部长　张春贤

二〇〇五年六月二十四日

机动车维修管理规定

第一章　总　则

第一条　为规范机动车维修经营活动，维护机动车维修市场秩序，保护机动车维修各方当事人的合法权益，保障机动车运行安全，保护环境，节约能源，促进机动车维修业的健康发展，根据《中华人民共和国道路运输条例》及有关法律、行政法规的规定，制定本规定。

第二条　从事机动车维修经营的，应当遵守本规定。

本规定所称机动车维修经营，是指以维持或者恢复机动车技术状况和正常功能，延长机动车使用寿命为作业任务所进行的维护、修理以及维修救援等相关经营活动。

第三条　机动车维修经营者应当依法经营，诚实信用，公平竞争，优质服务。

第四条　机动车维修管理，应当公平、公正、公开和便民。

第五条　任何单位和个人不得封锁或者垄断机动车维修市场。

鼓励机动车维修企业实行集约化、专业化、连锁经营，促进机动车维修业的合理分工和协调发展。

鼓励推广应用机动车维修环保、节能、不解体检测和故障诊断技术，推进行业信息化建设和救援、维修服务网络化建设，提高机动车维修行业整体素质，满足社会需要。

第六条　交通部主管全国机动车维修管理工作。

县级以上地方人民政府交通主管部门负责组织领导本行政区域的机动车维修管理工作。

县级以上道路运输管理机构负责具体实施本行政区域内的机动车维修管理工作。

第二章　经营许可

第七条　机动车维修经营依据维修车型种类、服务能力和经营项目实行分类许可。

机动车维修经营业务根据维修对象分为汽车维修经营业务、危险货物运输车辆维修经营业务、摩托车维修经营业务和其他机动车维修经营业务四类。

汽车维修经营业务、其他机动车维修经营业务根据经营项目和服务能力分为一类维修经营业务、二类维修经营业务和三类维修经营业务。

摩托车维修经营业务根据经营项目和服务能力分为一类维修经营业务和二类维修经营业务。

第八条 获得一类汽车维修经营业务、一类其他机动车维修经营业务许可的,可以从事相应车型的整车修理、总成修理、整车维护、小修、维修救援、专项修理和维修竣工检验工作;获得二类汽车维修经营业务、二类其他机动车维修经营业务许可的,可以从事相应车型的整车修理、总成修理、整车维护、小修、维修救援和专项修理工作;获得三类汽车维修经营业务、三类其他机动车维修经营业务许可的,可以分别从事发动机、车身、电气系统、自动变速器维修及车身清洁维护、涂漆、轮胎动平衡和修补、四轮定位检测调整、供油系统维护和油品更换、喷油泵和喷油器维修、曲轴修磨、气缸镗磨、散热器(水箱)、空调维修、车辆装潢(蓬布、坐垫及内装饰)、车辆玻璃安装等专项工作。

第九条 获得一类摩托车维修经营业务许可的,可以从事摩托车整车修理、总成修理、整车维护、小修、专项修理和竣工检验工作;获得二类摩托车维修经营业务许可的,可以从事摩托车维护、小修和专项修理工作。

第十条 获得危险货物运输车辆维修经营业务许可的,除可以从事危险货物运输车辆维修经营业务外,还可以从事一类汽车维修经营业务。

第十一条 申请从事汽车维修经营业务或者其他机动车维修经营业务的,应当符合下列条件:

(一)有与其经营业务相适应的维修车辆停车场和生产厂房。租用的场地应当有书面的租赁合同,且租赁期限不得少于1年。停车场和生产厂房面积按照国家标准《汽车维修业开业条件》(GB/T 16739)相关条款的规定执行。

(二)有与其经营业务相适应的设备、设施。所配备的计量设备应当符合国家有关技术标准要求,并经法定检定机构检定合格。从事汽车维修经营业务的设备、设施的具体要求按照国家标准《汽车维修业开业条件》(GB/T 16739)相关条款的规定执行;从事其他机动车维修经营业务的设备、设施的具体要求,参照国家标准《汽车维修业开业条件》(GB/T 16739)执行,但所配备设施、设备应与其维修车型相适应。

(三)有必要的技术人员:

1. 从事一类和二类维修业务的应当各配备至少1名技术负责人员和质量检验人员。技术负责人员应当熟悉汽车或者其他机动车维修业务,并掌握汽车或者其他机动车维修及相关政策法规和技术规范;质量检验人员应当熟悉各类汽车或者其他机动车维修检测作业规范,掌握汽车或者其他机动车维修故障诊断和质量检验的相关技术,熟悉汽车或者其他机动车维修服务收费标准及相关政策法规和技术规范。技术负责人员和质量检验人员总数的60%应当经全国统一考试合格。

2. 从事一类和二类维修业务的应当各配备至少1名从事机修、电器、钣金、涂漆的维修技术人员;从事机修、电器、钣金、涂漆的维修技术人员应当熟悉所从事工种的维修技术和操作规范,并了解汽车或者其他机动车维修及相关政策法规。机修、电器、钣金、涂漆维修技术人员总数的40%应当经全国统一考试合格。

3. 从事三类维修业务的，按照其经营项目分别配备相应的机修、电器、钣金、涂漆的维修技术人员；从事发动机维修、车身维修、电气系统维修、自动变速器维修的，还应当配备技术负责人员和质量检验人员。技术负责人员、质量检验人员及机修、电器、钣金、涂漆维修技术人员总数的40%应当经全国统一考试合格。

（四）有健全的维修管理制度。包括质量管理制度、安全生产管理制度、车辆维修档案管理制度、人员培训制度、设备管理制度及配件管理制度。具体要求按照国家标准《汽车维修业开业条件》（GB/T 16739）相关条款的规定执行。

（五）有必要的环境保护措施。具体要求按照国家标准《汽车维修业开业条件》（GB/T16739）相关条款的规定执行。

第十二条 从事危险货物运输车辆维修的汽车维修经营者，除具备汽车维修经营一类维修经营业务的开业条件外，还应当具备下列条件：

（一）有与其作业内容相适应的专用维修车间和设备、设施，并设置明显的指示性标志；

（二）有完善的突发事件应急预案，应急预案包括报告程序、应急指挥以及处置措施等内容；

（三）有相应的安全管理人员；

（四）有齐全的安全操作规程。

本规定所称危险货物运输车辆维修，是指对运输易燃、易爆、腐蚀、放射性、剧毒等性质货物的机动车维修，不包含对危险货物运输车辆罐体的维修。

第十三条 申请从事摩托车维修经营的，应当符合下列条件：

（一）有与其经营业务相适应的摩托车维修停车场和生产厂房。租用的场地应有书面的租赁合同，且租赁期限不得少于1年。停车场和生产厂房的面积按照国家标准《摩托车维修业开业条件》（GB/T 18189）相关条款的规定执行。

（二）有与其经营业务相适应的设备、设施。所配备的计量设备应符合国家有关技术标准要求，并经法定检定机构检定合格。具体要求按照国家标准《摩托车维修业开业条件》（GB/T 18189）相关条款的规定执行。

（三）有必要的技术人员：

1. 从事一类维修业务的应当至少有1名质量检验人员。质量检验人员应当熟悉各类摩托车维修检测作业规范，掌握摩托车维修故障诊断和质量检验的相关技术，熟悉摩托车维修服务收费标准及相关政策法规和技术规范。质量检验人员总数的60%应当经全国统一考试合格。

2. 按照其经营业务分别配备相应的机修、电器、钣金、涂漆的维修技术人员。机修、电器、钣金、涂漆的维修技术人员应当熟悉所从事工种的维修技术和操作规范，并了解摩托车维修及相关政策法规。机修、电器、钣金、涂漆维修技术人员总数的30%应当经全国统一考试合格。

（四）有健全的维修管理制度。包括质量管理制度、安全生产管理制度、摩托车维修档案管理制度、人员培训制度、设备管理制度及配件管理制度。具体要求按照国家标准《摩托车维修业开业条件》（GB/T 18189）相关条款的规定执行。

（五）有必要的环境保护措施。具体要求按照国家标准《摩托车维修业开业条件》（GB/T18189）相关条款的规定执行。

第十四条 申请从事机动车维修经营的，应当向所在地的县级道路运输管理机构提出

申请,并提交下列材料:

(一)《交通行政许可申请书》;

(二)经营场地、停车场面积材料、土地使用权及产权证明复印件;

(三)技术人员汇总表及相应职业资格证明;

(四)维修检测设备及计量设备检定合格证明复印件;

(五)按照汽车、其他机动车、危险货物运输车辆、摩托车维修经营,分别提供本规定第十一条、第十二条、第十三条规定条件的其他相关材料。

第十五条 道路运输管理机构应当按照《中华人民共和国道路运输条例》和《交通行政许可实施程序规定》规范的程序实施机动车维修经营的行政许可。

第十六条 道路运输管理机构对机动车维修经营申请予以受理的,应当自受理申请之日起15日内作出许可或者不予许可的决定。符合法定条件的,道路运输管理机构作出准予行政许可的决定,向申请人出具《交通行政许可决定书》,在10日内向被许可人颁发机动车维修经营许可证件,明确许可事项;不符合法定条件的,道路运输管理机构作出不予许可的决定,向申请人出具《不予交通行政许可决定书》,说明理由,并告知申请人享有依法申请行政复议或者提起行政诉讼的权利。

机动车维修经营者应当持机动车维修经营许可证件依法向工商行政管理机关办理有关登记手续。

第十七条 申请机动车维修连锁经营服务网点的,可由机动车维修连锁经营企业总部向连锁经营服务网点所在地县级道路运输管理机构提出申请,提交下列材料,并对材料真实性承担相应的法律责任:

(一)机动车维修连锁经营企业总部机动车维修经营许可证件复印件;

(二)连锁经营协议书副本;

(三)连锁经营的作业标准和管理手册;

(四)连锁经营服务网点符合机动车维修经营相应开业条件的承诺书。

道路运输管理机构在查验申请资料齐全有效后,应当场或在5日内予以许可,并发给相应许可证件。连锁经营服务网点的经营许可项目应当在机动车维修连锁经营企业总部许可项目的范围内。

第十八条 机动车维修经营许可证件实行有效期制。从事一、二类汽车维修业务和一类摩托车维修业务的证件有效期为6年;从事三类汽车维修业务、二类摩托车维修业务及其他机动车维修业务的证件有效期为3年。

机动车维修经营许可证件由各省、自治区、直辖市道路运输管理机构统一印制并编号,县级道路运输管理机构按照规定发放和管理。

第十九条 机动车维修经营者应当在许可证件有效期届满前30日到作出原许可决定的道路运输管理机构办理换证手续。

第二十条 机动车维修经营者变更许可事项的,应当按照本章有关规定办理行政许可事宜。

机动车维修经营者变更名称、法定代表人、地址等事项的,应当向作出原许可决定的道路运输管理机构备案。

机动车维修经营者需要终止经营的,应当在终止经营前30日告知作出原许可决定的道路运输管理机构办理注销手续。

第三章 维修经营

第二十一条 机动车维修经营者应当按照经批准的行政许可事项开展维修服务。

第二十二条 机动车维修经营者应当将机动车维修经营许可证件和《机动车维修标志牌》悬挂在经营场所的醒目位置。

《机动车维修标志牌》由机动车维修经营者按照统一式样和要求自行制作。

第二十三条 机动车维修经营者不得擅自改装机动车,不得承修已报废的机动车,不得利用配件拼装机动车。

托修方要改变机动车车身颜色,更换发动机、车身和车架的,应当按照有关法律、法规的规定办理相关手续,机动车维修经营者在查看相关手续后方可承修。

第二十四条 机动车维修经营者应当加强对从业人员的安全教育和职业道德教育,确保安全生产。

机动车维修从业人员应当执行机动车维修安全生产操作规程,不得违章作业。

第二十五条 机动车维修产生的废弃物,应当按照国家的有关规定进行处理。

第二十六条 机动车维修经营者应当公布机动车维修工时定额和收费标准,合理收取费用。

机动车维修工时定额可按各省机动车维修协会等行业中介组织统一制定的标准执行,也可按机动车维修经营者报所在地道路运输管理机构备案后的标准执行,也可按机动车生产厂家公布的标准执行。当上述标准不一致时,优先适用机动车维修经营者备案的标准。

机动车维修经营者应当将其执行的机动车维修工时单价标准报所在地道路运输管理机构备案。

机动车生产厂家在新车型投放市场后 1 个月内,有义务向社会公布其维修技术资料和工时定额。

第二十七条 机动车维修经营者应当使用规定的结算票据,并向托修方交付维修结算清单。维修结算清单中,工时费与材料费应分项计算。维修结算清单格式和内容由省级道路运输管理机构制定。

机动车维修经营者不出具规定的结算票据和结算清单的,托修方有权拒绝支付费用。

第二十八条 机动车维修经营者应当按照规定,向道路运输管理机构报送统计资料。

道路运输管理机构应当为机动车维修经营者保守商业秘密。

第二十九条 机动车维修连锁经营企业总部应当按照统一采购、统一配送、统一标识、统一经营方针、统一服务规范和价格的要求,建立连锁经营的作业标准和管理手册,加强对连锁经营服务网点经营行为的监管和约束,杜绝不规范的商业行为。

第四章 质量管理

第三十条 机动车维修经营者应当按照国家、行业或者地方的维修标准和规范进行维修。尚无标准或规范的,可参照机动车生产企业提供的维修手册、使用说明书和有关技术资料进行维修。

第三十一条 机动车维修经营者不得使用假冒伪劣配件维修机动车。

机动车维修经营者应当建立采购配件登记制度，记录购买日期、供应商名称、地址、产品名称及规格型号等，并查验产品合格证等相关证明。

机动车维修经营者对于换下的配件、总成，应当交托修方自行处理。

机动车维修经营者应当将原厂配件、副厂配件和修复配件分别标识，明码标价，供用户选择。

第三十二条 机动车维修经营者对机动车进行二级维护、总成修理、整车修理的，应当实行维修前诊断检验、维修过程检验和竣工质量检验制度。

承担机动车维修竣工质量检验的机动车维修企业或机动车综合性能检测机构应当使用符合有关标准并在检定有效期内的设备，按照有关标准进行检测，如实提供检测结果证明，并对检测结果承担法律责任。

第三十三条 机动车维修竣工质量检验合格的，维修质量检验人员应当签发《机动车维修竣工出厂合格证》；未签发机动车维修竣工出厂合格证的机动车，不得交付使用，车主可以拒绝交费或接车。

机动车维修竣工出厂合格证由省级道路运输管理机构统一印制和编号，县级道路运输管理机构按照规定发放和管理。

禁止伪造、倒卖、转借机动车维修竣工出厂合格证。

第三十四条 机动车维修经营者对机动车进行二级维护、总成修理、整车修理的，应当建立机动车维修档案。机动车维修档案主要内容包括：维修合同、维修项目、具体维修人员及质量检验人员、检验单、竣工出厂合格证（副本）及结算清单等。

机动车维修档案保存期为二年。

第三十五条 道路运输管理机构应当加强对机动车维修专业技术人员的管理，严格执行专业技术人员考试和管理制度。

机动车维修专业技术人员考试及管理具体办法另行制定。

第三十六条 道路运输管理机构应当加强对机动车维修经营的质量监督和管理工作，可委托具有法定资格的机动车维修质量监督检验中心，对机动车维修质量进行监督检验。

第三十七条 机动车维修实行竣工出厂质量保证期制度。

汽车和危险货物运输车辆整车修理或总成修理质量保证期为车辆行驶 20000 公里或者 100 日；二级维护质量保证期为车辆行驶 5000 公里或者 30 日；一级维护、小修及专项修理质量保证期为车辆行驶 2000 公里或者 10 日。

摩托车整车修理或者总成修理质量保证期为摩托车行驶 7000 公里或者 80 日；维护、小修及专项修理质量保证期为摩托车行驶 800 公里或者 10 日。

其他机动车整车修理或者总成修理质量保证期为机动车行驶 6000 公里或者 60 日；维护、小修及专项修理质量保证期为机动车行驶 700 公里或者 7 日。

质量保证期中行驶里程和日期指标，以先达到者为准。

机动车维修质量保证期，从维修竣工出厂之日起计算。

第三十八条 在质量保证期和承诺的质量保证期内，因维修质量原因造成机动车无法正常使用，且承修方在 3 日内不能或者无法提供因非维修原因而造成机动车无法使用的相关证据的，机动车维修经营者应当及时无偿返修，不得故意拖延或者无理拒绝。

在质量保证期内，机动车因同一故障或维修项目经两次修理仍不能正常使用的，机动车维修经营者应当负责联系其他机动车维修经营者，并承担相应修理费用。

第三十九条 机动车维修经营者应当公示承诺的机动车维修质量保证期。所承诺的质量保证期不得低于第三十七条的规定。

第四十条 道路运输管理机构应当受理机动车维修质量投诉,积极按照维修合同约定和相关规定调解维修质量纠纷。

第四十一条 机动车维修质量纠纷双方当事人均有保护当事车辆原始状态的义务。必要时可拆检车辆有关部位,但双方当事人应同时在场,共同认可拆检情况。

第四十二条 对机动车维修质量的责任认定需要进行技术分析和鉴定,且承修方和托修方共同要求道路运输管理机构出面协调的,道路运输管理机构应当组织专家组或委托具有法定检测资格的检测机构作出技术分析和鉴定。鉴定费用由责任方承担。

第四十三条 对机动车维修经营者实行质量信誉考核制度。机动车维修质量信誉考核办法另行制定。

机动车维修质量信誉考核内容应当包括经营者基本情况、经营业绩(含奖励情况)、不良记录等。

第四十四条 道路运输管理机构应当建立机动车维修企业诚信档案。机动车维修质量信誉考核结果是机动车维修诚信档案的重要组成部分。

道路运输管理机构建立的机动车维修企业诚信信息,除涉及国家秘密、商业秘密外,应当依法公开,供公众查阅。

第五章 监督检查

第四十五条 道路运输管理机构应当加强对机动车维修经营活动的监督检查。

道路运输管理机构的工作人员应当严格按照职责权限和程序进行监督检查,不得滥用职权、徇私舞弊,不得乱收费、乱罚款。

第四十六条 道路运输管理机构应当积极运用信息化技术手段,科学、高效地开展机动车维修管理工作。

第四十七条 道路运输管理机构的执法人员在机动车维修经营场所实施监督检查时,应当有2名以上人员参加,并向当事人出示交通部监制的交通行政执法证件。

道路运输管理机构实施监督检查时,可以采取下列措施:

(一)询问当事人或者有关人员,并要求其提供有关资料;

(二)查询、复制与违法行为有关的维修台帐、票据、凭证、文件及其他资料,核对与违法行为有关的技术资料;

(三)在违法行为发现场所进行摄影、摄像取证;

(四)检查与违法行为有关的维修设备及相关机具的有关情况。

检查的情况和处理结果应当记录,并按照规定归档。当事人有权查阅监督检查记录。

第四十八条 从事机动车维修经营活动的单位和个人,应当自觉接受道路运输管理机构及其工作人员的检查,如实反映情况,提供有关资料。

第六章 法律责任

第四十九条 违反本规定,有下列行为之一,擅自从事机动车维修相关经营活动的,由县级以上道路运输管理机构责令其停止经营；有违法所得的，没收违法所得，处违法所得2倍以上10倍以下的罚款；没有违法所得或者违法所得不足1万元的，处2万元以上5万元以下的罚款；构成犯罪的，依法追究刑事责任：

（一）未取得机动车维修经营许可，非法从事机动车维修经营的；

（二）使用无效、伪造、变造机动车维修经营许可证件，非法从事机动车维修经营的；

（三）超越许可事项，非法从事机动车维修经营的。

第五十条 违反本规定，机动车维修经营者非法转让、出租机动车维修经营许可证件的，由县级以上道路运输管理机构责令停止违法行为，收缴转让、出租的有关证件，处以2000元以上1万元以下的罚款；有违法所得的，没收违法所得。

对于接受非法转让、出租的受让方，应当按照第四十九条的规定处罚。

第五十一条 违反本规定，机动车维修经营者使用假冒伪劣配件维修机动车，承修已报废的机动车或者擅自改装机动车的，由县级以上道路运输管理机构责令改正，并没收假冒伪劣配件及报废车辆；有违法所得的，没收违法所得，处违法所得2倍以上10倍以下的罚款；没有违法所得或者违法所得不足1万元的，处2万元以上5万元以下的罚款，没收假冒伪劣配件及报废车辆；情节严重的，由原许可机关吊销其经营许可；构成犯罪的，依法追究刑事责任。

第五十二条 违反本规定，机动车维修经营者签发虚假或者不签发机动车维修竣工出厂合格证的，由县级以上道路运输管理机构责令改正；有违法所得的，没收违法所得，处以违法所得2倍以上10倍以下的罚款；没有违法所得或者违法所得不足3000元的，处以5000元以上2万元以下的罚款；情节严重的，由许可机关吊销其经营许可；构成犯罪的，依法追究刑事责任。

第五十三条 违反本规定，有下列行为之一的，由县级以上道路运输管理机构责令其限期整改；限期整改不合格的，予以通报：

（一）机动车维修经营者未按照规定执行机动车维修质量保证期制度的；

（二）机动车维修经营者未按照有关技术规范进行维修作业的；

（三）伪造、转借、倒卖机动车维修竣工出厂合格证的；

（四）机动车维修经营者只收费不维修或者虚列维修作业项目的；

（五）机动车维修经营者未在经营场所醒目位置悬挂机动车维修经营许可证件和机动车维修标志牌的；

（六）机动车维修经营者未在经营场所公布收费项目、工时定额和工时单价的；

（七）机动车维修经营者超出公布的结算工时定额、结算工时单价向托修方收费的；

（八）机动车维修经营者不按照规定建立维修档案和报送统计资料的；

（九）违反本规定其他有关规定的。

第五十四条 违反本规定，道路运输管理机构的工作人员有下列情形之一的，由同级地方人民政府交通主管部门依法给予行政处分；构成犯罪的，依法追究刑事责任：

（一）不按照规定的条件、程序和期限实施行政许可的；

（二）参与或者变相参与机动车维修经营业务的；

（三）发现违法行为不及时查处的；

（四）索取、收受他人财物或谋取其他利益的；

（五）其他违法违纪行为。

第七章　附　　则

第五十五条　外商在中华人民共和国境内申请中外合资、中外合作、独资形式投资机动车维修经营的，应同时遵守《外商投资道路运输业管理规定》及相关法律、法规的规定。

第五十六条　机动车维修经营许可证件等相关证件工本费收费标准由省级人民政府财政部门、价格主管部门会同同级交通主管部门核定。

第五十七条　本规定自2005年8月1日起施行。经商国家发展和改革委员会、国家工商行政管理总局同意，1986年12月12日交通部、原国家经委、原国家工商行政管理局发布的《汽车维修行业管理暂行办法》同时废止，1991年4月10日交通部颁布的《汽车维修质量管理办法》同时废止。

中华人民共和国国家经济贸易委员会令

第35号

《危险化学品登记管理办法》已经国家经济贸易委员会主任办公会议审议通过，现予公布，自2002年11月15日起施行。

国家经济贸易委员会主任　　李荣融

二〇〇二年十月八日

危险化学品登记管理办法

第一章　总　　则

第一条　为加强对危险化学品的安全管理，防范化学事故和为应急救援提供技术、信息支持，根据《危险化学品安全管理条例》，制定本办法。

第二条　本办法适用于中华人民共和国境内生产、储存危险化学品的单位以及使用剧毒化学品和使用其他危险化学品数量构成重大危险源的单位（以下简称登记单位）。

第三条　危险化学品的登记范围：

（一）列入国家标准《危险货物品名表》（GB12268）中的危险化学品；

（二）由国家安全生产监督管理局会同国务院公安、环境保护、卫生、质检、交通部门确定并公布的未列入《危险货物品名表》的其他危险化学品。

国家安全生产监督管理局根据（一）、（二）确定的危险化学品汇总公布《危险化学品名录》。

危险化学品的登记单位为：生产和储存危险化学品的单位（以下分别简称生产单位、储存单位）、使用剧毒化学品和使用其他危险化学品数量构成重大危险源的单位（以下简称使用单位）：

生产单位、储存单位、使用单位是指在工商行政管理机关进行了登记的法人或非法人单位。

第四条　国家安全生产监督管理局负责全国危险化学品登记的监督管理工作。

各省、自治区、直辖市安全生产监督管理机构负责本行政区内危险化学品登记的监督管理工作。

第二章　登 记 机 构

第五条　国家设立国家化学品登记注册中心（以下简称登记中心），承办全国危险化学品登记的具体工作和技术管理工作。

省、自治区、直辖市设立化学品登记注册办公室(以下简称登记办公室),承办所在地区危险化学品登记的具体工作和技术管理工作。

第六条 国家安全生产监督管理局对登记中心实施监督管理;省、自治区、直辖市安全生产监督管理机构对本辖区登记办公室实施监督管理。

第七条 登记中心履行下列职责:

(一) 组织、协调和指导全国危险化学品登记工作;

(二) 负责全国危险化学品登记证书颁发与登记编号的管理工作;

(三) 建立并维护全国危险化学品登记管理数据库和动态统计分析信息系统;

(四) 设立国家化学事故应急咨询电话,与各地登记办公室共同建立全国化学事故应急救援信息网络,提供化学事故应急咨询服务;

(五) 组织对新化学品进行危险性评估;对未分类的化学品统一进行危险性分类;

(六) 负责全国危险化学品登记人员的培训工作。

第八条 登记办公室履行下列职责

(一) 组织本地区危险化学品登记工作;

(二) 核查登记单位申报登记的内容;

(三) 对生产单位编制的化学品安全技术说明书和化学品安全标签的规范性、内容一致性进行审查;

(四) 建立本地区危险化学品登记管理数据库和动态统计分析信息系统;

(五) 提供化学事故应急咨询服务。

第九条 登记中心和登记办公室从事危险化学品登记的工作人员(以下简称登记人员)应经统一培训,由国家安全生产监督管理局考核合格后,发给《危险化学品登记人员上岗证》(以下简称登记上岗证),持证上岗。

第十条 登记中心应有10名以上有登记上岗证的登记人员;登记办公室应有3名以上有登记上岗证的登记人员。

第十一条 登记中心和登记办公室应当制定严格的工作制度和程序,为登记单位提供良好的服务,保守登记单位的商业秘密。

第十二条 登记中心每年应向国家安全生产监督管理局书面报告全国危险化学品登记工作情况;登记办公室每年应向所在省、自治区、直辖市安全生产监督管理机构书面报告本地区危险化学品登记工作情况。各地登记办公室的报告应同时抄送登记中心。

第三章 登记的时间、内容和程序

第十三条 登记单位应在《危险化学品名录》公布之日起6个月内办理危险化学品登记手续。

对危险性不明的化学品,生产单位应在本办法实施之日起1年内,委托国家安全生产监督管理局认可的专业技术机构对其危险性进行鉴别和评估,持鉴别和评估报告办理登记手续。

对新化学品,生产单位应在新化学品投产前1年内,委托国家安全生产监督管理局认可的专业技术机构对其危险性进行鉴别和评估,持鉴别和评估报告办理登记手续。

新建的生产单位应在投产前办理危险化学品登记手续。

已登记的登记单位在生产规模或产品品种及其理化特性发生重大变化时,应当在3个月内对发生重大变化的内容办理重新登记手续。

第十四条 生产单位应登记的内容:

(一) 生产单位的基本情况;

(二) 危险化学品的生产能力、年需要量、最大储量;

(三) 危险化学品的产品标准;

(四) 新化学品和危险性不明化学品的危险性鉴别和评估报告;

(五) 化学品安全技术说明书和化学品安全标签;

(六) 应急咨询服务电话。

第十五条 储存单位、使用单位应登记的内容:

(一) 储存单位、使用单位的基本情况;

(二) 储存或使用的危险化学品品种及数量;

(三) 储存或使用的危险化学品安全技术说明书和安全标签。

第十六条 办理登记的程序:

(一) 登记单位向所在省、自治区、直辖市登记办公室领取《危险化学品登记表》,并按要求如实填写。

(二) 登记单位用书面文件和电子文件向登记办公室提供登记材料。

(三) 登记办公室在登记单位提交危险化学品登记材料后的20个工作日内对其进行审查,必要时可进行现场核查,对符合要求的危险化学品和登记单位进行登记,将相关数据录入本地区危险化学品管理数据库,向登记中心报送登记材料。

(四) 登记中心在接到登记办公室报送的登记材料之日起10个工作日内,进行必要的审查并将相关数据录入国家危险化学品管理数据库后,通过登记办公室向登记单位发放危险化学品登记证和登记编号。

(五) 登记办公室在接到登记证和登记编号之日起5个工作日内,将危险化学品登记证和登记编号送达登记单位或通知登记单位领取。

第十七条 生产单位办理登记时,应向所在省、自治区、直辖市登记办公室报送以下主要材料:

(一)《危险化学品登记表》一式3份和电子版1份;

(二) 营业执照复印件2份;

(三) 危险性不明或新化学品的危险性鉴别、分类和评估报告各3份;

(四) 危险化学品安全技术说明书和安全标签各3份和电子版1份;

(五) 应急咨询服务电话号码。委托有关机构设立应急咨询服务电话的,需提供应急服务委托书;

(六) 办理登记的危险化学品产品标准(采用国家标准或行业标准的,提供所采用的标准编号)。

储存单位、使用单位应报送上述第(一)、(二)、(四)项规定的材料。

第十八条 危险化学品登记证书有效期为3年。登记单位应在有效期满前3个月,到所在省、自治区、直辖市登记办公室进行复核。复核的主要内容为:生产、储存、使用单位基本情况的变更情况,安全技术说明书和安全标签的更新情况等。

第十九条 登记单位履行下列义务：

（一）对本单位的危险化学品进行普查，建立危险化学品管理档案；

（二）如实填报危险化学品登记材料；

（三）对本单位生产的危险性不明的化学品或新化学品进行危险性鉴别、分类和评估；

（四）生产单位应按照国家标准正确编制并向用户提供化学品安全技术说明书，在产品包装上拴挂或粘贴化学品安全标签，所提供的数据应保证准确可靠，并为其数据的真实性负责；

（五）危险化学品储存单位、使用单位应当向供货单位索取安全技术说明书；

（六）生产单位必须向用户提供化学事故应急咨询服务，为化学事故应急救援提供技术指导和必要的协助；

（七）配合登记人员在必要时对本单位危险化学品登记内容进行核查。

第二十条 生产单位终止生产危险化学品时，应当在终止生产后的3个月内办理注销登记手续。

使用单位终止使用危险化学品时，应当在终止使用后的3个月内办理注销登记手续。

第四章　罚　则

第二十一条 生产单位、储存单位、使用单位有下列情形之一的，由县级以上安全生产监督管理部门责令其改正，并视情节轻重处3万元以下罚款：

（一）未按规定进行危险化学品登记或在接到登记通知之日起6个月内仍未登记的；

（二）未向用户提供应急咨询服务的；

（三）转让、出租或伪造登记证书的；

（四）已登记的登记单位在生产规模或产品品种及其理化特性发生重大变化时，未按规定按时办理重新登记手续的；

（五）危险化学品登记证书有效期满后，未按规定申请复核的；

（六）生产单位、使用单位终止生产或使用危险化学品时，未按规定及时办理注销登记手续的。

第二十二条 登记中心或登记办公室的工作人员违规操作、弄虚作假、滥发证书，或在规定限期内无故不予登记且无明确答复，或泄露登记单位商业秘密的，由省级以上安全生产监督管理机构责令其改正，对有关责任者给予行政处分，并追究登记中心或登记办公室负责人的责任。

第五章　附　则

第二十三条 危险化学品登记表、危险化学品登记证、危险化学品登记人员上岗证由国家安全生产监督管理局统一印制。

第二十四条 本办法授权国家安全生产监督管理局负责解释。

第二十五条 本办法自2002年11月15日起施行。2000年9月11日国家经贸委公布的《危险化学品登记注册管理规定》同时废止。

中华人民共和国国家经济贸易委员会令

第36号

《危险化学品经营许可证管理办法》已经国家经济贸易委员会主任办公会议审议通过，现予公布，自2002年11月15日起施行。

国家经济贸易委员会主任　李荣融

二○○二年十月八日

危险化学品经营许可证管理办法

第一章　总　　则

第一条　为加强危险化学品安全管理，规范危险化学品经营销售活动，保障人民群众生命、财产安全，根据《中华人民共和国安全生产法》和《危险化学品安全管理条例》，制定本办法。

第二条　在中华人民共和国境内从事危险化学品经营销售活动，适用本办法。

民用爆炸品、放射性物品、核能物质和城镇燃气的经营，不适用本办法。

第三条　国家对危险化学品经营销售实行许可制度。经营销售危险化学品的单位，应当依照本办法取得危险化学品经营许可证（以下简称经营许可证），并凭经营许可证依法向工商行政管理部门申请办理登记注册手续。未取得经营许可证和未经工商登记注册，任何单位和个人不得经营销售危险化学品。

第四条　经营许可证分为甲、乙两种。取得甲种经营许可证的单位可经营销售剧毒化学品和其他危险化学品；取得乙种经营许可证的单位只能经营销售除剧毒化学品以外的危险化学品。

甲种经营许可证由省、自治区、直辖市人民政府经济贸易主管部门或其委托的安全生产监督管理部门（以下简称省级发证机关）审批、颁发；乙种经营许可证由设区的市级人民政府负责危险化学品安全监督管理综合工作的部门（以下简称市级发证机关）审批、颁发。成品油的经营许可纳入甲种经营许可证管理。

第五条　国家安全生产监督管理局负责全国经营许可证审批、发放工作的监督管理。

省级发证机关和市级发证机关分别负责本行政区域内经营许可证的监督管理。

第二章　经营许可证的申请与审批

第六条　危险化学品经营销售单位（以下简称经营单位），应当具备以下基本条件：

（一）经营和储存场所、设施、建筑物符合国家标准《建筑设计防火规范》（GBJ16）、《爆炸危险场所安全规定》和《仓库防火安全管理规则》等规定，建筑物应当经公安消防机构验收合格；

（二）经营条件、储存条件符合《危险化学品经营企业开业条件和技术要求》（GB18265）、《常用危险化学品储存通则》（GB15603）的规定；

（三）单位主要负责人和主管人员、安全生产管理人员和业务人员经过专业培训，并经考核，取得上岗资格；

（四）有健全的安全管理制度和岗位安全操作规程；

（五）有本单位事故应急救援预案。

第七条 申请经营许可证的单位自主选择具有资质的安全评价机构，对本单位的经营条件进行安全评价。

第八条 安全评价机构应当对申请经营许可证的单位是否符合本办法第六条规定的条件逐项进行评价，并出具安全评价报告。

第九条 申请甲种和乙种经营许可证的单位，应当分别向省级发证机关和市级发证机关提出申请，提交下列材料：

（一）《危险化学品经营许可证申请表》；

（二）安全评价报告；

（三）经营和储存场所建筑物消防安全验收文件的复印件；

（四）经营和储存场所、设施产权或租赁证明文件复印件；

（五）单位主要负责人和主管人员、安全生产管理人员和业务人员专业培训合格证书的复印件；

（六）安全管理制度和岗位安全操作规程。

第十条 发证机关应当在接到申请之日起 30 个工作日内，对申请人提交的材料进行审查和现场核查，对符合条件的，颁发经营许可证；对不符合条件的，应当书面通知申请人并说明理由。

第十一条 经营许可证应当载明下列事项：

（一）经营单位名称；

（二）经营单位住所（地址和经营场所）；

（三）经营单位法定代表人或负责人姓名；

（四）经营单位的经济类型；

（五）许可经营范围（剧毒化学品应当注明品名，其他危险化学品应当注明类项；成品油应当注明油品名称）；

（六）发证日期和有效期限；

（七）证书编号。

第十二条 经营单位改建、扩建或者迁移经营、储存场所，扩大许可经营范围，应当事前重新申请办理经营许可证。

经营单位变更单位名称、经济类型或者注册的法定代表人或负责人，应当于变更之日起 20 个工作日内，向原发证机关申办变更手续，换发新的经营许可证。

第十三条 经营许可证有效期为 3 年。有效期满后，经营单位继续从事危险化学品经营活动的，应当在经营许可证有效期满前 3 个月内向原发证机关提出换证申请，经审查合格后换领新证。

第十四条 发证机关应当将经营许可证的发放情况，及时向同级公安、环保部门通报。

第十五条 经营单位不得转让、买卖、出租、出借、伪造或者变造经营许可证。

第三章 经营许可证的监督管理

第十六条 发证机关应当坚持公开、公平、公正的原则，严格依照法律、法规、规章和标准规定的条件及程序，审批、发放经营许可证。

第十七条 发证机关应当加强对经营许可证的监督管理，建立、健全经营许可证审批、发放档案管理制度。

第十八条 市级发证机关应当将本行政区年度经营许可证的审批、发放情况报省级发证机关备案。省级发证机关应当将本行政区年度经营许可证的审批、发放情况报国家安全生产监督管理局备案。

第十九条 发证机关应当对本行政区内已取得经营许可证的单位进行监督检查。经营单位应当接受发证机关依法实施的监督检查，无正当理由不得拒绝、阻挠。

第四章 罚 则

第二十条 未取得经营许可证，擅自从事危险化学品经营的，由省级发证机关或市级发证机关依照《危险化学品安全管理条例》第五十七条的规定予以处罚。

第二十一条 经营单位违反本办法规定，有下列行为之一的，由发证机关吊销经营许可证：

（一）提供虚假证明文件或采取其他欺骗手段，取得经营许可证的；

（二）不再具备经营销售危险化学品基本条件的；

（三）转让、买卖、出租、出借、伪造或者变造经营许可证的。

第二十二条 发证机关的工作人员徇私舞弊、滥用职权、弄虚作假、玩忽职守的，依据《危险化学品安全管理条例》第五十五条的规定给予降级或者撤职的行政处分；构成犯罪的，依法追究刑事责任。

第二十三条 承担安全评价的机构出具虚假评价报告的，由省级以上安全生产监督管理部门没收非法所得并处以 3 万元以下罚款；没有非法所得的，处以 2 万元以下罚款；并建议授予其资质的部门吊销其资质证书；构成犯罪的，依法追究刑事责任。

第五章 附 则

第二十四条 危险化学品生产单位销售本单位生产的危险化学品，不再办理经营许可证，但销售非本单位生产的危险化学品或在厂外设立销售网点，仍需办理经营许可证。

第二十五条 本办法生效之前已取得经营许可证的单位，应当在本办法生效之日起 6 个月内重新办理经营许可证。逾期不办理的，不得继续经营销售危险化学品。

第二十六条 经营许可证由国家安全生产监督管理局统一印制。

第二十七条 本办法授权国家安全生产监督管理局负责解释。

第二十八条 本办法自 2002 年 11 月 15 日起施行。

中华人民共和国国家经济贸易委员会令

第37号

《危险化学品包装物、容器定点生产管理办法》已经国家经济贸易委员会主任办公会议审议通过，现予公布，自2002年11月15日起施行。

国家经济贸易委员会主任　李荣融

二〇〇二年十月八日

危险化学品包装物、容器定点生产管理办法

第一章　总　　则

第一条　为了加强危险化学品包装物、容器生产的管理，保证危险化学品包装物、容器的质量，保障危险化学品储存、搬运、运输和使用安全，根据《危险化学品安全管理条例》，制定本办法。

第二条　在中华人民共和国境内生产危险化学品包装物、容器适用本办法。

第三条　本办法所称危险化学品包装物、容器（以下简称包装物、容器）是指根据危险化学品的特性，按照有关法规、标准专门设计制造的，用于盛装危险化学品的桶、罐、瓶、箱、袋等包装物和容器，包括用于汽车、火车、船舶运输危险化学品的槽罐。

第四条　国家安全生产监督管理局负责全国危险化学品包装物、容器定点生产的监督管理；省、自治区、直辖市人民政府经济贸易主管部门或其委托的安全生产监督管理机构（以下简称发证机关）负责本行政区域内包装物、容器定点生产的监督管理，并审批发放危险化学品包装物、容器定点生产企业证书（以下简称定点证书）。

第五条　危险化学品包装物、容器必须由取得定点证书的专业生产企业定点生产。未取得定点证书的，任何单位和个人不得生产用于危险化学品包装的包装物、容器。

第二章　定点企业的基本条件、申请和审批

第六条　定点企业应当具备下列基本条件：

（一）具有营业执照；

（二）具有能够满足生产需要的固定场所；

（三）具有能够保证产品质量的专业生产、加工设备和检测检验手段；

（四）具有完善的管理制度、操作规程、工艺技术规程和产品质量标准；

（五）具有完善的产品质量管理体系；

（六）具有满足生产需要的专业技术人员、技术工人和特种作业人员。

生产压力容器的，还应当取得压力容器制造许可证。

第七条 申请定点生产的企业自主选择具有资质的评价机构，对本单位的生产条件进行评价。

第八条 评价机构应当对申请定点生产的企业是否符合本办法第六条规定的条件逐项进行评价，并出具评价报告。

第九条 申请定点生产的企业应当提交下列申报材料：

（一）危险化学品包装物、容器定点生产申请表；

（二）营业执照副本；

（三）企业生产条件评价报告书；

（四）生产、加工设备和检测检验仪器清单；

（五）企业质量管理手册；

（六）产品质量标准复印件；

（七）有关特种作业人员资格证书复印件。

生产压力容器的，还应当提交压力容器制造许可证复印件。

第十条 发证机关收到申报材料后，应当在30个工作日内进行审查和现场核查，符合条件的，颁发定点证书，并向社会公布；不符合条件的，应当书面通知申报企业并说明理由。

第十一条 取得定点证书的企业应当按照国家有关法规和国家、行业标准设计、生产危险化学品包装物、容器。危险化学品包装物、容器经国家质检部门认可的专业检测检验机构检测合格后方可出厂。

用于运输危险化学品的船舶的承载容器应当按照国家关于船舶检验的规范进行生产，并经国家海事管理机构认可的船舶检验部门检验合格后方可出厂。

第十二条 取得定点证书的企业，应当在其生产的包装物、容器上标注危险化学品包装物、容器定点生产标志（以下称定点标志）。

第三章 监督管理

第十三条 发证机关应当坚持公开、公平、公正的原则，严格依照法律、法规、规章和标准规定的条件及程序，审批定点企业。

第十四条 发证机关应当加强对定点企业的监督管理，建立、健全定点企业审批、发证和监督管理档案管理制度。

第十五条 发证机关应当将本行政区年度审批定点企业的情况及定点企业名单报国家安全生产监督管理局备案。

第四章 罚则

第十六条 定点企业有下列情况之一的，由发证机关吊销定点证书：

（一）提供虚假证明文件或采取其他欺诈手段，取得定点证书的；

（二）转让、买卖、出租、出借定点证书的；

（三）被吊销营业执照的；

（四）生产条件发生重大变化，不再符合本办法第六条规定条件的；

（五）因包装物、容器质量原因造成重大化学事故的；

（六）所生产的包装物、容器经国家质检机构检测不合格，整改后仍不合格的。

第十七条 未取得定点证书，擅自生产包装物、容器或者使用定点标志的，按照《危险化学品安全管理条例》第五十九条的规定给予处罚。

第十八条 发证机关的工作人员徇私舞弊、滥用职权、弄虚作假、玩忽职守的，按照《危险化学品安全管理条例》第五十五条的规定给予处罚。

第十九条 承担定点企业资质评价的机构出具虚假评价报告的，由省级以上安全生产监督管理部门没收非法所得并处以 3 万元以下罚款；没有非法所得的，处以 2 万元以下罚款；并建议授予其资质的部门吊销其资质证书；构成犯罪的，依法追究刑事责任。

第五章 附 则

第二十条 定点证书和定点标志由国家安全生产监督管理局统一印制。

第二十一条 本办法授权国家安全生产监督管理局负责解释。

第二十二条 本办法自 2002 年 11 月 15 日起施行。

关于印发《危险化学品登记管理办法》等三部规章实施意见的通知

安监管管二字[2002]103号

各省、自治区、直辖市及新疆生产建设兵团安全生产监督管理部门和化学品登记注册办公室，国家化学品登记注册中心：

为便于全国统一、规范实施《危险化学品登记管理办法》（国家经贸委令第35号）、《危险化学品经营许可证管理办法》（国家经贸委令第36号）、《危险化学品包装物、容器定点生产管理办法》（国家经贸委令第37号），保证危险化学品登记、经营许可证、包装物（容器）定点生产管理工作的科学、公正和严肃性，现将《关于〈危险化学品登记管理办法〉的实施意见》、《关于〈危险化学品经营许可证管理办法〉的实施意见》、《关于〈危险化学品包装物、容器定点生产管理办法〉的实施意见》印发你们，请认真遵照执行。

国家安全生产监督管理局

二〇〇二年十一月二十一日

关于《危险化学品登记管理办法》的实施意见

根据《危险化学品安全管理条例》（国务院令第344号，以下简称《条例》）和《危险化学品登记管理办法》（国家经贸委令第35号，以下简称《办法》）的规定，为有序推进危险化学品登记工作，现就实施《办法》的有关问题提出如下意见：

一、危险化学品的范围及相关名录

根据《条例》和《办法》的规定，危险化学品是指列入《危险货物品名表》（GB12268）中的危险化学品、国家安全生产监督管理局（以下称国家局）会同国务院有关部门确定的未列入《危险货物品名表》中的其他危险化学品和剧毒化学品。

按照《办法》第三条和《条例》第三条规定，国家局将汇总公布《危险化学品名录》，会同国务院有关部门公布《剧毒化学品目录》。鉴于目前尚未公布未列入《危险货物品名表》（GB12268）中的其他危险化学品，《危险化学品名录》（2002版）主要收录了《危险货物品名表》（GB12268）中的危险化学品。自2003年起，《危险化学品名录》每年修订一次并予以公布；《剧毒化学品目录》自公布之日起，不定期修订并予以公布。

二、登 记 机 构

国家化学品登记注册中心（以下简称登记中心）设在中国石化集团安全工程研究院，承担全国危险化学品登记的具体工作和技术管理工作。各省、自治区、直辖市安全生产监督管理部门应在2002年12月31日前，设立本地区化学品登记注册办公室(以下简称登记办公室)。

三、登记人员的基本条件与培训考核

(一) 登记人员应具备以下基本条件：

1. 具有良好的政治素质，工作责任心强；

2. 具有化工、安全管理等相关专业大专以上学历；

3. 能熟练使用计算机。

(二) 登记人员应经统一培训，并经国家局考核合格后，取得《危险化学品登记人员上岗证》(以下简称《上岗证》)，方可上岗。

(三) 培训、考核和发证办法

1. 国家局负责组织制定登记人员培训大纲及考核标准，推荐使用优秀教材；

2. 登记中心的登记人员由国家局认证的培训机构负责培训，国家局负责考核；

3. 登记办公室的登记人员由登记中心负责培训，国家局负责考核；

4. 经培训考核合格的人员，颁发由国家局统一印制的《上岗证》。

(四)《上岗证》的管理

1. 调离危险化学品登记岗位的登记人员，自调离岗位之日起15日内，由省级安全生产监督管理部门负责收回其《上岗证》，并报国家局备案。准备从事危险化学品登记工作的人员，应由登记办公室提前向登记中心提出培训申请，登记中心适时组织培训，经国家局考核合格，获得《上岗证》后，方能上岗。

2. 自取得《上岗证》之日起，登记人员应每2年参加登记中心组织的再培训。再培训的主要内容是：新颁布的法律、法规、规章、标准和新技术、新知识等。

3.《上岗证》2年复审一次，复审内容包括：工作开展情况、有无重大工作失误或违规、再培训情况和工作变更情况等。复审工作由国家局负责。

四、登记办公室的基本条件

登记办公室是承办所在地区危险化学品登记具体工作和技术管理工作的技术支持机构，为确保登记工作顺利进行，登记办公室应满足下列条件：

1. 具有事业单位法人资格，能够独立承担民事责任；

2. 有固定的办公场所，配备了计算机、电话等必要的办公设备；

3. 至少配备了3名登记人员、数据库管理等技术人员；

4. 有完善的责任制度、保密制度、档案管理和数据库维护制度；

登记办公室由省(自治区、直辖市)安全生产监督管理部门负责监督管理，技术上受登记中心指导。

五、应急咨询电话的设立及使用

国家局已经确定国家化学事故应急咨询电话，电话号码是0532—3889090。登记中心负责管理和维护国家化学事故应急咨询电话，并向社会和已经登记的危险化学品的用户提供化学事故应急咨询服务。

危险化学品生产单位应按照《条例》和《办法》的规定，设立本单位的应急咨询电话，在本单位生产的危险化学品的化学品安全技术说明书和化学品安全标签（以下统称"一书一签"）上标注本单位的应急服务咨询电话号码和国家化学事故应急咨询电话号码，向用户提供化学事故应急咨询服务。危险化学品生产单位的应急咨询服务电话应符合下列条件：

1. 设立专门应急咨询服务电话，电话号码应印在本单位生产的危险化学品的"一书一签"上，该电话不得挪作他用；

2. 有专职人员负责接听并回答用户应急咨询，专职人员应当熟悉本单位生产的危险化学品的"一书一签"内容，以及国家有关危险化学品安全管理法律法规；

3. 除不可抗拒的因素外，应急服务咨询电话应当每天 24 小时开通，并有专职人员职守。

不具备上述条件或因其他原因不设立本单位专门应急咨询服务电话的生产单位，可委托登记中心、本地区登记办公室或其他国家局认可的机构（以下统称应急服务机构）为其代理应急咨询服务。委托应急服务机构代理应急咨询服务的生产单位，应与应急服务机构签定应急咨询服务协议。应急服务机构应设立专职人员每天 24 小时职守的专门应急咨询服务电话，专职人员应熟悉咨询服务委托方（生产单位）生产的危险化学品的"一书一签"的内容。应急咨询服务协议经生产单位、应急服务机构的负责人签字、盖章生效后，生产单位方可在其生产的危险化学品的"一书一签"上标注应急服务机构设立的专门应急咨询电话的号码。

六、登记证的种类

按照《办法》规定，登记证由国家局统一印制。登记证包括"危险化学品登记证"、"危险化学品生产单位登记证"、"危险化学品储存单位登记证"和"危险化学品使用单位登记证"。

七、登记证的发放程序

按照《办法》第十六条、第十七条规定，危险化学品生产单位应同时办理危险化学品生产单位登记证和危险化学品登记证，具体程序如下：

1. 生产单位向登记办公室提交登记材料。

2. 登记材料经登记办公室审查合格后，登记办公室在"危险化学品登记审查意见表"的相应栏内签署审查意见并加盖登记办公室公章。

3. 登记办公室将"危险化学品登记审查意见表"与审查合格的登记材料报送至登记中心。

4. 登记中心对登记办公室报送的登记材料进行审核，确认合格的，在"危险化学品登记审查意见表"的相应栏内签署审核意见、加盖登记中心公章，填制相应的登记证书并加盖登记中心公章。

5. 登记中心将加盖登记中心公章的登记证书寄送登记办公室，登记办公室加盖登记办公室公章后，送达登记单位或通知登记单位领取。

危险化学品储存单位登记证和危险化学品使用单位登记证按照上述程序办理。

八、办理登记的时间

自《办法》生效之日起,登记办公室首先受理《危险化学品名录》所列危险化学品及其生产单位的登记;2003 年 11 月 15 日起,登记办公室开始受理储存单位、使用单位和《危险化学品名录》未列的危险化学品(包括危险性不明的化学品、新化学品)的登记。

应急咨询服务代理协议、危险化学品生产单位登记表、危险化学品储存单位登记表、危险化学品使用单位登记表、危险化学品登记证、危险化学品生产单位登记证、危险化学品储存单位登记证、危险化学品使用单位登记证由国家局统一制定和印制。

附件:

1. 危险化学品生产单位登记表
2. 危险化学品储存单位登记表
3. 危险化学品使用单位登记表
4. 危险化学品登记证(略)
5. 危险化学品生产单位登记证(略)
6. 危险化学品储存单位登记证(略)
7. 危险化学品使用单位登记证(略)
8. 危险化学品登记编号规则

登记申请表

行政区代码表

关于《危险化学品经营许可证管理办法》的实施意见

根据《安全生产法》和《危险化学品安全管理条例》,2002 年 10 月 8 日,国家经贸委公布《危险化学品经营许可证管理办法》(国家经贸委令第 36 号,以下简称《办法》),于 2002 年 11 月 15 日实施。为了进一步规范危险化学品经营单位(以下简称经营单位)的监督管理,保证危险化学品经营许可证(以下简称经营许可证)发放的科学性、公正性和严肃性,便于全国统一实施《办法》,现就《办法》中若干事项提出如下意见:

一、危险化学品用途分类

危险化学品广泛应用于国民经济建设和人民生活的各个领域,其用途主要划分为:工业生产、农业生产、建筑装饰、科教文卫、家庭生活、国防军工等领域使用的危险化学品;运输工具使用的成品油和液化气;特殊用途的监控化学品和易制毒化学品。

二、经营单位类型、经济性质和经营方式

1. 单位类型

(1)企业类型:按照国家统计局和原国家工商行政管理局《关于划分企业登记注册类型

的规定》(国统字[1998]200 号)划分企业类型。

(2)特别类型:个体工商户、百货商店(场)。

(3)企业主管划分:中央管理企业、省(自治区、直辖市)属企业、其他隶属企业。

(4)企业(公司)分支机构:分公司、办事机构、销售部。

(5)营业执照登记划分:国家工商行政管理总局登记注册、省(自治区、直辖市)级工商行政管理局登记注册、国家工商行政管理总局委托省(自治区、直辖市)级工商行政管理局登记注册、中央管理企业分支机构在省(自治区、直辖市)级工商行政管理局登记注册、其他工商行政管理局登记注册。

2. 经济性质

全民所有制、集体所有制、私有制。

3. 危险化学品经营方式

批发、零售和化工企业在厂外设立销售网点。

三、危险化学品经营限制

1. 禁止经营《淘汰落后生产能力、工艺和产品的目录》中的落后产品中的危险化学品、《禁止进口货物目录》和《禁止出口货物目录》中的危险化学品。

2. 依据《农药管理条例》,下列单位可以经营属于危险化学品的农药:

(1)供销合作社的农业生产资料经营单位;

(2)植物保护站;

(3)土壤肥料站;

(4)农业、林业技术推广机构;

(5)森林病虫害防治机构;

(6)农药生产企业;

(7)国务院规定的其他经营单位。

3. 依据《监控化学品管理条例》的规定,经营具有危险性的监控化学品,须出具国家经贸委或省(自治区、直辖市)经贸部门的批准文件。

4. 个体工商户和百货商店(场)不得经营工业生产、农业生产、国防军工等使用的危险化学品和运输工具用成品油和液化气;个体工商户不得经营建筑装饰、科教文卫、家庭生活等使用的剧毒化学品;百货商店(场)不得经营家庭生活使用的危险化学品以外的危险化学品。

5. 依据《国务院关于整顿和规范市场经济秩序的决定》(国发[2001]11 号)及国家经贸委有关规定,经营成品油须出具国家经贸委或省、自治区、直辖市经贸部门的批准文件。此外,经营运输工具用液化气(液化石油气、液化天然气)应当参照成品油管理,出具国家经贸委或省、自治区、直辖市经贸部门的批准文件。

6. 根据国家经贸委、公安部和国家工商行政管理总局《关于加强易制毒化学品生产经营管理的通知》(国经贸产业[2000]1105 号)等有关规定,经营属于一类易制毒化学品的危险化学品必须出具有关主管部门的批准文件。

四、经营单位的基本条件

1. 经营用于建筑装饰危险化学品的建筑装饰材料市场，应当符合《办法》第六条规定的条件，在市场内出租经营的店面可以酌情放宽条件。

2. 没有也不租赁储存场所从事批发业务的经营企业，应当符合《办法》第六条(三)、(四)、(五)项规定的条件。

3. 人员培训

(1)经营单位的主要负责人(包括主管人员)、安全生产管理人员(包括专职和兼职人员)和业务人员，应经过专业培训，并经考核合格，取得安全资格证书。

(2)国家安全生产监督管理局(以下简称国家局)依法组织、指导全国经营单位安全生产培训工作，负责组织制订经营单位主要负责人、安全生产管理人员和业务人员的培训大纲及考核标准，推荐使用基本教材。

(3)各省(自治区、直辖市)安全生产监督管理部门(以下简称省级部门)负责本辖区经营单位安全管理培训、考核、发证的综合管理工作，应当制定相应的管理办法并报国家局备案。

4. 经营单位事故应急救援预案

经营单位租赁经营场所或储存场所的，经营单位应当与经营场所或储存场所的所有者共同编制事故应急救援预案。

五、经营单位的安全评价

1. 安全评价报告书

危险化学品经营单位安全评价报告书，要按照国家局印发的《危险化学品经营单位安全评价导则》进行编制。

2. 开展安全评价工作时间

国家局印发《危险化学品经营单位安全评价导则》之后，危险化学品经营单位即可自主选择具有资质的评价机构进行评价。

六、经营单位的申请材料

1.《危险化学品经营许可证申请表》由国家局编制统一格式(见附件1)，各省级部门和设区的市负责危险化学品安全管理的部门(以下简称市级部门)自行印制。

2. 经营单位应当向省级部门或市级部门提交《危险化学品经营许可证申请表》一式3份和电子版1份。

七、经营单位的审批

1. 经营单位的审批

《办法》中规定的省级部门和市级部门负责审批并发放经营单位的经营许可证，不得交由下级部门进行审批和发放。

2. 省级部门负责审批剧毒化学品、成品油和运输工具用液化气的经营单位，在国家工商行政管理总局、省（自治区、直辖市）工商行政管理局、国家工商行政管理总局委托省（自治区、直辖市）级工商行政管理局登记注册的经营单位，并发放甲种经营许可证；市级发证机关负责审批上述单位以外的经营单位，并发放乙种经营许可证。

八、经营许可证

1. 经营许可证的印发

根据发证机关需要的数量，国家局统一印制经营许可证（证书式样见附件 2），省级部门和市级部门负责发放。

2. 经营许可证的填写

经营许可证用打印机打印（填写说明见附件 2），国家局确定打印机型号，省级部门和市级部门自行购买，打印程序由国家局提供。

3. 经营许可证的损坏处理

在填写经营许可证时，如果发现毁坏或填写差错，省级部门或市级部门可将毁坏的经营许可证邮寄到国家局监管二司。

九、经营单位的信息管理

1. 省级部门和市级部门除定期向社会公告经营单位名单以外，还应当向同级公安机关、交通部门、工商部门和环保部门通报。

2. 每年 1 月 15 日前，省级部门将经营单位情况书面报国家局，同时将信息数据库新增信息一并报送（用计算机软盘）。

3. 国家局建立经营单位信息数据库。数据库软件由国家局统一编制，提供省级部门和市级部门。

十、经营许可证工本费

经营许可证工本费，由国家局报请国家计委和财政部核准，全国统一执行。

附件：

1.《危险化学品经营许可证申请表》（略）

2. 危险化学品经营许可证式样及填写说明（略）

关于《危险化学品包装物、容器生产定点管理办法》的实施意见

根据《安全生产法》和《危险化学品安全管理条例》，2002 年 10 月 8 日，国家经贸委公布《危险化学品包装物、容器生产定点管理办法》（国家经贸委令第 37 号，以下简称《办法》），于 2002 年 11 月 15 日实施。为了进一步规范危险化学品包装物、容器（以下简称“包装物、

容器”）生产定点的监督管理，保证包装物、容器生产定点的科学性、公正性和严肃性，便于全国统一实施《办法》，现就《办法》中若干事项提出如下意见：

一、包装物、容器分类和范围

1. 包装物、容器分类。根据国家标准《危险货物运输包装类别划分原则》（GB/T15098－94），将《办法》所称包装物、容器划分为三个类别，即：Ⅰ类包装、Ⅱ类包装、Ⅲ类包装。

2. 包装物、容器范围。《办法》所称包装物是指《危险货物运输包装通用技术条件》（GB12463－90）所列的包装容器；《办法》所称容器是指《危险货物运输包装通用技术条件》（GB12463）不适用的压缩气体和液化气体的压力容器、净重超过400公斤、容积超过450升的包装容器，包括汽车、火车、船用槽罐和溶解气体钢瓶。

二、包装生产企业类型

按照国家统计局和原国家工商行政管理局《关于划分企业登记注册类型的规定》（国统字［1998］200号），划分包装生产企业的类型。

三、定点生产危险化学品包装限制

1. 禁止生产《淘汰落后生产能力、工艺和产品的目录》中的落后产品中的危险化学品包装物、容器。

2. 禁止定点城乡个体工商户生产危险化学品包装物、容器。

四、包装物、容器定点生产企业生产条件的评价

1. 评价报告书。包装物、容器定点生产企业生产条件评价报告书，应当按照国家安全生产监督管理局（以下简称国家局）印发的《包装物、容器定点生产企业生产条件评价导则》进行编制。

2. 开展评价工作时间。包装物、容器定点生产企业生产条件评价工作，自国家局印发《包装物、容器定点生产企业生产条件评价导则》之后，包装物、容器生产企业即可自主选择具有资质的评价机构进行评价。

五、包装物、容器定点生产企业的申请和审批

1.《危险化学品包装物、容器定点生产申请表》由国家局编制统一格式（见附件1），各省、自治区、直辖市人民政府经济贸易管理部门或其委托的安全生产监督管理部门（以下简称“发证机关”）自行印制。

2. 包装物、容器生产企业应当向发证机关提交《危险化学品包装物、容器定点生产申请表》一式3份和电子版1份。

3. 包装物、容器产品质量标准，有国家标准或行业标准的，应当不低于强制执行的国家标准或行业标准以及国家标准或行业标准中的强制执行条款。

4. 包装物、容器定点生产企业由《办法》中规定的发证机关负责审批并发放定点证书，不得交由下级部门进行审批和发放定点证书。

六、包装物、容器生产企业的定点证书

1. 定点证书发放。包装物、容器生产企业的定点证书（证书式样见附件2），根据发证机关需要的数量，国家局统一印制，发证机关发放给定点企业。

2. 定点证书有效期。包装物、容器生产企业定点证书有效期为3年。期满前20个工作日内，按照《办法》第十、十一条规定重新申请。

3. 定点证书损坏。在填写证书（填写说明见附件2）时，如果发现毁坏或填写差错，发证机关请将毁坏证书邮寄到国家局监管二司，换取新的证书。

七、包装物、容器标注定点生产标志

包装物、容器定点生产标志由国家局统一印制，由发证机关发放使用；定点生产标志使用时间另行通知。

八、包装物、容器定点生产的信息管理

1. 发证机关除定期向社会公告定点生产企业名单以外，还应当向同级质检部门、交通部门和工商部门通报。

2. 建立定点生产企业信息数据库。数据库软件由国家局统一编制，提供发证机关。

3. 发证机关每年1月15日前将定点生产企业情况书面报国家局，同时将信息数据库新增信息一并报送（用计算机软盘）。

九、包装物、容器生产企业定点证书工本费

包装物、容器生产企业定点证书和定点生产标志工本费，由国家局报请国家计委和财政部核准，全国统一执行。

附件：

1. 危险化学品包装物、容器定点生产申请表（略）
2. 危险化学品包装物、容器生产企业定点证书式样和填写说明（略）

中华人民共和国公安部令

第77号

《剧毒化学品购买和公路运输许可证件管理办法》已经2005年4月21日公安部部长办公会议通过，现予公布，自2005年8月1日起施行。

公安部部长　　周永康

2005年5月25日

剧毒化学品购买和公路运输许可证件管理办法

第一条　为加强对剧毒化学品购买和公路运输的监督管理，保障国家财产和公民生命财产安全，根据《中华人民共和国道路交通安全法》、《危险化学品安全管理条例》等法律、法规的规定，制定本办法。

第二条　除个人购买农药、灭鼠药、灭虫药以外，在中华人民共和国境内购买和通过公路运输剧毒化学品的，应当遵守本办法。

本办法所称剧毒化学品，按照国务院安全生产监督管理部门会同国务院公安、环保、卫生、质检、交通部门确定并公布的剧毒化学品目录执行。

第三条　国家对购买和通过公路运输剧毒化学品行为实行许可管理制度。购买和通过公路运输剧毒化学品，应当依照本办法申请取得《剧毒化学品购买凭证》、《剧毒化学品准购证》和《剧毒化学品公路运输通行证》。未取得上述许可证件，任何单位和个人不得购买、通过公路运输剧毒化学品。

任何单位或者个人不得伪造、变造、买卖、出借或者以其他方式转让《剧毒化学品购买凭证》、《剧毒化学品准购证》和《剧毒化学品公路运输通行证》，不得使用作废的上述许可证件。

第四条　公安机关应当坚持公开、公平、公正的原则，严格依照本办法审查核发剧毒化学品购买和公路运输许可证件，建立健全审查核发许可证件的管理档案，公开办理许可证件的公安机关主管部门的通信地址、联系电话、传真号码和电子信箱，并监督指导从业单位严格执行剧毒化学品购买和公路运输许可管理规定。

省级公安机关对核发的剧毒化学品购买凭证、准购证和公路运输通行证应当建立计算机数据库，包括证件编号、购买企业、运输企业、运输车辆、驾驶人、押运人员、剧毒化学品品名和数量、目的地、始发地、行驶路线等内容。数据库的项目和数据的格式应当全国统一。治安管理、交通管理部门应当建立信息共享或者通报制度。

第五条　经常需要购买、使用剧毒化学品的，应当持销售单位生产或者经营剧毒化学品资质证明复印件，向购买单位所在地设区的市级人民政府公安机关治安管理部门提出申请。符合要求的，由设区的市级人民政府公安机关负责人审批后，将盖有公安机关印章的《剧毒化学品购买凭证》成册发给购买或者使用单位保管、填写。

（一）生产危险化学品的企业申领《剧毒化学品购买凭证》时，应当如实填写《剧毒化学品购买凭证申请表》，并提交危险化学品生产企业安全生产许可证或者批准书的复印件。

（二）经营剧毒化学品的企业申领《剧毒化学品购买凭证》时，应当如实填写《剧毒化学品购买凭证申请表》，并提交危险化学品经营许可证（甲种）的复印件。

（三）其他生产、科研、医疗等经常需要使用剧毒化学品的单位申领《剧毒化学品购买凭证》时，应当如实填写《剧毒化学品购买凭证申请表》，并提交使用、接触剧毒化学品从业人员的上岗资格证的复印件。使用剧毒化学品从事生产的单位还应当提交危险化学品使用许可证、批准书或者其他相应的从业许可证明。

第六条 临时需要购买、使用剧毒化学品的，应当持销售单位生产或者经营剧毒化学品资质证明复印件，向购买单位所在地设区的市级人民政府公安机关治安管理部门提出申请。符合要求的，由设区的市级人民政府公安机关负责人审批签发《剧毒化学品准购证》。

申领《剧毒化学品准购证》时，应当如实填写《剧毒化学品准购证申请表》，并提交注明品名、数量、用途的单位证明。

第七条 对需要通过公路运输剧毒化学品的，以及单车运输气态、液态剧毒化学品超过五吨的，由签发《剧毒化学品购买凭证》、《剧毒化学品准购证》的公安机关治安管理部门将证件编号、发证机关、剧毒化学品品名、数量等有关信息，向运输目的地县级人民政府公安机关交通管理部门通报并录入剧毒化学品公路运输安全管理数据库。具体通报办法由省级人民政府公安机关制定。

第八条 需要通过公路运输剧毒化学品的，应当向运输目的地县级人民政府公安机关交通管理部门申领《剧毒化学品公路运输通行证》。申领时，托运人应当如实填写《剧毒化学品公路运输通行证申请表》，同时提交下列证明文件和资料，并接受公安机关交通管理部门对运输车辆和驾驶人、押运人员的查验、审核：

（一）《剧毒化学品购买凭证》或者《剧毒化学品准购证》。

运输进口或者出口剧毒化学品的，应当提交危险化学品进口或者出口登记证。

（二）承运单位从事危险货物道路运输的经营（运输）许可证（复印件）、机动车行驶证、运输车辆从事危险货物道路运输的道路运输证。

运输剧毒化学品的车辆必须设置安装剧毒化学品道路运输专用标识和安全标示牌。安全标示牌应当标明剧毒化学品品名、种类、罐体容积、载质量、施救方法、运输企业联系电话。

（三）驾驶人的机动车驾驶证，驾驶人、押运人员的身份证件以及从事危险货物道路运输的上岗资格证。

（四）随《剧毒化学品公路运输通行证申请表》附运输企业对每辆运输车辆制作的运输路线图和运行时间表，每辆车拟运输的载质量。

承运单位不在目的地的，可以向运输目的地县级人民政府公安机关交通管理部门提出申请，委托运输始发地县级人民政府公安机关交通管理部门受理核发《剧毒化学品公路运输通行证》，但不得跨省（自治区、直辖市）委托。具体委托办法由省级人民政府公安机关制定。

第九条 公安机关交通管理部门受理申请后，应当及时审核和查验以下事项：

（一）审核证明文件的真实性，并与省级人民政府公安机关建立的剧毒化学品公路运输安全管理数据库进行比对，审核证明文件与运输单位、运输车辆、驾驶人和押运人员的同一性。

（二）审核驾驶人在一个记分周期内是否有交通违法记分满十二分，或者有两次以上驾驶剧毒化学品运输车辆超载、超速记录。

（三）审核申请的通行路线和时间是否可能对公共安全构成威胁。

（四）查验运输车辆是否设置安装了剧毒化学品道路运输专用标识和安全标示牌，是否配备了主管部门规定的应急处理器材和防护用品，是否有非法改装行为，轮胎花纹深度是否符合国家标准，车辆定期检验周期的时间是否在有效期内。

（五）审核单车运输的数量是否超过行驶证核定载质量。

第十条 公安机关交通管理部门经过审核和查验后，应当按照下列情况分别处理：

（一）对证明文件真实有效，运输单位、运输车辆、驾驶人和押运人员符合规定，通行路线和时间对公共安全不构成威胁的，报本级公安机关负责人批准签发《剧毒化学品公路运输通行证》，每次运输一车一证，有效期不超过十五天。

（二）对其他申请条件符合要求，但通行路线和时间有可能对公共安全构成威胁的，由公安机关交通管理部门变更通行路线和时间后，再予批准签发《剧毒化学品公路运输通行证》。

（三）对车辆定期检验合格标志已超过有效期或者在运输过程中将超过有效期的，没有设置专用标识、安全标示牌的，或者没有配备应急处理器材和防护用品，应当经过检验合格，补充有关设置，配齐有关器材和用品后，重新受理申请。

（四）对证明文件过期或者失效的，证明文件与计算机数据库记录比对结果不一致或者没有记录的，承运单位不具备运输危险化学品资质的，驾驶人、押运人员不具备上岗资格的，驾驶人交通违法记录不符合本办法要求的，或者车辆有非法改装行为或者安全状况不符合国家安全技术标准的，不予批准。

行驶路线跨越本县（市、区、旗）的，应当由县级人民政府公安机关交通管理部门报送上一级公安机关交通管理部门核准；行驶路线跨越本地（市、州、盟）或者跨省（自治区、直辖市）的，应当逐级上报到省级人民政府公安机关交通管理部门核准。由县级人民政府公安机关交通管理部门按照核准后的路线指定。对跨省（自治区、直辖市）行驶路线的指定，应当由所在地省级人民政府公安机关交通管理部门征得途经地省级人民政府公安机关交通管理部门同意。

第十一条 签发通行证后，发证的公安机关交通管理部门应当及时将发证信息发送到省级人民政府公安机关建立的剧毒化学品公路运输安全管理数据库，并通过书面或者信息系统通报沿线公安机关交通管理部门。跨县（市、区、旗）运输的，由设区的市级人民政府公安机关交通管理部门通报，跨地（市、州、盟）和跨省（自治区、直辖市）运输的，由省级人民政府公安机关交通管理部门通报。

对气态、液态剧毒化学品单车运输超过五吨的，签发通行证的公安机关交通管理部门应当报上一级公安机关交通管理部门备案。

具体通报和备案办法由省级人民政府公安机关制定。

第十二条 目的地、始发地和途经地公安机关交通管理部门应当通过信息系统或者采取其他方式及时了解剧毒化学品运输信息，加强对剧毒化学品运输车辆、驾驶人遵守道路交通安全法律规定情况的监督检查。

第十三条 申领《剧毒化学品购买凭证》、《剧毒化学品准购证》的申请人或者申请人委托的代理人可以直接到公安机关提出书面申请,也可以通过信函、传真、电子邮件等形式提出申请。

第十四条 公安机关对申领单位提交的申请材料,应当按照下列规定分别处理:

(一)对符合申领条件的,应当当场受理并出具书面凭证。

(二)对申请材料不齐全或者不符合法定形式的,应当当场一次性告知需要补正的全部内容;申请材料存在的错误,可以当场更正的,应当允许申请人当场更正。

(三)对不属于本机关职权范围或者本办法所规定的许可事项的,应当即时作出不予受理的决定并出具书面凭证。

第十五条 对已经受理的申请,公安机关应当及时进行审查,并在三个工作日内作出批准或者不予批准的决定;对申请跨省(自治区、直辖市)运输需要勘察核定行驶线路的,应当在十个工作日内作出批准或者不予批准的决定。对批准的,应当即时填发剧毒化学品购买和公路运输许可证件,并于当日送达或者通知申请人领取;对不予批准的,应当告知申请人不予批准的理由,并出具不予批准的书面凭证。

第十六条 《剧毒化学品购买凭证》由发证公安机关成册核发给购买或者使用单位的,由该单位负责人按照制度规定审核签批使用。持证单位用完后应当及时将购买凭证的存根交回原发证公安机关核查存档。

已经领取《剧毒化学品购买凭证》的单位,应当建立规范的购买凭证保管、填写、审核、签批、使用制度,严格管理。因故不再需要使用时,应当及时将尚未使用的购买凭证连同已经使用的购买凭证的存根交回原发证公安机关核查存档。

第十七条 销售单位销售剧毒化学品时,应当收验《剧毒化学品购买凭证》或者《剧毒化学品准购证》,按照购买凭证或者准购证许可的品名、数量销售,并如实填写《剧毒化学品购买凭证》或者《剧毒化学品准购证》回执第一联和回执第二联,由购买经办人签字确认。

回执第一联由购买单位带回,并在保管人员签注接收情况后的七日内交原发证公安机关核查存档;回执第二联由销售单位在销售后的七日内交所在地县级人民政府公安机关治安管理部门核查存档。

第十八条 通过公路运输剧毒化学品的,应当遵守《中华人民共和国道路交通安全法》、《危险化学品安全管理条例》等法律、法规对剧毒化学品运输安全的管理规定,悬挂警示标志,采取必要的安全措施,并按照《剧毒化学品公路运输通行证》载明的运输车辆、驾驶人、押运人员、装载数量、有效期限、指定的路线、时间和速度运输,禁止超载、超速行驶;押运人员应当随车携带《剧毒化学品公路运输通行证》,以备查验。

运输车辆行驶速度在不超过限速标志的前提下,在高速公路上不低于每小时七十公里不高于每小时九十公里,在其他道路上不超过每小时六十公里。

剧毒化学品运达目的地后,收货单位应当在《剧毒化学品公路运输通行证》上签注接收情况,并在收到货物后的七日内将《剧毒化学品公路运输通行证》送目的地县级人民政府公安机关治安管理部门备案存查。

第十九条 填写《剧毒化学品购买凭证》、《剧毒化学品准购证》或者《剧毒化学品公路运输通行证》发生错误时,应当注明作废并保留存档备查,不得涂改;填写错误的《剧毒化学品购买凭证》,由持证单位负责交回原发证公安机关核查存档。

填写《剧毒化学品购买凭证》或者《剧毒化学品准购证》回执第一联、回执第二联发生错误确需涂改的,应当在涂改处加盖销售单位印章予以确认。

第二十条 未申领《剧毒化学品购买凭证》、《剧毒化学品准购证》、《剧毒化学品公路运输通行证》，擅自购买、通过公路运输剧毒化学品的，由公安机关依法采取措施予以制止，处以一万元以上三万元以下罚款；对已经购买了剧毒化学品的，责令退回原销售单位；对已经实施运输的，扣留运输车辆，责令购买、使用和承运单位共同派员接受处理；对发生重大事故，造成严重后果的，依法追究刑事责任。

第二十一条 提供虚假证明文件、采取其他欺骗手段或者贿赂等不正当手段，取得《剧毒化学品购买凭证》、《剧毒化学品准购证》、《剧毒化学品公路运输通行证》的，由发证的公安机关依法撤销许可证件，处以一千元以上一万元以下罚款。

对利用骗取的许可证件购买了剧毒化学品的，责令退回原销售单位。

利用骗取的许可证件通过公路运输剧毒化学品的，由公安机关依照《危险化学品安全管理条例》第六十七条第（一）项的规定予以处罚。

第二十二条 伪造、变造、买卖、出借或者以其他方式转让《剧毒化学品购买凭证》、《剧毒化学品准购证》和《剧毒化学品公路运输通行证》，或者使用作废的上述许可证件的，由公安机关依照《危险化学品安全管理条例》第六十四条的规定予以处罚。

第二十三条 《剧毒化学品购买凭证》或者《剧毒化学品准购证》回执第一联、回执第二联填写错误时，未按规定在涂改处加盖销售单位印章予以确认的，由公安机关责令改正，处以五百元以上一千元以下罚款。

未按规定填写《剧毒化学品购买凭证》和《剧毒化学品准购证》回执记录剧毒化学品销售、购买信息的，由公安机关依照《危险化学品安全管理条例》第六十一条的规定予以处罚。

第二十四条 通过公路运输剧毒化学品未随车携带《剧毒化学品公路运输通行证》的，由公安机关责令提供已依法领取《剧毒化学品公路运输通行证》的证明，处以五百元以上一千元以下罚款。

除不可抗力外，未按《剧毒化学品公路运输通行证》核准载明的运输车辆、驾驶人、押运人员、装载数量、有效期限、指定的路线、时间和速度运输剧毒化学品的，尚未造成严重后果的，由公安机关对单位处以一千元以上一万元以下罚款，对直接责任人员依法给予治安处罚；构成犯罪的，依法追究刑事责任。

第二十五条 违反本办法的规定，有下列行为之一的，由原发证公安机关责令改正，处以五百元以上一千元以下罚款：

（一）除不可抗力外，未在规定时限内将《剧毒化学品购买凭证》、《剧毒化学品准购证》的回执交原发证公安机关或者销售单位所在地县级人民政府公安机关核查存档的；

（二）除不可抗力外，未在规定时限内将《剧毒化学品公路运输通行证》交目的地县级人民政府公安机关备案存查的；

（三）未按规定将已经使用的《剧毒化学品购买凭证》的存根或者因故不再需要使用的《剧毒化学品购买凭证》交回原发证公安机关核查存档的；

（四）未按规定将填写错误的《剧毒化学品购买凭证》注明作废并保留交回原发证公安机关核查存档的。

第二十六条 当事人对公安机关依照本办法作出的具体行政行为不服的，可以依法申请行政复议或者提起行政诉讼。

第二十七条 公安机关及其人民警察在工作中，有下列行为之一的，对直接负责的主管人员和其他直接责任人员依法给予行政处分；构成犯罪的，依法追究刑事责任：

（一）为不符合申领条件的单位发证的；

（二）除不可抗力外，不按本办法规定的时限办理许可证件的；

（三）索取、收受当事人贿赂或者谋取其他利益的；

（四）对违反本办法的行为不依法追究法律责任的；

（五）违反法律、法规、本办法的规定实施处罚或者收取费用的；

（六）其他滥用职权、玩忽职守、徇私舞弊的。

第二十八条 本办法规定的《剧毒化学品购买凭证》、《剧毒化学品准购证》和《剧毒化学品公路运输通行证》由公安部统一印制；其他法律文书式样由公安部制定，各发证公安机关自行印制；各类申请书式样由公安部制定，申领单位根据需要自行印制。

第二十九条 在中华人民共和国境内通过城市道路运输剧毒化学品的，参照本办法关于通过公路运输剧毒化学品的规定执行。

第三十条 本办法自 2005 年 8 月 1 日起施行。

公安部关于贯彻执行《剧毒化学品购买和公路运输许可证件管理办法》有关问题的通知

2005年6月30日中华人民共和国公安部

公通字[2005]38号

各省、自治区、直辖市公安厅、局,新疆生产建设兵团公安局:

《剧毒化学品购买和公路运输许可证件管理办法》(以下简称《办法》)已于2005年5月25日由公安部第77号令公布,将于8月1日起施行。这是规范剧毒化学品购买和公路运输行为、强化剧毒化学品治安管理和道路交通安全管理工作的一部重要规章。该《办法》的出台,对进一步依法严格管理剧毒化学品,从源头上预防和减少有关剧毒化学品事故、案件的发生,保障国家财产和公民生命财产安全,必将起到十分重要的作用。各地公安机关务必认真学习,严格贯彻执行。现将有关要求通知如下:

一、认真组织学习培训,深入开展宣传教育

为便于基层公安机关组织学习培训活动,公安部于5月底在公安信息网上公布了该《办法》,6月8日又在《人民公安报》全文发表,各基层公安机关要尽快复印、下载,将《办法》发到每一位从事剧毒化学品安全监管的民警手中,组织民警逐字逐句学习条文。公安部将于7月份开始举办全国公安机关治安,交通管理系统剧毒化学品安全监管业务培训班,重点培训省级公安机关治安、交通管理部门负责剧毒化学品安全监管工作的业务部门负责人。各地也要结合实际,认真抓好基层公安机关从事剧毒化学品安全监管业务人员的培训工作。要制定培训计划,逐级分解培训任务,培养业务骨干,确保所有从事剧毒化学品安全监管工作的民警都能接受一次剧毒化学品安全监管法律法规、基本知识、基本技能的轮训,全面掌握剧毒化学品安全监管要求和基本知识,懂得常见剧毒化学品的理化特性和应急救护常识。要培养和选调一批熟悉化学、化工专业知识的人员充实到一线,尽快提升公安机关监管剧毒化学品的整体工作水平。

在组织好公安系统内部学习培训活动的同时,各地要加大宣传工作力度。公安机关治安部门要将《办法》复印张贴到辖区内每一家剧毒化学品生产、储存、销售、运输、使用、处置单位,要求企业负责人、使用接触剧毒化学品的从业人员认真学习,自觉遵守,并按照《办法》及时修订内部管理制度。公安机关交通管理部门要结合"五进"活动,扩大《办法》的宣传覆盖面,使人民群众特别是运输单位和驾驶人员、押运人员增强道路运输剧毒化学品的交通安全意识。《办法》正式实施前,各地公安机关要集中开展一次大型宣传活动,精心组织,以案说法,采用通俗易懂的语言和群众喜闻乐见的形式,掀起宣传《办法》的高潮,努力营造知法、

学法、懂法、守法的社会氛围。

二、扎扎实实做好《办法》实施前的各项准备工作

为规范各地公安机关审批和查验剧毒化学品法定许可证件，公安部统一设计了法律文书式样（见附件1），其中《剧毒化学品购买凭证》是加盖了审批公安机关印章，成册发给需要经常购买、使用剧毒化学品单位保管、使用的许可证件；《剧毒化学品准购证》和《剧毒化学品公路运输通行证》是公安机关向申领人核发的单张许可证件，每次使用时加盖审批公安机关印章。公安部目前正在组织印制《剧毒化学品购买凭证》、《剧毒化学品准购证》和《剧毒化学品公路运输通行证》，并将于8月1日前免费提供各发证公安机关使用，各发证公安机关不得以任何形式向申请人收取任何费用。上述3种法定许可证件的申请书，由各申领单位按照本通知公布的式样根据需要自行印制；其他法律文书由各发证公安机关按照本通知公布的式样自行印制。

《办法》实施前，各级公安机关治安部门要督促剧毒化学品从业单位逐一填报《剧毒化学品从业单位备案登记表》（具体式样见"公通字〔2002〕31号"），迅速完成调查摸底、单位建档等工作，全面准确掌握剧毒化学品单位底数和安全管理情况，并及时通报本级公安机关交通管理部门；设区的市级人民政府公安机关治安部门要根据《办法》第五条要求，尽快了解并熟悉安全监管部门核发的《销售单位生产或经营剧毒化学品资质证明》、《危险化学品生产企业安全生产许可证或者批准书》、《危险化学品经营许可证（甲种）》、《使用接触剧毒化学品从业人员的上岗资格证》等法定证件的式样、管理机构、管理方法等，为准确审核申领单位提交的资质证明文件打下基础。按照《办法》规定，今年8月1日开始，《剧毒化学品公路运输通行证》审批工作由公安机关交通管理部门负责。公安机关交通管理部门要设专人负责审批工作，并建立审批制度，规范审批程序。

各省级公安机关要按照《办法》要求，尽快制定四项配套管理制度：一是建立省级剧毒化学品购买和公路运输许可证件信息数据库，实现剧毒化学品公路运输信息的查询和通报；二是省级公安机关要制定公安机关治安部门向运输目的地县级公安机关交通管理部门通报核发剧毒化学品购买许可证件信息的办法；三是建立省内目的地县级公安机关交通管理部门委托始发地县级公安机关交通管理部门核发《剧毒化学品公路运输通行证》的具体委托办法；四是省级公安机关交通管理部门要制定向沿途公安机关交通管理部门通报剧毒化学品公路运输信息和向上一级公安机关交通管理部门备案单车运输5吨以上气态、液态剧毒化学品公路运输信息的办法。各级公安机关交通管理部门要建立健全核发《剧毒化学品公路运输通行证》的管理档案，做到一次一档，一车一档，项目齐全科学，登记信息准确。

按照《办法》第八条第二款和第十八条的要求，剧毒化学品运输车辆必须设置道路运输专用标识和安全标示牌（见附件2）。各县级公安机关交通管理部门要监督运输企业按照《道路运输危险货物车辆标志》（GB 13392—2005）和本通知发布的式样，于8月1日前为剧毒化学品车辆安装专用标识和安全标示牌，否则不予办理公路运输许可证件；同时，抓紧按照《办法》第六条要求，熟悉治安部门核发的《剧毒化学品购买凭证》和《剧毒化学品准购证》、环保部门核发的《危险化学品进口或出口登记证》、交通部门核发的《运输单位危险货物道路运输经营许可证》、《运输车辆危险货物道路运输证》、《驾驶人员、押运人员从事危险货物道路运输的上岗资格证》6个法定许可证件的式样、管理机构、管理办法等，为准确审核

承运人提交的资质证明文件奠定基础。此外,公安机关交通管理部门要结合完善交通标志标线工作,协调有关部门,尽快将有关标志设置到位。

三、严格执行《办法》,依法查处违法购买、运输剧毒化学品行为

8 月 1 日之后,对违反《办法》有关剧毒化学品公路运输安全管理规定的行为,由县级公安机关交通管理部门查处;对违反《办法》有关剧毒化学品治安管理规定的行为,由县级以上公安机关治安部门查处。公安机关实施行政处罚时,要严格按照《公安机关办理行政案件程序规定》的要求,出示执法证件、说明处罚理由。所用法律文书按照《公安部关于印发〈公安行政法律文书(式样)〉的通知》(公通字〔2003〕68 号)执行,避免执法随意性。当事人对公安机关行政处罚决定不服申请行政复议的,上级公安机关要依法公正处理。对剧毒化学品从业人员的行为触犯刑法的,按照《公安部刑事案件管辖分工规定》(公通字〔1998〕80 号)办理。公安机关及其人民警察为不符合申领条件的单位发证的,要依法追究责任。

四、以贯彻执行《办法》为契机,全面提升公安机关处置突发剧毒化学品事故的能力,努力减少剧毒化学品事故的危害

各地公安机关要在当地政府领导下,会同安全监管等部门完善剧毒化学品事故现场施救机制,进一步完善处置剧毒化学品道路运输事故的应急预案,结合大练兵进行演练,提高处置能力。各地要充分挖掘当地资源,建立化学、化工专家库和防护器材储备库,一旦发生剧毒化学品泄漏事故,能够在专业人员指导下,及时、科学、有效施救,将危害减少到最小限度。

对公安部提供的剧毒化学品购买和公路运输法定许可证件,各地要加强管理,合理、节约使用,避免浪费。自 2005 年起,省级公安机关于每年 10 月底前将下一年度本省(自治区、直辖市)需要补充的《剧毒化学品购买凭证》、《剧毒化学品准购证》和《剧毒化学品公路运输通行证》数量报公安部治安管理局。

附件:

1. 有关法律文书式样
2. 安全标示牌示例

附件 1

有关法律文书式样

（正面）

剧毒化学品购买凭证申请表

购买单位名称		法定代表人	
地　　址		联系电话	
经办人姓名		身份证件名称及号码	
保卫负责人		保管人员	
储存条件			
剧毒化学品用途			
购买单位负责人审核意见	签名：　（购买单位印章） 年　月　日		
公安机关治安部门审查意见	签名：　（公安机关治安部门印章） 年　月　日		
公安机关负责人审批意见	签名：　（公安机关印章） 年　月　日		
备　　注			

（背面）

填 表 说 明

1. 本表“经办人姓名”栏填写购买单位申请办理《剧毒化学品购买凭证》的经办人的姓名。

2. 本表“身份证件名称及号码”栏填写经办人的居民身份证、护照、工作证及号码。

3. 本表“保管人员”栏填写购买单位具有上岗资格证的剧毒化学品保管员或者保管负责人的姓名。

4. 本表“储存条件”栏填写购买单位储存剧毒化学品的专用仓库、专用场地或者专用储存室的名称、地点及安全防范设施的简要情况。

申请单位应当随表提交的证明文件

1. 生产危险化学品的企业应当提交安全生产监督管理部门颁发的危险化学品生产企业安全生产许可证或者批准书的复印件。

2. 经营剧毒化学品的企业应当提交安全生产监督管理部门颁发的危险化学品经营许可证（甲种）的复印件。

3. 其他生产、科研、医疗等使用剧毒化学品的单位应当提交使用、接触剧毒化学品从业人员的上岗资格证的复印件。使用剧毒化学品从事生产的单位还应当提交危险化学品使用许可证、批准书或者其他相应的从业许可证明的复印件。

（灰色硬纸板）（封面）

剧毒化学品购买凭证

（图徽图案）

中华人民共和国公安部监制（烫金字）

（注:封二为空白页）

（白底黑字）（封三）

违反剧毒化学品销售购买、流向登记管理规定的有关法律责任

一、按照《危险化学品安全管理条例》第六十一条的规定：未在生产、储存和使用危险化学品场所设置通讯、报警装置，并保持正常适用状态的；未将储存剧毒化学品的数量、地点以及管理人员情况报当地公安部门和负责危险化学品安全监督管理综合工作的部门备案的；危险化学品生产单位不如实记录剧毒化学品的产量、流向、储存量和用途，或者未采取必要的保安措施防止剧毒化学品被盗、丢失、误售、误用的；危险化学品经营企业不记录剧毒化学品购买单位的名称、地址，购买人员的姓名，身份证件名称及号码及所购剧毒化学品的品名、数量、用途，或者不每天核对剧毒化学品的销售情况的；发生、发现剧毒化学品被盗、丢失、误售、误用不立即向当地公安部门报告的，由负责危险化学品安全监督管理综合工作的部门或者公安部门依据各自的职权责令立即或者限期改正，处1万元以上5万元以下的罚款；逾期不改正的，由原发证机关吊销危险化学品生产许可证、经营许可证和营业执照；触犯刑律的，对负有责任的主管人员和其他直接责任人员依照刑法关于危险物品肇事罪、重大责任事故罪或者其他罪的规定，依法追究刑事责任。

二、按照《危险化学品安全管理条例》第六十三条的规定：剧毒化学品经营企业向个人或者无购买凭证，准购证的单位销售剧毒化学品的，由工商行政管理部门责令改正，有违法所得的，没收违法所得；违法所得5万元以上的，并处违法所得1倍以上5倍以下的罚款；没有违法所得或者违法所得不足5万元的，并处2万元以上20万元以下的罚款；不改正的，由原发证机关吊销生产许可证，经营许可证和营业执照；触犯刑律的，对负有责任的主管人员和其他直接责任人员依照刑法关于非法经营罪、危险物品肇事罪或者其他罪的规定，依法追究刑事责任。

三、按照《危险化学品安全管理条例》第六十四条的规定：伪造，变造，买卖、出借或者以其他方式转让剧毒化学品购买凭证、准购证以及其他有关证件，或者使用作废的上述有关证件的，由公安部门责令改正，处1万元以上5万元以下的罚款；触犯刑律的，对负有责任的主管人员和其他直接责任人员依照刑法关于伪造、变造、买卖国家机关公文、证件、印章罪或者其他罪的规定，依法追究刑事责任。

四、按照《剧毒化学品购买凭证、准购证和公路运输通行证申领办法》第十七条的规定：未按规定填写《剧毒化学品购买凭证》和《剧毒化学品准购证》回执记录剧毒化学品销售、购买信息的，由公安机关依照《危险化学品安全管理条例》第六十一条的相关规定予以处罚。

（注：背面为空白页）

（白底黑字）（正页）

剧毒化学品购买凭证

（　　）公剧购字［　　］第　号

根据《危险化学品安全管理条例》第三十四条的规定，经审核，对符合条件的生产、科研、医疗等经常购买、使用剧毒化学品的单位发给《剧毒化学品购买凭证》，凭本证购买剧毒化学品。

持证单位名称：　　　　法定代表人：

持证单位地址：　　　　联系电话：

申领人姓名：　　　　身份证件名称及号码：

发证机关：（盖章）

年　月　日

（白底黑字）（正页背面）

剧毒化学品购买凭证使用说明及注意事项

一、剧毒化学品购买凭证是公安机关依照《危险化学品安全管理条例》的规定为经常购买、使用剧毒化学品从业单位核发的购买剧毒化学品的凭证，是购买剧毒化学品必须持有并由销售单位收验的法定证件。持证单位应当建立规范的保管、填写、审核、签批、使用制度，明确专人负责保管，严格管理，发现丢失、被盗必须报告当地公安机关。

二、剧毒化学品购买凭证应当由持证单位的负责人负责审核签批。

三、剧毒化学品购买凭证的存根联和凭证联由持证单位负责填写、审签并加盖持证单位印章；回执第一联与第二联由剧毒化学品销售单位负责填写，经购买经办人确认后加盖销售单位印章，各联之间压线处由持证单位加盖单位印章。

四、剧毒化学品购买凭证的编号“（　）剧购字[　]第　号”由持证单位的企业简称、年份和顺序号构成，填写使用时应当按上述要求逐一编号管理使用。

五、填写、审签剧毒化学品购买凭证时，如品名、数量栏未填写满，应当将剩余的空格划注波折线以示填写内容截止不再填写使用。

六、填写、审签剧毒化学品购买凭证，应当按设置规定的应填写项目使用钢笔逐一如实认真填写清楚，字迹应工整清晰，在品名、数量备注栏内应当注明剧毒化学品的形态（如气态、液态、固态）和计量单位（如毫升或克/瓶、公斤/桶或袋等）。

七、购买剧毒化学品必须从已取得危险化学品生产许可证或经营许可证的企业采购。购买、销售剧毒化学品，必须严格按照购买凭证上注明的品名、数量并在有效期限内购买、销售。购买单位、销售单位购买、销售剧毒化学品后，应当按照规定要求将回执第一联与第二联分别送交原发证公安机关和销售单位所在地县级人民政府公安机关核查存档。

八、本册剧毒化学品购买凭证共50张。如发生填写错误，不得涂改，应当注明作废并保留，待本册用完后连同存根一并交回原发证公安机关核查存档。

九、持证单位因故（如自行关闭、停业、被吊扣有关许可证照、不再具备使用资质条件）不再需要使用时，应当及时将尚未使用的购买凭证连同已经使用的购买凭证的存根交回原发证公安机关核查存档。

十、剧毒化学品购买凭证不得伪造、变造、买卖、出借或者以其他方式转让，作废的不得使用。

剧毒化学品购买凭证
（存根）

（企业简称）剧购字[ ]第 号

现由本单位________到________单位购买下列剧毒化学品：

品名	数量

申领经办人：
身份证件名称及号码：
有效期限：至 年 月 日有效
填发人：
签批人：

持证单位：（盖章）
年 月 日

注：本联由填发单位存查。

（页号）1…50

企业简称剧购字 第 号

剧毒化学品购买凭证

（企业简称）剧购字[ ]第 号

________（销售单位）：
根据《危险化学品安全管理条例》第三十四条规定，经____公安局（ ）公剧购字[ ]第____号许可，现批准本单位____凭本证到你处购买下列剧毒化学品。请严格按批准的品名、数量销售。

品名	数量	备注

购买经办人：
身份证件名称及号码：
本证自签发之日起十五日内有效，逾期作废。不得伪造、变造、买卖、出借或者以其他方式转让。

发证机关：（盖章）
持证单位：（盖章）
年 月 日

注：本联由剧毒化学品销售单位存查。

（页号）1…50

企业简称剧购字 第 号

剧毒化学品购买凭证回执
（第一联）

（企业简称）剧购字[ ]第 号

________公安局：
根据《危险化学品安全管理条例》第三十四条规定，按照你局（ ）公剧准购字[ ]第____号许可和____单位签发的购买凭证，已于____年____月____日向其销售下列剧毒化学品。

品名	数量	备注

销售经办人：
身份证件名称及号码：
购买经办人：
身份证件名称及号码：
销售负责人：
销售单位：（盖章）
年 月 日

本联由销售单位负责填写并经购买经办人签字确认，由购买单位带回交保管人员在备注栏内签注剧毒化学品接收情况后的七日内交原发证公安机关。

注：本联由原发证公安机关存查。

（页号）1…50

企业简称剧购字 第 号

剧毒化学品购买凭证回执
（第二联）

（企业简称）剧购字[ ]第 号

________公安局：
根据《危险化学品安全管理条例》第三十四条规定，按照____局（ ）公剧购字[ ]第____号许可和____单位签发的购买凭证，已于____年____月____日向其销售下列剧毒化学品。

品名	数量	备注

销售经办人：
身份证件名称及号码：
购买经办人：
身份证件名称及号码：
销售负责人：
销售单位：（盖章）
年 月 日

本联由销售单位负责填写并经购买经办人签字确认，由销售单位在销售剧毒化学品后的七日内交所在地县级人民政府公安机关。

注：本联由剧毒化学品销售单位所在地县级人民政府公安机关存查。

（页号）1…50

105mm 115mm 115mm 115mm

440mm

（注：背面为空白页）

(灰色硬纸板)(封底)

年　　月　　日印制(烫金字)

(注:背面为空白页)

（正面）

剧毒化学品准购证申请表

<table>
<tr><td colspan="2">购买单位名称</td><td></td><td>法定代表人</td><td></td></tr>
<tr><td colspan="2">地　址</td><td></td><td>联系电话</td><td></td></tr>
<tr><td colspan="2">经办人姓名</td><td></td><td>身份证件名称及号码</td><td></td></tr>
<tr><td colspan="2">保卫负责人</td><td></td><td>保管人员</td><td></td></tr>
<tr><td colspan="2">销售单位名称</td><td></td><td>地　址</td><td></td></tr>
<tr><td rowspan="5">购买品种</td><td>品　名</td><td>数　量</td><td>品　名</td><td>数　量</td></tr>
<tr><td></td><td></td><td></td><td></td></tr>
<tr><td></td><td></td><td></td><td></td></tr>
<tr><td></td><td></td><td></td><td></td></tr>
<tr><td></td><td></td><td></td><td></td></tr>
<tr><td colspan="2">储存条件</td><td colspan="3"></td></tr>
<tr><td colspan="2">购买单位负责人
审核意见</td><td colspan="3">签名：　（购买单位印章）
年　月　日</td></tr>
<tr><td colspan="2">公安机关治安
部门审查意见</td><td colspan="3">签名：　（公安机关治安部门印章）
年　月　日</td></tr>
<tr><td colspan="2">公安机关负责人
审批意见</td><td colspan="3">签名：　（公安机关印章）
年　月　日</td></tr>
<tr><td colspan="2">备　注</td><td colspan="3"></td></tr>
</table>

（背面）

填 表 说 明

1. 本表“经办人姓名”栏填写购买单位申请办理《剧毒化学品准购证》的经办人的姓名。

2. 本表“身份证件名称及号码”栏填写经办人的居民身份证、护照、工作证及号码。

3. 本表“保管人员”栏填写购买单位具有上岗资格证的保管员或者保管负责人的姓名。

4. 本表“储存条件”栏填写购买单位储存剧毒化学品专用仓库、专用场地或者专用储存室的名称、地点及安全设施的简要情况。

随表提交的证明文件

注明所需购买剧毒化学品的品种、数量、用途的单位证明，提交的证明应当加盖单位印章。

剧毒化学品准购证
（存根）
（ ）公剧准购字［ ］第 号

经审查，批准______单位从______单位购买下列剧毒化学品。

品名	数量

申领经办人：
身份证件名称及号码：
有效期限：至 年 月 日有效
填发人：
签发人：

发证机关：（盖章）
年 月 日

注：本联由发证公安机关存查。

公剧准购字 第 号

剧毒化学品准购证
（ ）公剧准购字［ ］第 号

______（销售单位）：
根据《危险化学品安全管理条例》第三十四条规定，现批准______单位到你处购买剧毒化学品，特发此证。请严格按批准的品名、数量销售。

品名	数量	备注

购买经办人：
身份证件名称及号码：
本证自填发之日起十五日内有效，逾期作废。不得伪造、变造、买卖、出借或者以其他方式转让。

发证机关：（盖章）
年 月 日

注：本联由剧毒化学品销售单位存查。

公剧准购字 第 号

剧毒化学品准购证回执
（第一联）
（ ）公剧准购字［ ］第 号

______公安局：
根据《危险化学品安全管理条例》第三十四条规定，按照你局（ ）公剧准购字［ ］第___号许可已于___年___月___日向___单位销售下列剧毒化学品。

品名	数量	备注

销售经办人：
身份证件名称及号码：
购买经办人：
身份证件名称及号码：
销售负责人：
销售单位： （盖章）
年 月 日
本联由销售单位负责填写并经购买经办人签字确认，由购买单位带回交保管人员在备注栏内签注剧毒化学品接收情况后的七日内交原发证公安机关。

注：本联由原发证公安机关存查。

公剧准购字 第 号

剧毒化学品准购证回执
（第二联）
（ ）公剧准购字［ ］第 号

______公安局：
根据《危险化学品安全管理条例》第三十四条规定，按照___局（ ）公剧准购字［ ］第___号许可已于___年___月___日向___单位销售下列剧毒化学品。

品名	数量	备注

销售经办人：
身份证件名称及号码：
购买经办人：
身份证件名称及号码：
销售负责人：
销售单位： （盖章）
年 月 日
本联由销售单位负责填写并经购买经办人签字确认，由销售单位在销售剧毒化学品后的七日内交所在地县级人民政府公安机关。

注：本联由剧毒化学品销售单位所在地县级人民政府公安机关治安管理部门存查。

105mm 115mm 115mm 115mm
440mm

（注：背面为空白页）

（正面）

剧毒化学品公路运输通行证申请表

<table>
<tr><td rowspan="2">购买单位</td><td>名　称</td><td></td><td>法定代表人</td><td></td></tr>
<tr><td>地　址</td><td></td><td>联系电话</td><td></td></tr>
<tr><td rowspan="2">承运单位</td><td>名　称</td><td></td><td>经营许可证号</td><td></td></tr>
<tr><td>地　址</td><td></td><td>联系电话</td><td></td></tr>
<tr><td rowspan="2">承运车辆</td><td>牌照号码</td><td></td><td>道路运输证号</td><td></td></tr>
<tr><td>核载质量</td><td></td><td>实际载质量</td><td></td></tr>
<tr><td rowspan="2">驾驶人员</td><td>姓　名</td><td></td><td>上岗资格证号</td><td></td></tr>
<tr><td>手机号码</td><td></td><td>身份证件号码</td><td></td></tr>
<tr><td rowspan="2">押运人员</td><td>姓　名</td><td></td><td>上岗资格证号</td><td></td></tr>
<tr><td>手机号码</td><td></td><td>身份证件号码</td><td></td></tr>
<tr><td rowspan="2">申请人员</td><td>姓　名</td><td></td><td>身份证件号码</td><td></td></tr>
<tr><td>手机号码</td><td></td><td></td><td></td></tr>
<tr><td colspan="3">购买许可或进出口登记证件号码</td><td colspan="2"></td></tr>
<tr><td rowspan="4">运输品种</td><td colspan="2">品　名</td><td colspan="2">数量（千克）</td></tr>
<tr><td colspan="2"></td><td colspan="2"></td></tr>
<tr><td colspan="2"></td><td colspan="2"></td></tr>
<tr><td colspan="2"></td><td colspan="2"></td></tr>
<tr><td>运输线路</td><td>运输时间线路</td><td colspan="3"></td></tr>
<tr><td colspan="2">承运单位意见</td><td colspan="3">签名：　（单位印章）年　月　日</td></tr>
<tr><td colspan="2">公安机关交管部门审核意见</td><td colspan="3">签名：　（单位印章）年　月　日</td></tr>
<tr><td colspan="2">公安机关负责人审批意见</td><td colspan="3">签名：　（单位印章）年　月　日</td></tr>
<tr><td colspan="2">备　注</td><td colspan="3"></td></tr>
</table>

（背面）

填 表 说 明

1. 本表“经营许可证号”栏填写运输单位从事危险货物道路运输的道路运输经营许可证的颁发机关和证号。

2. 本表“道路运输证号”栏填写运输车辆从事危险货物道路运输的道路运输证的颁发机关和证号。

3. 本表有关“上岗资格证号”栏分别填写承担本次运输任务的驾驶人员、押运人员从事危险货物道路运输的上岗资格证的颁发机关和证号。

4. 本表“身份证件号码”栏分别填写有关人员的居民身份证、护照等身份证明的名称和号码。

申请单位应当随表提交的文件

1. 购买单位购买剧毒化学品的购买凭证或者准购证。

2. 道路运输管理机构为运输单位及运输车辆颁发的从事危险货物道路运输的道路运输经营许可证和道路运输证的复印件。

3. 交通部门为承担本次运输任务的驾驶人员、押运人员颁发的从事危险货物道路运输的上岗资格证的复印件。

4. 运输企业对每辆运输车辆制作的运输路线图和运行时间表。

运输进口或者出口剧毒化学品的，除提交上述第 2 项、第 3 项证明文件外，还应当提交环境保护部门颁发的危险化学品进口或者出口登记证的复印件。

剧毒化学品公路运输通行证（存根）

No.：

单位：

品名：

运输路线：

车辆：

驾驶人：

押运人：

申请经办人：

身份证件名称及号码：

购买凭证或准购证号：

有效期止：

填发人：

签发人：

（发证机关盖章）

（　年　月　日）

盖骑缝章

剧毒化学品公路运输通行证

No.：

＿＿＿＿（单位名称）＿＿＿＿：

根据《危险化学品安全管理条例》第三十九条规定，现批准按下列要求运输剧毒化学品。

一、运输品名

总质量：	备注	
明细：		

二、运输线路

始发地		目的地	
途经线路			
目的地禁行区域和时间			

三、车辆、人员信息

车辆：
驾驶人员：
押运人员：

通行证有效期止：

发证机关联系电话：

（发证机关盖章）

（　年　月　日）

公路运输剧毒化学品注意事项

根据《危险化学品安全管理条例》规定，通过公路运输剧毒化学品的，应当遵守剧毒化学品运输安全管理规定，按规定悬挂警示标志，采取必要的安全措施，按照公安机关批准的品名、数量、运输车辆、驾驶人员、押运人员和运输路线、有效期限运输，并随车携带《剧毒化学品公路运输通行证》，以备查验；不得超装、超载，不得进入危险化学品运输车辆禁止通行区域。确需进入的，应当事先报经当地公安机关交通管理部门同意，按照当地公安机关交通管理部门指定的行车时间和路线行驶。发生被盗、被抢、丢失、流散、泄漏时，必须立即报告当地公安机关，并采取一切可能的警示措施。运输途中停留住宿的，应当报告当地公安机关。

《剧毒化学品公路运输通行证》不得转让、涂改。运达目的地后的七日内，由收货单位在备注栏中签注收货情况后将本证交还发证地县级人民政府公安机关治安管理部门存查。

不予受理申领剧毒化学品购买凭证(准购证或者公路运输通行证)的书面凭证(存根)

(　)公剧决字[　]号

经审查,________(或某单位)于____年__月__日提交的申领____________的申请表和法定文件复印件不合格,已为其核发了不予受理申领剧毒化学品购买凭证(准购证或者公路运输通行证)的书面凭证:(　)公剧决字[　]号。

接受人:(盖章或签名)　　　　决定机关:(盖章)

年　月　日　　　　年　月　日

不予受理申领剧毒化学品购买凭证(准购证或者公路运输通行证)的书面凭证

(　)公剧决字[　]号

________:

您(贵单位)于____年__月__日向我局提交了申领________________的行政许可申请。经审查,您(贵单位)的申请不符合________规定的条件。为此,依据____________________的规定,决定不予受理您(贵单位)申领剧毒化学品购买凭证(准购证或者公路运输通行证)的申请。

如不服本规定,可以在接到本决定书之日起的60日内向决定机关的本级人民政府或者上一级公安机关申请行政复议,或者直接向人民法院提起行政诉讼。

决定机关:(盖章)

年　月　日

联系人:　　　　联系电话:

受理申领剧毒化学品购买凭证（准购证或者公路运输通行证）的书面凭证（存根）

（　）公剧决字[　]　号

经审查，________（或某单位）于____年__月__日提交的申领________________的申请表和法定文件复印件合格，已为其核发了受理申领剧毒化学品购买凭证（准购证或者公路运输通行证）的书面凭证：（　）公剧决字[　]号。

接受人：（盖章或签名）　　　　决定机关：（盖章）

年　月　日　　　　　　　　年　月　日

受理申领剧毒化学品购买凭证（准购证或者公路运输通行证）的书面凭证

（　）公剧决字[　]　号

__________：

您（贵单位）于____年__月__日向我局提交了申领__________________________________的行政许可申请。经审查，您（贵单位）的申请符合__________规定的条件。为此，依据____________________________的规定，决定受理您（贵单位）申领剧毒化学品购买凭证（准购证或者公路运输通行证）的申请。

决定机关：（盖章）

年　月　日

联系人：　　　　　　联系电话：

不予批准核发剧毒化学品购买凭证（准购证或者公路运输通行证）决定书（存根）

（　）公剧决字［　］　号

__________：

因____，根据《剧毒化学品购买和公路运输许可证件管理办法》第　条的规定，决定不予批准核发剧毒化学品购买凭证（准购证或者公路运输通行证）。

接受人：（盖章或签名）　　　　决定机关：（盖章）

年　月　日　　　　年　月　日

不予批准核发剧毒化学品购买凭证（准购证或者公路运输通行证）决定书

（　）公剧决字［　］　号

__________：

因____，根据《剧毒化学品购买和公路运输许可证件管理办法》第　条的规定，决定不予批准核发剧毒化学品购买凭证（准购证或者公路运输通行证）。

如不服本规定，可以在接到本决定书之日起的60日内向决定机关的本级人民政府或者上一级公安机关申请行政复议，或者直接向人民法院提起行政诉讼。

决定机关：（盖章）

年　月　日

剧毒化学品公路运输通知单（存根）

经________批准，已为______________单位核发（　）公剧运字［　］第　号《剧毒化学品公路运输通行证》，并按规定给______公安交通警察大队（支队）发出（　）公剧运通字［　］　号《剧毒化学品公路运输通知单》。

填发部门：（盖章）

年　月　日

剧毒化学品公路运输通知单

（　）公剧运通字［　］　号

____________________：

经审查，已批准____________________单位于______年______月______日至______年______月____日由______经______至______运输下列剧毒化学品。《剧毒化学品公路运输通行证》的号码为__________。

品名	数量	备　注

运输企业名称：　　　　道路运输经营许可证号码：

运输车辆号牌：　　　　道路运输证号码：

驾驶人员：　　　　上岗资格证号码：

押运人员：　　　　上岗资格证号码：

填发部门：（盖章）

年　月　日

剧毒化学品公路运输通知单（回执）

（　）公交剧运通字［　］　号

____________________：

你单位（　）公路运通字［　　］　号《剧毒化学品公路运输通知单》已收悉，特此回执函告。

签收部门：（盖章）

年　月　日

附件2

安全标示牌示例

安全标示牌为白底黑字，字迹要求清晰完整，安装在车辆尾部。安全标示牌为矩形，尺寸为350mm×175mm。

350mm

175mm

品　名	液　氯	种　类	剧　毒
罐体容积	30立方米	核载质量	30吨
施救方法	强碱中和		
联系电话	0510-7654321	13576543210	

关于印发《麻醉药品和精神药品运输管理办法》的通知

2005年11月8日国家食品药品监督管理局等4部委　国食药监安[2005]660号

各省、自治区、直辖市食品药品监督管理局(药品监督管理局),交通厅(局、委),各铁路局,青藏铁路公司,中铁集装箱运输有限责任公司,中铁行包快递有限责任公司,民用航空总局各地区管理局:

为加强麻醉药品和精神药品运输的管理,确保运输安全,根据《麻醉药品和精神药品管理条例》等有关规定,食品药品监管局、铁道部、交通部和民航总局共同制定了《麻醉药品和精神药品运输管理办法》,现印发给你们。请将本办法通知到辖区内有关麻醉药品和精神药品生产、经营、使用和运输单位,并遵照执行。

本办法自发布之日起实施。

食品药品监督管理局　　铁道部

交通部　　民航总局

二〇〇五年十一月八日

麻醉药品和精神药品运输管理办法

第一条　为加强麻醉药品和精神药品运输管理,确保运输安全,防止丢失、损毁、被盗,根据《麻醉药品和精神药品管理条例》和其他相关法律、法规规定,制定本办法。

第二条　麻醉药品药用原植物种植企业、麻醉药品和精神药品生产经营企业、麻醉药品储存单位以及医疗教学科研单位等依据本办法的规定运输麻醉药品和精神药品。

铁路、航空、道路、水路等运输承运单位依据本办法履行承运职责。

第三条　本办法所称麻醉药品和精神药品是指列入国务院药品监督管理部门会同国务院公安部门、国务院卫生主管部门公布的麻醉药品、精神药品目录所列的药品和其他物质(见附件1、2)。其中精神药品又分为第一类精神药品和第二类精神药品。

第四条　托运或自行运输麻醉药品和第一类精神药品的单位,应当向所在地省、自治区、直辖市药品监督管理部门申领《麻醉药品、第一类精神药品运输证明》(简称运输证明)。申领领取运输证明须提交以下资料:

(一) 麻醉药品、第一类精神药品运输证明申请表;

(二) 加盖单位公章的《药品生产许可证》或《药品经营许可证》复印件(仅药品生产、经营企业提供);

(三) 加盖单位公章的《企业营业执照》或登记证书复印件;

（四）经办人身份证明复印件、法人委托书；

（五）申请运输药品的情况说明。

省、自治区、直辖市药品监管管理部门对资料审查合格的，应于 10 日内发给运输证明，同时将发证情况报同级公安机关备案。

第五条 运输证明正本 1 份，根据实际需要可发给副本若干份，必要时可增领副本。运输证明有效期 1 年（不跨年度）。运输证明在有效期满前 1 个月按照上述规定重新办理，过期后 3 个月内将原运输证明上缴发证机关。

第六条 运输证明应妥善保管，不得涂改、转让、转借。发生遗失的，遗失单位应立即书面告知运输证明持有单位；持有单位应及时向发证机关报告；发证机关应予注销并在政府网站上公告，并通报同级公安机关。

运输证明样式由国务院药品监管管理部门制定，省、自治区、直辖市药品监管管理部门印制。

第七条 承运麻醉药品和第一类精神药品时，承运单位要查验、收取运输证明副本。运输证明副本随货同行以备查验。在运输途中承运单位必须妥善保管运输证明副本，不得遗失。货物到达后，承运单位应将运输证明副本递交收货单位。

收货单位应在收到货物后 1 个月内将运输证明副本交还发货单位。

第八条 铁路运输应当采用集装箱或行李车运输麻醉药品和第一类精神药品。采用集装箱运输时，应确保箱体完好，施封有效。

第九条 道路运输麻醉药品和第一类精神药品必须采用封闭式车辆，有专人押运，中途不应停车过夜。

第十条 水路运输麻醉药品和第一类精神药品时必须有专人押运。

第十一条 麻醉药品和第一类精神药品到货后，承运单位应当严格按照有关规定与收货单位办理交货手续，双方对货物进行现场检查验收，确保货物准确交付。

第十二条 定点生产企业、全国性批发企业和区域性批发企业之间发运麻醉药品和第一类精神药品时，跨省运输的，发货单位应事先向所在地及收货单位所在地省、自治区、直辖市药品监管管理机构报送发运货物信息，内容包括发货人、收货人、货物品名、数量。发货单位所在地药品监管管理部门也应按规定向收货单位所在地的同级药品监管管理部门通报。

属于在本省、自治区、直辖市内运输的，发货单位应事先向所在地省、自治区、直辖市药品监管管理部门及收货单位所在地设区的市级药品监管管理机构报送发运货物信息。发货单位所在地药品监管管理部门也应按规定向收货单位所在地设区的市级药品监管管理机构通报。

第十三条 因科研或生产特殊需要，单位需派专人携带少量麻醉药品、第一类精神药品的，应当随货携带运输证明（或批准购买的证明文件）、单位介绍信和本人身份证明以备查验。

第十四条 运输第二类精神药品无需办理运输证明。

第十五条 托运麻醉药品和精神药品的单位应确定托运经办人，选择相对固定的承运单位。

托运经办人在运单货物名称栏内填写“麻醉药品”、“第一类精神药品”或“第二类精神药品”字样，运单上应当加盖托运单位公章或运输专用章。收货人只能为单位，不得为个人。

第十六条 铁路、民航、道路、水路承运单位麻醉药品和精神药品时，应当及时办理运输手续，尽量缩短货物在途时间，并采取相应的安全措施，防止麻醉药品、精神药品在装卸和运输过程中被盗、被抢或丢失。

第十七条 承运单位应积极配合托运单位查询货物在途情况。

麻醉药品和精神药品在运输途中出现包装破损时，承运单位要采取相应的保护措施。

发生被盗、被抢、丢失的，承运单位应立即报告当地公安机关，并通知收货单位，收货单位立即报告当地药品监管管理部门。

第十八条 本办法由食品药品监管局、铁道部、交通部和民航总局负责解释。

第十九条 本办法自发布之日起实施。

2007 年 10 月 11 日，国家食品药品监督管理局、公安部、卫生部联合发布了《关于公布麻醉药品和精神药品品种目录(2007 年版)的通知》(国食药监安[2007]633 号)。

根据《麻醉药品和精神药品管理条例》第三条规定，现公布《麻醉药品品种目录(2007 年版)》和《精神药品品种目录(2007 年版)》自 2008 年 1 月 1 日起施行。

附件 1(替换 2005 年版)

麻醉药品品种目录(2007 年版)

1. 醋托啡 Acetorphine
2. 乙酰阿法甲基芬太尼 Acetylalphamethylfentanyl
3. 醋美沙朵 Acetylmethadol
4. 阿芬太尼 Alfentanil
5. 烯丙罗定 Allylprodine
6. 阿醋美沙朵 Alphacetylmethadd
7. 阿法美罗定 Alphameprodine
8. 阿法美沙朵 Alphamethadol
9. 阿法甲基芬太尼 Alphamethylfentanyl
10. 阿法甲基硫代芬太尼 Alphamethylthiofentanyl
11. 阿法罗定 Alphaprodine
12. 阿尼利定 Anileridine
13. 苄替啶 Benzethidine
14. 苄吗啡 Benzylmorphine
15. 倍醋美沙朵 Betacetylmethadol
16. 倍他羟基芬太尼 Betahydroxyfentanyl
17. 倍他羟基 -3 - 甲基芬太尼 Betahydroxy -3 - methylfentanyl
18. 倍他美罗定 Betameprodine
19. 倍他美沙朵 Betamethadol
20. 倍他罗定 Betaprodine
21. 贝齐米特 Bezitramide
22. 大麻与大麻树脂 Cannabis and Cannabis resin
23. 氯尼他秦 Clonitazene
24. 古柯叶 Coca Leaf
25. 可卡因 * Cocaine
26. 可多克辛 Codoxime
27. 罂粟秆浓缩物 * Concentrate of poppy straw
28. 地索吗啡 Desomorphine
29. 右吗拉胺 Dextromoramide
30. 地恩丙胺 Diampromide
31. 二乙噻丁 Diethylthiambutene
32. 地芬诺辛 Difenoxin

33. 二氢埃托啡 *	Dihydroetorphine
34. 双氢吗啡	Dihydromorphine
35. 地美沙朵	Dimenoxadol
36. 地美庚醇	Dimepheptanol
37. 二甲噻丁	Dimethylthiambutene
38. 吗苯丁酯	Dioxaphetyl butyrate
39. 地芬诺酯 *	Diphenoxylate
40. 地匹哌酮	Dipipanone
41. 羟蒂巴酚	Drtebanol
42. 芽子碱	Ecgonine
43. 乙甲噻丁	Ethylmethylthiambutene
44. 依托尼秦	Etonitazene
45. 埃托啡	Etorphine
46. 依托利定	Etoxeridine
47. 芬太尼 *	Fentanyl
48. 呋替啶	Furethidine
49. 海洛因	Heroin
50. 氢可酮	Hydrocodone
51. 氢吗啡醇	Hydromorphinol
52. 氢吗啡酮	Hydromorphone
53. 羟哌替啶	Hydroxypethidine
54. 异美沙酮	Isomethadone
55. 凯托米酮	Ketobemidone
56. 左美沙芬	Levomethorphan
57. 左吗拉胺	Levomoramide
58. 左芬啡烷	Levophenacylmorphan
59. 左啡诺	Levorphanol
60. 美他佐辛	Metazocine
61. 美沙酮 *	Methadone
62. 美沙酮中间体	Methadon intermediate
63. 甲地索啡	Methyldesorphine
64. 甲二氢吗啡	Methyldihydromorphine
65. 3 – 甲基芬太尼	3 – methylfentanyl
66. 3 – 甲基硫代芬太尼	3 – methylthiofentanyl
67. 美托酮	Metopon
68. 吗拉胺中间体	Moramide intermediate
69. 吗哌利定	Morpheridine
70. 吗啡 *	Morphine
71. 吗啡甲溴化物及其他五价氮吗啡衍生物	Morphine Methobromide and other – penta valent nirogen morphine derivatives

72. 吗啡－N－氧化物 Morphine－N－oxide
73. 1－甲基－4－苯基－4－哌啶丙酸酯 MPPP
74. 麦罗啡 Myrophine
75. 尼可吗啡 Nicomorphine
76. 诺美沙朵 Noracymethadol
77. 去甲左啡诺 Norlevorphanol
78. 去甲美沙酮 Normethadone
79. 去甲吗啡 Normorphine
80. 诺匹哌酮 Norpipanone
81. 阿片 * Opium
82. 羟考酮 * Oxycodone
83. 羟吗啡酮 Oxymorphone
84. 对氟芬太尼 Parafluorofentanyl
85. 1－苯乙基－4－苯基－4－哌啶乙酸酯 PEPAP
86. 哌替啶 * Pethidine
87. 哌替啶中间体 A Pethidine intermediate A
88. 哌替啶中间体 B Pethidine intermediate B
89. 哌替啶中间体 C Pethidine intermediate C
90. 苯吗庚酮 Phenadoxone
91. 非那丙胺 Phenampromide
92. 非那佐辛 Phenazocine
93. 非诺啡烷 Phenomorphan
94. 苯哌利定 Phenoperidine
95. 匹米诺定 Piminodine
96. 哌腈米特 Piritramide
97. 罂粟壳 * Poppy Shell
98. 普罗庚嗪 Pmheptazine
99. 丙哌利定 Properidine
100. 消旋甲啡烷 Racemethorphan
101. 消旋吗拉胺 Racemoramide
102. 消旋啡烷 Racemorphan
103. 瑞芬太尼 * Remifentanil
104. 舒芬太尼 * Sufentanil
105. 醋氢可酮 Thebaeon
106. 蒂巴因 * Thebaine
107. 硫代芬太尼 Thiofentanyl
108. 替利定 Tilidine
109. 三甲利定 Trimeperidine
110. 醋氢可待因 Acetyldihydrocodeine
111. 布桂嗪 * Bucinnazine

112. 可待因＊	Codeine
113. 复方樟脑酊＊	Compound Camphor Tincture
114. 右丙氧芬＊	Dextropropoxyphene
115. 双氢可待因＊	Dihydrocodeine
116. 乙基吗啡＊	Ethylmorphine
117. 尼可待因	Nicocodine
118. 尼二氢可待因	Nicodicodine
119. 去甲可待因	Norcodeine
120. 福尔可定＊	Pholcodilie
121. 丙吡兰	Propiram
122. 阿桔片＊	Compound Platycodon Tablets
123. 吗啡阿托品注射液	Morphine and Atropine Sulfate Injection

注:1. 上述品种包括其可能存在的盐和单方制剂;

2. 上述品种包括其可能存在的化学异构体及酯、醚;

3. 品种目录有＊的麻醉药品为我国生产及使用的品种。

（本目录由国家食品药品监督管理局、公安部和卫生部于2007年10月11日发布,自2008年1月1日起施行。）

附件2(替换2005年版)

精神药品品种目录(2007年版)

第一类

1. 布苯丙胺	Brolamfetamine(DOB)
2. 卡西酮	Cathinone
3. 二乙基色胺	DET
4. 二甲氧基安非他明	2,5 - dimethoxyamfetamine(DMA)
5. (1,2 - 二甲基庚基)羟基四氢甲基二苯吡喃	DMHP
6. 二甲基色胺	DMT
7. 二甲氧基乙基安非他明	DOET
8. 乙环利定	Eticyclidine
9. 乙色胺	Etryptamine
10. 麦角二乙胺	(+) - Lysergide
11. 二亚甲基双氧安非他明	MDMA
12. 麦司卡林	Mescaline
13. 甲卡西酮	Methcathinone
14. 甲米雷司	4 - methylaminorex
15. 甲羟芬胺	MMDA
16. 乙芬胺	N - ethyl, MDA
17. 羟芬胺	N - hydroxyl, MDA
18. 六氢大麻酚	Parahexyl
19. 副甲氧基安非他明	Parametoxyamphetamine(PMA)
20. 赛洛新	Psilocine
21. 赛洛西宾	Psilocybine
22. 咯环利定	Rolicyclidine
23. 二甲氧基甲苯异丙胺	STP, DOM
24. 替苯丙胺	Tenamfetamine(MDA)
25. 替诺环定	Tenocvyclidine
26. 四氢大麻酚(包括其同分异构物及其立体化学变体)	Tetrahydrocannabinot
27. 三甲氧基安非他明	TMA
28. 4 - 甲基硫基安非他明	4 - methylthoamfetanmine
29. 苯丙胺	Amfetamine
30. 安非拉酮	Amfepramone
31. 安咪奈丁	Amineptine
32. 2,5 - 二甲氧基 - 4 - 溴苯已胺	4bromo - 2,5 - dimethoxy phenethlamine (2 - CB)

33. 丁丙诺啡 *	Buprenorphine
34. 右苯丙胺	Dexamfetamine
35. 二甲基安非他明	Dimethylamphetamine
36. 芬乙茶碱	Fenetylline
37. Y－羟丁酸 *	Y－hydroxybutyrate(GHB)
38. 氯胺酮 *	Ketamine
39. 左苯丙胺	Levamfetarmine
40. 左甲苯丙胺	Levomethamphetamine
41. 马吲哚 *	Mazindol
42. 甲氯喹酮	Mecloqualone
43. 去氧麻黄碱	Metamfetamine
44. 去氧麻黄碱外消旋体	Metamfetamine Racemate
45. 甲喹酮	Methaqualone
46. 哌醋甲酯 *	Methylphenidate
47. 莫达非尼	Modafinil
48. 苯环利定	Phencyclidine
49. 芬美曲秦	Phenmetrazine
50. 司可巴比妥 *	Secobarbital
51. δ－9－四氢大麻酚及其立体化学变体	Delta－9－tetrahydrocannabinol and its stereochemical variants
52. 三唑仑 *	Triazolam
53. 齐培丙醇	Zipeprol
第二类	
54. 异戊巴比妥 *	Amobarbital
55. 布他比妥	Butalbital
56. 布托啡诺及其注射剂 *	Butorphanol and its injection
57. 咖啡因 *	Caffeine
58. 安钠咖 *	Caffeine Sodium Benzoate(CNB)
59. 去甲伪麻黄碱 *	Cathine
60. 环已巴比妥	Cyclobarbital
61. 地佐辛及其注射剂 *	Dezocine and its injection
62. 右旋芬氟拉明	Dexfenfluramine
63. 芬氟拉明	Fenfluramine
64. 氟硝西泮	Flunitrazepam
65. 格鲁米特	Glutethimide
66. 呋芬雷司	Furfennorex
67. 喷他佐辛 *	Pentazocine
68. 戊巴比妥	Pentobarbital
69. 丙已君	Propylhexedrine
70. 阿洛巴比妥	Allobarbital

71. 阿普唑仑 * Alprazolam
72. 阿米雷司 Aminorex
73. 巴比妥 * Barbital
74. 苄非他明 Benzfetamine
75. 溴西泮 Bromazepam
76. 溴替唑仑 Brotizolam
77. 丁巴比妥 Butobarbital
78. 卡马西泮 Camazepam
79. 氯氮草(艹+卓) * Chlordiazepoxide
80. 氯巴占 Clobazam
81. 氯硝西泮 * Clonazepam
82. 氯拉草(艹+卓)酸 Clorazepate
83. 氯噻西泮 Clotiazepam
84. 氯噁唑仑 Cloxazolam
85. 地洛西泮 Delorazepam
86. 地西泮 * Diazepam
87. 艾司唑仑 * Estazolsm
88. 乙氯维诺 Ethchlorvynol
89. 炔已蚁胺 Ethinamate
90. 氯氟草乙酯 * Etyl Loflazepate
91. 乙非他明 Etilamfetamine
92. 芬坎法明 Fencamfamin
93. 芬普雷司 Fenproporex
94. 氟地西泮 Fludiazepam
95. 氟西泮 * Flurazepam
96. 哈拉西泮 Halazepam
97. 卤沙唑仑 Haloxazolam
98. 凯他唑仑 Ketazolam
99. 利非他明 Lefetamine
100. 氯普唑仑 Loprazolam
101. 劳拉西泮 * Lorazepam
102. 氯甲西泮 Lormetazepam
103. 美达西泮 Medazepam
104. 美芬雷司 Mefenorex
105. 甲丙氨酯 * Meprobamate
106. 美索卡 Mesocarb
107. 甲苯巴比妥 Methylphenobarbital
108. 甲乙哌酮 Methyprylon
109. 咪达唑仑 * Midazolam
110. 纳布啡及其注射剂 * Nalbuphine and its injection

111. 尼美西泮	Nimetazepam
112. 硝西泮 *	Nitrazepam
113. 去甲西泮	Nordazepam
114. 奥沙西泮 *	Oxazepam
115. 奥沙唑仑	Oxazolam
116. 氨酚氢可酮片	Paracetamol and Hydrocodone Bitartrate Tablets
117. 匹莫林 *	Pemoline
118. 苯甲曲秦	Phendimetrazine
119. 苯巴比妥 *	Phenobarbital
120. 芬特明	Phentermine
121. 匹那西泮	Pinazepam
122. 哌苯甲醇	Pipradrol
123. 普拉西泮	Prazepam
124. 吡咯戊酮	Pyrovalerone
125. 仲丁比妥	Secbutabarbital
126. 替马西泮 *	Temazepam
127. 四氢西泮	Tetrazepam
128. 曲马多 *	Tramadol
129. 乙烯比妥	Vinylbital
130. 唑吡坦 *	Zolpiden
131. 扎来普隆 *	Zaleplone
132. 麦角胺咖啡因片 *	Ergotamine and Caffeine Tablets

注:1. 上述品种包括其可能存在的盐和单方制剂(除非另有规定);

2. 上述品种包括其可能存在的化学异构体及酯、醚(除非另有规定);

3. 品种目录有 * 的精神药品为我国生产及使用的品种。

(本目录由国家食品药品监督管理局、公安部和卫生部以国食药监安[2007]633 号发布,自 2008 年 1 月 1 日起施行)

中华人民共和国公安部令

第87号

《易制毒化学品购销和运输管理办法》已经2006年4月21日公安部部长办公会议通过，现予发布，自2006年10月1日起施行。

公安部部长　　周永康

二〇〇六年八月二十二日

易制毒化学品购销和运输管理办法

第一章　总　　则

第一条　为加强易制毒化学品管理，规范购销和运输易制毒化学品行为，防止易制毒化学品被用于制造毒品，维护经济和社会秩序，根据《易制毒化学品管理条例》，制定本办法。

第二条　公安部是全国易制毒化学品购销、运输管理和监督检查的主管部门。

县级以上地方人民政府公安机关负责本辖区内易制毒化学品购销、运输管理和监督检查工作。

各省、自治区、直辖市和设区的市级人民政府公安机关禁毒部门应当设立易制毒化学品管理专门机构，县级人民政府公安机关应当设专门人员，负责易制毒化学品的购买、运输许可或者备案和监督检查工作。

第二章　购　销　管　理

第三条　购买第一类中的非药品类易制毒化学品的，应当向所在地省级人民政府公安机关申请购买许可证；购买第二类、第三类易制毒化学品的，应当向所在地县级人民政府公安机关备案。取得购买许可证或者购买备案证明后，方可购买易制毒化学品。

第四条　个人不得购买第一类易制毒化学品和第二类易制毒化学品。

禁止使用现金或者实物进行易制毒化学品交易，但是个人合法购买第一类中的药品类易制毒化学品药品制剂和第三类易制毒化学品的除外。

第五条　申请购买第一类中的非药品类易制毒化学品和第二类、第三类易制毒化学品的，应当提交下列申请材料：

（一）经营企业的营业执照（副本和复印件），其他组织的登记证书或者成立批准文件（原件和复印件），或者个人的身份证明（原件和复印件）；

（二）合法使用需要证明（原件）。

合法使用需要证明由购买单位或者个人出具，注明拟购买易制毒化学品的品种、数量和用途，并加盖购买单位印章或者个人签名。

第六条 申请购买第一类中的非药品类易制毒化学品的，由申请人所在地的省级人民政府公安机关审批。负责审批的公安机关应当自收到申请之日起10日内，对申请人提交的申请材料进行审查。对符合规定的，发给购买许可证；不予许可的，应当书面说明理由。

负责审批的公安机关对购买许可证的申请能够当场予以办理的，应当当场办理；对材料不齐备需要补充的，应当一次告知申请人需补充的内容；对提供材料不符合规定不予受理的，应当书面说明理由。

第七条 公安机关审查第一类易制毒化学品购买许可申请材料时，根据需要，可以进行实地核查。遇有下列情形之一的，应当进行实地核查：

（一）购买单位第一次申请的；

（二）购买单位提供的申请材料不符合要求的；

（三）对购买单位提供的申请材料有疑问的。

第八条 购买第二类、第三类易制毒化学品的，应当在购买前将所需购买的品种、数量，向所在地的县级人民政府公安机关备案。公安机关受理备案后，应当于当日出具购买备案证明。

自用一次性购买5公斤以下且年用量50公斤以下高锰酸钾的，无须备案。

第九条 易制毒化学品购买许可证一次使用有效，有效期1个月。

易制毒化学品购买备案证明一次使用有效，有效期1个月。对备案后1年内无违规行为的单位，可以发给多次使用有效的备案证明，有效期6个月。

对个人购买的，只办理一次使用有效的备案证明。

第十条 经营单位销售第一类易制毒化学品时，应当查验购买许可证和经办人的身份证明。对委托代购的，还应当查验购买人持有的委托文书。

委托文书应当载明委托人与被委托人双方情况、委托购买的品种、数量等事项。

经营单位在查验无误、留存前两款规定的证明材料的复印件后，方可出售第一类易制毒化学品；发现可疑情况的，应当立即向当地公安机关报告。

经营单位在查验购买方提供的许可证和身份证明时，对不能确定其真实性的，可以请当地公安机关协助核查。公安机关应当当场予以核查，对于不能当场核实的，应当于3日内将核查结果告知经营单位。

第十一条 经营单位应当建立易制毒化学品销售台账，如实记录销售的品种、数量、日期、购买方等情况。经营单位销售易制毒化学品时，还应当留存购买许可证或者购买备案证明以及购买经办人的身份证明的复印件。

销售台账和证明材料复印件应当保存2年备查。

第十二条 经营单位应当将第一类易制毒化学品的销售情况于销售之日起5日内报当地县级人民政府公安机关备案，将第二类、第三类易制毒化学品的销售情况于30日内报当地县级人民政府公安机关备案。

备案的销售情况应当包括销售单位、地址，销售易制毒化学品的种类、数量等，并同时提交留存的购买方的证明材料复印件。

第十三条 第一类易制毒化学品的使用单位，应当建立使用台账，如实记录购进易制毒化学品的种类、数量、使用情况和库存等，并保存2年备查。

第十四条 购买、销售和使用易制毒化学品的单位,应当在易制毒化学品的出入库登记、易制毒化学品管理岗位责任分工以及企业从业人员的易制毒化学品知识培训等方面建立单位内部管理制度。

第三章 运输管理

第十五条 运输易制毒化学品,有下列情形之一的,应当申请运输许可证或者进行备案:

(一)跨设区的市级行政区域(直辖市为跨市界)运输的;

(二)在禁毒形势严峻的重点地区跨县级行政区域运输的。禁毒形势严峻的重点地区由公安部确定和调整,名单另行公布。

运输第一类易制毒化学品的,应当向运出地的设区的市级人民政府公安机关申请运输许可证。

运输第二类易制毒化学品的,应当向运出地县级人民政府公安机关申请运输许可证。

运输第三类易制毒化学品的,应当向运出地县级人民政府公安机关备案。

第十六条 运输供教学、科研使用的100克以下的麻黄素样品和供医疗机构制剂配方使用的小包装麻黄素以及医疗机构或者麻醉药品经营企业购买麻黄素片剂6万片以下、注射剂1万5千支以下,货主或者承运人持有依法取得的购买许可证明或者麻醉药品调拨单的,无须申请易制毒化学品运输许可。

第十七条 因治疗疾病需要,患者、患者近亲属或者患者委托的人凭医疗机构出具的医疗诊断书和本人的身份证明,可以随身携带第一类中的药品类易制毒化学品药品制剂,但是不得超过医用单张处方的最大剂量。

第十八条 运输易制毒化学品,应当由货主向公安机关申请运输许可证或者进行备案。

申请易制毒化学品运输许可证或者进行备案,应当提交下列材料:

(一)经营企业的营业执照(副本和复印件),其他组织的登记证书或者成立批准文件(原件和复印件),个人的身份证明(原件和复印件);

(二)易制毒化学品购销合同(复印件);

(三)经办人的身份证明(原件和复印件)。

第十九条 负责审批的公安机关应当自收到第一类易制毒化学品运输许可申请之日起10日内,收到第二类易制毒化学品运输许可申请之日起3日内,对申请人提交的申请材料进行审查。对符合规定的,发给运输许可证;不予许可的,应当书面说明理由。

负责审批的公安机关对运输许可申请能够当场予以办理的,应当当场办理;对材料不齐备需要补充的,应当一次告知申请人需补充的内容;对提供材料不符合规定不予受理的,应当书面说明理由。

运输第三类易制毒化学品的,应当在运输前向运出地的县级人民政府公安机关备案。公安机关应当在收到备案材料的当日发给备案证明。

第二十条 负责审批的公安机关对申请人提交的申请材料,应当核查其真实性和有效性,其中查验购销合同时,可以要求申请人出示购买许可证或者备案证明,核对是否相符;对营业执照和登记证书(或者成立批准文件),应当核查其生产范围、经营范围、使用范围、证照有效期等内容。

公安机关审查第一类易制毒化学品运输许可申请材料时，根据需要，可以进行实地核查。遇有下列情形之一的，应当进行实地核查：

（一）申请人第一次申请的；

（二）提供的申请材料不符合要求的；

（三）对提供的申请材料有疑问的。

第二十一条 对许可运输第一类易制毒化学品的，发给一次有效的运输许可证，有效期1个月。

对许可运输第二类易制毒化学品的，发给3个月多次使用有效的运输许可证；对第三类易制毒化学品运输备案的，发给3个月多次使用有效的备案证明；对于领取运输许可证或者运输备案证明后6个月内按照规定运输并保证运输安全的，可以发给有效期12个月的运输许可证或者运输备案证明。

第二十二条 承运人接受货主委托运输，对应当凭证运输的，应当查验货主提供的运输许可证或者备案证明，并查验所运货物与运输许可证或者备案证明载明的易制毒化学品的品种、数量等情况是否相符；不相符的，不得承运。

承运人查验货主提供的运输许可证或者备案证明时，对不能确定其真实性的，可以请当地人民政府公安机关协助核查。公安机关应当当场予以核查，对于不能当场核实的，应当于3日内将核查结果告知承运人。

第二十三条 运输易制毒化学品时，运输车辆应当在明显部位张贴易制毒化学品标识；属于危险化学品的，应当由有危险化学品运输资质的单位运输；应当凭证运输的，运输人员应当自启运起全程携带运输许可证或者备案证明。承运单位应当派人押运或者采取其他有效措施，防止易制毒化学品丢失、被盗、被抢。

运输易制毒化学品时，还应当遵守国家有关货物运输的规定。

第二十四条 公安机关在易制毒化学品运输过程中应当对运输情况与运输许可证或者备案证明所载内容是否相符等情况进行检查。交警、治安、禁毒、边防等部门应当在交通重点路段和边境地区等加强易制毒化学品运输的检查。

第二十五条 易制毒化学品运出地与运入地公安机关应当建立情况通报制度。运出地负责审批或者备案的公安机关应当每季度末将办理的易制毒化学品运输许可或者备案情况通报运入地同级公安机关，运入地同级公安机关应当核查货物的实际运达情况后通报运出地公安机关。

第四章 监督检查

第二十六条 县级以上人民政府公安机关应当加强对易制毒化学品购销和运输等情况的监督检查，有关单位和个人应当积极配合。对发现非法购销和运输行为的，公安机关应当依法查处。

公安机关在进行易制毒化学品监督检查时，可以依法查看现场、查阅和复制有关资料、记录有关情况、扣押相关的证据材料和违法物品；必要时，可以临时查封有关场所。

被检查的单位或者个人应当如实提供有关情况和材料、物品，不得拒绝或者隐匿。

第二十七条 公安机关应当对依法收缴、查获的易制毒化学品安全保管。对于可以回收的，应当予以回收；对于不能回收的，应当依照环境保护法律、行政法规的有关规定，交由有资质的单位予以销毁，防止造成环境污染和人身伤亡。对收缴、查获的第一类中的药品类易制毒化学品的，一律销毁。

保管和销毁费用由易制毒化学品违法单位或者个人承担。违法单位或者个人无力承担的，该费用在回收所得中开支，或者在公安机关的禁毒经费中列支。

第二十八条 购买、销售和运输易制毒化学品的单位应当于每年3月31日前向所在地县级公安机关报告上年度的购买、销售和运输情况。公安机关发现可疑情况的，应当及时予以核对和检查，必要时可以进行实地核查。

有条件的购买、销售和运输单位，可以与当地公安机关建立计算机联网，及时通报有关情况。

第二十九条 易制毒化学品丢失、被盗、被抢的，发案单位应当立即向当地公安机关报告。接到报案的公安机关应当及时立案查处，并向上级公安机关报告。

第五章 法律责任

第三十条 违反规定购买易制毒化学品，有下列情形之一的，公安机关应当没收非法购买的易制毒化学品，对购买方处非法购买易制毒化学品货值10倍以上20倍以下的罚款，货值的20倍不足1万元的，按1万元罚款；构成犯罪的，依法追究刑事责任：

（一）未经许可或者备案擅自购买易制毒化学品的；

（二）使用他人的或者伪造、变造、失效的许可证或者备案证明购买易制毒化学品的。

第三十一条 违反规定销售易制毒化学品，有下列情形之一的，公安机关应当对销售单位处1万元以下罚款；有违法所得的，处3万元以下罚款，并对违法所得依法予以追缴；构成犯罪的，依法追究刑事责任：

（一）向无购买许可证或者备案证明的单位或者个人销售易制毒化学品的；

（二）超出购买许可证或者备案证明的品种、数量销售易制毒化学品的。

第三十二条 货主违反规定运输易制毒化学品，有下列情形之一的，公安机关应当没收非法运输的易制毒化学品或者非法运输易制毒化学品的设备、工具；处非法运输易制毒化学品货值10倍以上20倍以下罚款，货值的20倍不足1万元的，按1万元罚款；有违法所得的，没收违法所得；构成犯罪的，依法追究刑事责任：

（一）未经许可或者备案擅自运输易制毒化学品的；

（二）使用他人的或者伪造、变造、失效的许可证运输易制毒化学品的。

第三十三条 承运人违反规定运输易制毒化学品，有下列情形之一的，公安机关应当责令停运整改，处5千元以上5万元以下罚款：

（一）与易制毒化学品运输许可证或者备案证明载明的品种、数量、运入地、货主及收货人、承运人等情况不符的；

（二）运输许可证种类不当的；

（三）运输人员未全程携带运输许可证或者备案证明的。

个人携带易制毒化学品不符合品种、数量规定的，公安机关应当没收易制毒化学品，处1千元以上5千元以下罚款。

第三十四条 伪造申请材料骗取易制毒化学品购买、运输许可证或者备案证明的，公安机关应当处1万元罚款，并撤销许可证或者备案证明。

使用以伪造的申请材料骗取的易制毒化学品购买、运输许可证或者备案证明购买、运输易制毒化学品的,分别按照第三十条第一项和第三十二条第一项的规定处罚。

第三十五条 对具有第三十条、第三十二条和第三十四条规定违法行为的单位或个人,自作出行政处罚决定之日起3年内,公安机关可以停止受理其易制毒化学品购买或者运输许可申请。

第三十六条 违反易制毒化学品管理规定,有下列行为之一的,公安机关应当给予警告,责令限期改正,处1万元以上5万元以下罚款;对违反规定购买的易制毒化学品予以没收;逾期不改正的,责令限期停产停业整顿;逾期整顿不合格的,吊销相应的许可证:

(一)将易制毒化学品购买或运输许可证或者备案证明转借他人使用的;

(二)超出许可的品种、数量购买易制毒化学品的;

(三)销售、购买易制毒化学品的单位不记录或者不如实记录交易情况、不按规定保存交易记录或者不如实、不及时向公安机关备案销售情况的;

(四)易制毒化学品丢失、被盗、被抢后未及时报告,造成严重后果的;

(五)除个人合法购买第一类中的药品类易制毒化学品药品制剂以及第三类易制毒化学品外,使用现金或者实物进行易制毒化学品交易的;

(六)经营易制毒化学品的单位不如实或者不按时报告易制毒化学品年度经销和库存情况的。

第三十七条 经营、购买、运输易制毒化学品的单位或者个人拒不接受公安机关监督检查的,公安机关应当责令其改正,对直接负责的主管人员以及其他直接责任人员给予警告;情节严重的,对单位处1万元以上5万元以下罚款,对直接负责的主管人员以及其他直接责任人员处1千元以上5千元以下罚款;有违反治安管理行为的,依法给予治安管理处罚;构成犯罪的,依法追究刑事责任。

第三十八条 公安机关易制毒化学品管理工作人员在管理工作中有应当许可而不许可、不应当许可而滥许可,不依法受理备案,以及其他滥用职权、玩忽职守、徇私舞弊行为的,依法给予行政处分;构成犯罪的,依法追究刑事责任。

第三十九条 公安机关实施本章处罚,同时应当由其他行政主管机关实施处罚的,应当通报其他行政机关处理。

第六章 附 则

第四十条 本办法所称"经营单位",是指经营易制毒化学品的经销单位和经销自产易制毒化学品的生产单位。

第四十一条 本办法所称"运输",是指通过公路、铁路、水上和航空等各种运输途径,使用车、船、航空器等各种运输工具,以及人力、畜力携带、搬运等各种运输方式使易制毒化学品货物发生空间位置的移动。

第四十二条 易制毒化学品购买许可证和备案证明、运输许可证和备案证明、易制毒化学品管理专用印章由公安部统一规定式样并监制。

第四十三条 本办法自2006年10月1日起施行。《麻黄素运输许可证管理规定》(公安部令第52号)同时废止。

中华人民共和国卫生部令

第36号

《医疗卫生机构医疗废物管理办法》已于2003年8月14日经卫生部部务会议讨论通过，现予发布，自发布之日起施行。

部长　　吴　仪

二○○三年十月十五日

医疗卫生机构医疗废物管理办法

第一章　总　　则

第一条　为规范医疗卫生机构对医疗废物的管理，有效预防和控制医疗废物对人体健康和环境产生危害，根据《医疗废物管理条例》，制定本办法。

第二条　各级各类医疗卫生机构应当按照《医疗废物管理条例》和本办法的规定对医疗废物进行管理。

第三条　卫生部对全国医疗卫生机构的医疗废物管理工作实施监督。

县级以上地方人民政府卫生行政主管部门对本行政区域医疗卫生机构的医疗废物管理工作实施监督。

第二章　医疗卫生机构对医疗废物的管理职责

第四条　医疗卫生机构应当建立、健全医疗废物管理责任制，其法定代表人或者主要负责人为第一责任人，切实履行职责，确保医疗废物的安全管理。

第五条　医疗卫生机构应当依据国家有关法律、行政法规、部门规章和规范性文件的规定，制定并落实医疗废物管理的规章制度、工作流程和要求、有关人员的工作职责及发生医疗卫生机构内医疗废物流失、泄漏、扩散和意外事故的应急方案。内容包括：

（一）医疗卫生机构内医疗废物各产生地点对医疗废物分类收集方法和工作要求；

（二）医疗卫生机构内医疗废物的产生地点、暂时贮存地点的工作制度及从产生地点运送至暂时贮存地点的工作要求；

（三）医疗废物在医疗卫生机构内部运送及将医疗废物交由医疗废物处置单位的有关交接、登记的规定；

（四）医疗废物管理过程中的特殊操作程序及发生医疗废物流失、泄漏、扩散和意外事故的紧急处理措施；

（五）医疗废物分类收集、运送、暂时贮存过程中有关工作人员的职业卫生安全防护。

第六条 医疗卫生机构应当设置负责医疗废物管理的监控部门或者专（兼）职人员，履行以下职责：

（一）负责指导、检查医疗废物分类收集、运送、暂时贮存及机构内处置过程中各项工作的落实情况；

（二）负责指导、检查医疗废物分类收集、运送、暂时贮存及机构内处置过程中的职业卫生安全防护工作；

（三）负责组织医疗废物流失、泄漏、扩散和意外事故发生时的紧急处理工作；

（四）负责组织有关医疗废物管理的培训工作；

（五）负责有关医疗废物登记和档案资料的管理；

（六）负责及时分析和处理医疗废物管理中的其他问题。

第七条 医疗卫生机构发生医疗废物流失、泄漏、扩散和意外事故时，应当按照《医疗废物管理条例》和本办法的规定采取相应紧急处理措施，并在48小时内向所在地的县级人民政府卫生行政主管部门、环境保护行政主管部门报告。调查处理工作结束后，医疗卫生机构应当将调查处理结果向所在地的县级人民政府卫生行政主管部门、环境保护行政主管部门报告。

县级人民政府卫生行政主管部门每月汇总逐级上报至当地省级人民政府卫生行政主管部门。

省级人民政府卫生行政主管部门每半年汇总后报卫生部。

第八条 医疗卫生机构发生因医疗废物管理不当导致1人以上死亡或者3人以上健康损害，需要对致病人员提供医疗救护和现场救援的重大事故时，应当在12小时内向所在地的县级人民政府卫生行政主管部门报告，并按照《医疗废物管理条例》和本办法的规定，采取相应紧急处理措施。

县级人民政府卫生行政主管部门接到报告后，应当在12小时内逐级向省级人民政府卫生行政主管部门报告。

医疗卫生机构发生因医疗废物管理不当导致3人以上死亡或者10人以上健康损害，需要对致病人员提供医疗救护和现场救援的重大事故时，应当在2小时内向所在地的县级人民政府卫生行政主管部门报告，并按照《医疗废物管理条例》和本办法的规定，采取相应紧急处理措施。

县级人民政府卫生行政主管部门接到报告后，应当在6小时内逐级向省级人民政府卫生行政主管部门报告。

省级人民政府卫生行政主管部门接到报告后，应当在6小时内向卫生部报告。

发生因医疗废物管理不当导致传染病传播事故，或者有证据证明传染病传播的事故有可能发生时，应当按照《传染病防治法》及有关规定报告，并采取相应措施。

第九条 医疗卫生机构应当根据医疗废物分类收集、运送、暂时贮存及机构内处置过程中所需要的专业技术、职业卫生安全防护和紧急处理知识等，制定相关工作人员的培训计划并组织实施。

第三章 分类收集、运送与暂时贮存

第十条 医疗卫生机构应当根据《医疗废物分类目录》，对医疗废物实施分类管理。

第十一条 医疗卫生机构应当按照以下要求，及时分类收集医疗废物：

（一）根据医疗废物的类别，将医疗废物分置于符合《医疗废物专用包装物、容器的标准和警示标识的规定》的包装物或者容器内；

（二）在盛装医疗废物前，应当对医疗废物包装物或者容器进行认真检查，确保无破损、渗漏和其他缺陷；

（三）感染性废物、病理性废物、损伤性废物、药物性废物及化学性废物不能混合收集。少量的药物性废物可以混入感染性废物，但应当在标签上注明；

（四）废弃的麻醉、精神、放射性、毒性等药品及其相关的废物的管理，依照有关法律、行政法规和国家有关规定、标准执行；

（五）化学性废物中批量的废化学试剂、废消毒剂应当交由专门机构处置；

（六）批量的含有汞的体温计、血压计等医疗器具报废时，应当交由专门机构处置；

（七）医疗废物中病原体的培养基、标本和菌种、毒种保存液等高危险废物，应当首先在产生地点进行压力蒸汽灭菌或者化学消毒处理，然后按感染性废物收集处理；

（八）隔离的传染病病人或者疑似传染病病人产生的具有传染性的排泄物，应当按照国家规定严格消毒，达到国家规定的排放标准后方可排入污水处理系统；

（九）隔离的传染病病人或者疑似传染病病人产生的医疗废物应当使用双层包装物，并及时密封；

（十）放入包装物或者容器内的感染性废物、病理性废物、损伤性废物不得取出。

第十二条 医疗卫生机构内医疗废物产生地点应当有医疗废物分类收集方法的示意图或者文字说明。

第十三条 盛装的医疗废物达到包装物或者容器的3/4时，应当使用有效的封口方式，使包装物或者容器的封口紧实、严密。

第十四条 包装物或者容器的外表面被感染性废物污染时，应当对被污染处进行消毒处理或者增加一层包装。

第十五条 盛装医疗废物的每个包装物、容器外表面应当有警示标识，在每个包装物、容器上应当系中文标签，中文标签的内容应当包括：医疗废物产生单位、产生日期、类别及需要的特别说明等。

第十六条 运送人员每天从医疗废物产生地点将分类包装的医疗废物按照规定的时间和路线运送至内部指定的暂时贮存地点。

第十七条 运送人员在运送医疗废物前，应当检查包装物或者容器的标识、标签及封口是否符合要求，不得将不符合要求的医疗废物运送至暂时贮存地点。

第十八条 运送人员在运送医疗废物时，应当防止造成包装物或容器破损和医疗废物的流失、泄漏和扩散，并防止医疗废物直接接触身体。

第十九条 运送医疗废物应当使用防渗漏、防遗撒、无锐利边角、易于装卸和清洁的专用运送工具。

每天运送工作结束后，应当对运送工具及时进行清洁和消毒。

第二十条 医疗卫生机构应当建立医疗废物暂时贮存设施、设备，不得露天存放医疗废物；医疗废物暂时贮存的时间不得超过2天。

第二十一条 医疗卫生机构建立的医疗废物暂时贮存设施、设备应当达到以下要求：

（一）远离医疗区、食品加工区、人员活动区和生活垃圾存放场所，方便医疗废物运送人员及运送工具、车辆的出入；

（二）有严密的封闭措施，设专（兼）职人员管理，防止非工作人员接触医疗废物；

（三）有防鼠、防蚊蝇、防蟑螂的安全措施；

（四）防止渗漏和雨水冲刷；

（五）易于清洁和消毒；

（六）避免阳光直射；

（七）设有明显的医疗废物警示标识和"禁止吸烟、饮食"的警示标识。

第二十二条 暂时贮存病理性废物，应当具备低温贮存或者防腐条件。

第二十三条 医疗卫生机构应当将医疗废物交由取得县级以上人民政府环境保护行政主管部门许可的医疗废物集中处置单位处置，依照危险废物转移联单制度填写和保存转移联单。

第二十四条 医疗卫生机构应当对医疗废物进行登记，登记内容应当包括医疗废物的来源、种类、重量或者数量、交接时间、最终去向以及经办人签名等项目。登记资料至少保存3年。

第二十五条 医疗废物转交出去后，应当对暂时贮存地点、设施及时进行清洁和消毒处理。

第二十六条 禁止医疗卫生机构及其工作人员转让、买卖医疗废物。

禁止在非收集、非暂时贮存地点倾倒、堆放医疗废物，禁止将医疗废物混入其他废物和生活垃圾。

第二十七条 不具备集中处置医疗废物条件的农村地区，医疗卫生机构应当按照当地卫生行政主管部门和环境保护主管部门的要求，自行就地处置其产生的医疗废物。自行处置医疗废物的，应当符合以下基本要求：

（一）使用后的一次性医疗器具和容易致人损伤的医疗废物应当消毒并作毁形处理；

（二）能够焚烧的，应当及时焚烧；

（三）不能焚烧的，应当消毒后集中填埋。

第二十八条 医疗卫生机构发生医疗废物流失、泄漏、扩散和意外事故时，应当按照以下要求及时采取紧急处理措施：

（一）确定流失、泄漏、扩散的医疗废物的类别、数量、发生时间、影响范围及严重程度；

（二）组织有关人员尽快按照应急方案，对发生医疗废物泄漏、扩散的现场进行处理；

（三）对被医疗废物污染的区域进行处理时，应当尽可能减少对病人、医务人员、其他现场人员及环境的影响；

（四）采取适当的安全处置措施，对泄漏物及受污染的区域、物品进行消毒或者其他无害化处置，必要时封锁污染区域，以防扩大污染；

（五）对感染性废物污染区域进行消毒时，消毒工作从污染最轻区域向污染最严重区域进行，对可能被污染的所有使用过的工具也应当进行消毒；

（六）工作人员应当做好卫生安全防护后进行工作。

处理工作结束后，医疗卫生机构应当对事件的起因进行调查，并采取有效的防范措施预防类似事件的发生。

第四章　人员培训和职业安全防护

第二十九条　医疗卫生机构应当对本机构工作人员进行培训，提高全体工作人员对医疗废物管理工作的认识。对从事医疗废物分类收集、运送、暂时贮存、处置等工作的人员和管理人员，进行相关法律和专业技术、安全防护以及紧急处理等知识的培训。

第三十条　医疗废物相关工作人员和管理人员应当达到以下要求：

（一）掌握国家相关法律、法规、规章和有关规范性文件的规定，熟悉本机构制定的医疗废物管理的规章制度、工作流程和各项工作要求；

（二）掌握医疗废物分类收集、运送、暂时贮存的正确方法和操作程序；

（三）掌握医疗废物分类中的安全知识、专业技术、职业卫生安全防护等知识；

（四）掌握在医疗废物分类收集、运送、暂时贮存及处置过程中预防被医疗废物刺伤、擦伤等伤害的措施及发生后的处理措施；

（五）掌握发生医疗废物流失、泄漏、扩散和意外事故情况时的紧急处理措施。

第三十一条　医疗卫生机构应当根据接触医疗废物种类及风险大小的不同，采取适宜、有效的职业卫生防护措施，为机构内从事医疗废物分类收集、运送、暂时贮存和处置等工作的人员和管理人员配备必要的防护用品，定期进行健康检查，必要时，对有关人员进行免疫接种，防止其受到健康损害。

第三十二条　医疗卫生机构的工作人员在工作中发生被医疗废物刺伤、擦伤等伤害时，应当采取相应的处理措施，并及时报告机构内的相关部门。

第五章　监 督 管 理

第三十三条　县级以上地方人民政府卫生行政主管部门应当依照《医疗废物管理条例》和本办法的规定，对所辖区域的医疗卫生机构进行定期监督检查和不定期抽查。

第三十四条　对医疗卫生机构监督检查和抽查的主要内容是：

（一）医疗废物管理的规章制度及落实情况；

（二）医疗废物分类收集、运送、暂时贮存及机构内处置的工作状况；

（三）有关医疗废物管理的登记资料和记录；

（四）医疗废物管理工作中，相关人员的安全防护工作；

（五）发生医疗废物流失、泄漏、扩散和意外事故的上报及调查处理情况；

（六）进行现场卫生学监测。

第三十五条　卫生行政主管部门在监督检查或者抽查中发现医疗卫生机构存在隐患时，应当责令立即消除隐患。

第三十六条　县级以上卫生行政主管部门应当对医疗卫生机构发生违反《医疗废物管理条例》和本办法规定的行为依法进行查处。

第三十七条　发生因医疗废物管理不当导致传染病传播事故，或者有证据证明传染病传播的事故有可能发生时，卫生行政主管部门应当按照《医疗废物管理条例》第四十条的规定及时采取相应措施。

第三十八条　医疗卫生机构对卫生行政主管部门的检查、监测、调查取证等工作，应当予以配合，不得拒绝和阻碍，不得提供虚假材料。

第六章　罚　则

第三十九条　医疗卫生机构违反《医疗废物管理条例》及本办法规定，有下列情形之一的，由县级以上地方人民政府卫生行政主管部门责令限期改正、给予警告；逾期不改正的，处以2000元以上5000以下的罚款：

（一）未建立、健全医疗废物管理制度，或者未设置监控部门或者专（兼）职人员的；

（二）未对有关人员进行相关法律和专业技术、安全防护以及紧急处理等知识的培训的；

（三）未对医疗废物进行登记或者未保存登记资料的；

（四）未对机构内从事医疗废物分类收集、运送、暂时贮存、处置等工作的人员和管理人员采取职业卫生防护措施的；

（五）未对使用后的医疗废物运送工具及时进行清洁和消毒的；

（六）自行建有医疗废物处置设施的医疗卫生机构，未定期对医疗废物处置设施的卫生学效果进行检测、评价，或者未将检测、评价效果存档、报告的。

第四十条　医疗卫生机构违反《医疗废物管理条例》及本办法规定，有下列情形之一的，由县级以上地方人民政府卫生行政主管部门责令限期改正、给予警告，可以并处5000元以下的罚款；逾期不改正的，处5000元以上3万元以下的罚款：

（一）医疗废物暂时贮存地点、设施或者设备不符合卫生要求的；

（二）未将医疗废物按类别分置于专用包装物或者容器的；

（三）使用的医疗废物运送工具不符合要求的。

第四十一条　医疗卫生机构违反《医疗废物管理条例》及本办法规定，有下列情形之一的，由县级以上地方人民政府卫生行政主管部门责令限期改正，给予警告，并处5000元以上1万以下的罚款；逾期不改正的，处1万元以上3万元以下的罚款；造成传染病传播的，由原发证部门暂扣或者吊销医疗卫生机构执业许可证件；构成犯罪的，依法追究刑事责任：

（一）在医疗卫生机构内丢弃医疗废物和在非贮存地点倾倒、堆放医疗废物或者将医疗废物混入其他废物和生活垃圾的；

（二）将医疗废物交给未取得经营许可证的单位或者个人的；

（三）未按照条例及本办法的规定对污水、传染病病人和疑似传染病病人的排泄物进行严格消毒，或者未达到国家规定的排放标准，排入污水处理系统的；

（四）对收治的传染病病人或者疑似传染病病人产生的生活垃圾，未按照医疗废物进行管理和处置的。

第四十二条　医疗卫生机构转让、买卖医疗废物的，依照《医疗废物管理条例》第五十三条处罚。

第四十三条　医疗卫生机构发生医疗废物流失、泄漏、扩散时，未采取紧急处理措施，或者未及时向卫生行政主管部门报告的，由县级以上地方人民政府卫生行政主管部门责令改正，给予警告，并处1万元以上3万元以下的罚款；造成传染病传播的，由原发证部门暂扣或者吊销医疗卫生机构执业许可证件；构成犯罪的，依法追究刑事责任。

第四十四条　医疗卫生机构无正当理由，阻碍卫生行政主管部门执法人员执行职务，拒绝执法人员进入现场，或者不配合执法部门的检查、监测、调查取证的，由县级以上地方人民政府卫生行政主管部门责令改正，给予警告；拒不改正的，由原发证部门暂扣或者吊销医疗卫生机构执业许可证件；触犯《中华人民共和国治安管理处罚条例》，构成违反治安管理行为的，由公安机关依法予以处罚；构成犯罪的，依法追究刑事责任。

第四十五条 不具备集中处置医疗废物条件的农村，医疗卫生机构未按照《医疗废物管理条例》和本办法的要求处置医疗废物的，由县级以上地方人民政府卫生行政主管部门责令限期改正，给予警告；逾期不改的，处1000元以上5000元以下的罚款；造成传染病传播的，由原发证部门暂扣或者吊销医疗卫生机构执业许可证件；构成犯罪的，依法追究刑事责任。

第四十六条 医疗卫生机构违反《医疗废物管理条例》及本办法规定，导致传染病传播，给他人造成损害的，依法承担民事赔偿责任。

第七章 附 则

第四十七条 本办法所称医疗卫生机构指依照《医疗机构管理条例》的规定取得《医疗机构执业许可证》的机构及疾病预防控制机构、采供血机构。

第四十八条 本办法自公布之日起施行。

国家环境保护总局文件

环发[2003]188号

各省、自治区、直辖市环境保护局(厅)和卫生厅(局):

为贯彻执行《中华人民共和国固体废物污染环境防治法》、《中华人民共和国传染病防治法》和《医疗废物管理条例》,防治医疗废物污染环境,保障人体健康,现批准发布《医疗废物专用包装物、容器标准和警示标识规定》,请遵照执行。

国家环境保护总局

二〇〇三年十一月二十日

医疗废物专用包装物、容器标准和警示标识规定

第一条 根据《医疗废物管理条例》第十六条的规定,制定本标准和规定。

第二条 包装袋标准

(一)基本要求

1. 包装袋不得使用聚氯乙烯(PVC)塑料为制造原料;

2. 聚乙烯(PE)包装袋正常使用时不得渗漏、破裂、穿孔;

3. 最大容积为 $0.1m^3$,大小和形状适中,便于搬运和配合周转箱(桶)盛装;

4. 如果使用线型低密度聚乙烯(LLDPE)或低密度聚乙烯与线型低密度聚乙烯共混(LLDPE + LDPE)为原料,其最小公称厚度应为150μm;如果使用中密度或高密度聚乙烯(MDPE,HDPE),其最小公称厚度应为80μm;

5. 包装袋的颜色为黄色,并有盛装医疗废物类型的文字说明,如盛装感染性废物,应在包装袋上加注"感染性废物"字样;

6. 包装袋上应印制本规定第五条确定的医疗废物警示标识。

(二)技术性能要求

1. 包装袋外观标准符合表1要求。

表1 包装袋外观标准

项　目	指　标
划痕、气泡、穿孔、破裂	不允许
晶点、僵块 >2mm <2mm 分散度	不允许 ≤5个/10×10(cm^2)
杂质 >0.6mm <0.6mm 分散度	不允许 ≤2个/10×10(cm^2)

2. 包装袋物理机械性能符合表2要求。

表2　包装袋物理机械性能

项　目	指　标	
	LLDPE(LDPE + LLDPE)	HDPE(MDPE)
拉伸强度(纵、横向)MPa≥	20	25
断裂伸长率(纵、横向)%≥	450	250
落膘冲击质量(g)	190	270
热封强度 N/15mm≥	10	10

3. 包装袋规格

(1)推荐采用筒状包装袋：折径×长×厚(mm)：

450mm×500mm×0.15mm(LLDPE;LDPE + LLDPE)

450mm×500mm×0.08mm(HDPE;MDPE)

(2)当包装袋容积在 0.1m^3 范围内,包装袋规格可以根据用户要求确定。

(3)当用户有特殊要求,并且包装袋容积超过 0.1m^3 时,包装袋厚度应根据试验确定,保证包装袋防渗漏、防破裂、防穿孔,整体物理机械性能不低于表 2 要求。

第三条　利器盒标准

1. 利器盒整体为硬制材料制成,密封,以保证利器盒在正常使用的情况下,盒内盛装的锐利器具不撒漏,利器盒一旦被封口,则无法在不破坏的情况下被再次打开;

2. 利器盒能防刺穿,其盛装的注射器针头、破碎玻璃片等锐利器具不能刺穿利器盒;

3. 满盛装量的利器盒从 1.5m 高处垂直跌落至水泥地面,连续 3 次,利器盒不会出现破裂、被刺穿等情况;

4. 利器盒易于焚烧,不得使用聚氯乙烯(PVC)塑料作为制造原材料;

5. 利器盒整体颜色为黄色,在盒体侧面注明"损伤性废物";

6. 利器盒上应印制本规定第五条确定的医疗废物警示标识;

7. 利器盒规格尺寸可根据用户要求确定。

第四条　周转箱(桶)标准

(一) 基本要求

1. 周转箱整体为硬制材料,防液体渗漏,可一次性或多次重复使用;

2. 多次重复使用的周转箱(桶)应能被快速消毒或清洗,并参照周转箱性能要求制造;

3. 周转箱(桶)整体为黄色,外表面应印(喷)制本规定第五条确定的医疗废物警示标和文字说明。

(二) 技术性能要求

周转箱的规格及性能应满足如下要求：

1. 原料要求

周转箱箱体应选用高密度聚乙烯(HDPE)为原料采用注射工艺生产;箱体盖选用高密度聚乙烯与聚丙烯(PP)共混或专用料采用注射工艺生产。

2. 外观要求

(1)箱体箱盖设密封槽,整体装配密闭。箱体与箱盖能牢固扣紧,扣紧后不分离;

(2)表面光滑平整,无裂损,不允许明显凹陷,边缘及端手无毛刺。浇口处不影响箱子平置。不允许≥2mm 杂质存在;

(3)箱底、顶部有配合牙槽,具有防滑功能。

3. 规格要求

推荐采用长方体周转箱:

长×宽×高(mm)=600×500×400

周转箱(桶)规格也可根据用户要求制造。

4. 物理机械性能

(1)箱底承重:变形量下弯不超过10mm。

(2)收缩变形率:箱体对角线变化率不大于1.0%。

(3)跌落强度:常温下负重20kg的试样从1.5m高度垂直跌落至水泥地面,连续3次,不允许产生裂纹。

(4)堆码强度:空箱口部向上平置,加载平板与重物的总质量为250kg,承压72h,箱体高度变化率不大于2.0%。

(5)悬挂强度:常温下钓钩钩住箱体端手部位,钓绳夹角为60°±3°,箱体均匀负重60kg,平稳吊起离开地面10min后放下,试样不允许产生裂纹。

(三)一次性使用的周转箱可以不遵守本条(二)技术性能要求,但其防破裂、挤压等性能指标应能满足医疗废物周转运送的要求。

第五条 医疗废物专用警示标识如下图:

医疗废物

MEDICAL WASTE

国家环境保护总局令

第27号

《废弃危险化学品污染环境防治办法》已于2005年8月18日由国家环境保护总局2005年第十四次局务会议通过，现予公布，自2005年10月1日起施行。

国家环境保护总局局长　解振华

二〇〇五年八月三十日

废弃危险化学品污染环境防治办法

第一条　为了防治废弃危险化学品污染环境，根据《固体废物污染环境防治法》、《危险化学品安全管理条例》和有关法律、法规，制定本办法。

第二条　本办法所称废弃危险化学品，是指未经使用而被所有人抛弃或者放弃的危险化学品，淘汰、伪劣、过期、失效的危险化学品，由公安、海关、质检、工商、农业、安全监管、环保等主管部门在行政管理活动中依法收缴的危险化学品以及接收的公众上交的危险化学品。

废弃危险化学品属于危险废物，列入国家危险废物名录。

第三条　本办法适用于中华人民共和国境内废弃危险化学品的产生、收集、运输、贮存、利用、处置活动污染环境的防治。

实验室产生的废弃试剂、药品污染环境的防治，也适用本办法。

盛装废弃危险化学品的容器和受废弃危险化学品污染的包装物，按照危险废物进行管理。

本办法未作规定的，适用有关法律、行政法规的规定。

第四条　废弃危险化学品污染环境的防治，实行减少废弃危险化学品的产生量、安全合理利用废弃危险化学品和无害化处置废弃危险化学品的原则。

第五条　国家鼓励、支持采取有利于废弃危险化学品回收利用活动的经济、技术政策和措施，对废弃危险化学品实行充分回收和安全合理利用。

国家鼓励、支持集中处置废弃危险化学品，促进废弃危险化学品污染防治产业化发展。

第六条　国务院环境保护部门对全国废弃危险化学品污染环境的防治工作实施统一监督管理。

县级以上地方环境保护部门对本行政区域内废弃危险化学品污染环境的防治工作实施监督管理。

第七条　禁止任何单位或者个人随意弃置废弃危险化学品。

第八条　危险化学品生产者、进口者、销售者、使用者对废弃危险化学品承担污染防治责任。

危险化学品生产者应当合理安排生产项目和规模，遵守国家有关产业政策和环境政策，尽量减少废弃危险化学品的产生量。

危险化学品生产者负责自行或者委托有相应经营类别和经营规模的持有危险废物经营许可证的单位，对废弃危险化学品进行回收、利用、处置。

危险化学品进口者、销售者、使用者负责委托有相应经营类别和经营规模的持有危险废物经营许可证的单位，对废弃危险化学品进行回收、利用、处置。

危险化学品生产者、进口者、销售者负责向使用者和公众提供废弃危险化学品回收、利用、处置单位和回收、利用、处置方法的信息。

第九条 产生废弃危险化学品的单位，应当建立危险化学品报废管理制度，制定废弃危险化学品管理计划并依法报环境保护部门备案，建立废弃危险化学品的信息登记档案。

产生废弃危险化学品的单位应当依法向所在地县级以上地方环境保护部门申报废弃危险化学品的种类、品名、成份或组成、特性、产生量、流向、贮存、利用、处置情况、化学品安全技术说明书等信息。

前款事项发生重大改变的，应当及时进行变更申报。

第十条 省级环境保护部门应当建立废弃危险化学品信息交换平台，促进废弃危险化学品的回收和安全合理利用。

第十一条 从事收集、贮存、利用、处置废弃危险化学品经营活动的单位，应当按照国家有关规定向所在地省级以上环境保护部门申领危险废物经营许可证。

危险化学品生产单位回收利用、处置与其产品同种的废弃危险化学品的，应当向所在地省级以上环境保护部门申领危险废物经营许可证，并提供符合下列条件的证明材料：

（一）具备相应的生产能力和完善的管理制度；

（二）具备回收利用、处置该种危险化学品的设施、技术和工艺；

（三）具备国家或者地方环境保护标准和安全要求的配套污染防治设施和事故应急救援措施。

禁止无危险废物经营许可证或者不按照经营许可证规定从事废弃危险化学品收集、贮存、利用、处置的经营活动。

第十二条 回收、利用废弃危险化学品的单位，必须保证回收、利用废弃危险化学品的设施、设备和场所符合国家环境保护有关法律法规及标准的要求，防止产生二次污染；对不能利用的废弃危险化学品，应当按照国家有关规定进行无害化处置或者承担处置费用。

第十三条 产生废弃危险化学品的单位委托持有危险废物经营许可证的单位收集、贮存、利用、处置废弃危险化学品的，应当向其提供废弃危险化学品的品名、数量、成分或组成、特性、化学品安全技术说明书等技术资料。

接收单位应当对接收的废弃危险化学品进行核实；未经核实的，不得处置；经核实不符的，应当在确定其品种、成分、特性后再进行处置。

禁止将废弃危险化学品提供或者委托给无危险废物经营许可证的单位从事收集、贮存、利用、处置等经营活动。

第十四条 危险化学品的生产、储存、使用单位转产、停产、停业或者解散的，应当按照《危险化学品安全管理条例》有关规定对危险化学品的生产或者储存设备、库存产品及生产原料进行妥善处置，并按照国家有关环境保护标准和规范，对厂区的土壤和地下水进行检测，编制环境风险评估报告，报县级以上环境保护部门备案。

对场地造成污染的，应当将环境恢复方案报经县级以上环境保护部门同意后，在环境保护部门规定的期限内对污染场地进行环境恢复。对污染场地完成环境恢复后，应当委托环境保护检测机构对恢复后的场地进行检测，并将检测报告报县级以上环境保护部门备案。

第十五条 对废弃危险化学品的容器和包装物以及收集、贮存、运输、处置废弃危险化学品的设施、场所，必须设置危险废物识别标志。

第十六条 转移废弃危险化学品的，应当按照国家有关规定填报危险废物转移联单；跨设区的市级以上行政区域转移的，并应当依法报经移出地设区的市级以上环境保护部门批准后方可转移。

第十七条 公安、海关、质检、工商、农业、安全监管、环保等主管部门在行政管理活动中依法收缴或者接收的废弃危险化学品，应当委托有相应经营类别和经营规模的持有危险废物经营许可证的单位进行回收、利用、处置。

对收缴的废弃危险化学品有明确责任人的，处置费用由责任人承担，由收缴的行政管理部门负责追缴；对收缴的废弃危险化学品无明确责任人或者责任人无能力承担处置费用的，以及接收的公众上交的废弃危险化学品，由收缴的行政管理部门负责向本级财政申请处置费用。

第十八条 产生、收集、贮存、运输、利用、处置废弃危险化学品的单位，其主要负责人必须保证本单位废弃危险化学品的管理符合有关法律、法规、规章的规定和国家标准的要求，并对本单位废弃危险化学品的环境安全负责。

从事废弃危险化学品收集、贮存、运输、利用、处置活动的人员，必须接受有关环境保护法律法规、专业技术和应急救援等方面的培训，方可从事该项工作。

第十九条 产生、收集、贮存、运输、利用、处置废弃危险化学品的单位，应当制定废弃危险化学品突发环境事件应急预案报县级以上环境保护部门备案，建设或配备必要的环境应急设施和设备，并定期进行演练。

发生废弃危险化学品事故时，事故责任单位应当立即采取措施消除或者减轻对环境的污染危害，及时通报可能受到污染危害的单位和居民，并按照国家有关事故报告程序的规定，向所在地县级以上环境保护部门和有关部门报告，接受调查处理。

第二十条 县级以上环境保护部门有权对本行政区域内产生、收集、贮存、运输、利用、处置废弃危险化学品的单位进行监督检查，发现有违反本办法行为的，应当责令其限期整改。检查情况和处理结果应当予以记录，并由检查人员签字后归档。

被检查单位应当接受检查机关依法实施的监督检查，如实反映情况，提供必要的资料，不得拒绝、阻挠。

第二十一条 县级以上环境保护部门违反本办法规定，不依法履行监督管理职责的，由本级人民政府或者上一级环境保护部门依据《固体废物污染环境防治法》第六十七条规定，责令改正，对负有责任的主管人员和其他直接责任人员依法给予行政处分；构成犯罪的，依法追究刑事责任。

第二十二条 违反本办法规定，有下列行为之一的，由县级以上环境保护部门依据《固体废物污染环境防治法》第七十五条规定予以处罚：

（一）随意弃置废弃危险化学品的；

（二）不按规定申报登记废弃危险化学品，或者在申报登记时弄虚作假的；

（三）将废弃危险化学品提供或者委托给无危险废物经营许可证的单位从事收集、贮存、利用、处置经营活动的；

（四）不按照国家有关规定填写危险废物转移联单或未经批准擅自转移废弃危险化学品的；

（五）未设置危险废物识别标志的；

（六）未制定废弃危险化学品突发环境事件应急预案的。

第二十三条 违反本办法规定的，不处置其产生的废弃危险化学品或者不承担处置费用的，由县级以上环境保护部门依据《固体废物污染环境防治法》第七十六条规定予以处罚。

第二十四条 违反本办法规定，无危险废物经营许可证或者不按危险废物经营许可证从事废弃危险化学品收集、贮存、利用和处置经营活动的，由县级以上环境保护部门依据《固体废物污染环境防治法》第七十七条规定予以处罚。

第二十五条 危险化学品的生产、储存、使用单位在转产、停产、停业或者解散时，违反本办法规定，有下列行为之一的，由县级以上环境保护部门责令限期改正，处以1万元以上3万元以下罚款：

（一）未按照国家有关环境保护标准和规范对厂区的土壤和地下水进行检测的；

（二）未编制环境风险评估报告并报县级以上环境保护部门备案的；

（三）未将环境恢复方案报经县级以上环境保护部门同意进行环境恢复的；

（四）未将环境恢复后的检测报告报县级以上环境保护部门备案的。

第二十六条 违反本办法规定，造成废弃危险化学品严重污染环境的，由县级以上环境保护部门依据《固体废物污染环境防治法》第八十一条规定决定限期治理，逾期未完成治理任务的，由本级人民政府决定停业或者关闭。

造成环境污染事故的，依据《固体废物污染环境防治法》第八十二条规定予以处罚；构成犯罪的，依法追究刑事责任。

第二十七条 违反本办法规定，拒绝、阻挠环境保护部门现场检查的，由执行现场检查的部门责令限期改正；拒不改正或者在检查时弄虚作假的，由县级以上环境保护部门依据《固体废物污染环境防治法》第七十条规定予以处罚。

第二十八条 当事人逾期不履行行政处罚决定的，作出行政处罚决定的环境保护部门可以采取下列措施：

（一）到期不缴纳罚款的，每日按罚款数额的3%加处罚款；

（二）申请人民法院强制执行。

第二十九条 本办法自2005年10月1日起施行。

关于发布《化学品首次进口及有毒化学品进出口环境管理规定》的通知

1994 年 3 月 16 日　国家环境保护局、海关总署和对外贸易经济合作部发布

国务院各部委、局(办)、总公司,全军环办,各省、自治区、直辖市环境保护局,经贸厅(委)局,海关广东分署,直属各海关:

为了保护人体健康和生态环境,加强化学品进出口环境管理和执行联合国《关于化学品国际贸易资料交流伦敦准则》,现发布《化学品首次进口及有毒化学品进出口环境管理规定》。自一九九四年五月一日起施行。

附件:

1.《化学品首次进口及有毒化学品进出口环境管理规定》

2.《中国禁止或严格限制的有毒化学品名录》(第一批)(略)

3. 有毒化学品进(出)口环境管理放行通知单(略)

化学品首次进口及有毒化学品进出口环境管理规定

第一章　总　　则

第一条　为了保护人体健康和生态环境,加强化学品首次进口和有毒化学品进出口的环境管理,执行《关于化学品国际贸易资料交流的伦敦准则》(1989 年修正本)(以下简称《伦敦准则》),制定本规定。

第二条　在中华人民共和国管辖领域内从事化学品进出口活动必须遵守本规定。

第三条　本规定适用于化学品的首次进口和列入《中国禁止或严格限制的有毒化学品名录》(以下简称《名录》)的化学品进出口的环境管理。

食品添加剂、医药、兽药、化妆品和放射性物质不适用本规定。

第四条　本规定中下列用语的含义是:

(一)“化学品”是指人工制造的或者是从自然界取得的化学物质,包括化学物质本身、化学混合物或者化学配制物中的一部分,以及作为工业化学品和农药使用的物质。

(二)“禁止的化学品”是指因损害健康和环境而被完全禁止使用的化学品。

(三)“严格限制的化学品”是指因损害健康和环境而被禁止使用,但经授权在一些特殊情况下仍可使用的化学品。

（四）“有毒化学品”是指进入环境后通过环境蓄积、生物累积、生物转化或化学反应等方式损害健康和环境，或者通过接触对人体具有严重危害和具有潜在危险的化学品。

（五）“化学品首次进口”是指外商或其代理人向中国出口其未曾在中国登记过的化学品，即使同种化学品已有其他外商或其代理人在中国进行了登记，仍被视为化学品首次进口。

（六）“事先知情同意”是指为保护人类健康和环境目的而被禁止或严格限制的化学品的国际运输，必须在进口国指定的国家主管部门同意的情况下进行。

（七）“出口”和“进口”是指通过中华人民共和国海关办理化学品进出境手续的活动，但不包括过境运输。

第二章　监督管理

第五条　国家环境保护局对化学品首次进口和有毒化学品进出口实施统一的环境监督管理，负责全面执行《伦敦准则》的事先知情同意程序，发布中国禁止或严格限制的有毒化学品名录，实施化学品首次进口和列入《名录》内的有毒化学品进出口的环境管理登记和审批，签发《化学品进（出）口环境管理登记证》和《有毒化学品进（出）口环境管理放行通知单》，发布首次进口化学品登记公告。

第六条　中华人民共和国海关对列入《名录》的有毒化学品的进出口凭国家环境保护局签发的《有毒化学品进（出）口环境管理放行通知单》验放。

对外贸易经济合作部根据其职责协同国家环境保护局对化学品首次进口和有毒化学品进出口环境管理登记申请资料的有关内容进行审查和对外公布《中国禁止或严格限制的有毒化学品名录》。

第七条　国家环境保护局设立国家有毒化学品评审委员会，负责对申请进出口环境管理登记的化学品的综合评审工作，对实施本规定所涉及的技术事务向国家环境保护局提供咨询意见。国家有毒化学品评审委员会由环境、卫生、农业、化工、外贸、商检、海关及其他有关方面的管理人员和技术专家组成，每届任期3年。

第八条　地方各级环境保护行政主管部门依据本规定对本辖区的化学品首次进口及有毒化学品进出口进行环境监督管理。

第三章　登记管理

第九条　外商或其代理人向中国出口所经营的未曾在中国登记（除农药以外）的任何化学品，必须向国家环境保护局提出化学品首次进口环境管理登记申请，并按规定填写《化学品首次进口环境管理登记申请表》，免费提供试验样品（一般不少于250克）。外商首次向中国销售农药的登记管理仍按《农药登记规定》执行，农业部和国家环境保护局定期交换登记信息。

第十条　国家环境保护局在审批化学品首次进口环境管理登记申请时，对符合规定的，准予化学品环境管理登记并发给准许进口的《化学品进（出）口环境管理登记证》。

对经审查，认为中国不适于进口的化学品不予登记发证，并通知申请人。对经审查，认为需经进一步试验和较长时间观察方能确定其危险性的首次进口化学品，可给予临时登记并发给《临时登记证》。对未取得化学品进口环境管理登记证和临时登记证的化学品，一律不得进口。

第十一条 外商或其代理人为首次向中国出口化学品取得的化学品环境管理登记有效期5年，有效期满前要求延续登记的，原申请人须在期满之日6个月提出换证登记申请。临时登记有效期为1年，有效期满前应确认是否准予正式登记。遇特殊情况经登记机关批准可以延期，延续时间不超过1年。

第十二条 每次外商及其代理人向中国出口和国内从国外进口列入《名录》中的工业化学品或农药之前，均需向国家环境保护局提出有毒化学品进口环境管理登记申请。对准予进口的发给《化学品进(出)口环境管理登记证》和《有毒化学品进(出)口环境管理放行通知单》(以下简称《通知单》)。《通知单》实行一批一证制，每份(通知单)在有效时间内只能报关使用1次。

第十三条 申请出口列入《名录》的化学品，必须向国家环境保护局提出有毒化学品出口环境管理登记申请。

国家环境保护局受理申请后，应通知进口国主管部门，在收到进口国主管部门同意进口的通知后，发给申请人准许有毒化学品出口的《化学品进(出)口环境管理登记证》。对进口国主管部门不同意进口的化学品，不予登记，不准出口，并通知申请人。

第十四条 国家环境保护局签发的《化学品进(出)口环境管理登记证》须加盖中华人民共和国国家环境保护局化学品进出口环境管理登记审批章。国内外为进口或出口列入《名录》的有毒化学品而申请的《化学品进(出)口环境管理登记证》为绿色证，外商或其代理人为首次向中国出口化学品而申请的《化学品进(出)口环境管理登记证》为粉色证，临时登记证为白色证。

第十五条 《有毒化学品进(出)口环境管理放行通知单》第一联由国家环境保护局留存，第二联(正本)交申请人用以报关，第三联发送中华人民共和国国家进出口商品检验局。

第十六条 申请化学品进出口环境管理登记的审查期限从收到符合登记资料要求的申请之日起计算，对化学品首次进口登记申请的审查期不超过180天，对列入《名录》的有毒化学品进出口登记申请的审查期不超过30天。

第十七条 国家环境保护局审批化学品进出口环境管理登记申请时，有权向申请人提出质询和要求补充有关资料。国家环境保护局应当为申请提交的资料和样品保守技术秘密。

第十八条 化学品首次进口环境管理登记申请表和有毒化学品环境管理登记申请表、化学品进出口环境管理登记证和临时登记证、有毒化学品进出口环境管理放行通知单，由国家环境保护局统一监制。

第四章 防止污染口岸环境

第十九条 进出口化学品的分类、包装、标签和运输，按照国际或国内有关危险货物运输规则的规定执行。

第二十条 在装卸、贮存和运输化学品过程中，必须采取有效的预防和应急措施，防止污染环境。

第二十一条 因包装损坏或者不符合要求而造成或者可能造成口岸污染的，口岸主管部门应立即采取措施,防止和消除污染,并及时通知当地环境保护行政主管部门,进行调查处理。防止和消除其污染的费用由有关责任人承担。

第五章　罚　则

第二十二条　违反本规定,未进行化学品进出口环境管理登记而进出口化学品的,由海关根据海关行政处罚实施细则有关规定处以罚款,并责令当事人补办登记手续;对经补办登记申请但未获准登记的,责令退回货物。

第二十三条　进出口化学品造成中国口岸污染的,由当地环境保护行政主管部门予以处罚。

第二十四条　违反国家外贸管制规定而进出口化学品的,由外贸行政主管部门依照有关规定予以处罚。

第六章　附　则

第二十五条　因实验需要,首次进口且年进口量不足 50 公斤的化学品免于登记(《中国禁止或严格限制的有毒化学品名录》中的化学品除外)。

第二十六条　化学品进出口环境管理登记收费办法另行制定。

第二十七条　本规定由国家环境保护局负责解释。

第二十八条　本规定自 1994 年 5 月 1 日起施行。

关于认真贯彻国家标准《道路运输危险货物车辆标志》的通知

2006年5月11日中华人民共和国交通部等4部委
交公路发[2006]204号

各省、自治区、直辖市交通厅(局、委)、公安厅(局)、安全生产监督管理局、发改委:

2005年4月,国家质量监督检验检疫总局、国家标准化委员会修订发布了强制性国家标准《道路运输危险货物车辆标志》(GB 13392—2005),并于2005年8月1日起正式实施。为了认真贯彻落实《道路运输危险货物车辆标志》,规范和统一道路危险货物运输车辆的标志、标识,保障道路危险货物运输车辆安全运行,现就有关要求通知如下:

一、有关部门密切配合,督促运输企业认真执行国家标准

道路运输危险货物车辆标志是道路危险货物运输车辆区别于其他车辆的主要标识,在危险货物运输过程中起到了重要的警示及救援参照作用,一旦发生运输安全事故,抢险救灾部门可根据标志提示,迅速确定危险货物的类别、项别,及时、正确地制订抢险方案,将事故危害降到最低程度。

各级交通、公安、安全监管部门要加强协调配合,督促道路危险货物运输企业严格执行国家标准。交通部门在2006年10月31日前、组织、指导、督促道路危险货物运输企业(单位)严格按照国家标准的规定,在道路危险货物运输车辆上安装或更换相应的标志灯、标志牌,确保标志标识正确、规范、醒目。同时,要对现有道路运输危险货物车辆的标志、标识进行全面检查,不符合国家标准的,立即进行整改。全国道路运输危险货物车辆标志的整改换发工作,应在2006年10月31日前完成。逾期达不到国家标准规定的,由原发证的单位吊销道路危险货物运输许可。

公安机关交通管理部门自2006年11月1日起,按照《危险化学品安全管理条例》、《道路运输危险货物车辆标志》和《剧毒化学品购买和公路运输许可证件管理办法》(公安部第77号令)的相关规定,在办理剧毒化学品公路运输通行证工作时,对道路运输危险货物车辆不按规定悬挂警示标志的,不予核发剧毒化学品公路运输通行证。

安全监管部门配合交通、公安部门,督促道路危险货物运输企业(单位)严格执行《道路运输危险货物车辆标志》。

国家发展改革委在《车辆生产企业及产品公告》中,要求在道路运输危险货物专用车辆上喷涂或悬挂符合国家标准规定的警示标志。

二、加强对道路运输危险货物车辆标志安装工作的指导和监督，保证标志的质量和安装符合技术要求

各级交通部门要加强对道路危险货物运输企业的指导和检查，督促运输企业严把道路运输危险货物车辆标志的质量关，保证标志灯、标志牌的质量符合标准要求，保证标志灯、标志牌的形式、外观、样式以及安装（悬挂）位置与标准要求一致。生产标志灯、标志牌的企业，应提供省级质量检测部门出具的检测合格报告。标志灯的光源为荧光物质，荧光黄色在正常使用条件下应至少保持两年不退色。褪色后应及时更换。标志牌的反光膜、印刷图形能有效地防止酸、碱液或腐蚀性烟雾的侵蚀，使用寿命不少于两年。

运输易燃和易爆物品的道路运输危险货物车辆，在驾驶室上方安装的标志灯必须符合《道路运输危险货物车辆标志》（GB 13392—2005）的要求。不再执行《机动车运行安全技术条件》（GB 7258—2004）第 12.10 款中对这类车辆标志灯的要求。

三、规范执法行为，促进道路运输危险货物车辆标志管理工作规范、有序

各级交通、公安、安全监管部门不得强制要求道路运输危险货物车辆安装不符合国家标准规定的标志、标识，更不得以此为依据对运输企业进行处罚。

本通知下发前出台的相关规定，与国家标准要求不一致的，一律按国家标准执行。2005 年已经按照全国道路交通安全工作部际联系会议《道路运输危险化学品安全专项整治方案》（公交管〔2005〕49 号）的要求喷涂、粘贴有关标志标识的，现有标志标识仍予以保留，并按照《道路运输危险货物车辆标志》的要求安装标志灯、牌；对于其他车辆，要严格按照国家标准安装标志灯、牌，从事剧毒化学品运输的，还要按照《剧毒化学品购买和公路运输许可证件管理办法》及其贯彻通知规定加装安全标示牌。

交通部　　公安部

安全监管总局　　发展改革委

二〇〇六年五月十一日

关于印发道路运输危险货物车辆标志灯编号规则的通知

2005 年 9 月 5 日中华人民共和国交通部办公厅
厅公路字[2005]348 号

各省、自治区、直辖市交通厅(局、委),新疆生产建设兵团交通局:

根据《道路运输危险货物车辆标志》(GB 13392—2005),规范标志灯编号工作,我部制定了道路运输危险货物车辆标志灯编号规则,现印发给你们,请认真贯彻执行。

中华人民共和国交通部办公厅
二〇〇五年九月五日

道路运输危险货物车辆标志灯编号规则

一、标志灯编号共有十位,其中第一、二位是省、自治区、直辖市代码,第三、四位是市(设区的市)代码,第五至八位是标志灯发放顺序号,最后两位是年号。

二、省、自治区、直辖市和市(设区的市)代码引用《中华人民共和国行政区划分代码》(GB/T 2260)。

三、顺序号是设区的市发放标志灯的自然顺序,实行每车一灯一号,不得重复,序号取值范围是 0001—9999。

四、年号是标志灯发放使用的年份,采用公元年号的后两位。如某标志灯于 2005 年发放使用,该号即为:05。

具体情况见下图:

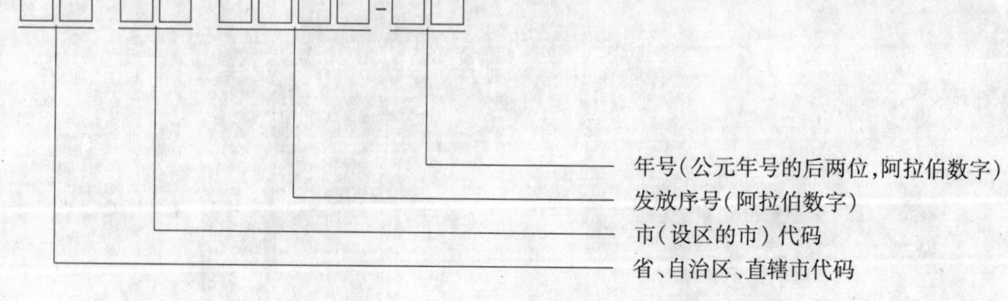

中华人民共和国卫生部、公安部令

第16号

现发布《放射事故管理规定》，自发布之日起施行。

卫生部部长　　张文康

公安部部长　　贾春旺

二〇〇一年八月二十六日

放射事故管理规定

第一章　总　　则

第一条　为加强放射事故的管理，及时有效处理放射事故，减轻事故造成的后果，根据《放射性同位素与射线装置放射防护条例》（以下简称《条例》及其他有关法律、法规的规定，制定本规定。

第二条　本规定适用于中华人民共和国境内生产、销售、使用、转让、运输、储存放射性同位素及射线装置过程中发生的放射事故的处理。

第三条　对放射事故处理实行部门负责、分级管理和报告、立案制度。

第四条　卫生部和公安部按照《条例》规定的职责范围，负责监督、管理和指导全国放射事故的调查处理工作。

设区的市级以上地方人民政府卫生行政部门、公安机关在各自的职责范围内，负责放射事故的调查处理和监督管理工作。

县级人民政府卫生行政部门、公安机关协助上级人民政府卫生行政部门、公安机关调查处理放射事故。

第五条　卫生行政部门负责调查处理人体受到超剂量照射的放射事故，公安机关协助调查。

公安机关负责调查处理放射性同位素丢失、被盗的放射事故，卫生行政部门协助调查。

第六条　发生放射事故的单位及其上级主管部门，必须积极配合卫生行政部门、公安机关对放射事故的调查，做好善后处理工作。

第二章　事故分级与报告

第七条　放射事故按人体受照剂量或者放射源活度分为：一般事故、严重事故和重大事故。具体分级见附表一和附表二（略）。混合放射事故，按其中最高一级判定。

放射事故的级别由负责立案调查的行政机关确定。

第八条 发生或者发现放射事故的单位和个人,必须尽快向卫生行政部门、公安机关报告,最迟不得超过 2 小时。《放射事故报告卡》(附件一略)由事故单位在 24 小时内报出。造成环境放射性污染的,还应当同时报告当地环境保护部门。

县级卫生行政部门、公安机关在接到报告后,应当立即向有事故管辖权的市级卫生行政部门、公安机关报告。

第九条 卫生行政部门、公安机关在接到严重事故或者重大事故报告后,应当在 24 小时内逐级上报至卫生部、公安部。

第三章 事故应急处理

第十条 发生人体受超剂量照射事故时,事故单位应当迅速安排受照人员接受医学检查或者在指定的医疗机构救治,同时对危险源采取应急安全处理措施。

第十一条 发生工作场所放射性同位素污染事故时,事故单位应当:

(一)立即撤离有关工作人员,封锁现场;切断一切可能扩大污染范围的环节,迅速开展检测,严防对食物、畜禽及水源的污染;

(二)对可能受放射性核素污染或者放射损伤的人员,立即采取暂时隔离和应急救援措施,在采取有效个人安全防护措施的情况下组织人员彻底清除污染并根据需要实施其他医学救治及处理措施;

(三)迅速确定放射性同位素种类、活度、污染范围和污染程度;

(四)污染现场尚未达到安全水平以前,不得解除封锁。

第十二条 发生放射源丢失、被盗事故时,事故单位应当保护好现场,并认真配合公安机关、卫生行政部门进行调查、侦破。

第十三条 事故发生地卫生行政部门接到事故报告后,应当立即组织有关人员携带仪器设备赶赴事故现场,核实事故情况,估算受照剂量,判定事故类型级别,提出控制措施及救治方案,迅速进行立案调查。

第十四条 事故发生地公安机关接到事故报告后,应当立即派人赶赴事故现场,负责事故现场的勘查、收集证据、现场保护和立案调查,并采取有效措施控制事故的扩大。

第四章 事故立案调查

第十五条 对放射事故,应当立案调查。

第十六条 对一般放射事故,由设区的市级人民政府卫生行政部门和公安机关组织立案调查,省级人民政府卫生行政部门和公安机关进行监督、指导。

第十七条 对严重、重大放射事故,由省级人民政府卫生行政部门和公安机关组织立案调查,下级人民政府卫生行政部门和公安机关配合。卫生部和公安部进行监督、指导,并根据事故情况或者应省级人民政府卫生行政部门和公安机关的请求,给予行政和技术支持。

第十八条 对放射性物质丢失、被盗事故,由公安机关依法立案侦查,卫生行政部门提供技术支持。

第十九条 放射事故调查结束后,由负责立案调查的卫生行政部门、公安机关依照有关法律、法规处理后结案；构成犯罪的，依法追究刑事责任。在结案后30日内，负责查处的卫生行政部门、公安机关应当写出《放射事故结案报告》（附件二略）逐级上报卫生部、公安部。

第二十条 对放射源丢失、被盗事故，从接到报案或者检查发现之日起半年内，仍未追回丢失放射源或者仍未查清其下落的，由负责立案侦查的公安机关作阶段性报告，卫生行政部门配合并给予技术支持。阶段性报告应当详细记述侦查工作情况，说明未追回放射源或者未查清其下落的原因。

第五章 罚 则

第二十一条 对因违反国家有关规定而发生放射事故的单位，由立案调查的卫生行政部门按照有关法律、法规规定，给予行政处罚：

（一）发生一般事故的，责令事故单位限期改进，并处以警告或者1千元以上1万元以下罚款，依法没收违法所得。

（二）发生严重事故的，责令事故单位限期改进或者停业整顿，并处以5千元以上2万元以下罚款，依法没收违法所得。

（三）发生重大事故的，责令事故单位限期改进或者停业整顿，并处以1万元以上3万元以下罚款，依法没收违法所得。对情节恶劣或者后果严重的，应当会同公安机关吊销其许可登记证件。

第二十二条 对违反国家有关规定，未取得放射工作许可登记证件生产、销售、使用、转让、运输、储存放射性同位素与射线装置造成放射事故，尚不构成犯罪的，由卫生行政部门依法予以取缔，并处以5千元以上3万元以下罚款，依法没收违法所得；构成犯罪的，依法追究刑事责任。

对放射工作许可登记证件过期或者超许可登记范围生产、销售、使用、转让、运输、储存放射性同位素与射线装置造成放射事故，尚不构成犯罪的，由卫生行政部门责令改进，并处以5千元以上3万元以下罚款，依法没收违法所得；构成犯罪的，依法追究刑事责任。

第二十三条 单位违反本规定的，对其直接负责的主管人员和其他直接责任人员，由其上级主管部门给予行政处分；构成违反治安管理行为的，由公安机关依法予以治安管理处罚；构成犯罪的，依法追究刑事责任。

第二十四条 对发生放射事故隐瞒不报或者弄虚作假的，由原发证的卫生行政部门和公安机关分别吊销其许可登记证件，并由卫生行政部门处以1万元以上3万元以下罚款。

第二十五条 发生放射事故的单位和个人拒绝、阻碍卫生行政部门、公安机关的工作人员依法执行职务，构成违反治安管理行为的，由公安机关依法予以治安管理处罚；构成犯罪的，依法追究刑事责任。

第二十六条 违反《条例》规定，发生放射事故的单位或者个人，应当承担处理放射事故的各种费用；给他人造成损害的，应当依法承担民事责任。

第二十七条 卫生行政部门、公安机关的工作人员，有下列行为之一，导致发生重大事故的，或者发生严重、重大事故后，不按规定程序和时限报告或者阻挠、干扰对有关责任人员追究行政责任的，由所在单位或者上级主管部门予以行政处分；构成犯罪的，依法追究刑事责任：

（一）违反《条例》规定批准不符合防护安全条件的单位和个人从业的；

（二）对已取得许可登记证件生产、销售、使用、转让、运输、储存放射性同位素与射线装置的单位和个人、未实施严格监督检查，或者发现其不再具备防护安全条件而不立即撤销原批准的；

（三）对未取得许可登记证件生产、销售、使用、转让、运输、储存放射性同位素与射线装置不予取缔、不依法给予行政处罚的；

（四）其他未履行监督管理职责的。

第二十八条 卫生行政部门、公安机关的工作人员在查处放射事故中玩忽职守、滥用职权、徇私舞弊，情节轻微的，由所在单位或者上级主管部门予以行政处分；情节严重构成犯罪的，依法追究刑事责任。

第六章 附 则

第二十九条 县级以上地方人民政府卫生行政部门应当将本辖区、本统计年度发生的放射事故，按照《卫生监督统计报告管理规定》及《中国卫生监督统计报表》中的《放射卫生监督监则年报表》的格式报告。

第三十条 卫生部、公安部建立全国放射事故信息库。省级人民政府卫生行政部门、公安机关建立本辖区放射事故信息库。

第三十一条 本规定中的“放射事故”，是指放射性同位素丢失、被盗或者射线装置、放射性同位素失控而导致工作人员或者公众受到意外的、非自愿的异常照射。

第三十二条 本规定由卫生部会同公安部解释。

第三十三条 本规定自发布之日起施行。1995 年卫生部和公安部联合发布的《放射事故管理规定》同时废止。

中华人民共和国卫生部令

第25号

《职业病危害事故调查处理办法》已于2002年3月15日经卫生部部务会讨论通过,现予发布,自2002年5月1日起施行。

部长　　张文康

2002年3月28日

职业病危害事故调查处理办法

第一章　总　　则

第一条　为了规范职业病危害事故的调查处理,及时有效地控制职业病危害事故,减轻职业病危害事故造成的损害,根据《中华人民共和国职业病防治法》(以下简称《职业病防治法》),制定本办法。

第二条　按一次职业病危害事故所造成的危害严重程度,职业病危害事故分为三类:

(一) 一般事故:发生急性职业病10人以下的;

(二) 重大事故:发生急性职业病10人以上50人以下或者死亡5人以下的,或者发生职业性炭疽5人以下的;

(三) 特大事故:发生急性职业病50人以上或者死亡5人以上,或者发生职业性炭疽5人以上的。

放射事故的分类及调查处理按照卫生部制定的《放射事故管理规定》执行。

第三条　县级以上卫生行政部门负责本辖区内职业病危害事故的调查处理。

重大和特大职业病危害事故由省级以上卫生行政部门会同有关部门和工会组织,按照规定的程序和职责进行调查处理。

第四条　职业病危害事故调查处理的主要内容是:

(一) 依法采取临时控制和应急救援措施,及时组织抢救急性职业病病人;

(二) 按照规定进行事故报告;

(三) 组织事故调查;

(四) 依法对事故责任人进行查处;

(五) 结案存档。

第五条　职业病危害事故的调查处理应当迅速、有效、科学、公正。

第二章　事故报告

第六条　发生职业病危害事故时,用人单位应当立即向所在地县级卫生行政部门和有关部门报告。

第七条 县级卫生行政部门接到职业病危害事故报告后,应当实施紧急报告:

(一)特大和重大事故,应当立即向同级人民政府、省级卫生行政部门和卫行部报告;

(二)一般事故,应当于6小时内向同级人民政府和上级卫生行政部门报告。

第八条 接收遭受急性职业病危害劳动者的首诊医疗卫生机构,应当及时向所在地县级卫生行政部门报告。

第九条 职业病危害事故报告的内容应当包括事故发生的地点、时间、发病情况、死亡人数、可能发生原因、已采取措施和发展趋势等。

第十条 地方各级卫生行政部门按照《卫生监督统计报告管理规定》,负责管辖范围内职业病危害事故的统计报告工作,并应当定期向有关部门和同级工会组织通报职业病危害事故发生情况。

职业病危害事故发生的情况,由省级以上卫生行政部门统一对外公布。

第十一条 任何单位和个人不得以任何借口对职业病危害事故瞒报、虚报、漏报和迟报。

第三章 事故处理

第十二条 发生职业病危害事故时,用人单位应当根据情况立即采取以下紧急措施:

(一)停止导致职业病危害事故的作业,控制事故现场,防止事态扩大,把事故危害降到最低限度;

(二)疏通应急撤离通道,撤离作业人员,组织泄险;

(三)保护事故现场,保留导致职业病危害事故的材料、设备和工具等;

(四)对遭受或者可能遭受急性职业病危害的劳动者,及时组织救治、进行健康检查和医学观察;

(五)按照规定进行事故报告;

(六)配合卫生行政部门进行调查,按照卫生行政部门的要求如实提供事故发生情况、有关材料和样品;

(七)落实卫生行政部门要求采取的其他措施。

第十三条 卫生行政部门接到职业病危害事故报告后,根据情况可以采取以下措施:

(一)责令暂停导致职业病危害事故的作业;

(二)组织控制职业病危害事故现场;

(三)封存造成职业病危害事故的材料、设备和工具等;

(四)组织医疗卫生机构救治遭受或者可能遭受急性职业病危害的劳动者。

第十四条 事故发生后,卫生行政部门应当及时组织用人单位主管部门、公安、安全生产部门、工会等有关部门组成职业病危害事故调查组,进行事故调查。

第十五条 事故调查组成员应当符合下列条件:

(一)具有事故调查所需要的专业知识和实践经验;

(二)与所发生事故没有直接利害关系。

第十六条 职业病危害事故调查组的职责:

(一)进行现场勘验和调查取证,查明职业病危害事故发生的经过、原因、人员伤亡情况和危害程度；

（二）分析事故责任；

（三）提出对事故责任人的处罚意见；

（四）提出防范事故再次发生所应采取的改进措施的意见；

（五）形成职业病事故调查处理报告。

第十七条 事故调查组进行现场调查取证时，有权向用人单位、有关单位和有关人员了解有关情况，任何单位和个人不得拒绝、隐瞒或提供虚假证据或资料，不得阻碍、干涉事故调查组的现场调查和取证工作。

第十八条 卫生行政部门根据事故调查组提出的事故意见，决定和实施对发生事故的用人单位的行政处罚，并责令用人单位及其主管部门负责落实有关改进措施建议。

第十九条 职业病危害事故处理工作应当按照有关规定在90日内结案，特殊情况不得超过180日。事故处理结案后，应当公布处理结果。

第二十条 违反《职业病防治法》及本办法规定，用人单位不采取职业病危害预防措施而导致一般职业病危害事故的，由卫生行政部门责令限期治理，并处10万元以上15万元以下罚款；导致特大或者重大事故的，由卫生行政部门责令停止产生职业病危害的作业，或者提请有关人民政府按照国务院规定的权限责令关闭，并处15万元以上30万元以下罚款；构成犯罪的，对直接负责的主管人员和其他直接责任人员依法追究刑事责任。

第二十一条 违反《职业病防治法》及本办法规定，有下列情形之一的，由卫生行政部门给予警告，责令限期改正；逾期不改正的，处5万元以上20万元以下罚款：

（一）未按规定及时报告职业病危害事故的；

（二）发生或者可能发生急性职业病危害事故时，未立即采取应急救援和控制措施的；

（三）拒绝接受调查或者拒绝提供有关情况和资料的；

（四）对遭受或者可能遭受急性职业病危害的劳动者，未及时组织救治、进行健康检查或医学观察的。

第二十二条 卫生行政部门不按照规定报告职业病危害事故的，由上一级卫生行政部门责令改正，通报批评，给予警告；虚报瞒报的，对单位负责人、直接负责的主管人员和其他直接负责人给予降级、撤职或者开除的行政处分。

第二十三条 本规定自2002年5月1日起施行。

出口商品运输包装检验管理办法(试行)

1990年10月20日国家商检局发布

第一章　总　　则

第一条　为了保证出口商品质量,根据《中华人民共和国进出口商品检验法》第五条、第六条、第二十五条的规定,特制订本办法。

第二条　本办法适用于出口商品运输包装容器的性能检验。出口危险货物的包装检验,按《海运出口危险货物包装检验管理办法》办理。

第三条　列入《商检机构实施检验的进出口商品种类表》(以下简称《种类表》)和其他法律、行政法规规定须经商检机构检验的出口商品的运输包装,必须申请商检机构或商检机构指定的检验机构进行性能检验,未经商检机构检验合格,不准用于盛装出口商品。

第四条　本办法第三条规定以外的出口商品运输包装容器,商检机构或商检机构指定的检验机构,凭运输包装容器的生产、使用单位的申请和国内外仲裁、司法、检验机构的委托进行检验。

第五条　出口商品运输包装容器检验,依照外贸、保险、运输合同约定的检验标准进行检验。无合同或合同未规定的,依照有关性能检验规程进行检验。

第二章　运输包装容器的性能检验

第六条　包装生产单位对生产出口商品的运输包装容器,经自验合格后,须逐批向所在地商检机构申请检验。

第七条　商检机构抽取代表性样品,按合同要求或有关性能检验规程进行运输包装容器的性能检验,并签发运输包装容器性能检验合格单证。

对于同一批号不同单位使用或同一批号分多次装运出口商品的运输包装容器,在《性能检验合格单》有效期内办理分证。

第八条　对于国外提供用于《种类表》内和其他法律、行政法规规定须经商检机构检验的出口商品的运输包装容器,必须经过商检机构或由国家商检局认可的国外检验机构的性能检验。经检验合格后,并签发运输包装容器性能检验合格单证,方准用于出口商品运输包装。

第三章　运输包装容器的管理

第九条　商检机构对出口商品的运输包装容器生产单位,实行出口商品运输包装质量许可证(以下简称质量许可证)制度。

第十条 出口商品运输包装容器的生产单位申请质量许可证，须向当地商检机构登记，领取并填报《出口商品运输包装质量许可证申请表》，向当地商检机构办理申请。

第十一条 商检机构按《出口商品运输包装质量许可证评分办法》对出口商品运输包装生产单位进行考核，经考核合格后，颁发质量许可证，并将取得质量许可证的单位报国家商检局备案。

经考核未取得质量许可证的运输包装容器生产单位，经改进后质量稳定在3个月以上者，可重新申请考核。

第十二条 质量许可证有效期为3年。出口商品运输包装容器的生产单位如继续生产该于品时，须在质量许可证有效期满前六个月内重新提出申请，经商检机构考核合格，颁发质量许可证。

第十三条 商检机构对在质量许可证有效期内的运输包装容器生产单位，检验累计批次合格率低于80%。或出现因运输包装质量造成出口商品索赔2次以上者，吊销其质量许可证。

第十四条 包装容器的生产单位，按国家商检局的《出口商品运输包装编号管理规定》，必须在出口商品运输包装容器上铸印牢固、清晰的编号。

第十五条 出口商品的经营单位在向商检机构申请《种类表》内和其他法律、行政法规规定须经商检机构检验的出口商品的报验时，必须向当地商检机构提供由商检机构或由国家商检局认可的国外检验机构出具的运输包装容器性能检验合格单证，商检机构凭出口商品运输包装性能检验合格单证受理其品质检验。

第十六条 包装材料供应部门，凭商检机构颁发的质量许可证，向出口商品运输包装容器生产部门供应包装材料。

第四章　附　　则

第十七条 对于既是运输包装容器，又是销售包装容器的出口商品包装容器按本办法办理。

第十八条 商检机构在办理出口商品运输包装检验时，按《一般商品包装性能检验收费标准》收取检验费。

第十九条 对违反本办法第三条、第八条、第十五条规定的，由商检局依照《中华人民共和国进出口商品检验法》处以罚款或提请司法机关追究刑事责任。

第二十条 商检人员，必须严格按照规定、标准进行检验。对于滥用职权、徇私舞弊、伪造检验结果的，或玩忽职守、延误出证的，根据情节轻重，给予行政处分或提请司法机关追究刑事责任。

第二十一条 本办法自一九九一年一月一日起试行。

中华人民共和国卫生部令

第45号

《可感染人类的高致病性病原微生物菌(毒)种或样本运输管理规定》已于2005年11月24日经卫生部部务会议讨论通过,现予以发布,自2006年2月1日起施行。

部长　高强

二〇〇五年十二月二十八日

可感染人类的高致病性病原微生物菌(毒)种或样本运输管理规定

第一条　为加强可感染人类的高致病性病原微生物菌(毒)种或样本运输的管理,保障人体健康和公共卫生,依据《中华人民共和国传染病防治法》、《病原微生物实验室生物安全管理条例》等法律、行政法规的规定,制定本规定。

第二条　本规定所称可感染人类的高致病性病原微生物菌(毒)种或样本是指在《人间传染的病原微生物名录》中规定的第一类、第二类病原微生物菌(毒)种或样本。

第三条　本规定适用于可感染人类的高致病性病原微生物菌(毒)种或样本的运输管理工作。

《人间传染的病原微生物名录》中第三类病原微生物运输包装分类为A类的病原微生物菌(毒)种或样本,以及疑似高致病性病原微生物菌(毒)种或样本,按照本规定进行运输管理。

第四条　运输第三条规定的菌(毒)种或样本(以下统称高致病性病原微生物菌(毒)种或样本),应当经省级以上卫生行政部门批准。未经批准,不得运输。

第五条　从事疾病预防控制、医疗、教学、科研、菌(毒)种保藏以及生物制品生产的单位,因工作需要,可以申请运输高致病性病原微生物菌(毒)种或样本。

第六条　申请运输高致病性病原微生物菌(毒)种或样本的单位(以下简称申请单位),在运输前应当向省级卫生行政部门提出申请,并提交以下申请材料(原件一份,复印件三份):

(一)可感染人类的高致病性病原微生物菌(毒)种或样本运输申请表;

(二)法人资格证明材料(复印件);

(三)接收高致病性病原微生物菌(毒)种或样本的单位(以下简称接收单位)同意接收的证明文件;

(四)本规定第七条第(二)、(三)项所要求的证明文件(复印件);

(五)容器或包装材料的批准文号、合格证书(复印件)或者高致病性病原微生物菌

(毒)种或样本运输容器或包装材料承诺书;

(六) 其他有关资料。

第七条 接收单位应当符合以下条件:

(一) 具有法人资格;

(二) 具备从事高致病性病原微生物实验活动资格的实验室;

(三) 取得有关政府主管部门核发的从事高致病性病原微生物实验活动、菌(毒)种或样本保藏、生物制品生产等的批准文件。

第八条 在固定的申请单位和接收单位之间多次运输相同品种高致病性病原微生物菌(毒)种或样本的,可以申请多次运输。多次运输的有效期为6个月;期满后需要继续运输的,应当重新提出申请。

第九条 申请在省、自治区、直辖市行政区域内运输高致病性病原微生物菌(毒)种或样本的,由省、自治区、直辖市卫生行政部门审批。

省级卫生行政部门应当对申请单位提交的申请材料及时审查,对申请材料不齐全或者不符合法定形式的,应当即时出具申请材料补正通知书;对申请材料齐全或者符合法定形式的,应当即时受理,并在5个工作日内做出是否批准的决定;符合法定条件的,颁发《可感染人类的高致病性病原微生物菌(毒)种或样本准运证书》;不符合法定条件的,应当出具不予批准的决定并说明理由。

第十条 申请跨省、自治区、直辖市运输高致病性病原微生物菌(毒)种或样本的,应当将申请材料提交运输出发地省级卫生行政部门进行初审;对符合要求的,省级卫生行政部门应当在3个工作日内出具初审意见,并将初审意见和申报材料上报卫生部审批。

卫生部应当自收到申报材料后3个工作日内做出是否批准的决定。符合法定条件的,颁发《可感染人类的高致病性病原微生物菌(毒)种或样本准运证书》;不符合法定条件的,应当出具不予批准的决定并说明理由。

第十一条 对于为控制传染病暴发、流行或者突发公共卫生事件应急处理的高致病性病原微生物菌(毒)种或样本的运输申请,省级卫生行政部门与卫生部之间可以通过传真的方式进行上报和审批;需要提交有关材料原件的,应当于事后尽快补齐。

根据疾病控制工作的需要,应当向中国疾病预防控制中心运送高致病性病原微生物菌(毒)种或样本的,向中国疾病预防控制中心直接提出申请,由中国疾病预防控制中心审批;符合法定条件的,颁发《可感染人类的高致病性病原微生物菌(毒)种或样本准运证书》;不符合法定条件的,应当出具不予批准的决定并说明理由。中国疾病预防控制中心应当将审批情况于3日内报卫生部备案。

第十二条 运输高致病性病原微生物菌(毒)种或样本的容器或包装材料应当达到国际民航组织《危险物品航空安全运输技术细则》(Doc9284 包装说明 PI602)规定的A类包装标准,符合防水、防破损、防外泄、耐高温、耐高压的要求,并应当印有卫生部规定的生物危险标签、标识、运输登记表、警告用语和提示用语。

第十三条 运输高致病性病原微生物菌(毒)种或样本,应当有专人护送,护送人员不得少于两人。申请单位应当对护送人员进行相关的生物安全知识培训,并在护送过程中采取相应的防护措施。

第十四条 申请单位应当凭省级以上卫生行政部门或中国疾病预防控制中心核发的《可感染人类的高致病性病原微生物菌(毒)种或样本准运证书》到民航等相关部门办理

手续。

通过民航运输的，托运人应当按照《中国民用航空危险品运输管理规定》(CCAR276)和国际民航组织文件《危险物品航空安全运输技术细则》(Doc9284)的要求，正确进行分类、包装、加标记、贴标签并提交正确填写的危险品航空运输文件，交由民用航空主管部门批准的航空承运人和机场实施运输。如需由未经批准的航空承运人和机场实施运输的，应当经民用航空主管部门批准。

第十五条 高致病性病原微生物菌(毒)种或样本在运输之前的包装以及送达后包装的开启，应当在符合生物安全规定的场所中进行。

申请单位在运输前应当仔细检查容器和包装是否符合安全要求，所有容器和包装的标签以及标本登记表是否完整无误，容器放置方向是否正确。

第十六条 在运输结束后，申请单位应当将运输情况向原批准部门书面报告。

第十七条 对于违反本规定的行为，依照《病原微生物实验室生物安全管理条例》第六十二条、六十七条的有关规定予以处罚。

第十八条 高致病性病原微生物菌(毒)种或样本的出入境，按照卫生部和国家质检总局《关于加强医用特殊物品出入境管理卫生检疫的通知》进行管理。

第十九条 本规定自2006年2月1日起施行。

可感染人类的高致病性病原微生物菌(毒)种或样本运输包装标识

1. 高致病性病原微生物危险标签

如有破损、渗漏或遗失
请立即通知当地卫生行政部门
联 系 人：
联系电话：

2. 高致病性病原微生物运输登记表

收样单位：

详细地址：

邮政编码：

联 系 人：　　　　　　　　　　联系电话：

送样单位：

详细地址：

邮政编码：

联 系 人：　　　　　　　　　　联系电话：

3. 外包装放置方向标识

注：在航空运输时，包装标记、标签以国际民航组织《危险物品航空安全运输技术细则》第五部分第二章及第三章的相关规定为准。

可感染人类的高致病性病原微生物菌（毒）种或样本运输申请表

申请单位：

联 系 人：

电　　话：　　　　　　　　　　传　　真：

电子邮箱：

中华人民共和国卫生部制

填表说明

1. 按申请表的格式，如实地逐项填写。

2. 申请表填写内容应完整、清楚、不得涂改。

3. 填写此表前，请认真阅读有关法规及管理规定。未按要求申报的，将不予受理。

4. 病原微生物分类及名称、运输包装分类见卫生部制定的《人间传染的病原微生物名录》。

5. 申请表可从卫生部网站（www. moh. gov. cn）下载。

菌（毒）种或样本	名称（中英文）	分类/UN 编号	规格及数量			来源
			样品状态	每包装容量	包装数量	
运输目的						
主容器		辅助容器		填充物		
外包装			制冷剂名称与数量			

部门规章

续上表

拆检注意事项							
运输起止地点	起点						
	终点						
运输次数		运输日期					
接收单位	名称						
	地址						
	负责人			联系电话			
运输方式		运输工作负责人		职务或职称		联系电话	

高致病性病原微生物菌(毒)种或样本运输容器或包装材料承诺书

本人确认本次运输高致病性病原微生物菌(毒)种或样本运输容器或包装材料符合以下要求:

1. 高致病性病原微生物在运输过程中要求采取三层包装系统,由内到外分别为主容器、辅助容器和外包装。

2. 高致病性病原微生物菌(毒)种或者样本应正确盛放在主容器内,主容器要求无菌、不透水、防泄漏。主容器可以采用玻璃、金属或塑料等材料,必须采用可靠的防漏封口,如热封、带缘的塞子或金属卷边封口。主容器外面要包裹有足够的样本吸收材料,一旦有泄漏可以将所有样本完全吸收。主容器的表面贴上标签,标明标本类别、编号、名称、样本量等信息。

3. 辅助容器是在主容器之外的结实、防水和防泄漏的第二层容器,它的作用是包装及保护主容器。多个主容器装入一个辅助容器时,必须将它们分别包裹,防止彼此接触,并在多个主容器外面衬以足够的吸收材料。相关文件(例如样品数量表格、危险性申明、信件、样品鉴定资料、发送者和接收者信息)应该放入一个防水的袋中,并贴在辅助容器的外面。

4. 辅助容器必须用适当的衬垫材料固定在外包装内,在运输过程中使其免受外界影响,如破损、浸水等。

5. 在使用冰、干冰或其他冷冻剂进行冷藏运输时,冷冻剂必须放在辅助容器和外包装之间,内部要有支撑物固定,当冰或干冰消耗以后,仍可以把辅助容器固定在原位置上。如使用冰,外包装必须不透水。如果使用干冰,外包装必须能够排放二氧化碳气体,防止压力增加造成容器破裂。在使用冷冻剂的温度下,主容器和辅助容器必须能保持良好性能,在冷冻剂消耗完以后,仍能承受运输中的温度和压力。

6. 当使用液氮对样品进行冷藏时,必须保证主容器和辅助容器能适应极低的温度。此外,还必须符合其他有关液氮的运输要求。

7. 主容器和辅助容器须在使用制冷剂的温度下,以及在失去制冷后可能出现的温度和压力下保持完好无损。主容器和辅助容器必须在无泄漏的情况下能够承受95kPa的内压,并能保证在-40℃到+55℃的温度范围内不被损坏。

8. 外包装是在辅助容器外面的一层保护层,外包装具有足够的强度,并按要求在外表面贴上统一的标识。

申请单位法人签字:

年　月　日

申请运输单位审查意见:

法人代表：公　章

年　月　日

省、自治区、直辖市卫生行政部门审核意见：

公　章

年　月　日

卫生部审批意见：

公　章

年　月　日

所附资料（请在所提供资料前的□内打“√”）

□ 1. 法人资格证明材料（复印件）

□ 2. 接收单位同意接收的证明文件（原件）

□ 3. 接收单位出具的卫生部颁发《从事高致病性病原微生物实验活动实验室资格证书》（复印件）

□ 4. 接收单位出具的有关政府主管部门核发的从事人间传染的高致病性病原微生物或者疑似高致病性病原微生物实验活动、菌（毒）种保藏、生物制品生产等的批准文件（复印件）

□ 5. 容器或包装材料的批准文号、产品合格证书

□ 6. 其他有关资料

其他需要说明的问题

可感染人类的高致病性病原微生物菌（毒）种或样本准运证书

微准运字（年号）号

<table>
<tr><td rowspan="2">菌（毒）种或样本</td><td colspan="2">名称（中英文）</td><td colspan="2">总数量</td><td>每包装容量</td><td colspan="2">包装数量</td><td>样品状态</td></tr>
<tr><td colspan="2"></td><td colspan="2"></td><td></td><td colspan="2"></td><td></td></tr>
<tr><td>分类/UN 编号</td><td colspan="4"></td><td>运输目的</td><td colspan="3"></td></tr>
<tr><td>主容器</td><td colspan="2"></td><td>辅助容器</td><td></td><td>填充物</td><td colspan="3"></td></tr>
<tr><td>外包装</td><td colspan="4"></td><td colspan="2">制冷剂名称与数量</td><td colspan="2"></td></tr>
<tr><td>拆检注意事项</td><td colspan="8"></td></tr>
<tr><td>运输次数及运输日期</td><td colspan="8"></td></tr>
<tr><td>运输起点</td><td colspan="8"></td></tr>
<tr><td>运输终点</td><td colspan="8"></td></tr>
<tr><td rowspan="3">运输申请单位</td><td>名称</td><td colspan="7"></td></tr>
<tr><td>地址</td><td colspan="7"></td></tr>
<tr><td>联系人</td><td colspan="3"></td><td>电话</td><td colspan="3"></td></tr>
<tr><td rowspan="3">接收单位</td><td>名称</td><td colspan="7"></td></tr>
<tr><td>地址</td><td colspan="7"></td></tr>
<tr><td>联系人</td><td colspan="3"></td><td>电话</td><td colspan="3"></td></tr>
<tr><td>运输方式</td><td colspan="8"></td></tr>
<tr><td>批准单位</td><td colspan="8">公章年月日</td></tr>
</table>

中华人民共和国卫生部制

交　通　部
公　安　部　文件
安全监管总局

交海发[2006]33号

关于进一步加强水路公路危险化学品运输管理的通知

各省、自治区、直辖市及新疆生产建设兵团交通厅(局、委)、公安厅(局)、安全生产监督管理局,上海市港口管理局,长江、珠江航务管理局,交通部各直属海事局:

今年以来,各地认真开展危险化学品运输安全专项整治工作,危险化学品运输市场秩序得到好转。但是,一些地方非法从事危险化学品运输的问题仍然较为严重,部分小化工企业与运输户相互庇护,形成了危险化学品非法装运"一条龙"。水运集装箱、车辆装运危险化学品瞒报谎报现象严重,存在重大事故隐患。为进一步加强危险化学品安全管理,严格执行《危险化学品安全管理条例》,保障运输安全,现就有关事项通知如下:

一、进一步加强对运输单位和从业人员的管理

交通部门要严把市场准入关,严格按照《道路运输条例》、《危险化学品安全管理条例》、《道路危险货物运输管理规定》、《国内运输船舶经营资质管理规定》(交通部令2001年第1号)等相关规定以及《道路车辆外廓尺寸、轴荷和质量限值》(GB1589)、《营运车辆综合性能要求和检验方法》(GB18565)等相关技术标准进行审查。对企业安全制度不健全、车辆(船舶)达不到技术要求、从业人员不符合条件的,一律不予许可。对已进入运输市场但存在重大事故隐患的,要依法责令整改或吊销相关运输许可。对把关不严的,要依法对责任人进行严肃处理。同时,要进一步加强监督检查工作,对运输单位进行定期、不定期的实地监督检查,督促运输单位加强安全管理。要进一步加强对驾驶人员、押运人员和装卸管理人员的教育和培训,不断提高从业人员的安全意识、专业技术水平和操作能力,夯实安全工作的基础。

道路运输管理机构要在货运站场、货运集散地加强危险货物运输源头管理,对未取得道路危险货物运输许可从事危险货物运输的单位要按照有关规定给予严厉处罚,发生安全事故、造成严重后果的,应积极配合有关部门依法追究其相关责任。

所有从事危险化学品运输的个体船舶必须严格按照《关于整顿规范个体运输船舶经营管理的通知》(交水发[2001]360号)规定,实现企业化经营,严禁个体船舶以"挂靠"的方式从事危险品运输。各交通主管部门要对已取得危险品运输资格的企业进行全面排查,清理"挂靠"船舶。凡发现存在"挂靠"船舶的企业,要责令立即解除"挂靠"关系,并对该企业进行停业整顿。航运企业违规对个体船舶实施"挂靠"管理的,发生事故,视为航运企业的

事故。

各有关部门要加大对托运人的监督检查力度,严厉查处谎报、瞒报等违规托运的行为。托运人必须将危险品的详细情况告知承运人,如果是多式联运,要告知各个运输方式的承运人。运输危险化学品的车辆在运输过程中必须按2005年8月1日实施的《道路运输危险货物车辆标志》(GB 13392)的要求悬挂或喷涂相关标准,配备通讯工具;运输爆炸品和剧毒化学品的车辆,应安装符合《危险化学品汽车运输安全监控车载终端》(AQ 3004－2005)规定的安全监控定位系统。押运人员在运输过程中必须按2004年3月1日实施的《汽车运输危险货物规则》(JT 617)的要求携带《道路危险货物运输安全卡》。对拟经水运的危险品运输车辆和集装箱,托运人必须向承运人提供危险品车辆和集装箱装载管理人员的姓名、联系方式及装载管理人员所属企业名称、联系方式,同时要提供托运人的名称和联系方式。承运人发现托运人谎报、瞒报危险化学品行为,应拒绝运输;若在运输途中发现,应立即报告有关主管部门。由于谎报、瞒报或危险品性质标明不清等原因导致发生事故的,要严厉追究托运人的责任;触犯刑律的,要移交司法部门。

二、进一步加强对危险化学品运输船舶、车辆的监督检查

海事管理机构要加强对船舶载运危险化学品的监督检查,坚决阻止不满足技术条件的船舶从事危险化学品运输;要将关口适当前移,加强对拟装船的集装箱的开箱抽查,对查出的瞒报谎报集装箱和车辆应禁止其上船,并依法追究有关单位和人员的责任。海事管理机构要从船舶适装和货物适运两个方面严把载运危险化学品船舶申报管理关,要建立黑名单制度,对存在故意瞒报谎报行为的托运人和承运人,在按有关规定给予相应的行政处罚的同时,要列入黑名单,向社会公布,作为重点监督检查的对象。海事管理机构要进一步加强对申报人员和集装箱装箱检查人员的管理,对申报人员和集装箱装箱检查人员存在故意瞒报谎报行为的,禁止其继续从事危险货物申报和集装箱装箱检查工作,并按有关规定严肃处理。在今年船舶载运危险货物专项整治的基础上,明年海事部门要联合港口部门,以小型危险化学品码头、个体船舶为重点,进一步开展船舶载运危险货物安全专项整治活动。

各港口企业应加强对危险化学品装卸作业的安全管理,对发现谎报瞒报的危险化学品应拒绝装卸,并报告有关主管机关。从事客滚船运输的港口应按交通部的有关要求逐步配备客滚运输车辆安检系统。各港口行政管理部门要加强对港口企业装卸危险化学品的监督检查。从事危险化学品的港口企业要在明年7月1日前配备收集船舶危险化学品洗舱水的设施,否则不得从事相应危险化学品的装卸作业。海事管理机构要加强对危险化学品运输船舶货物洗舱水去向的检查,对未按要求配备船舶危险化学品洗舱水的港口、码头、装卸站和船舶修造厂,由港口行政管理部门依据有关规定责令其停止营业,限期改正;逾期不改正的,由作出行政许可决定的行政机关吊销《港口经营许可证》,并以适当方式向社会公布。

公安机关要加大执法力度,进一步加强对危险化学品运输车辆的检查。对超速、不按规定路线行驶等违反通行规定的行为,要严格查处;对无证运输剧毒化学品、未按照运输通行证注明事项运输剧毒化学品、未随身携带运输通行证明、擅自进入危险化学品运输车辆禁止通行区域的,要依法从严处罚;要严把剧毒化学品公路运输通行证的审批关,对于运输途中涉及通过内河运输的申请,严格依法不予批准。

三、进一步加强对危险化学品生产、储存企业的监督检查

安全监管部门要进一步加强对从事危险化学品生产、储存企业的监督检查，督促企业建立健全危险化学品发货和装载的查验、登记、核准等制度，严格按照国家有关规定，将危险化学品委托给具有危险货物运输资质的企业和从业人员承运，从源头上防止非法运输危险化学品。危险化学品生产经营企业在开具提货单据前要检查车辆的资质证明、驾驶人员和押运人员的从业资格证件，检查车辆及罐体与行驶证照片是否一致，是否有悬挂符合国家标准的警示标志，生产经营企业应向驾驶人员和押运人员说明所运输危险化学品的品名、数量、危害、应急措施、生产企业的联系方式等，并出具危险化学品信息联系卡。有条件的企业要将车辆的资质证件、驾驶人员和押运人员的从业资格证件，装载数量、行驶证核定载质量等情况使用计算机进行登记。

四、进一步落实危险化学品包装要求

安全监管部门要采取措施，督促危险化学品生产企业遵守危险化学品包装的有关规定，严格按照国家法律法规和标准的要求，在危险化学品的包装内附有与危险化学品完全一致的化学品安全技术说明书，并在包装(包括外包装件)上加贴或者拴挂与包装内危险化学品完全一致的化学品安全标签。承运人要检查承运的危险化学品外包装是否符合要求，发现危险化学品包装不符合要求的，可拒绝运输，并报告有关主管机关。交通(港口)部门、海事管理机构在对载运危险化学品车辆、船舶和装运危险化学品的集装箱的检查中发现危险化学品包装不符合要求，应依法处理，并将有关信息通报质检部门和安全监管部门。

五、进一步加强宣传和舆论监督

各地要高度重视并切实加强宣传工作，深入开展形式多样的宣传教育活动，充分发挥舆论的宣传引导作用。要向全社会广泛宣传危险化学品安全管理的法律法规和安全知识，一方面要让从事危险货物生产、经营、运输单位的从业人员做到学法、懂法、守法、用法，另一方面也要让广大普通货物运输的驾驶人员了解非法运输危险化学品的危害和将要受到的严厉处罚。

六、进一步加强协调配合

各级交通(港口)、公安、安全监管部门、海事管理机构要各司其职，密切配合，建立信息沟通和共享的渠道，形成危险化学品安全监管的合力。安全监管部门在审查危险化学品生产、储存企业设立及其改建、扩建时，应考虑危险化学品的运输问题，并征求有关主管部门的意见。公安机关在划定危险化学品运输车辆禁行区域时，应在确保安全的前提下，主动与交通部门、海事管理机构协商沟通，充分考虑各种交通方式的衔接。交通主管部门在涉及危险化学品运输的有关决策时要主动与公安机关、安监部门和海事管理机构沟通。港口主管部门和海事机构要加大对渡口、港口(码头)和船舶的检查力度，及时查处危险化学品水上违法

运输行为，对于在渡口、港口或船舶上发现的通过公路无证运输剧毒化学品、普通货物中夹带危险化学品、无资质运输危险化学品的车辆，要及时通报属地公安机关、交通部门予以查处，并追究运输企业相关人员责任。对危险品运输存在严重问题的地区，各有关部门要联合开展专项整治。各管理机关在依法行政过程中发现涉及触犯刑律的，要及时移交司法部门。

七、进一步加强事故应急工作

各有关部门要积极推动各省(市)人民政府根据有关法律法规和国务院的要求制定和完善省级和市级船舶污染应急计划及其危险化学品事故应急救援预案，省级计划或预案要在2006年底前完成，市级计划或预案要在2007年底前完成。

二〇〇六年一月二十三日

关于运输烟花爆竹的规定

1992年6月22日公安部　轻工业部　农业部
商业部　铁道部　交通部第9号令发布

为加强运输烟花爆竹安全管理,保障购销单位的正当运输,现对运输烟花爆竹作如下规定:

一、跨省(自治区、直辖市)、市、县运输烟花爆竹,由收货单位持订货合同和《产品质量检验合格证》向所在地市、县公安局申请领取《爆炸物品运输证》,方准运输。货物到达目的地后,收货单位在运输证上签注物品到达情况,将运输证交回原发证机关。

承运单位必须凭《爆炸物品运输证》,按危险货物管理规定运输烟花爆竹。托运单位应按有关规定派专人押运。

二、在本市区内或本县境内运输烟花爆竹,可免办《爆炸物品运输证》,凭购销单位销售合同或提货单副联或出口货单,用符合运输危险货物条件的车辆运输。按当地公安机关指定的时间和线路运输。遇重大节日或运输数量较大时,购销单位须事先通报市、县公安局。

三、运输烟花爆竹时,必须严格遵守下列规定:

(一)运载车、船必须符合国家有关危险货物安全和运输规定的安全要求,配备相应的消防器材,并显示危险品标志或信号。汽车应安装火星熄灭器。

(二)货物包装应当牢固、严密。烟花爆竹与性质相抵触的物品不准混装。装载烟花爆竹的汽车、船舱内,不准同时载运旅客。

(三)在公路上运输烟花爆竹时,要用苫布盖严、捆严,派专人押运。车辆必须限速行驶,前后车辆应当保持一定的安全距离,停车时要始终有人看守,不准在人口稠密的地方停车。

(四)运输、装卸、押运人员必须掌握烟花爆竹安全常识,装卸时严禁拖拉、挤压、撞击、抛摔。

四、水上运输烟花爆竹,除按上述规定办理《爆炸物品运输证》外,还应向港(航)务监督机关办理船舶载运危险货物进出港或过境申报手续,遵守船舶载运危险货物安全管理规定,并接受港(航)务监督机关对货物安全载运状况的监督检查。

五、严禁无证和超量运输烟花爆竹。严禁携带烟花爆竹、黑火药、烟火药、鞭炮引线搭乘火车、轮船、飞机、公共汽车等公共交通工具。严禁在托运的行李、包裹、货物和邮寄的邮件中夹带烟花爆竹。严禁伪装或伪造品名运输烟花爆竹。

六、违反本规定的,公安机关可没收其烟花爆竹,并依照《中华人民共和国治安管理处罚条例》第二十条的规定予以处罚;构成犯罪的,依法追究刑事责任。

国家安全生产监督管理总局

危化函[2006]17号

关于印发《危险化学品道路运输安全监管工作座谈会会议纪要》的通知

各有关单位:

2006年3月8日至9日,国家安全生产监督管理总局危化司在天津市召开了危险化学品道路运输安全监管工作座谈会,现将会议纪要印发给你们,请认真组织落实。

二〇〇六年三月二十二日

危险化学品道路运输安全监管工作座谈会会议纪要

为贯彻落实全国安全生产工作会议精神,指导全国危险化学品道路运输安全专项整治工作,研究《关于印发〈2006年全国安全生产工作要点〉的通知》(安监总政法〔2006〕15号)提出的"严格监控液氯、液化石油气、液氨、剧毒溶剂等重点品种的道路运输,打击超载,防范泄漏。"的对策与措施,国家安全生产监督管理总局危化司于2006年3月8日至9日,在天津召开了有北京市、天津市、河北省、内蒙古自治区、山西省、山东省、辽宁省(以下简称七省(区、市))安监局负责人、危化处处长参加的危险化学品道路运输安全监管工作座谈会(以下简称座谈会)。国家安全监管总局孙华山副局长出席了会议。

会上,七省(区、市)分别汇报了本地区2005年危险化学品道路运输安全监管的工作情况及存在的问题,并对今后如何深化危险化学品道路运输安全专项整治,进一步做好危险化学品道路运输安全监管和建立省际联动机制等问题,进行了认真的分析和研究。

孙华山副局长在讲话中指出,各级安全监管部门要抓住目前党和国家以及各级政府把安全生产摆在国民经济发展重要位置的有利时机,牢固树立"以人为本,科学监管"的理念,积极研究和探索科学的监控理念与监管技术,从管理和技术两个层面来解决"严格监控液氯、液化石油气、液氨、剧毒溶剂等重点品种的道路运输,打击超载,防范泄漏"问题,引导企业积极采用已形成国家或行业标准的新技术、新材料,从本质上符合安全运输的需要。

与会代表一致认为,自《危险化学品安全管理条例》施行以来,各地区积极开展危险化学品专项整治工作,取得了一定的成效。特别是为做好危险化学品道路运输安全监管工作,国务院安委会办公室、国家安监总局相继出台了《关于深化危险化学品运输安全专项治理工作的通知》(安委办字〔2005〕5号)、《关于做好道路运输危险化学品安全专项整治工作的通知》(安监总危化字[2005]51号)和《危险化学品汽车运输安全监控系统通用规范》

（AQ3003—2005）、《危险化学品汽车运输安全监控车载终端》（AQ3004—2005）等文件和标准，这些文件和标准有力地促进和推动了危险化学品道路运输安全监管工作，进一步规范了危险化学品运输企业的安全行为，加强了各危险化学品安全监管部门之间的联系，进一步提高了危险化学品从业单位的法制意识和安全生产"重于泰山"的思想认识，树立和明确了企业安全的主体责任。目前，各地区、各部门危险化学品安全监管体系已经初步建立，为预防和减少各类危险化学品事故打下了一定的基础。

会议议定如下事项：

1. 进一步贯彻落实交通部、公安部和安全监管总局联合下发的《关于进一步加强水路公路危险化学品运输管理的通知》（交海发［2006］33 号）精神，采取有效措施，进一步加强对危险化学品生产、储存企业的监督检查，进一步落实危险化学品包装要求；督促危险化学品运输单位在运输爆炸品和剧毒化学品的车辆上，安装符合《危险化学品汽车运输安全监控车载终端》（AQ3004—2005）规定的安全监控定位系统。加强运输装载和卸载两个环节的安全监管。

2. 七省（区、市）安全监管部门要发挥在危险化学品方面综合监管的作用，协助当地各级政府及有关部门建立符合《危险化学品汽车运输安全监控系统通用规范》（AQ3003—2005）的监控子系统，有条件的地区应与安全监管总局设在中国安全生产科学研究院的全国危险化学品汽车运输安全监控平台联网，以实现对于液氯、液化石油气、液氨、剧毒溶剂等重点品种运输车辆的信息化管理，保证对液氯、液化石油气、液氨、剧毒溶剂等重点品种运输车辆进行实时动态监控，杜绝重特大事故发生。

3. 随着春季来临，气候变暖，危险化学品生产、经营、运输活动日益繁忙，各有关单位要以危险化学品生产、经营许可工作为重点，结合实际开展专项整治活动，防止危险化学品运输车辆翻倾、燃烧爆炸、有毒物质泄漏引发的中毒、窒息等重特大事故的发生。

4. 七省（区、市）安全监管部门要积极争取当地政府的支持，进一步完善已经建立的危险化学品事故应急救援体系和队伍，高度重视应急救援预案的演练，配备必需的装备、设施及专用工具，及时、有效地采取应急救援行动，最大限度地降低和减少事故造成的损失和影响。

5. 七省（区、市）安全监管部门建立地区间联席会议制度，定期通报和研究危险化学品安全监管的新情况和新问题。

6. 安全监管总局将加强对重点地区的业务指导和技术支持，帮助七省（区、市）建立危险化学品汽车运输安全监控子系统，实现信息共享、区域联防、联合执法、应急救援。同时，还要积极配合财政部研究建立危险化学品道路运输企业提取风险抵押金的制度。

劳动部　化学工业部

劳部发[1996]423号

关于颁发《工作场所安全使用化学品规定》的通知

各省、自治区、直辖市及计划单列市劳动(劳动人事)厅(局)、化工(石化)厅(局),国务院有关部委、直属机构,总后勤部生产管理部、新疆生产建设兵团:

为了更好地实施第八届全国人民代表大会常务委员会第十次会议审议批准的《作业场所安全使用化学品公约》,有效控制危险化学品事故发生,保障劳动者的安全与健康,根据《劳动法》和有关法规,制定了《工作场所安全使用化学品规定》,现予颁布,请认真贯彻执行。

一九九六年十二月二十日

工作场所安全使用化学品的规定

第一章　总　　则

第一条　为保障工作场所安全使用化学品,保护劳动者的安全与健康,根据《劳动法》和有关法规,制定本规定。

第二条　本规定适用于生产、经营、运输、贮存和使用化学品的单位和人员。

第三条　本规定所称工作场所使用化学品,是指工作人员因工作而接触化学品的作业活动;本规定所称化学品,是指各类化学单质、化合物或混合物;本规定所称危险化学品,是指按国家标准GB 13690分类的常用危险化学品。

第四条　生产、经营、运输、贮存和使用危险化学品的单位应向周围单位和居民宣传有关危险化学品的防护知识及发生化学品事故的急救方法。

第五条　县级以上各级人民政府劳动行政部门对本行政区域内的工作场所安全使用化学品的情况进行监督检查。

第二章　生产单位的职责

第六条　生产单位应执行《化工企业安全管理制度》及国家有关法规和标准,并到化工行政部门进行危险化学品登记注册。

第七条　生产单位应对所生产的化学品进行危险性鉴别,并对其进行标识。

第八条　生产单位应对所生产的危险化学品挂贴危险化学品安全标签（以下简称安全标签），填写危险化学品安全技术说明书（以下简称安全技术说明书）。

第九条　生产单位应在危险化学品作业点，利用安全周知卡或安全标志等方式，标明其危险性。

第十条　生产单位生产危险化学品，在填写安全技术说明书时，若涉及商业秘密，经化学品登记部门批准后，可不填写有关内容，但必须列出该种危险化学品的主要危害特性。

第十一条　安全技术说明书每五年更换一次。在此期间若发现新的危害特性，在有关信息发布后的半年内，生产单位必须相应修改安全技术说明书，并提供给经营、运输、贮存和使用单位。

第三章　使用单位的职责

第十二条　使用单位使用的化学品应有标识，危险化学品应有安全标签，并向操作人员提供安全技术说明书。

第十三条　使用单位购进危险化学品时，必须核对包装（或容器）上的安全标签。安全标签若脱落或损坏，经检查确认后应补贴。

第十四条　使用单位购进的化学品需要转移或分装到其他容器时，应标明其内容。对于危险化学品，在转移或分装后的容器上应贴安全标签；盛装危险化学品的容器在未净化处理前，不得更换原安全标签。

第十五条　使用单位对工作场所使用的危险化学品产生的危害应定期进行检测和评估，对检测和评估结果应建立档案。作业人员接触的危险化学品浓度不得高于国家规定的标准；暂没有规定的，使用单位应在保证安全作业的情况下使用。

第十六条　使用单位应通过下列方法，消除、减少和控制工作场所危险化学品产生的危害：

（一）选用无毒或低毒的化学替代品；

（二）选用可将危害消除或减少到最低程度的技术；

（三）采用能消除或降低危害的工程控制措施（如隔离、密闭等）；

（四）采用能减少或消除危害的作业制度和作业时间；

（五）采取其他的劳动安全卫生措施。

第十七条　使用单位在危险化学品工作场所应设有急救设施，并提供应急处理的方法。

第十八条　使用单位应按国家有关规定清除化学废料和清洗盛装危险化学品的废旧容器。

第十九条　使用单位应对盛装、输送、贮存危险化学品的设备，采用颜色、标牌、标签等形式，标明其危险性。

第二十条　使用单位应将危险化学品的有关安全卫生资料向职工公开，教育职工识别安全标签、了解安全技术说明书、掌握必要的应急处理方法和自救措施，经常对职工进行工作场所安全使用化学品的教育和培训。

第四章　经营、运输和贮存单位的责任

第二十一条　经营单位经营的化学品应有标识。经营的危险化学品必须具有安全标签

和安全技术说明书。进口危险化学品时，应有符合本规定要求的中文安全技术说明书，并在包装上加贴中文安全标签。出口危险化学品时，应向外方提供安全技术说明书。对于我国禁用，而外方需要的危险化学品，应将禁用的事项及原因向外方说明。

第二十二条 运输单位必须执行《危险货物运输包装通用技术条件》和《危险货物包装标志》等国家标准和有关规定，有权要求托运方提供危险化学品安全技术说明书。

第二十三条 危险化学品的贮存必须符合《常用化学危险品贮存通则》国家标准和有关规定。

第五章 职工的义务和权利

第二十四条 职工应遵守劳动安全卫生规章制度和安全操作规程，并应及时报告认为可能造成危害和自己无法处理的情况。

第二十五条 职工应采取合理方法，消除或减少工作场所不安全因素。

第二十六条 职工对违章指挥或强令冒险作业，有权拒绝执行；对危害人身安全和健康的行为，有权检举和控告。

第二十七条 职工有权获得：

（一）工作场所使用化学品的特性、有害成分、安全标签以及安全技术说明书等资料；

（二）在其工作过程中危险化学品可能导致危害安全与健康的资料；

（三）安全技术的培训，包括预防、控制、及防止危险方法的培训和紧急情况处理或应急措施的培训；

（四）符合国家规定的劳动防护用品；

（五）法律、法规赋予的其他权利。

第六章 罚 则

第二十八条 生产危险化学品的单位没有到指定单位进行登记注册的，由县级以上人民政府劳动行政部门责令有关单位限期改正；逾期不改的，可处以一万元以下罚款。

第二十九条 生产单位生产的危险化学品未填写安全技术说明书和没有安全标签的，由县级以上人民政府劳动行政部门责令有关单位限期改正；逾期不改的，可处以一万元以下罚款。

第三十条 经营单位经营没有安全技术说明书和安全标签危险化学品的，由县级以上人民政府劳动行政部门责令有关单位限期改正；逾期不改的，可处以一万元以下罚款。

第三十一条 对隐瞒危险化学品特性，而未执行本规定的，由县级以上人民政府劳动行政部门就地扣押封存产品，并处以一万元以下罚款；构成犯罪的，由司法机关依法追究有关人员的刑事责任。

第三十二条 危险化学品工作场所没有急救设施和应急处理方法的，由县级以上人民政府劳动行政部门责令有关单位限期改正，并可处以一千元以下罚款；逾期不改的，可处以一万元以下罚款。

第三十三条 危险化学品的贮存不符合《常用化学危险品贮存通则》国家标准的，由县级以上人民政府劳动行政部门责令有关单位限期改正，并可处以一千元以下罚款。

第七章 附 则

第三十四条 本规定自一九九七年一月一日施行。

上海市安全生产监管局
上海市公安局
上海市城市交通管理局

沪安监管危化[2006]78 号

关于加强夏季危险化学品道路运输安全管理的通知

各区、县安全生产监管局、公安分局、交通主管部门，各危险化学品运输、生产、储存单位：

为切实加强本市夏季危险化学品道路运输安全管理，保障人民群众生命、财产安全，根据《上海市危险化学品安全管理办法》（市政府令第 56 号）的规定，现就本市夏季危险化学品道路运输相关管理事项通知如下：

一、凡是在本市区域内从事危险化学品道路运输的企业（单位），必须严格执行《办法》有关规定，每年 6 月 15 日至 10 月 15 日，禁止在上午 10 时至下午 4 时进行易燃易爆、剧毒等危险化学品的道路运输；禁止在上午 8 时至下午 4 时装卸作业。

二、《办法》规定的禁止运输的易燃易爆、剧毒等危险化学品种类，按照市安全生产监督管理局、市公安局、市城市交通管理局联合确定的《夏季高温时段禁止道路运输的危险化学品名录》执行，共计 174 种（详见名录）。

三、零星购买的数量少、包装好且符合国家关于包装物规定的民用小包装油漆、稀释剂和不超过五百克或五百毫升的小包装试剂的道路运输实施配送，不受夏季高温时段道路运输限制。

请各有关单位认真贯彻执行，确保夏季危险化学品道路运输安全。

特此通知。

二〇〇六年六月二日

附：

夏季高温时段禁止道路运输危险化学品名录

序号	危规号	品名	别名
爆炸品(29 种)			
1	11020	重氮甲烷	
2	11021	二硝基重氮酚 [含水或水加乙醇≥40%]	重氮二硝基
3	11022	三硝基间苯二酚铅	收敛酸铅

		[含水或水加乙醇≥20%]	
4	11026	高氯酸[浓度>72%]	
5	11027	硝基胍 [干的或含水<20%]	橄苦岩
6	11028	硝基脲	
7	11032	硝化纤维素 [干的或含水(或乙醇)<25%]	硝化棉
8	11032	硝化纤维素[含增塑剂<18%]	
9	11033	硝化丙三醇[含不挥发、不溶于水的钝感剂≥40%]	甘油三硝酸酯;硝化甘油
10	11035	2,4,6-三硝基甲苯 [干的或含水<30%]	梯恩梯(TNT)
11	11039	三硝基甲苯与硝基萘混合物	梯萘炸药
12	11041	环三次甲基三硝胺 [含水≥15%]	黑索金;旋风炸药
13	11054	1,3,5-三硝基苯 [干的或含水<30%]	均三硝基苯
14	11055	2,4,6-三硝基二甲苯	
15	11057	2,4,6-三硝基苯酚 [干的或含水<30%]	苦味酸
16	11058	2,4,6-三硝基苯酚钠	苦味酸钠
17	11061	2,4,6-三硝基间苯二酚	收敛酸
18	11062	三硝基苯甲醚	三硝基茴香醚
19	11062	三硝基苯甲醚	三硝基茴香醚
20	11064	2,4,6-三硝基苯甲酸 [干的或含水<30%]	三硝基安息香酸
21	11066	2,4,6-三硝基苯磺酸钠	
22	11067	2,4,6-三硝基苯胺 苦基胺	
23	11068	2,3,4,6-四硝基苯胺	
24	11072	四硝基萘胺	
25	11073	六硝基二苯胺	六硝炸药;二苦基胺
26	11074	六硝基二苯胺铵盐	曙黄
27	11079	甲基丙烯酸三硝基乙酯	
28	11084	硝铵炸药	铵梯炸药
29	13013	硝化二乙醇胺火药	

压缩气体和液化气体(34 种)

1	21001	氢[压缩的]	氢气
2	21002	氢(液化的)	液氢
3	21009	乙烷[压缩的]	
4	21010	乙烷(液化的)	液化乙烷
5	21011	丙烷	

6	21012	正丁烷	丁烷
7	21012	异丁烷	
8	21016	乙烯[压缩的]	
9	21017	乙烯(液化的)	液化乙烯
10	21018	丙烯	
11	21019	1－丁烯	
12	21020	异丁烯	
13	21022	1,3－丁二烯[抑制了的]	联乙烯
14	21024	乙炔[溶于介质的]	电石气
15	21033	二氟氯乙烯	R142
16	21034	三氟氯乙烯(抑制了的)	氯三氟乙烯;R1113
17	21035	三氟溴乙烯	溴三氟乙烯
18	21037	氯乙烯[抑制了的]	乙烯基氯
19	21039	环氧乙烷	氧化乙烯
20	21041	甲乙醚	乙甲醚;甲氧基乙烷
21	21043	一甲胺	
22	21044	二甲胺(无水)	
23	21046	乙胺	氨基乙烷
24	21047	甲硫醇	硫基甲烷
25	21052	石油气	原油气
26	21053	石油气	液化石油气
27	22022	氯化氢[无水]	
28	22045	二氯二氟甲烷	R12
29	22046	二氯四氟乙烷	R114
30	22047	三氯一氟甲烷	R11
31	23002	氯[液化的]	液氯
32	23003	氨[液化的,含氨>50%]	液氨
33	23013	二氧化硫[液化的]	亚硫酸酐
34	23040	氯甲烷 甲基氯;	R40
易燃液体(73种)			
1	31001	汽油(低闪点、中闪点)	
2	31002	正戊烷	戊烷
3	31002	2－甲基丁烷	异戊烷
4	31003	环戊烷	
5	31006	1－戊烯	
6	31006	2－戊烯	
7	31007	异戊烯	
8	31008	环戊烯	
9	31012	2－甲基－1, 3－丁二烯(抑制了的)	异戊间二烯
10	31020	呋喃	氧杂茂

11	31020	2－氯甲烷	氯异丙烷;异丙基氯
12	31022	乙醛	
13	31024	丙烯醛(抑制了的)	
14	31025	丙酮 二甲(基)酮	
15	31026	乙醚 二乙(基)醚	
16	31028	甲基丙基醚 甲丙醚	
17	31029	乙烯基乙醚(抑制了的)	乙基乙烯醚;乙氧基乙烯
18	31031	二乙氧基甲烷	甲醛缩二乙醇;二乙醇缩甲醛
19	31031	二甲氧基甲烷	甲撑二甲醚;二甲醇缩甲醛;甲缩醛
20	31032	1,2－环氧丙烷	
21	31033	甲硫醚	二甲硫
22	31034	乙硫醇	硫氢乙烷;巯基乙烷
23	31037	甲酸甲酯	
24	31038	甲酸乙酯	蚁酸乙酯
25	31039	亚硝酸乙酯醇溶液	
26	31044	甲胺水溶液	氨基甲烷水溶液
27	31046	二乙胺	
28	31047	1－氨基丙烷	正丙胺
29	31047	2－氨基丙烷	异丙胺
30	31048	3－氨基丙烯	烯丙胺
31	31050	二硫化碳	
32	32001	汽油(低闪点、中闪点)	
33	32002	石油醚	石油精
34	32004	石脑油	溶剂油
35	32009	辛烷异构体	
36	32021	1,3－环戊二烯	
37	32033	氯代叔丁烷	叔丁基氯;特丁基氯
38	32035	1,1－二氯乙烷	乙叉二氯
39	32035	1,2－二氯乙烷	乙撑二氯;亚乙基二氯;1,2－二氯化乙烯
40	32040	1,1－二氯乙烯	偏二氯乙烯
41	32041	2,3－二氯丙烯	
42	32050	苯	纯苯
43	32051	重质苯	
44	32052	甲基苯	甲苯
45	32058	甲醇	
46	32061	乙醇(无水)	无水酒精
47	32066	2－甲基－2－丙醇	三甲基甲醇;特丁醇;叔丁醇
48	32067	丙醛	
49	32119	乙酰氯	氯(化)乙酰
50	32126	乙酸甲酯	醋酸甲酯

51	32127	乙酸乙酯	醋酸乙酯
52	32142	异丁酸异丙酯	
53	32159	乙腈	甲基氰
54	32162	丙烯腈	氰(基)乙烯
55	32164	异氰酸酯类(易燃的)	
56	32166	二甲胺溶液	
57	32172	叔丁胺	2－氨基－2－甲基丙烷;特丁胺
58	32190	硝化纤维素溶液(含氮量≤12.6%,含硝化纤维素≤55%)	硝化棉溶液
59	32198	丙烯酸漆稀释剂	
60	32198	过氯乙烯漆稀释剂	
61	32198	甲级清喷漆(静电用)	
62	32198	7110 甲聚氨酯固化剂	
63	32198	过氯乙烯锤纹漆稀释剂	
64	32198	沥青漆稀释剂	
65	32198	氨基漆稀释剂	
66	32198	硝基铝箔漆稀释剂	
67	32198	有机硅漆稀释剂	
68	32198	环氧漆稀释剂	
69	32198	硝基漆稀释剂	香蕉水
70	32198	脱漆剂	
71	33517	二聚环戊二烯	双茂
72	33596	乙酸异戊酯	醋酸异戊酯
73	33598	正丁酸异丙酯	
易燃固体(5 种)			
1	41001	红磷	赤磷
2	41021	N,N'－二亚基五亚甲基四胺(含钝感剂)	发泡剂
3	41024	硝酸脲(含水≥20%)	
4	41031	硝化纤维素[含氮≤12.6%,含醇≥25%]	硝化棉
5	41031	硝化纤维素[含氮≤12.6%,含增塑物质≥18%]	硝化棉
自燃物品(2 种)			
1	42001	黄磷	白磷
2	42035	硝化纤维片基	硝化纤维胶片;废硝化纤维电影胶片;废硝化纤维底片
遇湿易燃物品(2 种)			
1	43049	三氯硅烷	硅仿;硅氯仿
2	43050	甲基二氯硅烷	二氯甲基硅烷

氧化剂和有机过氧化物(29 种)

1	51001	过氧化氢 [含量>60%,特许的]	双氧水
2	51011	产氧剂	
3	51030	氯酸钠	
4	51031	氯酸钾	
5	52016	过氧化氢异丙基	异丙基过氧化氢
6	52017	过氧化氢叔丁基	过氧化氢第三丁基;过氧化叔丁醇
7	52017	过氧化氢叔丁基	过氧化氢第三丁基或过氧化叔丁醇
8	52020	过氧化氢异丙苯	过氧化羟基茴香素;枯基过氧化氢
9	52021	过氧化氢二异丙(基)苯 (在溶液中,含量≤72%)	
10	52022	过氧化氢二叔丁基异丙(基)苯	
11	52024	过氧化氢(对)孟烷(工业纯)	
12	52026	过氧化二叔丁基(工业纯)	
13	52027	过氧化叔丁基苯(工业纯)	
14	52030	过氧化二异丙苯	过氧化二枯基;硫化剂 DCP
15	52032	过氧化甲乙酮	过氧化丁酮液;催化剂糊 M
16	52044	过氧化十二(烷)酰	过氧化(二)月桂酰;引发剂 B
17	52045	过氧化(二)苯甲酰	
18	52045	过氧化(二)苯甲酰油膏	
19	52047	过氧化二-(2-甲基苯甲酰) [含量≤87%,含水]	过氧化二-(邻甲基苯甲酰)
20	52048	过氧化二-(2,4- 二氯苯甲酰)	2,4,2,4-四氯过氧化二苯甲酰
21	52050	过甲酸	过蚁酸
22	52051	过乙酸	
23	52052	过氧化(二)丁二酸 [工业纯]	过氧化双丁二酸;过氧化丁二酰; 过氧化(二)琥珀酸
24	52055	过氧化氢苯甲酰	过苯甲酸
25	52056	过氧化间氯苯甲酰	过氧化-3-氯苯甲酸
26	52057	过苯二甲酸	
27	51068	硝酸胍	硝酸亚氨脲
28	52076	过氧化苯甲酸叔丁酯	过氧化叔丁基苯甲酸酯
29	52099	过氧化蒎烯	

注:

1. 夏季高温时段为(6 月 15 日至 10 月 15 日上午 10 时至下午 4 时)时段
2. 数量少、包装好的不超过五百克和五百毫升的试剂小包装除外
3. 数量少、包装好的零星民用小包装油漆、稀释剂除外

上海市人民政府令

第56号

《上海市危险化学品安全管理办法》已经2006年2月13日市政府第98次常务会议通过，现予发布，自2006年4月1日起施行。

市长　　韩正

二〇〇六年二月十六日

上海市危险化学品安全管理办法

第一章　总　　则

第一条　（目的和依据）

为了加强危险化学品的安全管理，保障人民生命、财产安全，维护社会公共安全，依据《中华人民共和国安全生产法》、《危险化学品安全管理条例》等有关法律、法规，结合本市实际，制定本办法。

第二条　（适用范围）

本办法适用于本市行政区域内危险化学品的生产、经营、储存、运输、使用和废弃危险化学品的处置，及其相关的安全监督管理活动。

危险化学品的种类，按照国家标准以及国家有关部门定期公布的目录执行。

民用爆炸品、放射性物品、核能物质、城镇燃气的安全管理，以及危险化学品管线输送的安全管理，不适用本办法。

第三条　（单位责任）

生产、经营、储存、运输、使用危险化学品和处置废弃危险化学品的单位（以下统称危险化学品单位），应当按照有关法律、法规、规章和技术标准的要求从事危险化学品的相关活动，并依法办理危险化学品登记手续。

危险化学品单位的负责人应当组织制定本单位的危险化学品安全管理制度和操作规程，保证各项安全管理措施的有效执行，并对本单位危险化学品的安全负责。

第四条　（行政管理部门职责）

市和区、县安全生产监督管理部门负责本行政区域内危险化学品安全的综合监督管理，组织实施本办法。

公安、城市交通、港口、海事、质量技监、环保、工商、卫生、邮政、铁路、民航等有关行政管理部门在各自职责范围内，负责危险化学品安全的监督管理。

其他有关行政管理部门和行业主管部门按照各自职责做好危险化学品安全管理的相关

工作。

第五条 （区、县人民政府职责）

区、县人民政府应当建立本行政区域内危险化学品安全管理的监督机制，协调解决危险化学品安全管理中存在的重大问题，并负责危险化学品事故应急救援的相关组织工作。

第六条 （信息通报）

安全生产、公安、城市交通、港口、海事、质量技监、环保、工商、卫生、邮政、铁路、民航等有关行政管理部门和行业主管部门应当及时相互通报危险化学品安全管理的行政许可和监督检查实施情况的相关信息。

第七条 （信息发布）

市安全生产监督管理部门应当会同有关部门通过相关媒体，及时登载国家和本市有关危险化学品安全管理的法律、法规、规章和技术标准，定期宣传危险化学品安全防护的有关知识，适时发布本市危险化学品安全管理的实施情况和危险化学品重大事故的相关信息，并公布社会监督和举报电话。

第八条 （事故应急救援预案）

发生危险化学品事故，各有关部门和单位应当按照事故应急救援预案，及时组织、开展抢救受害人员、控制危害扩散、消除危害后果等救援工作。

本市危险化学品事故应急救援预案由市安全生产监督管理部门组织有关部门制定，报市人民政府批准后，纳入本市突发公共事件总体应急预案。

危险化学品单位应当制定本单位的事故应急救援预案，并向安全生产监督管理部门和其他有关部门备案。危险化学品生产、储存企业和使用危险化学品从事生产的单位，应当每半年组织一次事故应急救援演练；其他危险化学品单位，应当每年组织一次事故应急救援演练。

安全生产监督管理部门和其他有关部门应当对危险化学品单位事故应急救援预案的制定和演练进行指导和监督。

第九条 （举报和奖励）

任何单位和个人发现违反危险化学品安全管理规定的行为，均有权向安全生产监督管理部门或者其他有关部门举报。

对举报属实的，安全生产监督管理部门或者其他有关部门应当给予奖励。

第十条 （行业协会）

鼓励相关行业协会向危险化学品单位提供安全培训、技术咨询和指导服务，推广应用安全生产的先进技术。

第二章　危险化学品的生产、储存和使用

第十一条 （生产和储存的规划）

本市对危险化学品的生产和储存实行统一规划、合理布局和严格控制。

本市危险化学品生产、储存的布局规划，由市经济主管部门会同市安全生产、规划等有关部门制定，报市人民政府批准后实施。

除运输工具的加油站、加气站外，禁止在本市中心城和新城范围内新建、扩建危险化学品的生产、储存项目。

新建危险化学品生产、储存项目，应当在工业园区或者其他专业区域内进行；已建危险

化学品的生产装置和构成重大危险源的储存设施，应当按照规划向工业园区或者其他专业区域集中。

第十二条 （生产和储存企业的审批）

设立危险化学品生产、储存企业及其改建、扩建，应当符合国家规定的条件，并向安全生产监督管理部门办理审批手续。

小型危险化学品生产企业不得在企业注册所在区、县以外设立生产场所。

第十三条 （审批部门）

设立危险化学品生产、储存企业及其改建、扩建，有下列情形之一的，由市安全生产监督管理部门审批：

（一）构成重大危险源的；

（二）生产、储存剧毒化学品的；

（三）国家有关部门所属企业投资的生产、储存项目。

除前款规定情形外，设立危险化学品生产、储存企业及其改建、扩建，由区、县安全生产监督管理部门提出审核意见后，报市安全生产监督管理部门审批。

第十四条 （生产和储存的其他许可）

危险化学品生产企业应当按照国家有关规定，取得危险化学品生产许可证和企业安全生产许可证。

新建、改建、扩建危险化学品生产、储存项目的，应当按照国家有关规定办理建设项目安全设施设计审查和竣工验收手续。

第十五条 （安全制度和人员配备）

危险化学品生产、储存企业和使用危险化学品从事生产的单位应当建立安全管理制度和安全管理机构，在生产车间和储存库区配备专职安全生产管理人员，在作业班组配备兼职安全生产管理人员。

安全生产管理人员应当按照国家有关规定参加安全培训，并经市安全生产监督管理部门考核合格。

第十六条 （标牌和图示）

危险化学品生产、储存企业和使用危险化学品从事生产的单位应当在作业场所设置标牌和图示，对作业场所的平面布局以及安全责任、操作规范、作业危险性、应急措施等事项进行告知。

前款规定的标牌和图示的设置规范，由市安全生产监督管理部门制定。

第十七条 （安全设施、设备和装置）

危险化学品生产、储存企业和使用危险化学品的单位应当按照国家有关规定和技术标准，设置相应的防火、防爆、防毒、防静电、监测、报警等安全设施、设备和装置，定期进行维护、保养和检测，并做好相关记录。相关记录应当保存3年以上。

第十八条 （重大危险源监控）

危险化学品生产、储存企业和使用危险化学品的单位应当建立重大危险源监控系统，对相关场所、设施及其温度、压力等主要技术参数进行24小时实时监控。

第十九条 （生产装置和存储设施的安全评价）

危险化学品生产、储存企业和使用危险化学品的单位应当按照国家有关规定，定期对生产装置、储存设施委托具有相应资质的安全评价机构进行安全评价。

危险化学品生产、储存企业和使用危险化学品的单位应当根据安全评价结果及时采取整改措施,并将安全评价报告和整改情况向安全生产监督管理部门备案。

第二十条 （防爆设施和设备的检测）

危险化学品生产、储存企业和使用危险化学品的单位应当委托具有相应资质的检测机构,每3年对易燃易爆场所的防爆设施、设备进行一次检测。

危险化学品生产、储存企业和使用危险化学品的单位应当根据检测结果及时采取整改措施,并将检测报告和整改情况向安全生产监督管理部门备案。

第二十一条 （包装物和容器的管理）

危险化学品的包装物、容器,应当由市安全生产监督管理部门审查合格的专业企业定点生产,并经具有相应资质的专业机构检测、检验合格。

第二十二条 （储存管理）

危险化学品应当储存在专用仓库、专用场地或者专用储存室(以下统称专用仓库)内,并按照相关技术标准规定的储存方法、储存数量和安全距离,实行分类、分隔储存。禁止将危险化学品与禁忌物品混合储存。

危险化学品专用仓库应当符合相关技术标准对安全、消防的要求,设置明显标志,并由专人管理。危险化学品出入库应当进行核查登记,并定期检查。

少量存放危险化学品的学校、医院、科研院所等单位的安全管理规范,由市安全生产监督管理部门会同有关部门制定。

第二十三条 （特殊场所作业管理）

从事危险化学品储罐检修、油轮清洗或者在可能产生有毒有害气体的场所内作业的,应当遵守下列规定:

（一）制定安全作业方案和事故应急救援预案,经企业负责人批准后,依法向有关部门办理相关手续;

（二）采取有效的隔离、通风等措施,并对作业环境安全进行分析、监测;

（三）有两名以上监护人员,并配备必要的通讯、救援设备;

（四）作业人员正确使用符合国家标准的劳动防护用品。

第二十四条 （废弃处置管理）

废弃危险化学品的处置,按照固体废物污染环境防治法和国家有关规定执行。环境保护部门应当对废弃危险化学品的处置情况进行监督。

危险化学品单位应当及时处置废弃危险化学品。无法自行处置的,应当委托具有相应资质的专业单位代为处置;所需费用,由产生废弃危险化学品的单位承担。

有关部门在行政管理活动中发现、收缴的废弃危险化学品,由发现、收缴的部门委托具有相应资质的专业单位进行处置,并可以向相关责任人追缴处置费用。

公众上交的废弃危险化学品,由公安部门依法接收,并委托具有相应资质的专业单位进行处置。

第三章　危险化学品的经营

第二十五条 （经营许可证）

设立危险化学品经营企业,应当符合国家规定的条件,并向安全生产监督管理部门申请取得经营许可证。

危险化学品经营企业有两处以上经营场所的，应当分别办理经营许可证。

危险化学品经营许可证按照国家规定的经营范围分为甲、乙两种。危险化学品经营企业应当在其经营许可证规定的范围内从事经营活动。

第二十六条　（审批部门）

甲种危险化学品经营许可证，由市安全生产监督管理部门审批、发放。

乙种危险化学品经营许可证，由区、县安全生产监督管理部门提出审核意见后，报市安全生产监督管理部门审批、发放。

第二十七条　（经营企业的储存管理）

危险化学品经营企业应当按照本办法第二十二条的规定，将危险化学品储存在专用仓库内。

从事危险化学品零售的企业可以在其经营场所内存放民用小包装的危险化学品，但总量不得超过国家规定的限量。

第二十八条　（运输工具的加油站、加气站）

运输工具的加油站、加气站应当设置总电源切断装置。运输工具的加油站、加气站不符合消防安全距离等规定，又无法拆除、迁移的，应当采用阻隔防爆技术。

第二十九条　（零售配送制度）

危险化学品经营企业向居民和学校、医院、科研院所等单位零售易燃易爆、强腐蚀性化学品的，应当由具有危险化学品运输资质的单位实行集中配送。

第三十条　（剧毒化学品的购买和销售）

单位购买剧毒化学品的，应当依法向公安部门申请领取购买凭证。

危险化学品经营企业不得向无购买凭证的单位销售剧毒化学品，不得向个人销售农药、灭鼠药、灭虫药以外的剧毒化学品。

第三十一条　（销售记录和月报制度）

危险化学品经营企业销售剧毒化学品和强腐蚀性化学品的，应当按规定记录购买单位、购买人员的基本信息以及所购剧毒化学品、强腐蚀性化学品的品名、数量和用途。相关记录应当保存1年以上。

危险化学品经营企业销售剧毒化学品的，应当每月向公安部门报送有关销售记录；零售强腐蚀性化学品的，应当每月向安全生产监督管理部门报送有关零售记录。

第四章　危险化学品的运输

第三十二条　（运输单位资质）

危险化学品道路运输企业（包括使用自备车辆为本单位运输危险化学品的单位，下同），应当符合国家规定的条件以及本办法第三十三条第一款、第三十四条对相关条件的具体规定，并向市城市交通管理部门申请取得相应的资质。

危险化学品水路运输企业，应当符合国家规定的条件以及本办法第三十三条第二款对相关条件的具体规定，并向市港口管理部门申请取得相应的资质。

第三十三条　（运输工具）

危险化学品道路运输企业应当具备符合相关技术标准的专用车辆，并配置车载卫星定位系统，以及安全防护、环境保护和消防等设施、设备。

危险化学品水路运输企业应当具备符合国家规定的运力、安全技术和设备等要求的船舶，并配置船载卫星定位系统。

本条规定的车载和船载卫星定位系统等设施、设备，应当纳入专用车辆和船舶定期审验的范围。

第三十四条 （专用停车场地）

危险化学品道路运输企业应当具有与运输规模相适应的专用停车场地。运输剧毒化学品和国家规定的Ⅰ类包装危险化学品的，还应当划定相应的专用停车区域，并设置明显的警示标志。

本市中心城和新城范围内不得新设立危险化学品专用停车场地；已设立的，应当按照规划迁移。

第三十五条 （运输专业人员）

从事危险化学品运输的驾驶员、船员、装卸管理人员、押运人员（以下统称运输专业人员），应当经过相关安全知识培训并考核合格，取得相应的资格证书。

从事危险化学品道路运输的专业人员更换从业单位的，应当由更换后的单位向市城市交通管理部门办理变更登记。

第三十六条 （备案登记）

外省市危险化学品道路运输企业驻沪从事危险化学品运输的，应当持企业资质证书，以及符合本办法第三十三条第一款、第三十四条规定的相关证明材料，向市城市交通管理部门备案。

第三十七条 （运输监控）

危险化学品道路、水路运输企业，应当通过卫星定位系统，对危险化学品运输车辆、船舶进行运输全程监控，保证车辆、船舶按照规定的时间、路线运输。

城市交通、港口管理部门应当按照各自职责，对危险化学品运输全程监控的情况进行监督检查。

第三十八条（托运人的责任）

危险化学品的托运人应当遵守下列规定：

（一）查验承运人的危险化学品运输资质证书，复印后与货运单证一并留存；

（二）向承运人提供危险化学品的安全技术说明书，并书面告知品名、数量、危害特性、应急处置措施等情况；

（三）不得在普通货物中夹带危险化学品，不得将危险化学品匿报或者谎报为普通货物托运。

第三十九条 （承运人的责任）

危险化学品的承运人应当遵守下列规定：

（一）查验托运人的危险化学品生产、储存、经营许可证，复印后与货运单证一并留存，不得为无相应许可证的单位运输危险化学品；

（二）在装载前核对危险化学品的品名、数量，并检查包装情况，不得承运包装破损或者不符合包装要求的危险化学品；

（三）根据国家有关规定和相关技术标准进行装卸，不得超过规定的荷载、限量装载危险化学品，不得将危险化学品与普通货物混装；

（四）在运输车辆、船舶的规定位置设置统一的安全警示标志；

（五）不得将承运的危险化学品转交其他单位或者个人运输；

（六）符合国家和本市危险化学品运输安全管理的其他规定。

第四十条 （运输代理经营者的责任）

运输代理经营者应当查验托运人的危险化学品生产、储存、经营许可证和承运人的危险化学品运输资质证书，复印后与货运单证一并留存，不得为无相应许可证或者资质证书的单位提供危险化学品运输代理服务。

第四十一条 （发送和接收单位的责任）

危险化学品单位发送和接收危险化学品时，应当查验承运人运输车辆或者船舶的营运证件以及运输专业人员的资格证书，复印后与货运单证一并留存。接收外省市道路运输来沪的危险化学品，还应当查验其经指定道口检查的记录，复印后与货运单证一并留存。

危险化学品单位发送和接收危险化学品时，发现下列情形之一的，应当立即采取相应的安全处置措施，向安全生产监督管理部门报告；安全生产监督管理部门应当及时通知公安、城市交通、港口或者海事部门进行查处：

（一）运输车辆、船舶无营运证件，或者运输专业人员无相应资格证书的；

（二）超过规定的荷载、限量装载危险化学品，或者将危险化学品与普通货物混装的；

（三）在普通货物中夹带危险化学品，或者将危险化学品匿报、谎报为普通货物运输的；

（四）从外省市道路运输来沪，未经指定道口检查的。

第四十二条 （告知和申报）

危险化学品单位向外省市购买或者销售危险化学品，并由外省市单位承担运输的，应当书面告知本市危险化学品运输管理的有关规定，并保存书面告知的相关记录。

危险化学品单位向外省市购买或者销售易燃易爆、强腐蚀性化学品的，应当提前24小时向公安部门或者海事部门申报承运人名称、危险化学品品名和数量、运输起讫地、运输路线和时间等情况。

第四十三条 （道路运输路线和时间）

市公安部门应当会同市安全生产、城市交通、环保、市政等部门确定本市危险化学品运输车辆禁止通行的区域、道路和时间。

因运输目的地等特殊情形确需进入禁止通行区域、道路的，应当事先向公安部门报告，由公安部门指定行车路线和时间，并发给临时通行证明。

第四十四条 （特殊天气道路运输）

每年6月15日至10月15日，禁止在上午10时至下午4时进行易燃易爆等危险化学品的道路运输。

遇灾害性天气，市公安部门可以会同市安全生产、城市交通等有关部门发布易燃易爆等危险化学品道路临时禁运公告。

本条规定的易燃易爆等危险化学品的种类，由市安全生产监督管理部门会同市公安、城市交通管理部门确定。

第四十五条 （剧毒化学品的道路运输）

道路运输剧毒化学品的，应当按照国家有关规定，向公安部门办理剧毒化学品运输通行证，并根据运输通行证载明的车辆、驾驶员、押运人员、装载数量和指定的路线、时间、速度运输。

第四十六条 （道口检查）

危险化学品运输车辆进出本市，应当经指定道口接受检查。

城市交通管理部门的道口检查人员应当查验车辆的营运证件、运输专业人员的资格证书，并在运输单证上加盖验证签章或者发给其他验证证明；公安部门的道口检查人员应当查验车辆装载情况，并告知本市禁止通行的区域、道路和时间。

对未按规定设置统一的安全警示标志的车辆，由城市交通管理部门责令立即改正；对无营运证件或者其他有效证明的车辆，由城市交通管理部门依法予以暂扣，并会同安全生产监督管理部门及时进行安全处置；对超载、超限、混装、夹带、匿报、瞒报危险化学品的，由公安部门会同安全生产监督管理部门及时进行安全处置。

本条规定的指定道口，由市安全生产监督管理部门会同市城市交通、公安等有关部门确定。

第四十七条 （船舶载运和航行管理）

船舶载运危险化学品，应当符合国家有关危险化学品积载、隔离等安全技术规范。

进出黄浦江水域的油轮和载运易燃易爆化学品的散装货轮，应当符合国家规定的Ⅱ型船舶要求或者配置相应的安全防护装置，并向海事部门办理导航或者护航手续。

海事部门可以对本市水域内的危险化学品运输船舶实行总量控制。

第四十八条 （水路运输的禁止和限制）

黄浦江和内河水域禁止运输剧毒化学品以及国家规定的其他危险化学品。

遇灾害性天气，海事部门可以发布公告，禁止或者限制油轮和载运易燃易爆化学品的散装货轮在黄浦江水域航行。

禁止油轮和载运易燃易爆化学品的散装货轮夜间在黄浦江杨浦大桥上游的规定水域内航行。

前款规定水域的范围，由海事部门会同市港口管理部门确定。

第四十九条 （港口进出和作业）

船舶载运危险化学品进出港区、码头的，应当按照国家有关规定向港口管理部门办理申报手续。

从事危险化学品港口作业的，应当按照国家有关规定取得相应的资质，并向港口管理部门办理报告手续。

第五十条 （铁路、民航和邮政管理）

通过铁路、民航运输危险化学品或者邮寄危险化学品的，按照国家有关规定执行。

第五章　法 律 责 任

第五十一条 （违法生产、储存、使用的处罚）

危险化学品生产、储存企业和使用危险化学品的单位违反本办法规定，有下列情形之一的，由安全生产监督管理部门责令改正，处以1万元以上5万元以下的罚款：

（一）未按规定在作业场所设置标牌和图示的；

（二）未按规定对防爆设施、设备进行检测、整改，或者未将检测、整改情况报送备案的；

（三）从事危险化学品储罐检修、油轮清洗或者在可能产生有毒有害气体的场所内作业，未按规定采取安全管理措施的。

危险化学品生产、储存企业和使用危险化学品从事生产的单位未按照本办法规定在生产车间、储存库区、作业班组配备安全生产管理人员的，由安全生产监督管理部门责令改正，处以5000元以上2万元以下的罚款。

第五十二条 （违法经营的处罚）

危险化学品经营企业向居民或者学校、医院、科研院所等单位零售易燃易爆、强腐蚀性化学品，未按规定实行集中配送的，由安全生产监督管理部门责令改正，处以5000元以上3万元以下的罚款。

危险化学品经营企业未按规定记录强腐蚀性化学品销售的有关信息，或者未按规定报送剧毒化学品销售、强腐蚀性化学品零售记录的，由安全生产监督管理部门或者公安部门按照职责分工，责令改正，处以1万元以上5万元以下的罚款。

运输工具的加油站、加气站未设置总电源切断装置，或者未按规定采用阻隔防爆技术的，由安全生产监督管理部门责令改正，处以2万元以上10万元以下的罚款。

第五十三条 （违反运输监控和从业变更登记规定的处罚）

危险化学品道路、水路运输企业未按规定通过卫星定位系统对危险化学品运输车辆或者船舶进行运输全程监控的，由城市交通、港口管理部门按照职责分工，责令改正，处以2万元以上10万元以下的罚款。

危险化学品道路运输企业未按规定为更换从业单位的运输专业人员办理变更登记手续的，由城市交通管理部门责令改正，处以1000元以上5000元以下的罚款。

第五十四条 （违反托运、承运、发送、接收规定的处罚）

违反本办法规定，有下列情形之一的，由安全生产监督管理部门责令改正，并可处以1万元以上5万元以下的罚款：

（一）托运人未按规定查验承运人的危险化学品运输资质，复印后与货运单证一并留存的；

（二）危险化学品单位发送和接收危险化学品时，未查验运输车辆、船舶的营运证件或者运输专业人员的资格证书，复印后与货运单证一并留存的；

（三）危险化学品接收单位接收外省市道路运输来沪的危险化学品，未按规定查验其经指定道口检查的记录，复印后与货运单证一并留存的；

（四）危险化学品单位发送和接收危险化学品时，发现违法行为未立即采取妥善处置措施或者向有关部门报告的。

危险化学品单位向外省市购买或者销售危险化学品，未按规定书面告知本市危险化学品运输的有关规定，并保存告知记录的，由安全生产监督管理部门责令改正，并可处以1000元以上5000元以下的罚款。

危险化学品单位向外省市购买或者销售易燃易爆、强腐蚀性化学品，未按规定提前申报相关运输安排情况的，由公安部门或者海事部门按照职责分工，责令改正，处以5000元以上3万元以下的罚款。

承运人违反本办法规定，将承运的危险化学品转交其他单位或者个人运输的，由城市交通管理部门或者海事部门按照职责分工，责令改正，处以2万元以上10万元以下的罚款。

第五十五条 （违反道路禁运和指定道口通行规定的处罚）

危险化学品道路运输企业违反本办法规定，有下列情形之一的，由公安部门责令改正，处以2万元以上10万元以下的罚款：

（一）违反特殊天气道路禁运规定的；

（二）车辆未经指定道口进出本市的。

第五十六条 （违反水路运输规定的处罚）

危险化学品水路运输企业违反本办法规定，其油轮或者载运易燃易爆化学品的散装货轮有下列情形之一的，由海事部门责令改正，处以 2 万元以上 10 万元以下的罚款：

（一）在黄浦江水域航行，未符合国家规定的 II 型船舶要求或者配置相应的安全防护装置的；

（二）违反灾害性天气禁止或者限制运输规定的；

（三）夜间在黄浦江杨浦大桥上游的规定水域内航行的。

第五十七条 （相关处罚规定）

对违反本办法的其他行为，按照相关法律、法规、规章的规定进行处罚。

第六章　附　则

第五十八条 （风险抵押金）

本市按照国家有关规定，对危险化学品单位实行风险抵押金制度。危险化学品单位投保商业性安全责任险的，可以不再缴纳风险抵押金。

风险抵押金的具体实施办法，由市安全生产监督管理部门会同有关部门按照国家有关规定另行制定。

第五十九条 （施行日期和废止事项）

本办法自 2006 年 4 月 1 日起施行。1982 年 2 月 18 日上海市人民政府发布的《上海市化学危险物品安全管理办法》、2000 年 7 月 31 日上海市人民政府令第 85 号发布并根据 2004 年 6 月 24 日《上海市人民政府关于修改〈上海市化学危险物品生产安全监管办法〉等 32 件市政府规章和规范性文件的决定》修正的《上海市化学危险物品生产安全监管办法》同时废止。

国家安全生产监督管理局文件

安监管危化字[2004]43号

关于印发《危险化学品事故应急救援预案编制导则(单位版)》的通知

各省、自治区、直辖市及新疆生产建设兵团安全生产监督管理部门,有关中央管理企业,有关全国性行业协会:

根据《安全生产法》和《危险化学品安全管理条例》的有关规定,国家安全生产监督管理局编制了《危险化学品事故应急救援预案编制导则(单位版)》,现印发给你们,请遵照执行。

国家安全生产监督管理局

二〇〇四年四月八日

危险化学品事故应急救援预案编制导则(单位版)

1.范　　围

本导则规定了危险化学品事故应急救援预案编制的基本要求。一般化学事故应急救援预案的编制要求参照本导则。

本导则适用于中华人民共和国境内危险化学品生产、储存、经营、使用、运输和处置废弃危险化学品单位(以下简称危险化学品单位)。主管部门另有规定的,依照其规定。

2.规范性引用文件

下列文件中的条文通过在本导则的引用而成为本导则的条文。凡是注日期的引用文件,其随后所有修改(不包括勘误的内容)或修订版均不适用本导则,同时,鼓励根据本导则达成协议的各方研究是否可使用这些文件的最新版本。凡是不注日期的引用文件,其最新版本适用于本导则。

《中华人民共和国安全生产法》(中华人民共和国主席令第70号)

《中华人民共和国职业病防治法》(中华人民共和国主席令第60号)

《中华人民共和国消防法》(中华人民共和国主席令第83号)

《危险化学品安全管理条例》(国务院令第 344 号)
《使用有毒物品作业场所劳动保护条例》(国务院令第 352 号)
《特种设备安全监察条例》(国务院令第 373 号)
《危险化学品名录》(国家安全生产监督管理局公告 2003 第 1 号)
《剧毒化学品目录》(国家安全生产监督管理局等 8 部门公告 2003 第 2 号)
《化学品安全技术说明书编写规范》(GB16483)
《重大危险源辨识》(GB18218)
《建筑设计防火规范》(GBJ16)
《石油化工企业设计防火规范》(GB50160)
《常用化学危险品贮存通则》(GB15603)
《原油和天然气工程设计防火规范》(GB50183)
《企业职工伤亡事故经济损失统计标准》(GB6721)

3. 名 词 解 释

3.1　危险化学品

指属于爆炸品、压缩气体和液化气体、易燃液体、易燃固体、自燃物品和遇湿易燃物品、氧化剂和有机过氧化物、有毒品和腐蚀品的化学品。

3.2　危险化学品事故

指由一种或数种危险化学品或其能量意外释放造成的人身伤亡、财产损失或环境污染事故。

3.3　应急救援

指在发生事故时,采取的消除、减少事故危害和防止事故恶化,最大限度降低事故损失的措施。

3.4　重大危险源

指长期地或临时地生产、搬运、使用或者储存危险物品,且危险物品的数量等于或者超过临界量的单元(包括场所和设施)。

3.5　危险目标

指因危险性质、数量可能引起事故的危险化学品所在场所或设施。

3.6　预案

指根据预测危险源、危险目标可能发生事故的类别、危害程度,而制定的事故应急救援方案。要充分考虑现有物质、人员及危险源的具体条件,能及时、有效地统筹指导事故应急救援行动。

3.7　分类

指对因危险化学品种类不同或同一种危险化学品引起事故的方式不同发生危险化学品事故而划分的类别。

3.8　分级

指对同一类别危险化学品事故危害程度划分的级别。

4. 编 制 要 求

(1) 分类、分级制定预案内容;
(2) 上一级预案的编制应以下一级预案为基础;
(3) 危险化学品单位根据本导则及本单位实际情况,确定预案编制内容。

5. 编 制 内 容

5.1　基本情况

主要包括单位的地址、经济性质、从业人数、隶属关系、主要产品、产量等内容,周边区域的单位、社区、重要基础设施、道路等情况。危险化学品运输单位运输车辆情况及主要的运输产品、运量、运地、行车路线等内容。

5.2　危险目标及其危险特性、对周围的影响

5.2.1　危险目标的确定
可选择对以下材料辨识的事故类别、综合分析的危害程度,确定危险目标:
(1)生产、储存、使用危险化学品装置、设施现状的安全评价报告;
(2)健康、安全、环境管理体系文件;
(3)职业安全健康管理体系文件;
(4)重大危险源辨识结果;
(5)其他。
5.2.2　根据确定的危险目标,明确其危险特性及对周边的影响

5.3　危险目标周围可利用的安全、消防、个体防护的设备、器材及其分布

5.4　应急救援组织机构、组成人员和职责划分

5.4.1　应急救援组织机构设置
依据危险化学品事故危害程度的级别设置分级应急救援组织机构。
5.4.2　组成人员
(1)主要负责人及有关管理人员;
(2)现场指挥人。

5.4.3　主要职责

(1)组织制订危险化学品事故应急救援预案;

(2)负责人员、资源配置、应急队伍的调动;

(3)确定现场指挥人员;

(4)协调事故现场有关工作;

(5)批准本预案的启动与终止;

(6)事故状态下各级人员的职责;

(7)危险化学品事故信息的上报工作;

(8)接受政府的指令和调动;

(9)组织应急预案的演练;

(10)负责保护事故现场及相关数据。

5.5　报警、通讯联络方式

依据现有资源的评估结果,确定以下内容:

(1)24 小时有效的报警装置;

(2)24 小时有效的内部、外部通讯联络手段;

(3)运输危险化学品的驾驶员、押运员报警及与本单位、生产厂家、托运方联系的方式、方法。

5.6　事故发生后应采取的处理措施

(1)根据工艺规程、操作规程的技术要求,确定采取的紧急处理措施;

(2)根据安全运输卡提供的应急措施及与本单位、生产厂家、托运方联系后获得的信息而采取的应急措施。

5.7　人员紧急疏散、撤离

依据对可能发生危险化学品事故场所、设施及周围情况的分析结果,确定以下内容:

(1)事故现场人员清点,撤离的方式、方法;

(2)非事故现场人员紧急疏散的方式、方法;

(3)抢救人员在撤离前、撤离后的报告;

(4)周边区域的单位、社区人员疏散的方式、方法。

5.8　危险区的隔离

依据可能发生的危险化学品事故类别、危害程度级别,确定以下内容:

(1)危险区的设定;

(2)事故现场隔离区的划定方式、方法;

(3)事故现场隔离方法;

(4)事故现场周边区域的道路隔离或交通疏导办法。

5.9　检测、抢险、救援及控制措施

依据有关国家标准和现有资源的评估结果,确定以下内容:

(1)检测的方式、方法及检测人员防护、监护措施；

(2)抢险、救援方式、方法及人员的防护、监护措施；

(3)现场实时监测及异常情况下抢险人员的撤离条件、方法；

(4)应急救援队伍的调度；

(5)控制事故扩大的措施；

(6)事故可能扩大后的应急措施。

5.10 受伤人员现场救护、救治与医院救治

依据事故分类、分级，附近疾病控制与医疗救治机构的设置和处理能力，制订具有可操作性的处置方案，应包括以下内容：

(1)接触人群检伤分类方案及执行人员；

(2)依据检伤结果对患者进行分类现场紧急抢救方案；

(3)接触者医学观察方案；

(4)患者转运及转运中的救治方案；

(5)患者治疗方案；

(6)入院前和医院救治机构确定及处置方案；

(7)信息、药物、器材储备信息。

5.11 现场保护与现场洗消

5.11.1 事故现场的保护措施

5.11.2 明确事故现场洗消工作的负责人和专业队伍

5.12 应急救援保障

5.12.1 内部保障

依据现有资源的评估结果，确定以下内容：

(1)确定应急队伍，包括抢修、现场救护、医疗、治安、消防、交通管理、通讯、供应、运输、后勤等人员；

(2)消防设施配置图、工艺流程图、现场平面布置图和周围地区图、气象资料、危险化学品安全技术说明书、互救信息等存放地点、保管人；

(3)应急通信系统；

(4)应急电源、照明；

(5)应急救援装备、物资、药品等；

(6)危险化学品运输车辆的安全、消防设备、器材及人员防护装备；

(7)保障制度目录

①责任制；

②值班制度；

③培训制度；

④危险化学品运输单位检查运输车辆实际运行制度（包括行驶时间、路线，停车地点等内容）；

⑤应急救援装备、物资、药品等检查、维护制度（包括危险化学品运输车辆的安全、消防

设备、器材及人员防护装备检查、维护)；

⑥安全运输卡制度(安全运输卡包括运输的危险化学品性质、危害性、应急措施、注意事项及本单位、生产厂家、托运方应急联系电话等内容。每种危险化学品一张卡片；每次运输前，运输单位向驾驶员、押运员告之安全运输卡上有关内容，并将安全卡交驾驶员、押运员各一份)；

⑦演练制度。

5.12.2　外部救援

依据对外部应急救援能力的分析结果，确定以下内容：

(1)单位互助的方式；

(2)请求政府协调应急救援力量；

(3)应急救援信息咨询；

(4)专家信息。

5.13　预案分级响应条件

依据危险化学品事故的类别、危害程度的级别和从业人员的评估结果，可能发生的事故现场情况分析结果，设定预案的启动条件。

5.14　事故应急救援终止程序

5.14.1　确定事故应急救援工作结束

5.14.2　通知本单位相关部门、周边社区及人员事故危险已解除

5.15　应急培训计划

依据对从业人员能力的评估和社区或周边人员素质的分析结果，确定以下内容：

(1)应急救援人员的培训；

(2)员工应急响应的培训；

(3)社区或周边人员应急响应知识的宣传。

5.16　演练计划

依据现有资源的评估结果，确定以下内容：

(1)演练准备；

(2)演练范围与频次；

(3)演练组织。

5.17　附件

(1)组织机构名单；

(2)值班联系电话；

(3)组织应急救援有关人员联系电话；

(4)危险化学品生产单位应急咨询服务电话；

(5)外部救援单位联系电话；

(6)政府有关部门联系电话；

(7)本单位平面布置图；

(8)消防设施配置图；

(9)周边区域道路交通示意图和疏散路线、交通管制示意图；

(10)周边区域的单位、社区、重要基础设施分布图及有关联系方式，供水、供电单位的联系方式；

(11)保障制度。

6. 编 制 步 骤

6.1 编制准备

(1)成立预案编制小组；

(2)制定编制计划；

(3)收集资料；

(4)初始评估；

(5)危险辨识和风险评价；

(6)能力与资源评估。

6.2 编写预案

6.3 审定、实施

6.4 适时修订预案

7. 预案编制的格式及要求

7.1 格式

7.1.1 封面

标题、单位名称、预案编号、实施日期、签发人(签字)、公章。

7.1.2 目录

7.1.3 引言、概况

7.1.4 术语、符号和代号

7.1.5 预案内容

7.1.6 附录

7.1.7 附加说明

7.2 基本要求

(1)使用A4白色胶版纸(70g以上)；

(2)正文采用仿宋4号字；

(3)打印文本。

国家环境保护总局令

第5号

《危险废物转移联单管理办法》已于1999年5月31日经国家环境保护总局局务会议讨论通过，现予发布，1999年10月1日起施行。

危险废物转移联单管理办法

第一条 为加强对危险废物转移的有效监督，实施危险废物转移联单制度，根据《中华人民共和国固体废物污染环境防治法》有关规定，制定本办法。

第二条 本办法适用于在中华人民共和国境内从事危险废物转移活动的单位。

第三条 国务院环境保护行政主管部门对全国危险废物转移联单(以下简称联单)实施统一监督管理。

各省、自治区人民政府环境保护行政主管部门对本行政区域内的联单实施监督管理。

省辖市级人民政府环境保护行政主管部门对本行政区域内联单具体实施监督管理；在直辖市行政区域和设有地区行政公署的行政区域，由直辖市人民政府和地区行政公署环境保护行政主管部门具体实施监督管理。

前款规定的省辖市级人民政府、直辖市人民政府和地区行政公署环境保护行政主管部门，本办法以下统一简称为"环境保护行政主管部门"。

第四条 危险废物产生单位在转移危险废物前，须按照国家有关规定报批危险废物转移计划；经批准后，产生单位应当向移出地环境保护行政主管部门申请领取联单。

产生单位应当在危险废物转移前3日内报告移出地环境保护行政主管部门，并同时将预期到达时间报告接受地环境保护行政主管部门。

第五条 危险废物产生单位每转移一车、船(次)同类危险废物，应当填写一份联单。每车、船(次)有多类危险废物的，应当按每一类危险废物填写一份联单。

第六条 危险废物产生单位应当如实填写联单中产生单位栏目，并加盖公章，经交付危险废物运输单位核实验收签字后，将联单第一联副联自留存档，将联单第二联交移出地环境保护行政主管部门，联单第一联正联及其余各联交付运输单位随危险废物转移运行。

第七条 危险废物运输单位应当如实填写联单的运输单位栏目，按照国家有关危险物品运输的规定，将危险废物安全运抵联单载明的接受地点，并将联单第一联、第二联副联、第三联、第四联、第五联随转移的危险废物交付危险废物接受单位。

第八条 危险废物接受单位应当按照联单填写的内容对危险废物核实验收，如实填写联单中接受单位栏目并加盖公章。

接受单位应当将联单第一联、第二联副联自接受危险废物之日起10日内交付产生单位，联单第一联由产生单位自留存档，联单第二联副联由产生单位在2日内报送移出地环境保护行政主管部门；接受单位将联单第三联交付运输单位存档；将联单第四联自留存档；将联单第五联自接受危险废物之日起 2 日内报送接受地环境保护行政主管部门。

第九条 危险废物接受单位验收发现危险废物的名称、数量、特性、形态、包装方式与联单填写内容不符的，应当及时向接受地环境保护行政主管部门报告，并通知产生单位。

第十条 联单保存期限为五年；贮存危险废物的，其联单保存期限与危险废物贮存期限相同。

环境保护行政主管部门认为有必要延长联单保存期限的，产生单位、运输单位和接受单位应当按照要求延期保存联单。

第十一条 省辖市级以上人民政府环境保护行政主管部门有权检查联单运行的情况，也可以委托县级人民政府环境保护行政主管部门检查联单运行的情况。

被检查单位应当接受检查，如实汇报情况。

第十二条 转移危险废物采用联运方式的，前一运输单位须将联单各联交付后一运输单位随危险废物转移运行，后一运输单位必须按照联单的要求核对联单产生单位栏目事项和前一运输单位填写的运输单位栏目事项，经核对无误后填写联单的运输单位栏目并签字。经后一运输单位签字的联单第三联的复印件由前一运输单位自留存档，经接受单位签字的联单第三联由最后一运输单位自留存档。

第十三条 违反本办法有下列行为之一的，由省辖市级以上地方人民政府环境保护行政主管部门责令限期改正，并处以罚款：

（一）未按规定申领、填写联单的；

（二）未按规定运行联单的；

（三）未按规定期限向环境保护行政主管部门报送联单的；

（四）未在规定的存档期限保管联单的；

（五）拒绝接受有管辖权的环境保护行政主管部门对联单运行情况进行检查的。

有前款第（一）项、第（三）项行为之一的，依据《中华人民共和国固体废物污染环境防治法》有关规定，处 5 万元以下罚款；有前款第（二）项、第（四）项行为之一的，处三万元以下罚款；有前款第（五）项行为的，依据《中华人民共和国固体废物污染环境防治法》有关规定，处 1 万元以下罚款。

第十四条 联单由国务院环境保护行政主管部门统一制定，由省、自治区、直辖市人民政府环境保护行政主管部门印制。

联单共分五联，颜色分别为：第一联，白色；第二联，红色；第三联，黄色；第四联，蓝色；第五联，绿色。

联单编号由十位阿拉伯数字组成。第一位、第二位数字为省级行政区划代码，第三位、第四位数字为省辖市级行政区划代码，第五位、第六位数字为危险废物类别代码，其余四位数字由发放空白联单的危险废物移出地省辖市级人民政府环境保护行政主管部门按照危险废物转移流水号依次编制。联单由直辖市人民政府环境保护行政主管部门发放的，其编号第三位、第四位数字为零。

第十五条 本办法由国务院环境保护行政主管部门负责解释。

第十六条 本办法自一九九九年十月一日起施行。

卫生部、国家环境保护总局令

第21号

根据《中华人民共和国传染病防治法》、《中华人民共和国固体废物污染环境防治法》和《医疗废物管理条例》,特制定《医疗废物管理行政处罚办法(试行)》。现予公布,自2004年6月1日起施行。

二〇〇四年五月二十七日

医疗废物管理行政处罚办法

第一条 根据《中华人民共和国传染病防治法》、《中华人民共和国固体废物污染环境防治法》和《医疗废物管理条例》(以下简称《条例》),县级以上人民政府卫生行政主管部门和环境保护行政主管部门按照各自职责,对违反医疗废物管理规定的行为实施的行政处罚,适用本办法。

第二条 医疗卫生机构有《条例》第四十五条规定的下列情形之一的,由县级以上地方人民政府卫生行政主管部门责令限期改正,给予警告;逾期不改正的,处2000元以上5000元以下的罚款:

(一)未建立、健全医疗废物管理制度,或者未设置监控部门或者专(兼)职人员的;

(二)未对有关人员进行相关法律和专业技术、安全防护以及紧急处理等知识培训的;

(三)未对医疗废物进行登记或者未保存登记资料的;

(四)对使用后的医疗废物运送工具或者运送车辆未在指定地点及时进行消毒和清洁的;

(五)依照《条例》自行建有医疗废物处置设施的医疗卫生机构未定期对医疗废物处置设施的污染防治和卫生学效果进行检测、评价,或者未将检测、评价效果存档、报告的。

第三条 医疗废物集中处置单位有《条例》第四十五条规定的下列情形之一的,由县级以上地方人民政府环境保护行政主管部门责令限期改正,给予警告;逾期不改正的,处2000元以上5000元以下的罚款:

(一)未建立、健全医疗废物管理制度,或者未设置监控部门或者专(兼)职人员的;

(二)未对有关人员进行相关法律和专业技术、安全防护以及紧急处理等知识培训的;

(三)未对医疗废物进行登记或者未保存登记资料的;

(四)对使用后的医疗废物运送车辆未在指定地点及时进行消毒和清洁的;

(五)未及时收集、运送医疗废物的;

(六)未定期对医疗废物处置设施的污染防治和卫生学效果进行检测、评价,或者未将检测、评价效果存档、报告的。

第四条 医疗卫生机构、医疗废物集中处置单位有《条例》第四十五条规定的情形,未对从事医疗废物收集、运送、贮存、处置等工作的人员和管理人员采取职业卫生防护措施的，由县级以上地方人民政府卫生行政主管部门责令限期改正，给予警告；逾期不改正的，处2000元以上5000元以下的罚款。

第五条 医疗卫生机构有《条例》第四十六条规定的下列情形之一的，由县级以上地方人民政府卫生行政主管部门责令限期改正，给予警告，可以并处5000元以下的罚款，逾期不改正的，处5000元以上3万元以下的罚款：

（一）贮存设施或者设备不符合环境保护、卫生要求的；

（二）未将医疗废物按照类别分置于专用包装物或者容器的；

（三）未使用符合标准的运送工具运送医疗废物的。

第六条 医疗废物集中处置单位有《条例》第四十六条规定的下列情形之一的，由县级以上地方人民政府环境保护行政主管部门责令限期改正，给予警告，可以并处5000元以下的罚款，逾期不改正的，处5000元以上3万元以下的罚款：

（一）贮存设施或者设备不符合环境保护、卫生要求的；

（二）未将医疗废物按照类别分置于专用包装物或者容器的；

（三）未使用符合标准的专用车辆运送医疗废物的；

（四）未安装污染物排放在线监控装置或者监控装置未经常处于正常运行状态的。

第七条 医疗卫生机构有《条例》第四十七条规定的下列情形之一的，由县级以上地方人民政府卫生行政主管部门责令限期改正，给予警告，并处5000元以上1万元以下的罚款；逾期不改正的，处1万元以上3万元以下的罚款：

（一）在医疗卫生机构内运送过程中丢弃医疗废物，在非贮存地点倾倒、堆放医疗废物或者将医疗废物混入其他废物和生活垃圾的；

（二）未按照《条例》的规定对污水、传染病病人或者疑似传染病病人的排泄物，进行严格消毒的，或者未达到国家规定的排放标准，排入医疗卫生机构内的污水处理系统的；

（三）对收治的传染病病人或者疑似传染病病人产生的生活垃圾，未按照医疗废物进行管理和处置的。

医疗卫生机构在医疗卫生机构外运送过程中丢弃医疗废物，在非贮存地点倾倒、堆放医疗废物或者将医疗废物混入其他废物和生活垃圾的，由县级以上地方人民政府环境保护行政主管部门责令限期改正，给予警告，并处5000元以上1万元以下的罚款；逾期不改正的，处1万元以上3万元以下的罚款。

第八条 医疗废物集中处置单位有《条例》第四十七条规定的情形，在运送过程中丢弃医疗废物，在非贮存地点倾倒、堆放医疗废物或者将医疗废物混入其他废物和生活垃圾的，由县级以上地方人民政府环境保护行政主管部门责令限期改正，给予警告，并处5000元以上1万元以下的罚款；逾期不改正的，处1万元以上3万元以下的罚款。

第九条 医疗废物集中处置单位和依照《条例》自行建有医疗废物处置设施的医疗卫生机构，有《条例》第四十七条规定的情形，对医疗废物的处置不符合国家规定的环境保护、卫生标准、规范的，由县级以上地方人民政府环境保护行政主管部门责令限期改正，给予警告，并处5000元以上1万元以下的罚款；逾期不改正的，处1万元以上3万元以下的罚款。

第十条 医疗卫生机构、医疗废物集中处置单位有《条例》第四十七条规定的下列情形之一的，由县级以上人民政府环境保护行政主管部门责令停止违法行为，限期改正，并处5万元以下的罚款：

（一）未执行危险废物转移联单管理制度的；

（二）将医疗废物交给或委托给未取得经营许可证的单位或者个人收集、运送、贮存、处置的。

第十一条 有《条例》第四十九条规定的情形，医疗卫生机构发生医疗废物流失、泄露、扩散时，未采取紧急处理措施，或者未及时向卫生行政主管部门报告的，由县级以上地方人民政府卫生行政主管部门责令改正，给予警告，并处1万元以上3万元以下的罚款。

医疗废物集中处置单位发生医疗废物流失、泄露、扩散时，未采取紧急处理措施，或者未及时向环境保护行政主管部门报告的，由县级以上地方人民政府环境保护行政主管部门责令改正，给予警告，并处1万元以上3万元以下的罚款。

第十二条 有《条例》第五十条规定的情形，医疗卫生机构、医疗废物集中处置单位阻碍卫生行政主管部门执法人员执行职务，拒绝执法人员进入现场，或者不配合执法部门的检查、监测、调查取证的，由县级以上地方人民政府卫生行政主管部门责令改正，给予警告；拒不改正的，由原发证的卫生行政主管部门暂扣或者吊销医疗卫生机构的执业许可证件。

医疗卫生机构、医疗废物集中处置单位阻碍环境保护行政主管部门执法人员执行职务，拒绝执法人员进入现场，或者不配合执法部门的检查、监测、调查取证的，由县级以上地方人民政府环境保护行政主管部门责令限期改正，并处1万元以下的罚款；拒不改正的，由原发证的环境保护行政主管部门暂扣或者吊销医疗废物集中处置单位经营许可证件。

第十三条 有《条例》第五十一条规定的情形，不具备集中处置医疗废物条件的农村，医疗卫生机构未按照卫生行政主管部门有关疾病防治的要求处置医疗废物的，由县级人民政府卫生行政主管部门责令限期改正，给予警告；逾期不改正的，处1000元以上5000元以下的罚款；未按照环境保护行政主管部门有关环境污染防治的要求处置医疗废物的，由县级人民政府环境保护行政主管部门责令限期改正，给予警告；逾期不改正的，处1000元以上5000元以下的罚款。

第十四条 有《条例》第五十二条规定的情形，未取得经营许可证从事医疗废物的收集、运送、贮存、处置等活动的，由县级以上地方人民政府环境保护行政主管部门责令停止违法行为，没收违法所得，可以并处违法所得1倍以下的罚款。

第十五条 有《条例》第四十七条、第四十八条、第四十九条、第五十一条规定的情形，医疗卫生机构造成传染病传播的，由县级以上地方人民政府卫生行政主管部门依法处罚，并由原发证的卫生行政主管部门暂扣或者吊销执业许可证件；造成环境污染事故的，由县级以上地方人民政府环境保护行政主管部门依照《中华人民共和国固体废物污染环境防治法》有关规定予以处罚，并由原发证的卫生行政主管部门暂扣或者吊销执业许可证件。

医疗废物集中处置单位造成传染病传播的，由县级以上地方人民政府卫生行政主管部门依法处罚，并由原发证的环境保护行政主管部门暂扣或者吊销经营许可证件；造成环境污染事故的，由县级以上地方人民政府环境保护行政主管部门依照《中华人民共和国固体废物污染环境防治法》有关规定予以处罚，并由原发证的环境保护行政主管部门暂扣或者吊销经营许可证件。

第十六条 有《条例》第五十三条规定的情形，转让、买卖医疗废物，邮寄或者通过铁路、航空运输医疗废物，或者违反《条例》规定通过水路运输医疗废物的，由县级以上地方人民政府环境保护行政主管部门责令转让、买卖双方、邮寄人、托运人立即停止违法行为，给予警告，没收违法所得；违法所得5000元以上的，并处违法所得2倍以上5倍以下的罚款；没有违法所得或者违法所得不足 5000 元的，并处 5000 元以上 2 万元以下的罚款。

承运人明知托运人违反《条例》的规定运输医疗废物，仍予以运输的，或者承运人将医疗废物与旅客在同一工具上载运的，按照前款的规定予以处罚。

第十七条 本办法自 2004 年 6 月 1 日起施行。

国家环境保护总局令

第27号

《废弃危险化学品污染环境防治办法》已于2005年8月18日由国家环境保护总局2005年第十四次局务会议通过，现予公布，自2005年10月1日起施行。

国家环境保护总局局长　　解振华

二〇〇五年八月三十日

废弃危险化学品污染环境防治办法

第一条　为了防治废弃危险化学品污染环境，根据《固体废物污染环境防治法》、《危险化学品安全管理条例》和有关法律、法规，制定本办法。

第二条　本办法所称废弃危险化学品，是指未经使用而被所有人抛弃或者放弃的危险化学品，淘汰、伪劣、过期、失效的危险化学品，由公安、海关、质检、工商、农业、安全监管、环保等主管部门在行政管理活动中依法收缴的危险化学品以及接收的公众上交的危险化学品。

废弃危险化学品属于危险废物，列入国家危险废物名录。

第三条　本办法适用于中华人民共和国境内废弃危险化学品的产生、收集、运输、贮存、利用、处置活动污染环境的防治。

实验室产生的废弃试剂、药品污染环境的防治，也适用本办法。

盛装废弃危险化学品的容器和受废弃危险化学品污染的包装物，按照危险废物进行管理。

本办法未作规定的，适用有关法律、行政法规的规定。

第四条　废弃危险化学品污染环境的防治，实行减少废弃危险化学品的产生量、安全合理利用废弃危险化学品和无害化处置废弃危险化学品的原则。

第五条　国家鼓励、支持采取有利于废弃危险化学品回收利用活动的经济、技术政策和措施，对废弃危险化学品实行充分回收和安全合理利用。

国家鼓励、支持集中处置废弃危险化学品，促进废弃危险化学品污染防治产业化发展。

第六条　国务院环境保护部门对全国废弃危险化学品污染环境的防治工作实施统一监督管理。

县级以上地方环境保护部门对本行政区域内废弃危险化学品污染环境的防治工作实施监督管理。

第七条　禁止任何单位或者个人随意弃置废弃危险化学品。

第八条　危险化学品生产者、进口者、销售者、使用者对废弃危险化学品承担污染防治责任。

危险化学品生产者应当合理安排生产项目和规模,遵守国家有关产业政策和环境政策,尽量减少废弃危险化学品的产生量。

危险化学品生产者负责自行或者委托有相应经营类别和经营规模的持有危险废物经营许可证的单位,对废弃危险化学品进行回收、利用、处置。

危险化学品进口者、销售者、使用者负责委托有相应经营类别和经营规模的持有危险废物经营许可证的单位,对废弃危险化学品进行回收、利用、处置。

危险化学品生产者、进口者、销售者负责向使用者和公众提供废弃危险化学品回收、利用、处置单位和回收、利用、处置方法的信息。

第九条 产生废弃危险化学品的单位,应当建立危险化学品报废管理制度,制定废弃危险化学品管理计划并依法报环境保护部门备案,建立废弃危险化学品的信息登记档案。

产生废弃危险化学品的单位应当依法向所在地县级以上地方环境保护部门申报废弃危险化学品的种类、品名、成份或组成、特性、产生量、流向、贮存、利用、处置情况、化学品安全技术说明书等信息。

前款事项发生重大改变的,应当及时进行变更申报。

第十条 省级环境保护部门应当建立废弃危险化学品信息交换平台,促进废弃危险化学品的回收和安全合理利用。

第十一条 从事收集、贮存、利用、处置废弃危险化学品经营活动的单位,应当按照国家有关规定向所在地省级以上环境保护部门申领危险废物经营许可证。

危险化学品生产单位回收利用、处置与其产品同种的废弃危险化学品的,应当向所在地省级以上环境保护部门申领危险废物经营许可证,并提供符合下列条件的证明材料:

(一)具备相应的生产能力和完善的管理制度;

(二)具备回收利用、处置该种危险化学品的设施、技术和工艺;

(三)具备国家或者地方环境保护标准和安全要求的配套污染防治设施和事故应急救援措施。

禁止无危险废物经营许可证或者不按照经营许可证规定从事废弃危险化学品收集、贮存、利用、处置的经营活动。

第十二条 回收、利用废弃危险化学品的单位,必须保证回收、利用废弃危险化学品的设施、设备和场所符合国家环境保护有关法律法规及标准的要求,防止产生二次污染;对不能利用的废弃危险化学品,应当按照国家有关规定进行无害化处置或者承担处置费用。

第十三条 产生废弃危险化学品的单位委托持有危险废物经营许可证的单位收集、贮存、利用、处置废弃危险化学品的,应当向其提供废弃危险化学品的品名、数量、成分或组成、特性、化学品安全技术说明书等技术资料。

接收单位应当对接收的废弃危险化学品进行核实;未经核实的,不得处置;经核实不符的,应当在确定其品种、成分、特性后再进行处置。

禁止将废弃危险化学品提供或者委托给无危险废物经营许可证的单位从事收集、贮存、利用、处置等经营活动。

第十四条 危险化学品的生产、储存、使用单位转产、停产、停业或者解散的,应当按照《危险化学品安全管理条例》有关规定对危险化学品的生产或者储存设备、库存产品及生产原料进行妥善处置,并按照国家有关环境保护标准和规范,对厂区的土壤和地下水进行检测,编制环境风险评估报告,报县级以上环境保护部门备案。

对场地造成污染的，应当将环境恢复方案报经县级以上环境保护部门同意后，在环境保护部门规定的期限内对污染场地进行环境恢复。对污染场地完成环境恢复后，应当委托环境保护检测机构对恢复后的场地进行检测，并将检测报告报县级以上环境保护部门备案。

第十五条 对废弃危险化学品的容器和包装物以及收集、贮存、运输、处置废弃危险化学品的设施、场所，必须设置危险废物识别标志。

第十六条 转移废弃危险化学品的，应当按照国家有关规定填报危险废物转移联单；跨设区的市级以上行政区域转移的，并应当依法报经移出地设区的市级以上环境保护部门批准后方可转移。

第十七条 公安、海关、质检、工商、农业、安全监管、环保等主管部门在行政管理活动中依法收缴或者接收的废弃危险化学品，应当委托有相应经营类别和经营规模的持有危险废物经营许可证的单位进行回收、利用、处置。

对收缴的废弃危险化学品有明确责任人的，处置费用由责任人承担，由收缴的行政管理部门负责追缴；对收缴的废弃危险化学品无明确责任人或者责任人无能力承担处置费用的，以及接收的公众上交的废弃危险化学品，由收缴的行政管理部门负责向本级财政申请处置费用。

第十八条 产生、收集、贮存、运输、利用、处置废弃危险化学品的单位，其主要负责人必须保证本单位废弃危险化学品的管理符合有关法律、法规、规章的规定和国家标准的要求，并对本单位废弃危险化学品的环境安全负责。

从事废弃危险化学品收集、贮存、运输、利用、处置活动的人员，必须接受有关环境保护法律法规、专业技术和应急救援等方面的培训，方可从事该项工作。

第十九条 产生、收集、贮存、运输、利用、处置废弃危险化学品的单位，应当制定废弃危险化学品突发环境事件应急预案报县级以上环境保护部门备案，建设或配备必要的环境应急设施和设备，并定期进行演练。

发生废弃危险化学品事故时，事故责任单位应当立即采取措施消除或者减轻对环境的污染危害，及时通报可能受到污染危害的单位和居民，并按照国家有关事故报告程序的规定，向所在地县级以上环境保护部门和有关部门报告，接受调查处理。

第二十条 县级以上环境保护部门有权对本行政区域内产生、收集、贮存、运输、利用、处置废弃危险化学品的单位进行监督检查，发现有违反本办法行为的，应当责令其限期整改。检查情况和处理结果应当予以记录，并由检查人员签字后归档。

被检查单位应当接受检查机关依法实施的监督检查，如实反映情况，提供必要的资料，不得拒绝、阻挠。

第二十一条 县级以上环境保护部门违反本办法规定，不依法履行监督管理职责的，由本级人民政府或者上一级环境保护部门依据《固体废物污染环境防治法》第六十七条规定，责令改正，对负有责任的主管人员和其他直接责任人员依法给予行政处分；构成犯罪的，依法追究刑事责任。

第二十二条 违反本办法规定，有下列行为之一的，由县级以上环境保护部门依据《固体废物污染环境防治法》第七十五条规定予以处罚：

（一）随意弃置废弃危险化学品的；

（二）不按规定申报登记废弃危险化学品，或者在申报登记时弄虚作假的；

（三）将废弃危险化学品提供或者委托给无危险废物经营许可证的单位从事收集、贮存、利用、处置经营活动的；

（四）不按照国家有关规定填写危险废物转移联单或未经批准擅自转移废弃危险化学品的；

（五）未设置危险废物识别标志的；

（六）未制定废弃危险化学品突发环境事件应急预案的。

第二十三条 违反本办法规定的，不处置其产生的废弃危险化学品或者不承担处置费用的，由县级以上环境保护部门依据《固体废物污染环境防治法》第七十六条规定予以处罚。

第二十四条 违反本办法规定，无危险废物经营许可证或者不按危险废物经营许可证从事废弃危险化学品收集、贮存、利用和处置经营活动的，由县级以上环境保护部门依据《固体废物污染环境防治法》第七十七条规定予以处罚。

第二十五条 危险化学品的生产、储存、使用单位在转产、停产、停业或者解散时，违反本办法规定，有下列行为之一的，由县级以上环境保护部门责令限期改正，处以一万元以上三万元以下罚款：

（一）未按照国家有关环境保护标准和规范对厂区的土壤和地下水进行检测的；

（二）未编制环境风险评估报告并报县级以上环境保护部门备案的；

（三）未将环境恢复方案报经县级以上环境保护部门同意进行环境恢复的；

（四）未将环境恢复后的检测报告报县级以上环境保护部门备案的。

第二十六条 违反本办法规定，造成废弃危险化学品严重污染环境的，由县级以上环境保护部门依据《固体废物污染环境防治法》第八十一条规定决定限期治理，逾期未完成治理任务的，由本级人民政府决定停业或者关闭。

造成环境污染事故的，依据《固体废物污染环境防治法》第八十二条规定予以处罚；构成犯罪的，依法追究刑事责任。

第二十七条 违反本办法规定，拒绝、阻挠环境保护部门现场检查的，由执行现场检查的部门责令限期改正；拒不改正或者在检查时弄虚作假的，由县级以上环境保护部门依据《固体废物污染环境防治法》第七十条规定予以处罚。

第二十八条 当事人逾期不履行行政处罚决定的，作出行政处罚决定的环境保护部门可以采取下列措施：

（一）到期不缴纳罚款的，每日按罚款数额的3%加处罚款；

（二）申请人民法院强制执行。

第二十九条 本办法自2005年10月1日起施行。

国家环境保护总局令

第40号

《电子废物污染环境防治管理办法》于2007年9月7日经国家环境保护总局2007年第三次局务会议通过。现予公布,自2008年2月1日起施行。

国家环境保护总局局长　周生贤

二〇〇七年九月二十七日

电子废物污染环境防治管理办法

第一章　总　则

第一条　为了防治电子废物污染环境,加强对电子废物的环境管理,根据《固体废物污染环境防治法》,制定本办法。

第二条　本办法适用于中华人民共和国境内拆解、利用、处置电子废物污染环境的防治。

产生、贮存电子废物污染环境的防治,也适用本办法;有关法律、行政法规另有规定的,从其规定。

电子类危险废物相关活动污染环境的防治,适用《固体废物污染环境防治法》有关危险废物管理的规定。

第三条　国家环境保护总局对全国电子废物污染环境防治工作实施监督管理。

县级以上地方人民政府环境保护行政主管部门对本行政区域内电子废物污染环境防治工作实施监督管理。

第四条　任何单位和个人都有保护环境的义务,并有权对造成电子废物污染环境的单位和个人进行控告和检举。

第二章　拆解利用处置的监督管理

第五条　新建、改建、扩建拆解、利用、处置电子废物的项目,建设单位(包括个体工商户)应当依据国家有关规定,向所在地设区的市级以上地方人民政府环境保护行政主管部门报批环境影响报告书或者环境影响报告表(以下统称环境影响评价文件)。

前款规定的环境影响评价文件,应当包括下列内容:

(一)建设项目概况;

(二)建设项目是否纳入地方电子废物拆解利用处置设施建设规划;

（三）选择的技术和工艺路线是否符合国家产业政策和电子废物拆解利用处置环境保护技术规范和管理要求，是否与所拆解利用处置的电子废物类别相适应；

（四）建设项目对环境可能造成影响的分析和预测；

（五）环境保护措施及其经济、技术论证；

（六）对建设项目实施环境监测的方案；

（七）对本项目不能完全拆解、利用或者处置的电子废物以及其他固体废物或者液态废物的妥善利用或者处置方案；

（八）环境影响评价结论。

第六条 建设项目竣工后，建设单位（包括个体工商户）应当向审批该建设项目环境影响评价文件的环境保护行政主管部门申请该建设项目需要采取的环境保护措施验收。

前款规定的环境保护措施验收，应当包括下列内容：

（一）配套建设的环境保护设施是否竣工；

（二）是否配备具有相关专业资质的技术人员，建立管理人员和操作人员培训制度和计划；

（三）是否建立电子废物经营情况记录簿制度；

（四）是否建立日常环境监测制度；

（五）是否落实不能完全拆解、利用或者处置的电子废物以及其他固体废物或者液态废物的妥善利用或者处置方案；

（六）是否具有与所处理的电子废物相适应的分类、包装、车辆以及其他收集设备；

（七）是否建立防范因火灾、爆炸、化学品泄漏等引发的突发环境污染事件的应急机制。

第七条 负责审批环境影响评价文件的县级以上人民政府环境保护行政主管部门应当及时将具备下列条件的单位（包括个体工商户），列入电子废物拆解利用处置单位（包括个体工商户）临时名录，并予以公布：

（一）已依法办理工商登记手续，取得营业执照；

（二）建设项目的环境保护措施经环境保护行政主管部门验收合格。

负责审批环境影响评价文件的县级以上人民政府环境保护行政主管部门，对近3年内没有两次以上（含两次）违反环境保护法律、法规和没有本办法规定的下列违法行为的列入临时名录的单位（包括个体工商户），列入电子废物拆解利用处置单位（包括个体工商户）名录，予以公布并定期调整：

（一）超过国家或者地方规定的污染物排放标准排放污染物的；

（二）随意倾倒、堆放所产生的固体废物或液态废物的；

（三）将未完全拆解、利用或者处置的电子废物提供或者委托给列入名录且具有相应经营范围的拆解利用处置单位（包括个体工商户）以外的单位或者个人从事拆解、利用、处置活动的；

（四）环境监测数据、经营情况记录弄虚作假的。

近3年内有两次以上（含两次）违反环境保护法律、法规和本办法规定的本条第二款所列违法行为记录的，其单位法定代表人或者个体工商户经营者新设拆解、利用、处置电子废物的经营企业或者个体工商户的，不得列入名录。

名录（包括临时名录）应当载明单位（包括个体工商户）名称、单位法定代表人或者个体工商户经营者、住所、经营范围。

禁止任何个人和未列入名录(包括临时名录)的单位(包括个体工商户)从事拆解、利用、处置电子废物的活动。

第八条 建设电子废物集中拆解利用处置区的,应当严格规划,符合国家环境保护总局制定的有关技术规范的要求。

第九条 从事拆解、利用、处置电子废物活动的单位(包括个体工商户)应当按照环境保护措施验收的要求对污染物排放进行日常定期监测。

从事拆解、利用、处置电子废物活动的单位(包括个体工商户)应当按照电子废物经营情况记录簿制度的规定,如实记载每批电子废物的来源、类型、重量或者数量、收集(接收)、拆解、利用、贮存、处置的时间;运输者的名称和地址;未完全拆解、利用或者处置的电子废物以及固体废物或液态废物的种类、重量或者数量及去向等。

监测报告及经营情况记录簿应当保存3年。

第十条 从事拆解、利用、处置电子废物活动的单位(包括个体工商户),应当按照经验收合格的培训制度和计划进行培训。

第十一条 拆解、利用和处置电子废物,应当符合国家环境保护总局制定的有关电子废物污染防治的相关标准、技术规范和技术政策的要求。

禁止使用落后的技术、工艺和设备拆解、利用和处置电子废物。

禁止露天焚烧电子废物。

禁止使用冲天炉、简易反射炉等设备和简易酸浸工艺利用、处置电子废物。

禁止以直接填埋的方式处置电子废物。

拆解、利用、处置电子废物应当在专门作业场所进行。作业场所应当采取防雨、防地面渗漏的措施,并有收集泄漏液体的设施。拆解电子废物,应当首先将铅酸电池、镉镍电池、汞开关、阴极射线管、多氯联苯电容器、制冷剂等去除并分类收集、贮存、利用、处置。

贮存电子废物,应当采取防止因破碎或者其他原因导致电子废物中有毒有害物质泄漏的措施。破碎的阴极射线管应当贮存在有盖的容器内。电子废物贮存期限不得超过1年。

第十二条 县级以上人民政府环境保护行政主管部门有权要求拆解、利用、处置电子废物的单位定期报告电子废物经营活动情况。

县级以上人民政府环境保护行政主管部门应当通过书面核查和实地检查等方式进行监督检查,并将监督检查情况和处理结果予以记录,由监督检查人员签字后归档。监督抽查和监测1年不得少于一次。

县级以上人民政府环境保护行政主管部门发现有不符合环境保护措施验收合格时条件、情节轻微的,可以责令限期整改;经及时整改并未造成危害后果的,可以不予处罚。

第十三条 本办法施行前已经从事拆解、利用、处置电子废物活动的单位(包括个体工商户),具备下列条件的,可以自本办法施行之日起120日内,按照本办法的规定,向所在地设区的市级以上地方人民政府环境保护行政主管部门申请核准列入临时名录,并提供下列相关证明文件:

(一)已依法办理工商登记手续,取得营业执照;

(二)环境保护设施已经环境保护行政主管部门竣工验收合格;

(三)已经符合或者经过整改符合本办法规定的环境保护措施验收条件,能够达到电子废物拆解利用处置环境保护技术规范和管理要求;

(四)污染物排放及所产生固体废物或者液态废物的利用或者处置符合环境保护设施

竣工验收时的要求。

设区的市级以上地方人民政府环境保护行政主管部门应当自受理申请之日起20个工作日内，对申请单位提交的证明材料进行审查，并对申请单位的经营设施进行现场核查，符合条件的，列入临时名录，并予以公告；不符合条件的，书面通知申请单位并说明理由。

列入临时名录经营期限满3年，并符合本办法第七条第二款所列条件的，列入名录。

第三章　相关方责任

第十四条　电子电器产品、电子电气设备的生产者应当依据国家有关法律、行政法规或者规章的规定，限制或者淘汰有毒有害物质在产品或者设备中的使用。

电子电器产品、电子电气设备的生产者、进口者和销售者，应当依据国家有关规定公开产品或者设备所含铅、汞、镉、六价铬、多溴联苯(PBB)、多溴二苯醚(PBDE)等有毒有害物质，以及不当利用或者处置可能对环境和人类健康影响的信息，产品或者设备废弃后以环境无害化方式利用或者处置的方法提示。

电子电器产品、电子电气设备的生产者、进口者和销售者，应当依据国家有关规定建立回收系统，回收废弃产品或者设备，并负责以环境无害化方式贮存、利用或者处置。

第十五条　有下列情形之一的，应当将电子废物提供或者委托给列入名录(包括临时名录)的具有相应经营范围的拆解利用处置单位(包括个体工商户)进行拆解、利用或者处置：

(一)产生工业电子废物的单位，未自行以环境无害化方式拆解、利用或者处置的；

(二)电子电器产品、电子电气设备生产者、销售者、进口者、使用者、翻新或者维修者、再制造者，废弃电子电器产品、电子电气设备的；

(三)拆解利用处置单位(包括个体工商户)，不能完全拆解、利用或者处置电子废物的；

(四)有关行政主管部门在行政管理活动中，依法收缴的非法生产或者进口的电子电器产品、电子电气设备需要拆解、利用或者处置的。

第十六条　产生工业电子废物的单位，应当记录所产生工业电子废物的种类、重量或者数量、自行或者委托第三方贮存、拆解、利用、处置情况等；并依法向所在地县级以上地方人民政府环境保护行政主管部门提供电子废物的种类、产生量、流向、拆解、利用、贮存、处置等有关资料。

记录资料应当保存3年。

第十七条　以整机形式转移含铅酸电池、镉镍电池、汞开关、阴极射线管和多氯联苯电容器的废弃电子电器产品或者电子电气设备等电子类危险废物的，适用《固体废物污染环境防治法》第二十三条的规定。

转移过程中应当采取防止废弃电子电器产品或者电子电气设备破碎的措施。

第四章　罚　　则

第十八条　县级以上人民政府环境保护行政主管部门违反本办法规定，不依法履行监督管理职责的，由本级人民政府或者上级环境保护行政主管部门依法责令改正；对负有责任的主管人员和其他直接责任人员，依据国家有关规定给予行政处分；构成犯罪的，依法追究刑事责任。

第十九条 违反本办法规定，拒绝现场检查的，由县级以上人民政府环境保护行政主管部门依据《固体废物污染环境防治法》责令限期改正；拒不改正或者在检查时弄虚作假的，处2000元以上2万元以下的罚款；情节严重，但尚构不成刑事处罚的，并由公安机关依据《治安管理处罚法》处5日以上10日以下拘留；构成犯罪的，依法追究刑事责任。

第二十条 违反本办法规定，任何个人或者未列入名录（包括临时名录）的单位（包括个体工商户）从事拆解、利用、处置电子废物活动的，按照下列规定予以处罚：

（一）未获得环境保护措施验收合格的，由审批该建设项目环境影响评价文件的人民政府环境保护行政主管部门依据《建设项目环境保护管理条例》责令停止拆解、利用、处置电子废物活动，可以处10万元以下罚款；

（二）未取得营业执照的，由工商行政管理部门依据《无照经营查处取缔办法》依法予以取缔，没收专门用于从事无照经营的工具、设备、原材料、产品等财物，并处5万元以上50万元以下的罚款。

第二十一条 违反本办法规定，有下列行为之一的，由所在地县级以上人民政府环境保护行政主管部门责令限期整改，并处3万元以下罚款：

（一）将未完全拆解、利用或者处置的电子废物提供或者委托给列入名录（包括临时名录）且具有相应经营范围的拆解利用处置单位（包括个体工商户）以外的单位或者个人从事拆解、利用、处置活动的；

（二）拆解、利用和处置电子废物不符合有关电子废物污染防治的相关标准、技术规范和技术政策的要求，或者违反本办法规定的禁止性技术、工艺、设备要求的；

（三）贮存、拆解、利用、处置电子废物的作业场所不符合要求的；

（四）未按规定记录经营情况、日常环境监测数据、所产生工业电子废物的有关情况等，或者环境监测数据、经营情况记录弄虚作假的；

（五）未按培训制度和计划进行培训的；

（六）贮存电子废物超过一年的。

第二十二条 列入名录（包括临时名录）的单位（包括个体工商户）违反《固体废物污染环境防治法》等有关法律、行政法规规定，有下列行为之一的，依据有关法律、行政法规予以处罚：

（一）擅自关闭、闲置或者拆除污染防治设施、场所的；

（二）未采取无害化处置措施，随意倾倒、堆放所产生的固体废物或液态废物的；

（三）造成固体废物或液态废物扬散、流失、渗漏或者其他环境污染等环境违法行为的；

（四）不正常使用污染防治设施的。

有前款第一项、第二项、第三项行为的，分别依据《固体废物污染环境防治法》第六十八条规定，处以1万元以上10万元以下罚款；有前款第四项行为的，依据《水污染防治法》、《大气污染防治法》有关规定予以处罚。

第二十三条 列入名录（包括临时名录）的单位（包括个体工商户）违反《固体废物污染环境防治法》等有关法律、行政法规规定，有造成固体废物或液态废物严重污染环境的下列情形之一的，由所在地县级以上人民政府环境保护行政主管部门依据《固体废物污染环境防治法》和《国务院关于落实科学发展观加强环境保护的决定》的规定，责令限其在3个月内进行治理，限产限排，并不得建设增加污染物排放总量的项目；逾期未完成治理任务的，责令其在3个月内停产整治；逾期仍未完成治理任务的，报经本级人民政府批准关闭：

（一）危害生活饮用水水源的；

（二）造成地下水或者土壤重金属环境污染的；

（三）因危险废物扬散、流失、渗漏造成环境污染的；

（四）造成环境功能丧失无法恢复环境原状的；

（五）其他造成固体废物或者液态废物严重污染环境的情形。

第二十四条 县级以上人民政府环境保护行政主管部门发现有违反本办法的行为，依据有关法律、法规和本办法的规定应当由工商行政管理部门或者公安机关行使行政处罚权的，应当及时移送有关主管部门依法予以处罚。

第五章 附 则

第二十五条 本办法中下列用语的含义：

（一）电子废物，是指废弃的电子电器产品、电子电气设备（以下简称产品或者设备）及其废弃零部件、元器件和国家环境保护总局会同有关部门规定纳入电子废物管理的物品、物质。包括工业生产活动中产生的报废产品或者设备、报废的半成品和下脚料，产品或者设备维修、翻新、再制造过程产生的报废品，日常生活或者为日常生活提供服务的活动中废弃的产品或者设备，以及法律法规禁止生产或者进口的产品或者设备。

（二）工业电子废物，是指在工业生产活动中产生的电子废物，包括维修、翻新和再制造工业单位以及拆解利用处置电子废物的单位（包括个体工商户），在生产活动及相关活动中产生的电子废物。

（三）电子类危险废物，是指列入国家危险废物名录或者根据国家规定的危险废物鉴别标准和鉴别方法认定的具有危险特性的电子废物。包括含铅酸电池、镉镍电池、汞开关、阴极射线管和多氯联苯电容器等的产品或者设备等。

（四）拆解，是指以利用、贮存或者处置为目的，通过人工或者机械的方式将电子废物进行拆卸、解体活动；不包括产品或者设备维修、翻新、再制造过程中的拆卸活动。

（五）利用，是指从电子废物中提取物质作为原材料或者燃料的活动，不包括对产品或者设备的维修、翻新和再制造。

第二十六条 本办法自 2008 年 2 月 1 日起施行。

城市放射性废物管理办法

1987 年 7 月 16 日国家环境保护局颁发

第一章　总　　则

第一条　为促进放射性同位素和辐射技术广泛地应用，加强对由此产生的放射性废物和废放射源的管理，保护环境，保障人体健康，根据《中华人民共和国环境保护法(试行)》，制定本办法。

第二条　凡产生放射性废物和废放射源的工业、农业、医疗、科研、教学及其他应用放射性同位素和辐射技术的单位，均应遵守本办法。

第三条　各省、自治区、直辖市的环境保护部门，应设置专门机构，配备专业人员，负责归口城市放射性废物的监督管理和环境监测工作。

第四条　城市放射性废物管理工作属于社会公益性事业，其所需事业经费编时应纳入地方财政。废物库的管理人员应按国家有关规定享受相应的劳动保护和保健待遇。

第二章　放射性废物分类

第五条　含人工放射性核素、比活度大于 2×144Bq/kg(5×10^{-7}Ci/kg)，或含天然放射性核素、比活度大于 7.4×10^{4}Bq/kg(2×10^{-6}Ci/kg)污染物，应作为放射性废物看待。小于此水平的放射性污染物应妥善处置。

第六条　表面污染水平超过国家辐射防护规定限值，又不进一步去污利用的污染物，视污染的具体情况，或作放射性废物送贮，或分善处置。

第七条　根据废物中所含核素的半衰期，将城市放射性废物分为三类：

短半衰期废物(T1/2≤60 天)；中等半衰期废物(60 天<T1/2≤5.3 年)；长半衰期废物(T1/2>5.3 年)

第八条　城市放射性废物通常可分为下列六种形式：

一、各种污染材料(金属、非金属)和劳保用品；

二、各种污染的工具设备；

三、零星低放废液的固化物；

四、试验的动物尸体或植株；

五、废放射源；

六、含放射性核素的有机闪烁液(大于 37Bq/L，1×10^{-9}Ci/L)。

第九条　设有焚烧炉的废物库，根据焚烧炉的具体特点，应要求产生放射性废物的单位将可燃废物和不可燃废物分开收集。

第三章 产生放射性废物单位的责任

第十条 产生放射性废物的单位应采取各种必要措施，尽量减步少放射性废物的产生量或减少体积。

第十一条 放射性废物和废放射源在本单位暂存期间，应严格管理，有效控制，保证人员安全和环境不受污染。

第十二条 产生放射性废物的单位不得自行在环境中处置放射性废物和废放射源，必须由城市放射性废物管理单位集中收处。

第十三条 产生放射性废物的单位，应到所在省自治区、直辖市的环境保护部门或其授权单位输登记手续（见附表1），按本办法对本单位的废物进行收集、包装和送贮（处）前的暂存。

第十四条 放射性废物的收集。

一、放射性废物应按第七条至第九条的要求分类收集，并装入带有分类标记的专用口袋内（容器内）；

二、严禁将放射性废物混装到一般垃圾中。也不得将一般垃圾混入放射性废物中；

三、废放射源应单独收集存放，不得混在一般放射性废物中；

四、含放射性核素的有机闪烁液，应用不锈钢或玻璃罐贮存；

五、产生放射性废的单位，应设专门场所存放放射性废物，并设置电离辐射标志。

第十五条 放射性废物的包装。

一、装放射性废物的专用塑料口袋密封，不破漏；

二、含放有尖刺及棱角的放射性废物，应先装入硬纸盒或其他包装材料中，然后再放到塑料袋内；

三、每袋废物的表面剂量率应不超过0.1mSv/h（10mrem/h），每袋体积不正如过30L，重量不超过20kg 。

第十六条 放射性废物的送贮（处）

一、废物应干燥，游离液体率不大于1%；

二、废物性能应稳定，无挥发性、易爆等不稳定性物质，无强氧化剂、腐蚀剂等物质；

三、试验植株应脱水、干化或灰化；

四、动物尸体应固化于水泥中，或防腐、干化、灰化；

五、废放射源应放在包装容器中，损坏的密封源应重新包装，并附上有关的卡片；

六、包装体外表面的污染控制水平分别为：$a<0.04Bq/cm^2$；$B<0.4Bq/cm^2$；

七、暂时不用的放射源，为了安全见，可送废物库代管，用时再取回。

第四章 放射性废物的收运

第十七条 放射性废物一般由废物库管理单位定期派专人和专用车辆到生产单位去收运。特殊情况，由双方商定。

第十八条 运输放射性废物必须使用具有一定安全设施，并符合辐射防护要求的专用汽车。

第十九条 准备送贮（处）的放射性废物，应事先填好登记卡片（见附表2、3、4）卡片一式3份。收运人员根据卡片和本办法进行验收，合格后方能接收。对不合格的，有权拒绝接收。

第二十条 送贮（处）的放射性废物，一律装入200L标准容器内，废放射源应装入包装容器中。产生废物单位应协助收运人员将废物妥善装好。标准桶装满废物后，其表面剂量率应不超过0.2mSv/h（20mrem/h）。

第二十一条 专用运输汽车外表面的剂量率应低于0.2mSv/h（20mrem/h），驾驶室内的剂量率应低于0.025mSv/h（2.5mrem/h）。

第二十二条 收运人员（特别是驾驶员），应严格遵守危险品运输交通规则，确保废物运输中的安全；交通监理部门应予协助。

第二十三条 每次收运废物后，工作人员应进行体表污染检查，合格后方能离开废物库区。汽车和工具也应进行污染检查。当污染超 过国空标准规定的限值时，必须进行去污。

第五章 放射性废物库的管理

第二十四条 各省、自治区、直辖市的放射性废物库，原则上只贮存本辖区范围内的城市放射性废物。对于外辖区的废物，由管理单位与产生单位协商，并报管理一方人民政府批准。

第二十五条 入库废物应逐一检查验收，登记卡片归档存放（见附表5）。卡片存时间不应小于废物达到无害化的时间。

第二十六条 入库废物应按规定分类存放。凡在本库安全贮存期内不能衰减到小于2×10^4Bq/kg（5×10^{-7}Ci/kg）的废物和废放射源，能在本库暂存，保证可回取，待将来转运到最终处置场（库）去。

第二十七条 废物贮存时应注意堆积方式。废物坑盖板上方0.5m处的剂量率应不高于0.05mSv/h（5mrem/h）；在库房内堆积时，离废物堆表面1m处的剂量率应不高于0.1mSv/h（10mrem/h）；库房外壁20cm处应小于2.5mrem（0.25mrem/h）。

第二十八条 经监测证明，废物存放期间衰减到小于2×10^4Bq/kg（5×10^{-7}Ci/kg）后，上报省、自治区、直辖市环境保护部门批准，可作为一般垃圾在库区内挖掘易埋藏掩埋。

第二十九条 设有尾矿废渣坝（坑）的库区，应在坝（坑）装满后妥善掩埋，植被，并设立永久标记。

第三十条 废物库区内应合理分区并严加看管，防止发生各种危害活动。加强绿化，并统筹规划，充分利用潜力，发挥经济效益。

第六章 监督管理

第三十一条 各省、自治区、直辖市的环境保护部门，应加强对放射性废物管理工作的领导和监督，关心管理人员的工作，信时解决工作中出现的问题，并加强对产生废物单位的监督指导。

第三十二条 废物库管理人员应加强责任感，严格规章制度，加强技术培训，不断总结经验，提高管理水平。

第三十三条 废库工作人员所受的剂量当量应低于国家标准规定的限值。应当避免一切不必要的照射，并使一切必要的照射保持在可合理达到的最低水平。

第三十四条 在环境中处置放射性废物时，对公众中任一成员造成的年有效剂量当量不应超过0.25mSv(25mrem)。

第三十五条 应当定期对库区内和库区周围环境进行监测，监测方法和监测介质按有关规定执行。每年对监测结果(包括个人剂量监测)评价一次，连同该库营情况，向省、自治区、直辖市环境保护部门报告。发生事故时，应按有关规定立即进行处理并上报。

第七章 收　　费

第三十六条 送贮(处)放射性废物的单位，应按城市放射性废物管理单位的规定，一次交清废物送贮(处)费用。

第三十七条 废物送贮(处)费用收建库费用、容器费用、运输费用、服务费用、长期管理费用等组成。

第三十八条 制订收费标准时，应以废物体积、比活度、贮存期及第三十七条的因素炎依据。

第三十九条 送贮(处)废物的具体收费标准，由废物库管理单位根据上述原则，结合本地区情况制定，报各省、自治区、直辖市环境保护部门批准，并报国家环境保护部门备案。

第八章 奖　　惩

第四十条 对于认真遵守和执行本办法的各项规定，在放射性废物和废物库的管理方面作出显著成绩的单位和个人，主管部门和环境保护部门应给予奖励。

第四十一条 有下列情形之一者，环境保护部门会同有关部门，根据具体情况，可给予罚款、责令赔偿损失，直至依法追究法律责任。

一、违反本办法的规定，在环境中乱放或自行掩埋放射性废物和废放射源，自行焚烧放射源管理性废物者；

二、对放射性废物和废放射源管理不严，引起环境污染或人员损伤，造成不良社会影响者；

三、破坏放射性废物库设施，乱拿放射性废物或废放射源者；

四、不按规定交纳废物贮(处)费者；

五、违反本办法的其他行为。

第九章 附　　则

第四十二条 各省、自治区、直辖市的环境保护部门，可根据本办法，结合本地区的具体情况，制定相应的管理细则。

第四十三条 本办法由国家环境保护局负责解释。

第四十四条 本办法自发布之日起实行。

附表 1

产生放射性废物单位登记卡片

<table>
<tr><td colspan="4">单位名称：
许可证号码：
发证日期：　　年　月　日</td></tr>
<tr><td>使用放射性核素种类</td><td></td><td></td><td></td></tr>
<tr><td>半　衰　期</td><td></td><td></td><td></td></tr>
<tr><td>年使用量(Bq)</td><td></td><td></td><td></td></tr>
<tr><td colspan="4">预计年废物产生量:体积(L)：
约重(kg)：
废物形式：
收集容器：
暂存场所：
联系人：
电　话：
通讯地址：</td></tr>
<tr><td colspan="4">备　注：</td></tr>
</table>

附表 2

送贮(处)放射性废物登记卡片

<table>
<tr><td colspan="5">送贮单位：
送贮日期：　　年　月　日
废物形式：</td></tr>
<tr><td>污染核素</td><td></td><td></td><td></td><td></td></tr>
<tr><td>半衰期</td><td></td><td></td><td></td><td></td></tr>
<tr><td colspan="5">包装体表面剂量率:(mSv/h)：
离包装体一米处剂量率(mSv/h)
包装体表面污染(Bq/cm²):α：
β：
包装体体积(L)：
大约重量(kg)：
测量人(签名)：
送贮人(签名)：
送贮单位公章：</td></tr>
<tr><td colspan="5">收贮(处)意见：
收贮人(签名)：　　年　月　日</td></tr>
</table>

附表3

送贮废放射源登记卡片

<table>
<tr><td>送贮单位：
送贮日期：　　　年　月　日
源名称：　　　　核素：
物理状态：　　　射线类型：
现存活度(Bq)：　测量日期：　　　年　月　日
出厂单位名称：　出厂日期：　　　年　月　日
出厂活度(Bq)：
包装情况：
包装体积(L)：
约重(kg)：
表面剂量率(mSv/h)：
1m远处剂量率(mSv/h)：
表面污染水平(Bq/cm^2)：α：
β：
测量人(签名)：
送贮人(签名)：　　　　送贮单位公章：</td></tr>
<tr><td>收贮(处)意见：

收贮人(签名)：　　　年　月　日</td></tr>
</table>

附表4

送贮生物放射性废物登记卡片

<table>
<tr><td>送贮单位：
送贮日期：　　　年　月　日
废物形式：
污染核素：
半衰期：
预处理情况：
活度(或比活度)：
包装体表面剂量率(mSv/h)：
1m远处剂量率(mSv/h)：
包装体体积(L)：
约重(kg)：
表面污染水平(Bq/cm^2)：α：
β：
测量人(签名)：
送贮人(签名)：
送贮单位公章：</td></tr>
<tr><td>收贮(处)意见：

收贮人(签名)：　　　年　月　日</td></tr>
</table>

附表 5

入库废物登记卡片

<table>
<tr><td colspan="3">桶(包装体)编号:
入库日期:　　　　　　年　月　日
贮存位置:库坑号
　第　　排,第　　行,第　　层。
送贮卡片:　　　　张(把附表 2 附在本卡片后)
收贮人(签名):</td></tr>
<tr><td colspan="3">贮(处)存过程中处理情况记录</td></tr>
<tr><td>处 理 情 况</td><td>经手人</td><td>日　期</td></tr>
<tr><td></td><td></td><td></td></tr>
<tr><td></td><td></td><td></td></tr>
<tr><td></td><td></td><td></td></tr>
<tr><td></td><td></td><td></td></tr>
<tr><td></td><td></td><td></td></tr>
<tr><td colspan="3">备注:</td></tr>
</table>

中华人民共和国国家发展和改革委员会公告

2007 年第 70 号

为规范电石行业发展,遏制低水平重复建设和盲目扩张趋势,提高资源综合利用效率,确保安全生产,进一步促进产业结构升级,依据国家有关法律法规和产业政策要求,我委会同有关部门对《电石行业准入条件》进行了修订,现将《电石行业准入条件(2007 年修订)》予以公告。

各有关部门在对电石生产建设项目进行投资管理、土地供应、环境评估、安全许可、信贷融资、电力供给等工作中要以本准入条件为依据,原《电石行业准入条件》(中华人民共和国国家发展和改革委员会公告 2004 年第 76 号)同时废止。

附件:《电石行业准入条件(2007 年修订)》

二〇〇七年十月十二日

电石行业准入条件(2007 年修订)

为进一步遏制当前电石行业盲目投资,制止低水平重复建设,规范电石行业健康发展,促进产业结构升级,根据国家有关法律法规和产业政策,按照调整结构、有效竞争、降低消耗、保护环境和安全生产的原则,对电石行业提出如下准入条件。

一、生产企业布局

根据资源、能源、环境容量状况和市场供需情况,各有关省(自治区、直辖市)要按照国家有关产业政策、行业发展规划等要求编制电石行业结构调整规划,并报国家有关行业主管部门备案,科学合理布局,引导本地区电石行业健康发展,遏制盲目扩张。

(一) 在国务院、国家有关部门和省(自治区、直辖市)人民政府规定的风景名胜区、自然保护区、饮用水源保护区和其他需要特别保护的区域内,城市规划区边界外 2 公里以内,主要河流两岸、公路、铁路、水路干线两侧,居民聚集区,以及学校、医院和其他严防污染的食品、药品、精密制造产品等企业周边 1 公里以内,不得新建电石生产装置。

(二) 新建或改扩建电石生产装置必须符合本地区电石行业发展规划。鼓励新建电石生产装置与大型工业企业配套建设,以便做到资源、能源综合利用。在电石生产能力较大的地区,地方政府要按照确保安全的原则,科学规划、合理布局,按照循环经济的理念,建设区域性电石等高耗能、高污染工业生产区,做到集中生产,三废集中治理。

二、规模、工艺与装备

为满足节能环保、资源综合利用和安全生产的要求，实现合理规模经济。规模、工艺与装备应达到以下要求。

（一）新建电石企业电石炉初始总容量必须达到100000千伏安及以上，其单台电石炉容量≥25000千伏安。新建电石生产装置必须采用密闭式电石炉，电石炉气必须综合利用。鼓励新建电石生产装置与大型乙炔深加工企业配套建设。

（二）现有生产能力1万吨（单台炉容量5000千伏安）以下电石炉和敞开式电石炉必须依法淘汰。2010年底以前，依法淘汰现有单台炉容量5000千伏安以上至12500千伏安以下的内燃式电石炉。

（三）鼓励现有单台炉容量5000千伏安以上至12500千伏安以下的内燃式电石炉改造为密闭式电石炉，也可以改造为16500千伏安以上的内燃式电石炉。

（四）现有单台炉容量12500千伏安及以上的内燃式电石炉，2010年底以前必须改造为合格的内燃式电石炉，鼓励改造为密闭式电石炉。改造的电石炉要求采用先进成熟技术，保证电石炉的安全、稳定和长周期运转。合格的内燃式电石炉具体要求如下：

1. 内燃式电石炉炉盖四周仅留有操作孔和观察孔，开孔面积占炉盖表面积的10%以下。

2. 采用原料破碎、筛分、烘干设备，确保原料粒度、水分达到工艺要求。

3. 采用自动配料、加料系统。

4. 电极升降、压放、把持系统必须采用先进的液压自动调节系统，使电极操作平稳，安全稳定可靠。

5. 采用微机等先进的控制系统。

三、能源消耗和资源综合利用

（一）新建和扩容改造的电石生产装置执行吨电石（标准）电炉电耗应≤3250千瓦时；现有电石生产装置未实施扩容改造的吨电石（标准）电炉电耗应≤3400千瓦时。《电石单位产品能源消耗限额》国家标准实施后，按照新的国家标准执行。

（二）密闭式电石装置的炉气（指CO气体）必须综合利用，正常生产时不允许炉气直排或点火炬。

（三）粉状炉料必须回收利用。

四、环 境 保 护

（一）所有电石生产必须达到国家环保要求。电石炉大气污染物排放必须符合《工业炉窑大气污染物排放标准》（国标GB 9078—1996）中“其他炉窑”的排放标准（国家新的环保标准出台后，按新标准执行），固体废物的处理处置应符合有关法律和国家环境保护标准的规定。

（二）含尘炉气或利用后的再生气必须经除尘处理，达标排放。捕集后的粉尘不能造成二次污染。

（三）原料和产品破碎、储运等过程产生的无组织排放含尘气体，必须集中收集除尘后达标排放。

五、安全生产

电石属危险化学品，应严格执行国家有关危险化学品安全管理条例的各项规定。

（一）电石生产企业应当具备有关安全生产的法律、行政法规、国家标准和行业标准规定的安全生产条件，并遵守危险化学品安全生产监督管理的规定和要求。

（二）电石生产企业的生产装置和构成重大危险源的储存设施与《危险化学品安全管理条例》规定的重要场所、区域的距离，工厂、仓库的周边防护距离，应符合国家标准或者国家有关规定。

（三）新建或改扩建的电石生产装置投产前，必须有重大危险源检测、评估、监控措施和生产安全事故应急救援预案、应急救援组织或者应急救援人员，配备必要的应急救援器材、设备。

六、监督与管理

（一）新建和现有电石生产装置进行改扩建，必须符合上述准入条件，电石生产建设项目的投资管理、土地供应、环境影响评价、安全评价、信贷融资等必须依据本准入条件。新建或改扩建电石项目必须到省级投资主管部门核准或备案。环境影响评价报告必须经省级及以上环境保护行政主管部门审批。项目开工必须获得备案、土地、环保、安全、信贷等有效认可或批复后方可建设。项目建设要由有资质的设计部门和施工单位进行设计和施工。

（二）新建或改扩建电石生产装置建成投产前，要经省级及以上投资、土地、环保、质检、安全监管等部门及有关专家组成的联合检查组，按照本准入条件要求进行监督检查。经检查未达到准入条件的，投资主管部门应责令限期完成符合准入条件（企业备案材料提供）的有关建设内容。环境保护行政执法部门要根据国家有关法律、法规加大处罚力度，同时限期整改。

（三）新建电石生产装置，须经过有关部门验收合格后，按照有关规定办理《安全生产许可证》和《排污许可证》，企业方可进行生产与销售。现有符合条件及改造后经省级有关部门验收合格的电石生产企业，也要按国家有关规定办理《安全生产许可证》和《排污许可证》。

（四）各级电石行业主管部门要加强对电石生产企业执行准入条件情况进行督促检查。中国石油和化学工业协会、各级电石工业协会要宣传国家产业政策，加强行业自律，协助政府有关部门做好行业监督、管理工作。

（五）对不符合准入条件的新建或改扩建电石生产项目，国土资源管理部门不得提供土地，环保部门不得办理环保审批手续，安全监管部门不得实施安全许可，金融机构不得提供信贷支持，电力供应部门依法停止供电。地方人民政府或相关主管部门依法决定撤销或责令关闭的企业，工商行政管理部门依法责令其办理变更登记或注销登记。

七、附　则

（一）铁合金矿热炉等矿冶炉改造为电石炉，视同新建电石生产装置。

（二）本准入条件适用于中华人民共和国境内（台湾、香港、澳门特殊地区除外）所有类型的电石生产企业。

（三）本准入条件自2007年10月12日起实施，原《电石行业准入条件》（中华人民共和国国家发展和改革委员会公告2004年第76号）同时废止。《电石行业准入条件》由国家发展和改革委员会负责解释。国家发展和改革委员会将根据电石行业发展和国家宏观调控要求进行修订。

中华人民共和国卫生部令

第25号

《职业病危害事故调查处理办法》已于2002年3月15日经卫生部部务会讨论通过，现予发布，自2002年5月1日起施行。

部长　　张文康

2002年3月28日

职业病危害事故调查处理办法

第一章　总　　则

第一条　为了规范职业病危害事故的调查处理，及时有效地控制职业病危害事故，减轻职业病危害事故造成的损害，根据《中华人民共和国职业病防治法》（以下简称《职业病防治法》），制定本办法。

第二条　按一次职业病危害事故所造成的危害严重程度，职业病危害事故分为三类：

（一）一般事故：发生急性职业病10人以下的；

（二）重大事故：发生急性职业病10人以上50人以下或者死亡5人以下的，或者发生职业性炭疽5人以下的；

（三）特大事故：发生急性职业病50人以上或者死亡5人以上，或者发生职业性炭疽5人以上的。

放射事故的分类及调查处理按照卫生部制定的《放射事故管理规定》执行。

第三条　县级以上卫生行政部门负责本辖区内职业病危害事故的调查处理。

重大和特大职业病危害事故由省级以上卫生行政部门会同有关部门和工会组织，按照规定的程序和职责进行调查处理。

第四条　职业病危害事故调查处理的主要内容是：

（一）依法采取临时控制和应急救援措施，及时组织抢救急性职业病病人；

（二）按照规定进行事故报告；

（三）组织事故调查；

（四）依法对事故责任人进行查处；

（五）结案存档。

第五条　职业病危害事故的调查处理应当迅速、有效、科学、公正。

第二章　事 故 报 告

第六条　发生职业病危害事故时，用人单位应当立即向所在地县级卫生行政部门和有关部门报告。

第七条 县级卫生行政部门接到职业病危害事故报告后，应当实施紧急报告：

（一）特大和重大事故，应当立即向同级人民政府、省级卫生行政部门和卫生部报告；

（二）一般事故，应当于6小时内向同级人民政府和上级卫生行政部门报告。

第八条 接收遭受急性职业病危害劳动者的首诊医疗卫生机构，应当及时向所在地县级卫生行政部门报告。

第九条 职业病危害事故报告的内容应当包括事故发生的地点、时间、发病情况、死亡人数、可能发生原因、已采取措施和发展趋势等。

第十条 地方各级卫生行政部门按照《卫生监督统计报告管理规定》，负责管辖范围内职业病危害事故的统计报告工作，并应当定期向有关部门和同级工会组织通报职业病危害事故发生情况。

职业病危害事故发生的情况，由省级以上卫生行政部门统一对外公布。

第十一条 任何单位和个人不得以任何借口对职业病危害事故瞒报、虚报、漏报和迟报。

第三章 事故处理

第十二条 发生职业病危害事故时，用人单位应当根据情况立即采取以下紧急措施：

（一）停止导致职业病危害事故的作业，控制事故现场，防止事态扩大，把事故危害降到最低限度；

（二）疏通应急撤离通道，撤离作业人员，组织泄险；

（三）保护事故现场，保留导致职业病危害事故的材料、设备和工具等；

（四）对遭受或者可能遭受急性职业病危害的劳动者，及时组织救治、进行健康检查和医学观察；

（五）按照规定进行事故报告；

（六）配合卫生行政部门进行调查，按照卫生行政部门的要求如实提供事故发生情况、有关材料和样品；

（七）落实卫生行政部门要求采取的其他措施。

第十三条 卫生行政部门接到职业病危害事故报告后，根据情况可以采取以下措施：

（一）责令暂停导致职业病危害事故的作业；

（二）组织控制职业病危害事故现场；

（三）封存造成职业病危害事故的材料、设备和工具等；

（四）组织医疗卫生机构救治遭受或者可能遭受急性职业病危害的劳动者。

第十四条 事故发生后，卫生行政部门应当及时组织用人单位主管部门、公安、安全生产部门、工会等有关部门组成职业病危害事故调查组，进行事故调查。

第十五条 事故调查组成员应当符合下列条件：

（一）具有事故调查所需要的专业知识和实践经验；

（二）与所发生事故没有直接利害关系。

第十六条 职业病危害事故调查组的职责：

（一）进行现场勘验和调查取证，查明职业病危害事故发生的经过、原因、人员伤亡情况和危害程度；

（二）分析事故责任；

（三）提出对事故责任人的处罚意见；

（四）提出防范事故再次发生所应采取的改进措施的意见；

（五）形成职业病事故调查处理报告。

第十七条 事故调查组进行现场调查取证时，有权向用人单位、有关单位和有关人员了解有关情况，任何单位和个人不得拒绝、隐瞒或提供虚假证据或资料，不得阻碍、干涉事故调查组的现场调查和取证工作。

第十八条 卫生行政部门根据事故调查组提出的事故处理意见，决定和实施对发生事故的用人单位的行政处罚，并责令用人单位及其主管部门负责落实有关改进措施建议。

第十九条 职业病危害事故处理工作应当按照有关规定在90日内结案，特殊情况不得超过180日。事故处理结案后，应当公布处理结果。

第二十条 违反《职业病防治法》及本办法规定，用人单位不采取职业病危害预防措施而导致一般职业病危害事故的，由卫生行政部门责令限期治理，并处10万元以上15万元以下罚款；导致特大或者重大事故的，由卫生行政部门责令停止产生职业病危害的作业，或者提请有关人民政府按照国务院规定的权限责令关闭，并处15万元以上30万元以下罚款；构成犯罪的，对直接负责的主管人员和其他直接责任人员依法追究刑事责任。

第二十一条 违反《职业病防治法》及本办法规定，有下列情形之一的，由卫生行政部门给予警告，责令限期改正；逾期不改正的，处5万元以上20万元以下罚款：

（一）未按规定及时报告职业病危害事故的；

（二）发生或者可能发生急性职业病危害事故时，未立即采取应急救援和控制措施的；

（三）拒绝接受调查或者拒绝提供有关情况和资料的；

（四）对遭受或者可能遭受急性职业病危害的劳动者，未及时组织救治、进行健康检查或医学观察的。

第二十二条 卫生行政部门不按照规定报告职业病危害事故的，由上一级卫生行政部门责令改正，通报批评，给予警告；虚报瞒报的，对单位负责人、直接负责的主管人员和其他直接负责人给予降级、撤职或者开除的行政处分。

第二十三条 本规定自2002年5月1日起施行。

中华人民共和国卫生部令

第55号

《放射工作人员职业健康管理办法》已于2007年3月23日经卫生部部务会议讨论通过,现予以发布,自2007年11月1日起施行。

部长　高强

二〇〇七年六月三日

放射工作人员职业健康管理办法

第一章　总　则

第一条　为了保障放射工作人员的职业健康与安全,根据《中华人民共和国职业病防治法》(以下简称《职业病防治法》)和《放射性同位素与射线装置安全和防护条例》,制定本办法。

第二条　中华人民共和国境内的放射工作单位及其放射工作人员,应当遵守本办法。

本办法所称放射工作单位,是指开展下列活动的企业、事业单位和个体经济组织:

(一)放射性同位素(非密封放射性物质和放射源)的生产、使用、运输、贮存和废弃处理;

(二)射线装置的生产、使用和维修;

(三)核燃料循环中的铀矿开采、铀矿水冶、铀的浓缩和转化、燃料制造、反应堆运行、燃料后处理和核燃料循环中的研究活动;

(四)放射性同位素、射线装置和放射工作场所的辐射监测;

(五)卫生部规定的与电离辐射有关的其他活动。

本办法所称放射工作人员,是指在放射工作单位从事放射职业活动中受到电离辐射照射的人员。

第三条　卫生部主管全国放射工作人员职业健康的监督管理工作。

县级以上地方人民政府卫生行政部门负责本行政区域内放射工作人员职业健康的监督管理。

第四条　放射工作单位应当采取有效措施,使本单位放射工作人员职业健康的管理符合本办法和有关标准及规范的要求。

第二章　从业条件与培训

第五条　放射工作人员应当具备下列基本条件:

（一）年满18周岁；

（二）经职业健康检查，符合放射工作人员的职业健康要求；

（三）放射防护和有关法律知识培训考核合格；

（四）遵守放射防护法规和规章制度，接受职业健康监护和个人剂量监测管理；

（五）持有《放射工作人员证》。

第六条　放射工作人员上岗前，放射工作单位负责向所在地县级以上地方人民政府卫生行政部门为其申请办理《放射工作人员证》。开展放射诊疗工作的医疗机构，向为其发放《放射诊疗许可证》的卫生行政部门申请办理《放射工作人员证》。

开展本办法第二条第二款第（三）项所列活动以及非医用加速器运行、辐照加工、射线探伤和油田测井等活动的放射工作单位，向所在地省级卫生行政部门申请办理《放射工作人员证》。

其他放射工作单位办理《放射工作人员证》的规定，由所在地省级卫生行政部门结合本地区实际情况确定。

《放射工作人员证》的格式由卫生部统一制定。

第七条　放射工作人员上岗前应当接受放射防护和有关法律知识培训，考核合格方可参加相应的工作。培训时间不少于4天。

第八条　放射工作单位应当定期组织本单位的放射工作人员接受放射防护和有关法律知识培训。放射工作人员两次培训的时间间隔不超过2年，每次培训时间不少于2天。

第九条　放射工作单位应当建立并按照规定的期限妥善保存培训档案。培训档案应当包括每次培训的课程名称、培训时间、考试或考核成绩等资料。

第十条　放射防护及有关法律知识培训应当由符合省级卫生行政部门规定条件的单位承担，培训单位可会同放射工作单位共同制定培训计划，并按照培训计划和有关规范、标准实施和考核。

放射工作单位应当将每次培训的情况及时记录在《放射工作人员证》中。

第三章　个人剂量监测管理

第十一条　放射工作单位应当按照本办法和国家有关标准、规范的要求，安排本单位的放射工作人员接受个人剂量监测，并遵守下列规定：

（一）外照射个人剂量监测周期一般为30天，最长不应超过90天；内照射个人剂量监测周期按照有关标准执行；

（二）建立并终生保存个人剂量监测档案；

（三）允许放射工作人员查阅、复印本人的个人剂量监测档案。

第十二条　个人剂量监测档案应当包括：

（一）常规监测的方法和结果等相关资料；

（二）应急或者事故中受到照射的剂量和调查报告等相关资料。放射工作单位应当将个人剂量监测结果及时记录在《放射工作人员证》中。

第十三条　放射工作人员进入放射工作场所，应当遵守下列规定：

（一）正确佩戴个人剂量计；

（二）操作结束离开非密封放射性物质工作场所时，按要求进行个人体表、衣物及防护用品的放射性表面污染监测，发现污染要及时处理，做好记录并存档；

（三）进入辐照装置、工业探伤、放射治疗等强辐射工作场所时，除佩戴常规个人剂量计外，还应当携带报警式剂量计。

第十四条 个人剂量监测工作应当由具备资质的个人剂量监测技术服务机构承担。个人剂量监测技术服务机构的资质审定由中国疾病预防控制中心协助卫生部组织实施。

个人剂量监测技术服务机构的资质审定按照《职业病防治法》、《职业卫生技术服务机构管理办法》和卫生部有关规定执行。

第十五条 个人剂量监测技术服务机构应当严格按照国家职业卫生标准、技术规范开展监测工作，参加质量控制和技术培训。

个人剂量监测报告应当在每个监测周期结束后 1 个月内送达放射工作单位，同时报告当地卫生行政部门。

第十六条 县级以上地方卫生行政部门按规定时间和格式，将本行政区域内的放射工作人员个人剂量监测数据逐级上报到卫生部。

第十七条 中国疾病预防控制中心协助卫生部拟定个人剂量监测技术服务机构的资质审定程序和标准，组织实施全国个人剂量监测的质量控制和技术培训，汇总分析全国个人剂量监测数据。

第四章　职业健康管理

第十八条 放射工作人员上岗前，应当进行上岗前的职业健康检查，符合放射工作人员健康标准的，方可参加相应的放射工作。

放射工作单位不得安排未经职业健康检查或者不符合放射工作人员职业健康标准的人员从事放射工作。

第十九条 放射工作单位应当组织上岗后的放射工作人员定期进行职业健康检查，两次检查的时间间隔不应超过 2 年，必要时可增加临时性检查。

第二十条 放射工作人员脱离放射工作岗位时，放射工作单位应当对其进行离岗前的职业健康检查。

第二十一条 对参加应急处理或者受到事故照射的放射工作人员，放射工作单位应当及时组织健康检查或者医疗救治，按照国家有关标准进行医学随访观察。

第二十二条 从事放射工作人员职业健康检查的医疗机构（以下简称职业健康检查机构）应当经省级卫生行政部门批准。

第二十三条 职业健康检查机构应当自体检工作结束之日起 1 个月内，将职业健康检查报告送达放射工作单位。

职业健康检查机构出具的职业健康检查报告应当客观、真实，并对职业健康检查报告负责。

第二十四条 职业健康检查机构发现有可能因放射性因素导致健康损害的，应当通知放射工作单位，并及时告知放射工作人员本人。

职业健康检查机构发现疑似职业性放射性疾病病人应当通知放射工作人员及其所在放射工作单位，并按规定向放射工作单位所在地卫生行政部门报告。

第二十五条 放射工作单位应当在收到职业健康检查报告的 7 日内，如实告知放射工作人员，并将检查结论记录在《放射工作人员证》中。

放射工作单位对职业健康检查中发现不宜继续从事放射工作的人员，应当及时调离放射工作岗位，并妥善安置；对需要复查和医学随访观察的放射工作人员，应当及时予以安排。

第二十六条 放射工作单位不得安排怀孕的妇女参与应急处理和有可能造成职业性内照射的工作。哺乳期妇女在其哺乳期间应当避免接受职业性内照射。

第二十七条 放射工作单位应当为放射工作人员建立并终生保存职业健康监护档案。职业健康监护档案应包括以下内容：

（一）职业史、既往病史和职业照射接触史；

（二）历次职业健康检查结果及评价处理意见；

（三）职业性放射性疾病诊疗、医学随访观察等健康资料。

第二十八条 放射工作人员有权查阅、复印本人的职业健康监护档案。放射工作单位应当如实、无偿提供。

第二十九条 放射工作人员职业健康检查、职业性放射性疾病的诊断、鉴定、医疗救治和医学随访观察的费用，由其所在单位承担。

第三十条 职业性放射性疾病的诊断鉴定工作按照《职业病诊断与鉴定管理办法》和国家有关标准执行。

第三十一条 放射工作人员的保健津贴按照国家有关规定执行。

第三十二条 在国家统一规定的休假外，放射工作人员每年可以享受保健休假2～4周。享受寒、暑假的放射工作人员不再享受保健休假。从事放射工作满20年的在岗放射工作人员，可以由所在单位利用休假时间安排健康疗养。

第五章 监督检查

第三十三条 县级以上地方人民政府卫生行政部门应当定期对本行政区域内放射工作单位的放射工作人员职业健康管理进行监督检查。检查内容包括：

（一）有关法规和标准执行情况；

（二）放射防护措施落实情况；

（三）人员培训、职业健康检查、个人剂量监测及其档案管理情况；

（四）《放射工作人员证》持证及相关信息记录情况；

（五）放射工作人员其他职业健康权益保障情况。

第三十四条 卫生行政执法人员依法进行监督检查时，应当出示证件。被检查的单位应当予以配合，如实反映情况，提供必要的资料，不得拒绝、阻碍、隐瞒。

第三十五条 卫生行政执法人员依法检查时，应当保守被检查单位的技术秘密和业务秘密。

第三十六条 卫生行政部门接到对违反本办法行为的举报后应当及时核实、处理。

第六章 法律责任

第三十七条 放射工作单位违反本办法，有下列行为之一的，按照《职业病防治法》第六十三条处罚：

（一）未按照规定组织放射工作人员培训的；

（二）未建立个人剂量监测档案的；

（三）拒绝放射工作人员查阅、复印其个人剂量监测档案和职业健康监护档案的。

第三十八条 放射工作单位违反本办法，未按照规定组织职业健康检查、未建立职业健康监护档案或者未将检查结果如实告知劳动者的，按照《职业病防治法》第六十四条处罚。

第三十九条 放射工作单位违反本办法，未给从事放射工作的人员办理《放射工作人员证》的，由卫生行政部门责令限期改正，给予警告，并可处3万元以下的罚款。

第四十条 放射工作单位违反本办法，有下列行为之一的，按照《职业病防治法》第六十五条处罚：

（一）未按照规定进行个人剂量监测的；

（二）个人剂量监测或者职业健康检查发现异常，未采取相应措施的。

第四十一条 放射工作单位违反本办法，有下列行为之一的，按照《职业病防治法》第六十八条处罚：

（一）安排未经职业健康检查的劳动者从事放射工作的；

（二）安排未满18周岁的人员从事放射工作的；

（三）安排怀孕的妇女参加应急处理或者有可能造成内照射工作的，或者安排哺乳期的妇女接受职业性内照射的；

（四）安排不符合职业健康标准要求的人员从事放射工作的。

第四十二条 技术服务机构未取得资质擅自从事个人剂量监测技术服务的，或者医疗机构未经批准擅自从事放射工作人员职业健康检查的，按照《职业病防治法》第七十二条处罚。

第四十三条 开展个人剂量监测的职业卫生技术服务机构和承担放射工作人员职业健康检查的医疗机构违反本办法，有下列行为之一的，按照《职业病防治法》第七十三条处罚：

（一）超出资质范围从事个人剂量监测技术服务的，或者超出批准范围从事放射工作人员职业健康检查的；

（二）未按《职业病防治法》和本办法规定履行法定职责的；

（三）出具虚假证明文件的。

第四十四条 卫生行政部门及其工作人员违反本办法，不履行法定职责，造成严重后果的，对直接负责的主管人员和其他直接责任人员，依法给予行政处分；情节严重，构成犯罪的，依法追究刑事责任。

第七章 附 则

第四十五条 放射工作人员职业健康检查项目及职业健康检查表由卫生部制定。

第四十六条 本办法自2007年11月1日起施行。1997年6月5日卫生部发布的《放射工作人员健康管理规定》同时废止。

国家质量监督检验检疫总局
铁　　　道　　　部
公　　　安　　　部　文件
交　　　通　　　部
国家安全生产监督管理局

国质检特联[2004]249号

关于开展危险化学品罐车专项检查整治工作的通知

各省、自治区、直辖市质量技术监督局，各铁路局，各省、自治区、直辖市交通厅（局）、公安厅（局）、安全生产监督管理局：

近来，盛装易燃易爆有毒介质的固定式和移动式容器泄漏、爆炸事故频发，造成较多人员伤亡和较大的社会影响。为了贯彻党中央、国务院领导同志批示和全国安全生产电视电话会议精神，切实加强危险化学品储存、运输设备的安全管理，国家质检总局、铁道部、交通部、公安部、国家安全生产监督管理局决定，立即在全国范围内联合开展一次铁路罐车、汽车罐车、长管拖车和罐式集装箱（以下统称罐车）的专项检查整治活动。具体要求如下：

一、专项检查整治的范围和重点

这次专项检查整治的范围主要是运输危险化学品的各类罐车；检查的重点是罐车的使用登记、运输许可、定期检验、罐车充装、适载情况及驾驶人员、押运人员持证上岗等情况。

二、检查罐车使用单位安全责任制落实情况

罐车使用单位是保证罐车安全运行的责任主体，必须对危险化学品罐车安全使用全面负责。按照《中华人民共和国道路交通安全法》、《特种设备安全监察条例》、《危险化学品安全管理条例》的有关要求，各罐车使用单位要切实落实国家有关法律、法规的规定，严格执行罐车使用登记和定期检验制度；全面落实企业各项安全管理制度，尤其要加强对从事危险化学品运输的驾驶员、装卸管理员、押运人员的安全培训工作；建立、完善危险化学品事故应急预案，定期开展应急预案演练工作。

三、检查罐车充装环节安全管理工作

罐车充装是保证罐车安全运行的重要环节。各充装单位应当严格按照国家规定的各种危险化学品充装要求规范充装环节的管理，必须做到罐车装运的介质与罐车涂装标志一致，严禁超装、混装、错装。建立并完善充装记录，落实充装人员岗位责任制，确保充装和计量装置的完好、准确，计量器具应在校验有效期内。

四、检查罐车检验、维修工作质量

确保检验、维修工作质量是保证罐车安全运行的必要条件。各检验、维修单位，必须认真履行职责，严格按照质量保证体系和技术规范要求进行检验和维修工作，建立完善检验和维修工作记录。检验完毕，并确认罐车符合安全要求后，在罐体的明显部位要有检验标识。

五、质量技术监督、铁路、交通、公安、安全监管部门要密切配合，加强协调，落实专项检查整治的各项任务

（一）各级质量技术监督部门要认真履行罐车安全监察职责。

1. 加强使用登记检查。各省级质量技术监督部门应组织对本辖区内罐车的使用登记情况逐台进行核查，完善特种设备中罐车普查数据库的各项内容，按照有关规定及时换发罐车使用登记证；要按照国家质检总局统一安排，抓紧建立全国罐车数据库，实现罐车安全监察的动态管理，2004年底前未纳入全国数据库的罐车将不得继续使用。

2. 加强定期检验工作的检查。重点检查罐车定期检验情况和安全附件检验维修情况，对超期未检或检验检测不合格的罐车及安全附件要责令使用单位立即停止使用。根据当前实际工作中出现的问题，在检验中须增加对罐体容积的测量（采用水容积法），重新核定载质量，并在检验报告中做出明确结论。对罐体核定载质量超过车辆载质量的罐车，一律按检测不合格处理。

检查罐车检验机构的工作质量，对检验工作不符合安全技术规范要求的检验机构，应责令改正，情节严重的，报请国家质检总局暂停或取消相应的检验资格。

3. 严格规范罐车及安全附件的维修许可工作。特种设备维修单位应当依法取得省级质量技术监督部门颁发的《特种设备维修许可证》。其中，从事罐车罐体维修的单位，应具备C1级、C2级或A2级压力容器制造许可条件的要求。

4. 加强对危险化学品常压罐车的安全管理。常压罐车使用单位，应按《危险化学品安全管理条例》的有关规定，对罐车检验进行检验，不符合相关要求的，不得上路运行。

（二）铁路部门要认真开展铁路危险货物品运输安全整治工作。

1. 加强危险化学品运输管理。各铁路局要核查液化气体罐车是否具有质量技术监督部门颁发的《特种设备使用登记证》及相关附页、铁路部门颁发的《运输许可证》和《准运证》，对检查不合格或“三证”不全的以及常压罐车没有《准运证》的不得上线运行。

2. 查验运输危险化学品（特别是液化石油气）罐车应在定检周期内运行。如发现超期未检车辆必须立即采取措施将罐车扣押，及时送具备罐车检验资格的单位进行检验，经检验不

合格的罐车不得继续使用。

3. 严把危险化学品承运关。认真审查托运人资质，严格执行受理、承运、装车、押运、编组、隔离、仓储保管、交付等各环节的签认制度。实行押运区段负责制，对押运员中途擅离职守的一律扣车处理，并要求托运人采取严格的整改措施，对再次发生的，将采取停运整改直至吊销其危险化学品铁路运输资质。

4. 加强危险化学品车辆作业管理。对运输危险化学品的罐车应在货票上明确填写“编组隔离”、“禁止溜放”要求；严格执行禁止溜放、限速连挂、编组隔离的规定；对成组连挂的不得分解；对停留在固定线上的罐车，应采取措施，防止溜车。

（三）交通部门要认真履行对公路运输单位及运输工具的安全管理职责。

1. 检查承担道路危险化学品运输的罐车是否经质量技术监督部门办理使用登记手续，技术状况应达到 GB18564 – 2001 标准规定的一级要求，并配备应急处理器材和防护用品；运输剧毒和易爆介质的罐车还应安装定位系统或行驶记录仪，配备必要的通讯设备；运输各类危险化学品的罐车罐体颜色、环表色带定应清晰、准确。

2. 检查运输危险化学品罐车的驾驶员、装卸管理员、押运人员对所运输的危险化学品性质、危害特性、包装特性等知识掌握情况。

（四）公安部门要认真履行对危险化学品道路运输安全实施监督的职责。

1. 认真贯彻执行《预防道路交通事故“五整顿”“三加强”实施意见》中关于预防和减少危险化学品运输事故的措施，落实各项责任。

2. 重点检查剧毒危险化学品购买、运输证件的审批工作。

3. 采取抽查方式，加大路面查处力度，重点检查危险化学品运输罐车是否超载，运输剧毒危险化学品的手续是否齐全。

（五）安全监管部门要认真履行对危险化学品运输安全的相应管理职能。

1. 危险化学品运输罐车，必须由安全监管部门审查合格的专业定点企业生产；承压罐车生产单位必须取得国家质检总局颁发的相应级别压力容器制造许可证。

2. 危险化学品运输企业应当取得《危险化学品安全管理条例》规定的资质。

3. 加强对危险化学品生产、经营、储存、使用单位的管理，对违反规定将危险货物交付给没有资质的运输企业或车辆承运的企业（或单位），按有关规定予以罚处。

各省级质量技术监督、铁路、交通、公安和安全监管部门应根据以上要求，抓紧制订具体实施方案，协调配合，共同组织实施本次专项检查工作，并于 9 月底前将专项检查整治工作情况报送各自上级主管部门。10 月份 5 部门将组织对部分省、自治区、直辖市检查情况进行抽查。

各地在专项检查整治工作中，要牢固树立“以人为本”的理念，坚持“安全第一、预防为主”的方针，制订措施，加强防范，确保危险化学品罐车的安全运行。

二〇〇四年六月三日

国家安全生产监督管理局
公安部
监察部
铁道部
交通部
卫生部 文件
国家工商行政管理总局
国家质量监督检验检疫总局
国家环境保护总局
中国民用航空总局
国家邮政局

安监管危化字[2004]69号

关于印发《深化危险化学品安全专项整治方案》的通知

各省、自治区、直辖市安全监管、公安、监察、交通、卫生、工商、质检、环保、邮政厅(局),各铁路、民航、直属海事局,新疆生产建设兵团安全监管局:

为贯彻落实《国务院办公厅关于深化安全生产专项整治工作的通知》(国办发〔2003〕60号)精神,继续在全国深入开展危险化学品安全专项整治工作,国家安全监管局会同公安部、监察部、铁道部、交通部、卫生部、工商总局、质检总局、环保总局、民航总局、国家邮政局制定了《深化危险化学品安全专项整治方案》,现印发给你们。请按此方案认真制定实施方案,并深入开展危险化学品安全专项整治工作。

二〇〇四年五月二十一日

深化危险化学品安全专项整治方案

根据《国务院办公厅关于深化安全生产专项整治工作的通知》(国办发〔2003〕60号,以下简称《通知》)的要求,现就2004年至2005年继续在全国深入开展危险化学品安全专项整治工作,提出如下深化整治方案。

一、指导思想

贯彻落实党的十六大和十六届三中全会会议精神，以“三个代表”重要思想为指导，以《中华人民共和国安全生产法》（以下简称《安全生产法》）、《危险化学品安全管理条例》（以下简称《条例》）等有关法律法规、国家标准和行业标准为依据，坚持“安全第一、预防为主”的方针，突出重点，依法整治，标本兼治，综合治理，长治久安。

二、总体目标

整治工作的范围包括危险化学品生产、储存、经营、运输、使用和废弃处置单位。重点是不具备有关法律法规、国家标准和行业标准规定的安全生产基本条件和资质要求的危险化学品从业单位；存在重大危险源和重大事故隐患的危险化学品从业单位；非法从事危险化学品生产经营活动的单位和个人；利用危险化学品从事违法犯罪活动的单位和个人。

通过整治，基本建立起危险化学品安全管理体系，进一步加强各级危险化学品安全监管执法队伍建设；强化危险化学品从业人员安全生产意识，提高从业人员安全生产技能和素质；规范危险化学品市场经济秩序，促使危险化学品生产、储存、经营、运输、使用和废弃处置单位建立起完善的安全管理制度；落实安全生产责任制，消除事故隐患，健全防范措施，提高防御能力，有效遏制重、特大化学事故的发生，逐步实现危险化学品安全管理法治秩序，建立危险化学品安全管理的长效机制。

三、主要任务

（一）淘汰落后，取缔非法。对危险化学品生产、储存和使用以及处置废弃危险化学品企业，凡采用国家明令淘汰的落后工艺、装备或者不具备安全生产基本条件的，一律取消其相关资格，依法予以关闭；凡不符合《安全生产法》、《中华人民共和国消防法》（以下简称《消防法》）和《条例》规定，未经许可，擅自从事危险化学品生产、储存和处置废弃危险化学品的，要坚决依法取缔；按照《通知》要求，凡是不符合有关安全、环保法律法规和规章要求，使用氰化物的小金矿、小电镀厂、小电子器件厂等，要依法予以关闭。

（二）严格审批条件，规范经营秩序。对危险化学品经营企业和销售网点，要按照《条例》、有关部门规章和国家标准规定的程序与条件，审核、发放危险化学品经营许可证。对于经营设施、从业人员素质等经营条件不符合有关规定的，要限期整改，整改后仍达不到要求的，取消其危险化学品经营资格。要坚决依法取缔各类非法经营的企业和销售网点，规范危险化学品的销售行为。

（三）强化执法检查，整治运输环节。着重加强道路和水路运输危险化学品的安全监督检查，严格执行危险货物运输企业（单位）资质、从业人员资格认定、剧毒化学品公路运输通行证和水路运输危险化学品申报制度。建立地区间危险化学品运输安全协查制度。对不具备资质或在内河、内湖以及其他封闭水域等航运渠道进行剧毒化学品运输的单位和个人，严格依法予以处罚。

（四）执行定点审批，保证包装安全。要依照《条例》和有关行政规章的规定，对用于危险化学品的包装物和容器(包括用作运输工具的槽罐)实行定点生产,严格对危险化学品包装物、容器(包括运输工具配载的槽罐)生产许可证的审批,危险化学品生产单位和分装单位必须按照国家法律法规、行政规章和国家标准的规定采购和使用危险化学品包装物和容器。

(五)加强基础工作,提高管理水平。要把专项整治与加强企业基础工作结合起来,指导和督促危险化学品从业单位认真贯彻落实《安全生产法》、《条例》等有关法律法规,建立预防为主、持续改进的企业安全自我约束机制;建立健全本单位的安全管理制度,落实安全生产责任制;通过隐患整改、危险源监控、从业人员培训和应急救援体系建设等工作,全面提高企业安全管理水平,增强企业事故预防、应急处置能力。

(六)强化监督检查,严防剧毒化学品丢失。要按照《条例》和其他行政规章的要求,认真核查从业单位底数,全面掌握辖区内生产、销售、使用和承运剧毒化学品的情况,督促从业单位进一步加强安全防范措施,严防剧毒化学品被盗丢失、被敌对势力和不法分子利用。要引导、支持剧毒化学品储存单位,在加强值班、巡逻守护的同时,积极采用监控报警、与110联网报警等形式,不断提升其安全防范水平。

(七)重视培训考核,提高人员素质。各地区、各部门和危险化学品从业单位,要结合本地区、部门、单位的实际情况,依照《安全生产法》、《条例》及有关行政规章的规定,制定2004-2005年危险化学品安全监管人员培训及从业单位负责人、从业人员的培训考核计划,并认真组织实施。

(八)加强法规建设,依法监督管理。危险化学品安全监督管理法规建设是贯穿危险化学品安全专项整治全过程的一项重要工作。各地区、各部门要按照《中华人民共和国行政许可法》、《安全生产法》、《消防法》、《条例》等法律法规的规定,认真清理本地区有关危险化学品安全监管的地方性法规和规章;根据贯彻执行上述法律、法规的实际需要和本地区危险化学品安全管理实际状况,及时制定、修订有关法律、法规的地方配套规章,废止已过时的规章和规范性文件,依法加强本地区危险化学品安全管理工作,逐步实现危险化学品安全管理的法治秩序。

(九)建立信息网络,实现动态监控。通过危险化学品登记、经营许可、生产储存企业设立审批、包装物(容器)定点生产、生产储存装置安全评价、安全现状评估、危险源普查与监控、隐患整改、人员培训考核、宣传教育等措施,力争在2005年建立全国危险化学品安全监督管理信息系统。要按照国家安全生产监督管理局的统一规划和部署,有序推进该系统建设工作,使系统满足危险化学品动态监管、危险源监控、应急救援、信息共享、电子政务、方便公众的需要。

(十)鼓励科技进步,加强新化学品监管。要鼓励危险化学品从业单位采取先进的生产工艺技术、措施及安全防护技术、措施;加强对科研、生产单位研制、开发的新化学品的监控管理和信息通报工作,采取有效措施,防止出现危险化学品的监管漏洞。

四、进度安排

(一)2004年

在进一步摸清本地区危险化学品生产、储存、经营、运输、使用和废弃处置单位基本状况的基础上,重点开展危险化学品生产、储存、经营、运输和废弃处置单位及包装物(容器)生产单位的专项整治，继续对危险化学品从业人员进行培训考核；继续开展危险化学品生产、储存单位安全生产现状评估工作；组织开展危险源普查和监控，指导危险化学品从业单位做好危险化学品登记前的准备工作；建立危险化学品安全监督管理信息系统。

1. 2004 年上半年。力争在 3 月 15 日前完成现有危险化学品经营单位安全评价、负责人和从业人员安全培训考核工作，完成现有具备安全生产基本条件的危险化学品经营单位的许可证发放工作；6 月 30 日前完成本地区危险化学品生产、储存单位安全生产现状评估工作。指导危险化学品生产单位对本单位的危险化学品进行普查，建立档案，编制化学品安全技术说明书和安全标签（以下简称“一书一签”），做好危险化学品登记前的各项准备工作；组织开展本地区重大危险源、危险化学品生产、储存装置普查，完善各地区和危险化学品从业单位的化学事故应急救援预案，初步建立起全国化学事故应急救援体系。

加强道路和水路运输危险化学品的安全监督检查。公布禁止危险化学品运输车辆通行的区域，探索建立地区间危险化学品运输安全协查制度，制定、完善对违规委托无资质单位运输的单位、个人和非法从事危险化学品运输的单位、个人进行处罚的有关规定；承运车辆必须悬挂醒目的危险品标志，承运剧毒化学品的车辆，待新修订的《道路运输危险货物车辆标志》（GB 13392）颁布后，悬挂“毒”的标志；危险化学品的托运人要建立并执行危险货物承运人资质、驾驶员资格和车辆安全条件审验制度。

继续认定废弃化学品专业处置单位，合理调整专业处置单位的布局，研究规范和加强危险化学品废弃处置安全监督管理的办法，落实处置废弃化学品的经费，解决接收和收缴的危险化学品得不到及时处理的问题。

2. 2004 年下半年。督促和指导危险化学品从业单位开展危险化学品生产、储存装置安全评价，力争在年底前完成 50% 以上的危险化学品生产、储存装置安全评价工作；组织开展危险化学品包装物（容器）生产企业评价工作，对符合条件的发放定点证书，实现危险化学品包装物（容器）规范化管理；统一规划，统筹安排，建立全国危险化学品安全监督管理信息系统。年底前，完成对现有安全监管人员的业务培训工作；基本完成危险化学品生产操作人员、仓库保管员、运输驾驶员、押运人员、运输船船员、销售人员的培训考核工作，做到持证上岗。

在前两年危险化学品运输企业和从业人员资质认定的基础上，规范和加强道路和水路运输危险货物企业（单位）资质和从业人员资格认定工作，严格剧毒化学品公路运输通行证发证前的审核和发证后的监督管理，建立地区间危险化学品运输安全协查制度，建立严格的危险化学品公路运输事故责任追究制度。

规范和加强危险化学品废弃处置工作，加大废弃危险化学品处置力度，加强危险化学品废弃单位的监督检查。

（二）2005 年

重点开展危险化学品使用、运输、废弃处置单位安全专项整治工作，继续进行危险化学品生产、储存装置安全评价工作；全面开展危险化学品登记工作，对危险化学品生产、储存企业设立审批、“一书一签”、包装物（容器）定点生产制度执行情况进行监督检查；进一步完善危险化学品安全监督管理信息系统。

1. 2005 年上半年。继续开展危险化学品生产、储存装置安全评价，力争在 6 月 30 日前完成现有装置的首次安全评价工作；对小金矿、小电镀厂和小电子器件厂等危险化学品使用单位的工艺、设备、安全生产状况进行普查，关闭采用国家明令淘汰的落后工艺装备、不具备安全生产基本条件的危险化学品使用单位；对危险化学品废弃处置单位的安全生产状况进行监督检查，强化废弃处置单位的安全管理；对生产、储存企业及使用剧毒化学品和数量构成重大危险源的其他危险化学品从业单位进行登记；加大对危险化学品运输单位资质和运输活动安全检查的力度，规范危险化学品运输市场秩序。

2. 2005 年下半年。对 2004 年 1 月以来新设立的危险化学品生产、储存企业进行安全监督检查，停产整顿或关闭未经审批擅自建设或投产的危险化学品生产、储存企业；自 2005 年 8 月 1 日起，严禁经营没有"一书一签"的危险化学品，并对危险化学品经营单位执行"一书一签"制度情况进行检查；全面检查危险化学品从业单位使用定点生产的包装物（容器）的情况。

五、工作要求

（一）提高认识，加强领导。要以"三个代表"重要思想为指导，认真学习和贯彻中央领导同志对加强危险化学品安全管理的一系列指示精神，充分认识整治工作的重要性、必要性和紧迫性。各省、自治区、直辖市要成立由政府相关领导挂帅的专项整治领导机构，切实加强对专项整治工作的领导；建立安全监管、公安、交通、环保、质检、工商、监察、海事等有关部门联席会议制度，及时沟通信息，研究重大问题，转变作风，坚持求真务实，采取一切必要措施，保证整治工作取得实效。

（二）协调行动，落实责任。危险化学品安全专项整治工作要坚持"全国统一部署，地方人民政府负责具体实施，部门指导协调，各方联合行动"的原则，各部门在同级人民政府的领导下，各司其职，密切配合，联合执法，统一行动。安全监管部门负责专项整治的监督协调工作，安全监管、公安、交通、铁路、卫生、民航、质检、环保、工商、海事、邮政等部门要按照《条例》赋予的职责，根据全国整治工作的统一部署，督促、指导和开展本部门、本系统危险化学品安全专项整治工作，落实各项整治措施。

（三）精心组织，依法整治。按照《通知》的要求和本意见的具体安排，认真总结 2002 年 5 月以来本地区危险化学品安全专项整治的经验，提出本地区 2004 年至 2005 年危险化学品安全专项整治工作的具体意见，报同级人民政府批准后，精心组织实施。要注意结合本地区、本部门实际，针对前一时期危险化学品安全管理中存在的薄弱环节，依据《条例》等有关法律、法规的规定，突出重点，开展整治。

各省、自治区、直辖市制定的 2004 年至 2005 年深化危险化学品安全专项整治实施方案，请于 2004 年 7 月 30 日前报国家安全生产监督管理局备案。

（四）加强监督检查，严格责任追究。安全监管、监察部门要会同同级有关部门组织重点检查和专项督查，监督检查各部门、各危险化学品从业单位重大危险源监控、重大事故隐患整改等情况；监督检查各级负责危险化学品安全监管行政审批许可的有关行政管理机构依法履行职责的情况。要认真落实《安全生产法》、《条例》等有关法律、法规的规定，坚持"谁发证，谁审批，谁负责"的原则。对于不认真履行危险化学品安全监督管理职责、监管不力、失职、渎职和滥用职权的领导干部和国家工作人员，以及造成事故的直接责任者和有关责任人，都要依法严肃追究责任；对发生的重、特大化学事故，要严格按照国家有关法规要求，认真查明事故原因和责任，按时完成事故调查处理工作。

国家安全监管总局办公厅关于认真做好烟花爆竹经营许可工作的通知

安监总厅危化[2007]29号

各省、自治区、直辖市安全生产监督管理局：

《烟花爆竹安全管理条例》(国务院令第445号，以下简称《条例》)以及《烟花爆竹经营许可实施办法》(国家安全监管总局令第7号，以下简称7号令)公布实施后，各地区认真开展了烟花爆竹经营安全监管和经营许可工作，确保了2006年及2007年春节期间烟花爆竹经营安全形势的基本稳定。

但是，在烟花爆竹经营许可工作中还存在一些比较突出的问题。如：黑龙江、安徽、山东、河南、云南等一些地区至今还没有制订烟花爆竹经营许可实施细则，经营许可证颁发工作进展缓慢；宁夏、重庆等一些地区实行烟花爆竹独家经营，宁夏委托非政府部门负责零售经营者的布点和审核，有悖于《条例》和7号令的规定；江苏等地区反映烟花爆竹经营问题的群众来信较多、矛盾突出。为切实做好烟花爆竹经营许可工作，确保在2007年6月30日前完成现有烟花爆竹经营企业许可证颁发工作，现将有关要求通知如下：

一、高度重视烟花爆竹经营许可工作。做好烟花爆竹经营许可证颁发工作是贯彻落实《条例》规定，完善烟花爆竹经营安全条件，规范烟花爆竹经营行为的重要手段。各地安全监管部门必须提高认识，高度重视，按照《条例》、7号令的规定以及安全监管总局的总体要求，抓紧时间开展相关工作，按时保质完成现有烟花爆竹经营企业许可证颁发工作。

二、严格执行《条例》和7号令的各项规定，确保行政法规及部门规章的严肃性。各地安全监管部门要按照《条例》和7号令的各项规定，对有关烟花爆竹管理的地方性法规(或规定)进行认真对照、整理，对在《条例》公布之前已出台或与《条例》、7号令不相符的，应尽快提请地方人民政府修订(或组织修订)，对当地经营许可规定和做法有悖于《条例》或与7号令规定的原则不一致的，要立即予以纠正，避免出现独家垄断经营等违背《条例》规定原则的问题；没有制订经营许可实施细则的，要尽快组织制订，并及时报国家安全监管总局。

三、严格经营许可证审查与颁发工作。各地安全监管部门要加强规划，认真做好烟花爆竹批发企业和零售点的布点审批工作，严格按照《条例》和7号令的规定条件和程序，审查、颁发烟花爆竹经营许可证。对烟花爆竹批发经营企业，要严格按照国家安全监管总局印发的《烟花爆竹经营企业安全评价细则(试行)》(安监总危化(2006)225号)进行安全评价；对烟花爆竹零售点，要明确规定存储限量；对不具备安全生产条件的，坚决不颁发烟花爆竹经营许可证，并收回原临时经营许可证。

四、加快烟花爆竹经营许可证颁发工作进度。各地安全监管部门要督促企业抓紧进行仓储设施的安全改造，并增加人力物力，加快烟花爆竹经营许可证审查、颁发工作进度，确保在2007年6月30日前完成现有烟花爆竹经营企业许可证颁发工作。

五、健全完善烟花爆竹经营企业基本信息档案，加强对零售经营许可证颁发管理工作的指导。各地安全监管部门在烟花爆竹经营许可工作中,要建立健全烟花爆竹经营许可证颁发情况和烟花爆竹经营企业基本信息档案。各省级安全监管部门要加强对县级安全监管部门零售经营许可证颁发工作的指导,密切跟踪零售许可证颁发工作情况。

六、请各省级安全监管局于2007年3月31日前,将本地区截止到2007年3月15日的烟花爆竹经营许可证颁发情况(填报附表)报国家安全监管总局危化司。危化司将自2007年4月份开始组织对各地经营许可工作进行督促检查。

二〇〇七年三月十九日

附表

烟花爆竹经营许可证颁发情况表

<table>
<tr><td colspan="5">填报单位(章):</td><td></td><td></td><td colspan="2">截止日期:</td><td colspan="2">2007年3月15日</td></tr>
<tr><td colspan="2" rowspan="2">经营许可实施细则的制订情况</td><td colspan="5">批发经营企业(个)</td><td colspan="4">零售点(个)</td></tr>
<tr><td rowspan="2">原有数量</td><td colspan="4">已按7号令规定颁发新证数量</td><td rowspan="2">原有数量</td><td colspan="3">已按7号令规定颁发新证数量</td></tr>
<tr><td>是否已制订</td><td>颁布时间</td><td>合计</td><td>烟花爆竹产品</td><td>产品及药料</td><td>药料</td><td>合计</td><td>长期</td><td>临时</td></tr>
<tr><td>a</td><td>b</td><td>c</td><td>d</td><td>e</td><td>f</td><td>g</td><td>h</td><td>I</td><td>j</td><td>k</td></tr>
<tr><td></td><td></td><td></td><td></td><td></td><td></td><td></td><td></td><td></td><td></td><td></td></tr>
<tr><td>需要说明事项</td><td colspan="10"></td></tr>
<tr><td colspan="11">备注:1. 原有企业数量是指在总局7号令实施前(2006年9月30日)已有经营(或销售)许可证(含临时许可证)的企业数量;
2. e为只经营烟花爆竹产品的企业;f为既经营烟花爆竹产品又经营黑火药、烟火药或引火线的企业;g为只经营黑火药、烟火药或引火线的企业;
3. d = e + f + g;i = j + k。</td></tr>
<tr><td>填表人</td><td colspan="2"></td><td>联系电话</td><td colspan="3"></td><td colspan="2">填报日期</td><td colspan="2"></td></tr>
</table>

国家质量监督检验检疫总局
交　　　通　　　部
国家发展和改革委员会
商　　　务　　　部

第48号

《汽车运输出境危险货物包装容器检验管理办法》已经2002年12月31日国家质量监督检验检疫总局局务会议审议通过，并经交通部、国家发展和改革委员会、商务部审议通过，现予公布，自2003年12月1日起施行。

国家质量监督检验检疫总局局长

交通部部长

国家发展和改革委员会主任

商务部部长

二〇〇三年五月二十八日

汽车运输出境危险货物包装容器检验管理办法

第一章　总　　则

第一条　为了加强汽车运输出境危险货物包装容器的检验和监督管理，保障汽车运输安全，促进我国对外经济贸易的发展，根据《中华人民共和国进出口商品检验法》（以下简称商检法）的规定，制定本办法。

第二条　本办法适用于直接由公路口岸运输出境的《联合国关于危险货物运输建议书》规定的危险货物常压包装容器（包括汽车运输液体危险货物包装容器、罐体）的检验和管理。

第三条　国家质量监督检验检疫总局（以下简称国家质检总局）主管全国汽车运输出境危险货物包装容器的检验和管理工作。

国家质检总局设在各地的出入境检验检疫机构（以下简称检验检疫机构）管理和办理所辖地区汽车运输出境危险货物包装容器的检验工作。

第四条　汽车运输出境危险货物包装容器检验包括性能检验和使用鉴定，其检验、鉴定标准必须符合我国国家技术规范的强制性要求以及国家质检总局指定的标准，未经检验检疫机构检验合格的包装容器不准用于盛装汽车运输出境危险货物。

第五条　生产、经营出境危险货物包装容器的单位对危险货物的包装容器负有直接责任，必须根据法律、法规和有关规定，正确地设计、生产和使用危险货物的包装容器。

第六条 交通部门设立的口岸交通运输管理站负责对出境危险货物包装及包装容器进行查验，发现不符合《汽车危险货物运输规则》或者无检验检疫机构签发的《出境危险货物运输包装容器使用鉴定结果单》（以下简称《使用鉴定结果单》），口岸交通运输管理站不予放行。口岸交通运输管理站将每批出境的危险货物《使用鉴定结果单》保存备查。保存期为1年。

第二章 检 验

第七条 国家对出境危险货物包装容器生产企业实行质量许可制度。出境危险货物包装容器生产企业应当向检验检疫机构申请并取得《出口危险货物包装容器质量许可证》后，方可从事出境危险货物包装容器的生产。

第八条 取得《出口危险货物包装容器质量许可证》的汽车运输出境危险货物包装容器生产企业（以下简称生产企业），其产品经自检合格后，应当向所在地检验检疫机构申请汽车运输出境危险货物包装容器性能检验，同时提供厂检合格单。

首次申请性能检验的或者经性能检验合格后产品设计、材质或者加工工艺发生改变的，在申请性能检验时应当同时提供该包装容器的设计、制造工艺及原材料检验合格单等资料。

第九条 检验检疫机构检验合格后，签发适于汽车运输出境危险货物包装容器性能检验结果单（以下简称《性能检验结果单》）。

第十条 汽车运输出境危险货物包装容器的《性能检验结果单》有效期根据包装容器的材料性质和所装货物的性质确定，自《性能检验结果单》签发之日起计算。有效期的终止日期在性能检验合格证书上注明。

钢桶、复合桶、纤维板桶、纸桶盛装固体货物的《性能检验结果单》有效期为18个月；盛装液体货物的有效期为1年；盛装腐蚀性货物的（包括带有腐蚀副标志的货物），从罐装之日起有效期不应超过6个月。

其他包装容器的《性能检验结果单》有效期为1年；但是盛装腐蚀性货物，从灌装之日起有效期不应超过6个月。

经性能检验合格的危险化学品的包装物、容器，应当在《性能检验结果单》有效期内使用完毕。如未能在有效期内使用完毕，需重新进行性能检验。

第十一条 汽车运输出境危险货物包装容器的性能检验采取周期检验和不定期抽查检验相结合的方式。

同一规格、材质、制造工艺的包装容器的检验周期为3个月。汽车运输常压液体危险货物罐体及附件检验周期为1年。

检验检疫机构根据生产企业的质量情况，在检验周期内实施定期、不定期的产品质量抽查检验。

第十二条 汽车运输出境危险货物包装容器的使用单位（以下简称使用单位）对包装容器的使用情况自检合格后，逐批向检验检疫机构申请汽车运输危险货物包装容器的使用鉴定，并同时提供所盛装危险货物的危险特性评价报告、相容性报告等有关的证明材料。

第十三条 检验检疫机构检验合格后，签发适于汽车运输出境危险货物包装容器的《使用鉴定结果单》。

第十四条 当同一批包装容器有不同使用单位时，生产企业可凭《性能检验结果单》到所在地检验检疫机构办理分证。当不同的外贸经营单位使用同一份《使用鉴定结果单》装运危险货物时,外贸经营单位可凭《使用鉴定结果单》(正本)到所在地检验检疫机构办理分证。

第三章 监督管理

第十五条 经检验合格的包装容器应当按照我国有关国家技术规范的强制性要求以及国家质检总局指定的标准规定,在包装容器上铸压或者印刷包装标记、工厂代号及生产批号。

第十六条 使用单位使用进口的包装容器或者使用国外收货人自备的包装容器,须附有生产国主管部门认可的检验机构出具的符合《联合国关于危险货物运输建议书》要求的包装性能检验证书,否则不允许使用该包装容器。

第十七条 生产企业和使用单位应当正确制造和使用包装容器,建立健全包装容器的生产验收和使用检验制度。

第十八条 汽车运输出境危险货物包装容器的检验人员须经国家质检总局考核并取得国家质检总局颁发的资格证书后,方准从事汽车运输出境危险货物包装容器检验工作。

第十九条 出境危险货物运输时,托运人应当凭检验检疫机构出具的《使用鉴定结果单》(正本)办理托运。承运人应当凭《使用鉴定结果单》受理托运,并按照有关规定进行包装查验,当发现货物和包装容器与《使用鉴定结果单》不相符或者发现包装破损、渗漏时,承运人不得承运。

第二十条 申请汽车运输出境危险货物包装容器性能检验、使用鉴定的单位对检验检疫机构的检验结果有异议的,可申请复验。具体方法按照《进出口商品复验办法》的规定办理。

第四章 附 则

第二十一条 压力容器和用于放射性物质、感染性物质的包装容器按照国家有关规定办理。

第二十二条 违反本办法规定,按照商检法及其实施条例、《危险化学品安全管理条例》等有关法律法规规定处罚。

第二十三条 检验检疫机构办理汽车运输出境危险货物包装容器检验收取性能检验和使用鉴定费用,同种性能检验、使用鉴定项目参照海运、铁路运输出境危险货物包装容器检验、鉴定标准收取检验费。

第二十四条 本办法由国家质检总局负责解释。

第二十五条 本办法自 2003 年 12 月 1 日起施行。

危险货物运输相关标准

1. 危险货物品名表(GB 12268—2005)
2. 危险化学品名录(国家安全生产监督管理局公告 2003 年第 1 号)
3. 剧毒化学品目录(国家安全生产监督管理局等 8 部委公告 2003 年第 2 号)
4. 化学品安全技术说明书编写规范(GB 16483—2000)
5. 常用化学危险品贮存通则(GB 15603—1995)
6. 化学品安全标签编写规定(GB 15258—1999)
7. 危险货物分类和品名编号(GB 6944—2005)
8. 常用危险化学品分类(GB 13690—1992)
9. 汽车维护、检测、诊断技术规范(GB 18344—2001)
10. 危险化学品经营企业开业条件和技术要求(GB 18265—2000)
11. 危险货物运输包装类别划分原则(GB/T 15098—1994)
12. 危险货物运输包装通用技术条件(GB 12463—1990)
13. 道路运输危险货物车辆标志(GB 13392—2005)
14. 汽车运输液体危险货物罐式车辆 金属常压罐体技术要求(GB 18564.1—2006)
15. 汽车运输液体危险货物罐式车辆 非金属常压罐体技术要求(GB 18564.2)
16. 道路车辆外廓尺寸\轴荷及质量限值(GB 1589—2004)
17. 重大危险源辨识(GB 18218—2000)
18. 液化气体汽车罐车安全监察规程(劳动部标准)
19. 气瓶安全监察规程
20. 危险化学品汽车运输安全监控车载终端安装规范(AQ 3006—2007)
21. 危险化学品汽车运输安全监控系统车载终端与通信中心间数据接口协议和数据交换技术规范(AQ 3007—2007)
22. 危险化学品汽车运输安全监控系统车载终端与运营控制中心、客户端监控中心间数据接口和数据交换技术规范(AQ 3008—2007)
23. 危险化学品汽车运输安全监控系统通用规范(AQ 3003—2005)
24. 危险化学品汽车运输安全监控车载终端(AQ 3004—2005)
25. 汽车加油(气)站、轻质燃油和液化石油气汽车罐车用阻隔防爆储罐技术要求(AQ 3001—2005)
26. 企业职工伤亡事故经济损失统计标准(GB 6721)
27. 汽车运输危险货物规则(JT 617—2004)
28. 汽车运输、装卸危险货物作业规程(JT 618 -2004)
29. 营运车辆技术等级划分和评定要求(JT/T 198—2004)
30. 散装液体危险货物码头安全与防污染管理体系要求(JT/T 661—2006)
31. 危险货物集装箱港口作业安全规程(JT 397—2007)
32. 固体散装危险货物海运安全技术要求(JT 700—2007)